名城宁波历史图典

宁 波 市 自 然 资 源 和 规 划 局
宁波市历史文化名城保护促进会　编

宁波出版社
NINGBO PUBLISHING HOUSE

图书在版编目（CIP）数据

名城宁波历史图典 / 宁波市自然资源和规划局，宁波市历史文化名城保护促进会编 .—宁波：宁波出版社，2019.12（2020.10 重印）
ISBN 978-7-5526-3140-1

Ⅰ . ①名… Ⅱ . ①宁… Ⅲ . ①宁波－地方史－图集 Ⅳ . ① K295.53-64

中国版本图书馆 CIP 数据核字（2017）第 320289 号

名城宁波历史图典

宁波市自然资源和规划局
宁波市历史文化名城保护促进会

责任编辑 沈建国 廖维勇
责任校对 金芳萍 陈金霞
装帧设计 原色太阳
出版发行 宁波出版社
（宁波市甬江大道 1 号宁波书城 8 号楼 6 楼）
印　　刷 宁波白云印刷有限公司
开　　本 787 毫米 ×1092 毫米 1/8
印　　张 45.75
字　　数 300 千
版　　次 2019 年 12 月第 1 版
印　　次 2020 年 10 月第 2 次印刷
标准书号 ISBN 978-7-5526-3140-1
定　　价 499.00 元

序

城市是人类文明的结晶，是人类精神和智慧向物质环境连续转化的表现所在。城市个性的形成，来自于时间，根植于生存在这片区域之上人们的长期生产和生活的实践。对于一个城市个性的阅读，需要将区域史和文化史有机结合加以研究，这是一种包括自然、文化以及人和这两者之间的多维关系的揭示。

文字作为文化的一种描述工具，其作用是不言而喻的。但恰恰是这种基础的作用，又抑制了人们的空间想象力和时间纵深感。因为文化特色的形成，天然不具固定性且表现方式无穷无尽——长久以来，对于一个城市个性乃至一个区域个性的阅读者们来说，似乎忘记了我们还具有一种更全面、更直观，也更鲜活的阅读方式——读图，或者儿时记忆里的叫法——看图说话。

正如哲人所说：时间是人类发展的空间。城市是时间的产物，各个历史时期的社会制度、宗教信仰、文化艺术、科学技术、民风民俗等都在城市空间留下印记。历史图典，包括地图、照片、碑记、考古资料、志书碑传、建筑图录等，是回溯和展望城市历史文化瑰宝的路线图，层层叠叠，描述城市的年轮。

“读图”使挣脱出文字的桎梏成为可能。虽然在研究方法上，大致有侧重于区域个性的综合“宏观”分析，也有侧重于具体特征及生活、生存特有方式的“微观”探究。图典的好处，其一方面集成了自古至今的图像记录，从“中时段”时间角度，向阅读者提供一种观察城市与

社会形态发展变迁及相互关系的独特视角；另一方面集成了大量反映“短时段”的具体“历史事实”的各种图像信息，通过历史的纵向比较和地域的横向比较，使人们了解这个城市和地区的个性特征。若更配以志书等其他文献记录，则可作更多探究和发现，品味出更多的趣味来。

宁波现存最早地图之一的南宋宝庆《四明志》图，距今近800年，相较于今天的城市地图，在精度和信息量上自不必过多奢求，但古地图“择其精要”的画法，却好似“儿童画”，恰恰更直接反映了当时人们的意趣所在，透露出宁波城市自古以来的本色特质。有研究者曾概括宁波历史城市的三大特性——千年府城、江南水乡、东南港埠。这种看法在宝庆《四明志》图及其后历代地图上，似乎也存有佐证。

从宝庆《四明志》庆元府境图纵览宁波，最突出的是一座座山峦和一层层海浪。庆元府下辖鄞县、奉化县、慈溪县、定海县、昌国县和象山县，除奉化县位于群山之中，其余都为江河海洋包围，可见庆元府从一开始就被国家赋予护卫海洋边境的重责。故此，虽同为江南水乡，宁波却与苏南的平原型水乡有极大的不同：一方面，山、海之间冲积平原的灌溉和饮用水皆从周围群山之中而来；另一方面，又承担着海疆要塞和对外口岸的职能。宁波的城市个性或许也因此相较少了江、湖的柔和，却平添了山、海的坚韧和开阔。

当我们按时间轴去比较宋、明、清、民国时期的历史地图，以及分别于20世纪60年代、80年代和21世纪初拍摄的三江口地区影像图，能够清楚地看到社会历史变迁对城市空间形态的巨大影响。反过来，这也启示人们当顺应时代大势作现世的安排。

以唐长庆元年（821）筑子城、民国九年（1920）开始拆城墙、1987年国务院批复宁波实行计划单列、21世纪初跳出老城拓建新城等几个历史节点为标志，宁波三江口老城区发展，大致经历了前城市时期、古代城市时期、近现代城市时期、当代快速城市化时期和正在经历中的城市化新阶段。

关于前城市时期的宁波，虽然史料记载非常有限，但已有的研究表明：在经过长期的拓植之后，至唐开元二十六年（738）从越州管辖析出，单独设置“明州”，该地区已经完成了城市发展所必需的初始人口聚集和经济基础建设，具备了建城的可能性和必要性条件。而宁波作为日本遣唐使的登陆地之一，国际港口城市的基因也早在建城之初种下。

古代城市时期，历时千余年，宁波几乎一直在唐罗城范围内发展。宝庆《四明志》罗城图描绘了南宋时期庆元府府城的基本格局。总体上依循“子罗双城，丁字轴线”的典型唐城格局规制，子城居中部偏北，东西南北四座城门对位布局。同时因地形条件，尤其是因日、月湖水系关系，城南区域的河网道路布局相当灵活自由。此后，虽几经战乱和历代发展，除了城门位置、数量先后有些变化，城内道路河网更加丰满，城市的总体格局、规模均没有发生太多实质性变化。

直至1844年，宁波作为五口通商口岸之一正式开埠，江北岸成为外国侨民居留地，西方工

业革命的影响迅速波及千年古城。民国三年（1914）的《最新宁波城厢图》，当是宁波从古代城市步入近现代之际城市状况最直观的写照。城墙尚在，码头、水泥马路、铁路等新市政设施，以及领馆、教堂、洋行、医院、学校等公共设施开始出现，地图绘制精度与现代地图也已非常接近，一种全新的气象扑面而来。

民国二十五年（1936）《鄞县通志》的《鄞县城厢图》中，城墙已完全为环城马路替代。《鄞县通志·隳城始末》生动记载了隳城的原委——古城与开埠带来的经济社会发展的矛盾已难以调和。伴随隳城，古城迎来了一轮市政改造建设高潮，史称“鄞县建设十年”，包括造灵桥、修天一阁以及大规模填河筑路及拉电线等。民国鄞县政府建设科工程师王之祥先生为我们留下了一组反映当时市政建设情景的珍贵照片。总的来看，这次改造是因应当时经济与文化科学技术发展进行的适应性改造。

此后，一直至改革开放前，宁波城市建设几近停滞。从摄于20世纪60年代的影像图看，除姚江改道和铁路南站建设外，城区范围与民国《鄞县城厢图》几乎没有变化。改革开放使宁波再次蓄积起一股强大的发展力量，1987年城市计划单列更是直接把宁波送上了城市化发展的快车道。

1986年，宁波作为传统风貌型、地方特色型和特殊职能型相结合的城市，被公布为第二批国家历史文化名城。当时的摄像者可能没有意识到，1987年的城区影像图，记录的是这座古城在经历更巨大改变前的最后的完整风貌。彼时宁波城依然局限于三江口地区，但城市边界较之前已经有了很大的突破，紧紧包裹着老城，出现了一种完全不同于之前的新的城市空间肌理：大型工厂仓库、新式住宅小区，以及老城中心零星出现的现代建筑的身影。

回看1914年《最新宁波城厢图》和1987年城区影像图，都有一种挣脱欲出的感觉。古城已不堪新一轮城市经济社会大发展的重任，宁波城面临这样一种选择：要么自我革命，要么另辟新城。

转变和争议是一对孪生兄弟。20世纪90年代，随着城市东扩计划无疾而终，宁波拉开了大规模的旧城改造运动序幕。2002年城区影像图显示，由鳞次栉比的传统建筑屋顶、巷弄构成的紧密细致的老城不见了，代之以新的住宅小区、商业广场、城市公园和更宽的马路，只有在月湖西面等一些地方还散落着一些零星的老城肌理斑块。明州这座古城，转而以一种“隐秘符号”的方式存留下来：三江和护城河还在，环城路提示着以前的城墙位置，鼓楼曾是子城的南门，弯曲的街道是从前的河流……而那些还留存着老城最真实气息和记忆的斑块，因其不可再有而弥足珍贵，被赋予历史文化街区的名号而受到保护。如果再与今天的城市影像图比照，30年前以现代城市肌理呈现的很大一部分地区，特别是近现代的工业区、港口码头区也已消失，同时消失的是人民对城市的另一段记忆。

较于文字阐述的挂一漏万，地图影像的呈示，更直击我们去理解名城保护的意义，包括近些年兴起的工业遗产保护。那些受保护的街区、文保单位和历史建筑是孤独的，已然失去其初时的历史环境，它们该有什么样的权利，该以什么样的姿态存在于今天的城市？而城市更新迭代的方式，是完全抹去过去进行大规模旧城改造，拆旧建新？还是持续渐进，保留老街巷，对老房子进行更新改造利用，保留尽量多的城市记忆？我们对于城市的态度其实就是对历史的态度。当我们俯看这些珍贵的历史图典时，又何尝不是在仰望先祖们创造的文化与文明？

本图典以子城为起点，按象限分区编排史料，试图尽可能不带导向性地把最真实的历史信息呈现给读者。读者可以最大的兴趣自由度，加以研究和使用。可以整体观察，也可以就某一类特定事物或感兴趣的专业领域，研究其历史发生发展的现象，知其然及其所以然，从中获得启发。以下仅提供几个可能的阅读角度，以供读者参考。

宁波作为“中国大运河入海口”“海上丝绸之路启航地”，国际港口城市的基因与生俱来。港口对城市的影响也几乎无所不在。本图典汇集了大量可资研究利用的信息。从各时期历史地图，特别是古城东北隅、江北岸、三江口等章节，可以看到港口码头、海关、税务等涉港、涉口岸管理机构的设置和演变情况，以及港口对城市功能布局和宁波人经商特长养成的深刻影响。港口附近的城东区集中了大量商贸相关设施，以至古城明显呈现东、西区动静相异的布局特征。永丰库遗址考古则印证了宋元时期宁波海丝重要贸易港的地位。从图典还可以看到港口带来的外来文化对城市建筑的影响，中西合璧的鼓楼、近现代大量出现的西式公共建筑、西方风格装饰的传统民居等，从另一个侧面反映了港口的开放性文化影响和宁波人讲实效、不拘泥、善变通的性格特征。

宁波城的建立、发展与水息息相关，“三江六塘河，一湖居其中”，水规定了城市的基本形态，建立了城乡联系。江、塘、河、湖既是饮用水源，也是交通通道，并造就独特的城市生活景观。从历代府县地图、宁郡城河丈尺图、历史照片等史料，既可以观察到水在地域的整体系统性存在，塘河在城乡物资交换过程中的作用；也可以看到“治水”作为古代最重要市政工程对城市、对民生的重要影响，了解桥、闸、碶等传统交通水利工程设施的建造特征，追忆日、月湖边的人文胜景和小桥流水的独特风貌。

本图典更为宁波地区传统民居、公共建筑等的研究提供了大量第一手资料，读者可以从中进一步理解宁波人、宁波文化的价值取向和追求。

如同对历史和文化的阐述，对城市或区域个性规律的揭示既需要严谨的史料，也需要人文情怀。借用古语“言之不足则歌之，歌之不足则舞之”，语言的尽头是音乐，那么文字和图片之间也存有类似的关联，文字和图片相互不为替代却互为延伸。诚如我们的期待，设若本图典能够对于不管是专业或非专业的阅读者有所点滴启迪和帮助，则是我们最大的欣慰。

宁波市历史文化名城保护促进会

2019年10月

目 录

《名城宁波历史图典》导读

宁波地处东海之滨，自唐宋以来，一直是我国东南沿海重要港口城市、长江三角洲南翼经济重镇，地域特色鲜明，文化遗产丰富。1986年12月8日，国务院公布宁波及上海、天津、武汉、福州等38座城市为第二批国家历史文化名城，文化遗产和名城保护成为宁波城市建设与发展的重要内容。梳理这座城市的历史脉络，探究她的文化内涵和主要特征，培育形成符合名城保护客观规律和核心要求的价值认知与审美标准，是推进宁波城市文化建设和品质提升的重要工作。

本书以宁波名城核心区“三江口”片区为重点，收集整理反映这一区域城市和港口发展演变的典型文献，用图典的方式，按照一定的规格汲取精华，以期为大家提供一种了解宁波、审美名城的载体，并为宁波历史文化名城核心元素提炼、基本单元架构以及信息系统建立提供基础。

书中收集的文献资料主要包含三种类型。

第一类是传统文献，包括古旧地图、老照片和志书碑传中相关的重要文字记录。

第二类是文物与历史文化名城保护资料，包括考古资料、文物与历史建筑档案（建筑测绘图）、名城与历史文化街区保护规划资料等。

第三类是各时期城区航摄影像资料、地形图等。

现将各类资料主要内容和收集整理情况简述如下。

一、传统文献

本书收集的古地图，南宋时期的有两种。一种是成稿于南宋嘉定年间的《庆元府城内大小贰湖丈尺图》，根据图的左侧所注文字，判断原图应为当时的郡守俞建所制。俞建于嘉定十三年（1220）四月到任，十四年（1221）九月离任，此图绘制年代应该就在这段时间。这张图看上去似乎绘制不很准确，但可贵的是图中不仅记录了这一地区许多重要的“地脚印”，而且所注尺寸非常关键，为后世许多史志及著述所引用。本书所选是此图的清代誊录本，原件附于明高宇泰《敬止录》，现藏天一阁博物馆。

另一种是南宋宝庆《四明志》图，一套16帧，除府境、府治图外，还包括古代宁波所属六县的县境与县治图。宁波号称“方志之乡”，有宋元四明六志，但原版却仅存宝庆《四明志》一种。此书曾为皇家收藏，原书现存国家图书馆。这套志书地图，对宁波古代城市空间的研究，具有十分重要的价值。比如其中的罗城图，清晰描述了近800年前宁波古城的城垣、道路与水系格局；其间用文字标注名称的主要有三类：一是官署、学府、军营等公共机构与设施，二是坊巷（30多处），三是寺庙（20多处）。重要府邸仅录4处，其中月湖3处，包括位于月湖西北隅芙蓉洲上的“史丞相府”，即南宋丞相史弥远（1164—1233）的府邸。与现在对应的位置，就是月湖西岸马衙街以北、青石街与三板桥街以南、天一阁以东中营巷一带。府邸正门朝东临月湖，古时周围水系环绕，风光旖旎。南宋时期的月湖十洲，其中六处，都曾经为史氏家族所有，而今仅剩月岛花果园庙一处，是直接与史氏有关的后世遗迹。

将这套古地图与后来明、清直至民国的古旧地图和文献记录对照，可以发现宁波老城内的基本格局具有明显的传承性。

清代彩绘本《宁郡地舆图》，原件藏于美国国会图书馆。2003年第2期《中国国家地理》中，北大历史系教授李孝聪先生发表《在美国的中文古地图》一文，附刊此图局部。图下注云：“这是中国古代传统城市地图典型的表现形式，在地图中反映出绘制者的兴趣所在。借助这幅传统城市地图，能够判断出中国古代城市的空间结构。”我们于同年10月从李先生那里得到了他用普通相机拍摄的此图照片，公诸同好，引起宁波城市史研究与爱好者的关注。本书选用的《宁郡地舆图》像素更高，是后来从美国国会图书馆公开资料中获取的。因其“颜值”颇高，近年来被宁波当地各种媒体广泛使用。

我们从李先生那里同时获取的，还有1883年日本工兵美代清濯实测绘制的《浙江省宁波府城图》照片。此图原件也藏于美国国会图书馆，其重要信息精确度之高令人惊叹。

清光绪十四年（1888）河工局刊印的《宁郡城河丈尺图志》，是清末大规模城河浚治的记录。原书正文两卷共计32000余言，图文并茂，是记录宁波城中古代水系最为详细的资料之一。古代宁波城内有几十条干支河渠，以至“沟洫脉连，家映修渠，人酌清泚”，形成以日、月两湖为核心的城市水网系统。现存的月湖河道及平桥头水则亭遗迹，就是这段历史的重要见证。

“一张图胜一万言。”图像化的记录，在信息量和形象度上，远远超过文字和语言。不仅古地图，老照片也是如此，以更精细的直接影像，反映出对象物的真实面貌。

目前已知留存下来的1949年以前的宁波老照片，数量不少。最早的一批照片，是开埠后陆续来甬的外国人所拍摄。今天仍然能从保存下来的［澳］华生、［英］慕雅德、［英］包腊、［美］杜德维、［德］柏石曼、［英］斯威尔以及［日］常盘大定等人的相册和书籍中，见到19世纪70年代到20世纪30年代的宁波影像。除了这一时期宁波城乡的传统风貌外，在江北岸的老照片中，还可以发现中国近代建筑在宁波地区发生、发展和变化的诸多现象。参考日本著名建筑师和建筑史学家藤森照信《外廊样式——中国近代建筑的原点》一文，对照不同时期江北岸的照片，可以看到“外廊样式”在宁波江北岸地区的完整演化过程。当“外廊样式”在19世纪末逐渐衰落后，取而代之的是更为丰富的各类近代建筑。其中具有宁波地方特色的近代宁波民居，就非常有价值。除了它独特的建筑形式外，文化内涵也十分丰富，值得规划建筑师和保护管理者特别关注。

民国时期的老照片比上一时期更加丰富。但能在一段时间内以专题形式集中拍摄并保存下来的，当首推王之祥先生的摄影作品。王之祥先生（1904—1974）籍贯浙江嘉善，毕业并任教于浙江大学。1931年受民国鄞县县长陈宝麟先生邀请来甬，担任民国鄞县政府建设科工程师。他于1931—1939年期间，拍摄了大量反映宁波城市景观与城市工程建设的专题性照片，是我们研究民国时期“鄞县建设十年”的珍贵资料。

20世纪50年代到改革开放初期宁波的老照片，主要保存在当时承担宣传职能的宁波市展览馆，但涉及城市景观的不多。欣慰的是，我们在中国建筑设计研究院建筑历史研究所查阅到该所保存的1962年前后拍摄的大量宁波地区老照片，总计1600余帧。这些照片是著名建筑大师梁思成、刘敦桢先生领导当时的中国建筑科学研究院建筑理论与历史研究室，在20世纪60年代初组织浙江民居调查时所拍。由于大都是建筑师拍摄，专业性尤强，弥足珍贵。限于条件，本书只选用近20帧。

2002年下半年，宁波市文物保护管理所配合第二轮名城保护规划修编，对宁波老城区内（除原已公布的历史街区外）尚存的传统街区、文物与传统建筑进行全面普查。根据调研报告和同期拍摄的数百帧照片资料，选编成《最后的遗存——宁波市老城区文物与传统类建筑掠影》一书，集中记录了毛衙街、莲桥街，白水巷、郁家巷，南郊路、南塘河，秀水街、广仁街以及江北岸新马路、戴祠巷、德记巷、颍川巷等一大批历史街区及其文物与历史建筑，是同时期较为完整的城市建筑影像资料。本书选录了其中一部分。

除古旧地图和老照片外，本书还选录了一些比较重要的志书碑传文献。这些文献或言简意赅，或叙述详明，皆准确可靠。比如民国《鄞县通志·舆地志》记载的“海曙楼”和“隳城始末”两段文字，都仅寥寥数百言，但所述史实一目了然。又如宁波著名教育家杨贻诚先生（1888—1969）所著《竹洲文献》一书，考证详尽，要言不烦，是月湖文化研究的重要成果。杨先生曾任鄞县县立女子中学校长，文理兼备，国学功底深厚，1934年领衔寻访保护浙东史学重要遗迹白云庄，对宁波文化史迹保护卓有贡献。

现存于庆安会馆的《甬东天后宫碑铭》，是清史学家董沛（1828—1895）所撰，开篇即云：“吾郡回图之利，以北洋商舶为最巨。其往也，转浙西之粟，达之于津门；其来也，运辽、燕、齐、莒之产，贸之于甬东。”一句话就把宁波古代港口与航运的主要特征讲得清楚明白。

《天一阁东园记》是当代著名建筑与园林大师、同济大学教授陈从周先生（1918—2000）1988年在指导天一阁东园营造工程时所撰写。记中将东园营建的宗旨原则、布局设计、内涵寓意、主要特色以及大致过程娓娓道来，是一篇融汇中国传统文学与园林艺术精髓的绝妙篇章。

二、文物与历史文化名城保护资料

我国文物法规规定，文物保护单位都要建立“四有档案”，其中建筑测绘图是建筑类文物本体的重要技术文献。本书在资料收集阶段，对宁波老城区文物与历史建筑测绘图期望值较高，但结果不甚理想。一些重要文物保护单位，尚存在不少测绘图纸质量问题；历史建筑与街巷测绘图纸，则普遍质量不佳或缺失，整理比较困难。当然，天一阁、秦氏支祠、庆安会馆等国保单位，由于关注众多，大都已有较为完整的“四有档案”。

天一阁藏书楼的形制和测绘资料，最早记录应该在乾隆三十九年（1774）。当时清廷正在编修《四库全书》，各地纷纷进呈藏书，以宁波范氏天一阁所呈最多，引起乾隆皇帝高度关注。在那年六月二十四日的上谕中，乾隆皇帝传谕杭州织造寅著：“因闻其家藏书房屋、书架造作甚佳，留传经久。今办《四库全书》，卷轶浩繁，欲仿其藏书之法，以垂久远。”要求寅著“亲往该处，看其房屋制造之法若何。是否专用砖石，不用木植。并其书架款式若何，详细询察，烫成准样，开明丈尺呈览”。今寅著的上奏文字尚存，但藏书楼的“烫样”却遍寻无着。

湖北祝永清于光绪年间用类似“工笔界画”方式所绘制的《天一阁图》（1935年袁寅摹写，李良栋刻石），是目前所见最早的天一阁“测绘图”。清光绪八年（1882），会稽孙德祖获见此图后作跋云：“祝君永清，精勾股、擅西学，故钩勒之功细入毫芒，盖名笔云。”但天一阁于清道光年间曾经大修，因此祝永清所绘，已经不是明代和乾隆年间天一阁的原来模样。民国二十三年（1934），鄞县文献委员会重修天一阁工程竣工后，主任冯贞群嘱袁寅所绘《天一阁图》，与祝永清所绘风格一致。但仔细对照，除民国年间增加的尊经阁与明州碑林外，维修后的天一阁也与以前有所不同。1965年12月，王之祥先生应宁波文物部门之邀，完整地测绘了一套天一

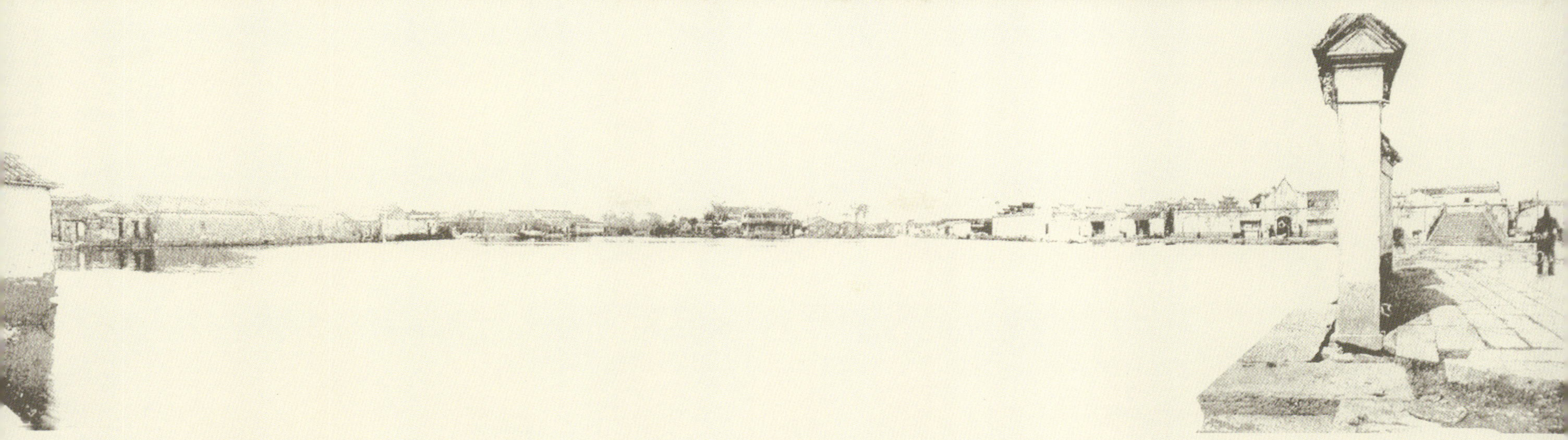

阁藏书楼建筑图。这也是天一阁现存最早的一套建筑测绘图。

1978年后，为保护天一阁周边环境，适应对外开放需要，天一阁管理部门先后扩建西大门、东明草堂、东园等工程，其间获陈从周先生全程指导。每有疑难，必请陈先生亲临现场，或批或评，深入浅出，终得圆满。本书选录的《天一阁总体规划设计图》（1986年），即为陈先生指导，由他的弟子路秉杰先生绘制。同类图纸和相关文献尚有不少，是我们研究这一时期天一阁建设发展的重要资料。

除天一阁外，本书还选录了30余处老城区重要文物和历史建筑部分测绘图纸。按照编排顺序，其中第一部分包括鼓楼、中山公园旧址、张苍水故居等；第二部分包括宁波天宁寺（塔与遗址）、伏跗室与赵叔孺故居（两者本为前后院，后赵氏将前院售与冯氏）、华美医院旧址等；第三部分包括王文瀚宅、屠氏别业、张氏味芹堂、尊经阁、水北阁、秦氏支祠、陈氏宗祠、赵氏永和堂、尤宅、翁文灏故居、徐时栋故居、林宅、贺秘监祠等；第四部分包括灵应庙、陈炳恒宅、杨坊故居、郡庙、天封塔等；第五部分包括钱业会馆等；第六部分包括江北天主教堂、宁波邮政局、浙海关、英国领事馆、谢氏旧宅等；第七部分包括庆安会馆、和丰纱厂旧址（小洋楼）等。宁波老城区内重要的文物和历史建筑尚有许多，有的尚未测绘，有的测绘质量不高，因此本书所选有限。

1926年华美医院住院大楼设计图，估计是宁波城区迄今保存最早、最为完整的近代公共建筑设计图，原图（晒蓝图）及相关资料现存宁波市第二医院。本书将这套图与2008年该楼维修时的图纸相比较，配上不同时期的照片，帮助读者了解华美医院住院楼的变化过程。同时附上该楼与永丰门一带城墙及道路的相关资料，以呈现城门、城墙、住院楼、环城马路之间在历史上的准确关系。该楼一层条石和二、三层老砖，原来就是这一带的城门城墙砖石。华美医院是我国最早的综合性西医医院，浙江省政府已于2011年公布“华美医院旧址”为浙江省第六批省级文物保护单位。

民国《鄞县通志》附有40余张“营建图”，本书选择一部分录入，以补史料之不足。经过几十年的努力，宁波老城区考古工作成果丰富。本书选录宁波天宁寺（遗址）、永丰库遗址、宁波府学（孔庙）遗址、南宋渔浦码头遗址、和义门瓮城遗址以及天封塔塔基与地宫、天一阁范氏司马第后宅基址等部分考古资料，以资研究。

三、各时期城区航摄影像资料与地形图

现代航摄影像与地形图资料，具有直观和精确的优势，是城市研究不可或缺的重要资料。通过不同时期的资料对比，能够得知城市发展演变的基本态势。1987年8月制作的宁波城区航摄图，对于了解宁波历史文化名城的本来面貌至关重要。此图制作时间，距1986年12月8日国务院公布宁波为国家历史文化名城才9个月，旧城改造与大规模拆迁尚未进行，城区面貌基本保持名城价值评估与公布时的主要景象。本书尽可能利用此图，制作较为清晰的分图，展示各个地段的历史影像，并注上该区域主要文物史迹的位置和重要地名。读者研究比对，或可窥得全豹。

在叙述完资料类型和收集整理的大致情况后，我们再将本书编辑的结构和方式作一简要说明。

根据图典、图录类书籍的一般特征，本书以各类图件为主要表现形式。基本构想是：以名城宁波各个时期古、旧地图为线索和引导，以老照片为直观影像佐证，以历代志书碑传等可靠文字记载为重要依据，结合文物建筑测绘、考古和名城保护资料，并辅以现代航摄影像图件，用简约客观的语言，相互印证，形象准确地解读宁波。

正文包括总录和七个部分。总录主要是整幅呈现宁波历代重要的古、旧地图和现代影像图。第一部分为“宁波古城核心区”，主要是以鼓楼为核心，包含历史上的府治、府学、县治等区域，是宁波古代的行政中心。第二部分是“宁波古城西北隅”，主要是以孝闻街为南北轴线，重点记录天宁寺、伏跗室与永寿街历史文化街区、华美医院、秀水街历史文化街区等。第三部分是“宁波古城西南隅”，即月湖历史文化街区。重点有天一阁、秦氏支祠、月湖水系等。为叙述方便，包含望京门内外区域。第四部分是“宁波古城东南隅”，以历史上的日湖为核心，自南、西、北三面，连接延庆寺与观宗寺、郁家巷历史文化街区、天封塔与郡庙等。为叙述方便，包含长春门内外区域。第五部分是“宁波古城东北隅”，主要以原宁波古城灵桥门、东渡门、和义门外侧沿线的宁波古代港埠区为重点，包含与之息息相关的药行街、开明街、东大路（今中山东路海曙段）、江厦街所在区域。第六部分是“宁波江北岸”，主要是以天主教堂与外马路历史文化街区为重点，也包括2003年以后列入保护对象的新马路、生宝路、戴祠巷、德记巷等重要历史地段，反映宁波近代开埠区在空间与环境上的演变。第七部分是“宁波江东与三江口”，先以庆安会馆、七塔寺、沿江工业遗存与景观为重要节点，对所在区域作基本描述，然后以列入世界文化遗产名录的“中国大运河·宁波三江口”收尾，着重展示这座城市拥有的国际性历史文化地理坐标。

由于资料的收集、甄别和加工、精选存在诸多困难，编辑者只能“看羹吃饭”，无法完全按主观愿望达标。因此，本书必定存在各种问题，敬请读者批评指正。

本书编辑组

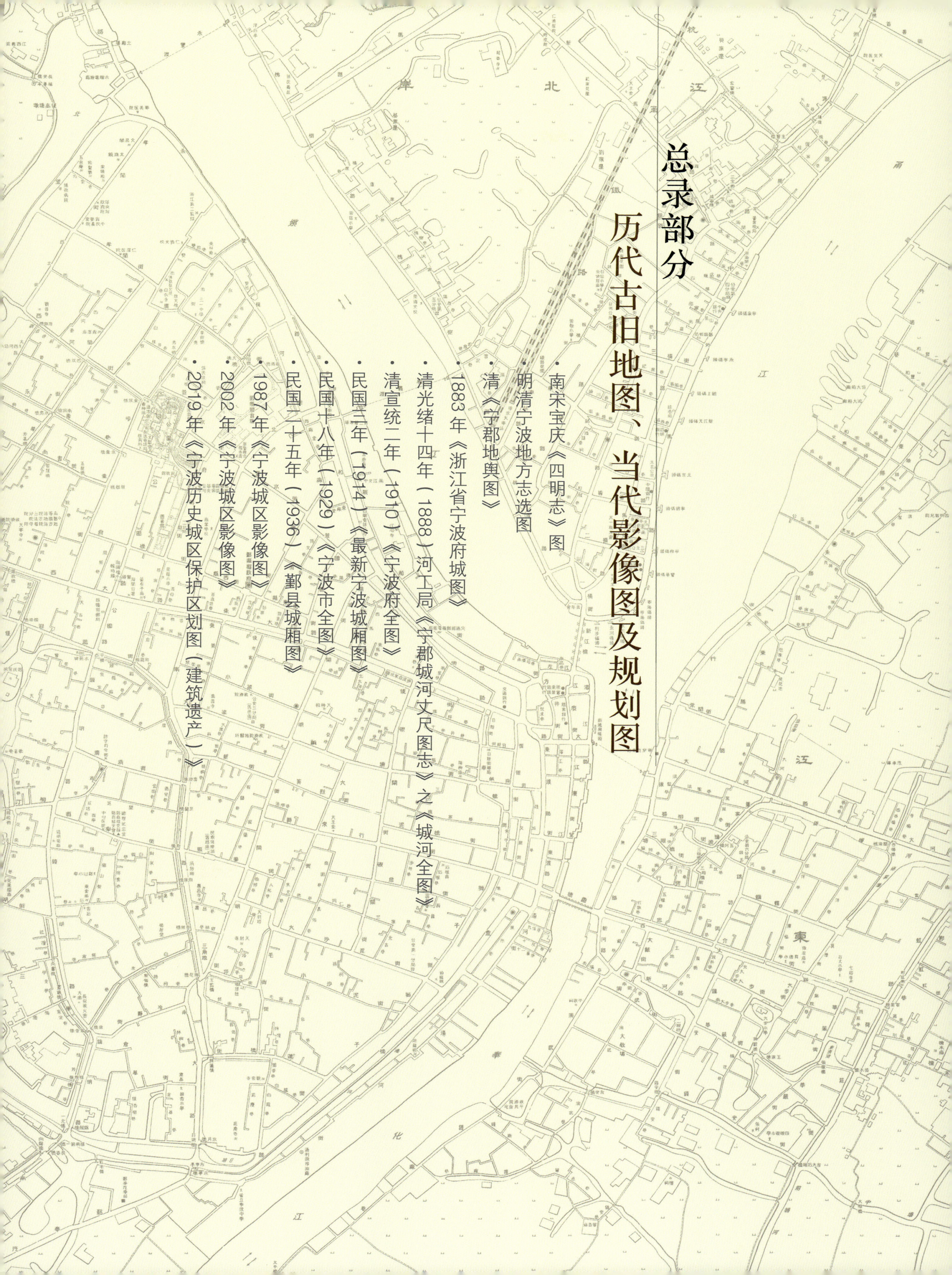

总录部分

历代古旧地图、当代影像图及规划图

- 南宋宝庆《四明志》图
- 明清宁波地方志选图
- 清《宁郡地舆图》
- 1883年《浙江省宁波府城图》
- 清光绪十四年（1888）河工局《宁郡城河丈尺图志》之《城河全图》
- 清宣统二年（1910）《宁波府全图》
- 民国三年（1914）《最新宁波城厢图》
- 民国十八年（1929）《宁波市全图》
- 民国二十五年（1936）《鄞县城厢图》
- 1987年《宁波城区影像图》
- 2002年《宁波城区影像图》
- 2019年《宁波历史城区保护区划图（建筑遗产）》

鳴鶴山
白洋湖
慈溪縣
香山
鳳凰山
三過山
伏龍山
定海縣
驃騎山
句餘山
普濟湖
花墅湖
慈溪界
東安鄉
清道鄉
廣德湖
銅山
丹山
奉化縣
天井山
南山
梅山
鎮亭山
天門山
金峨山
光同鄉
王保刊

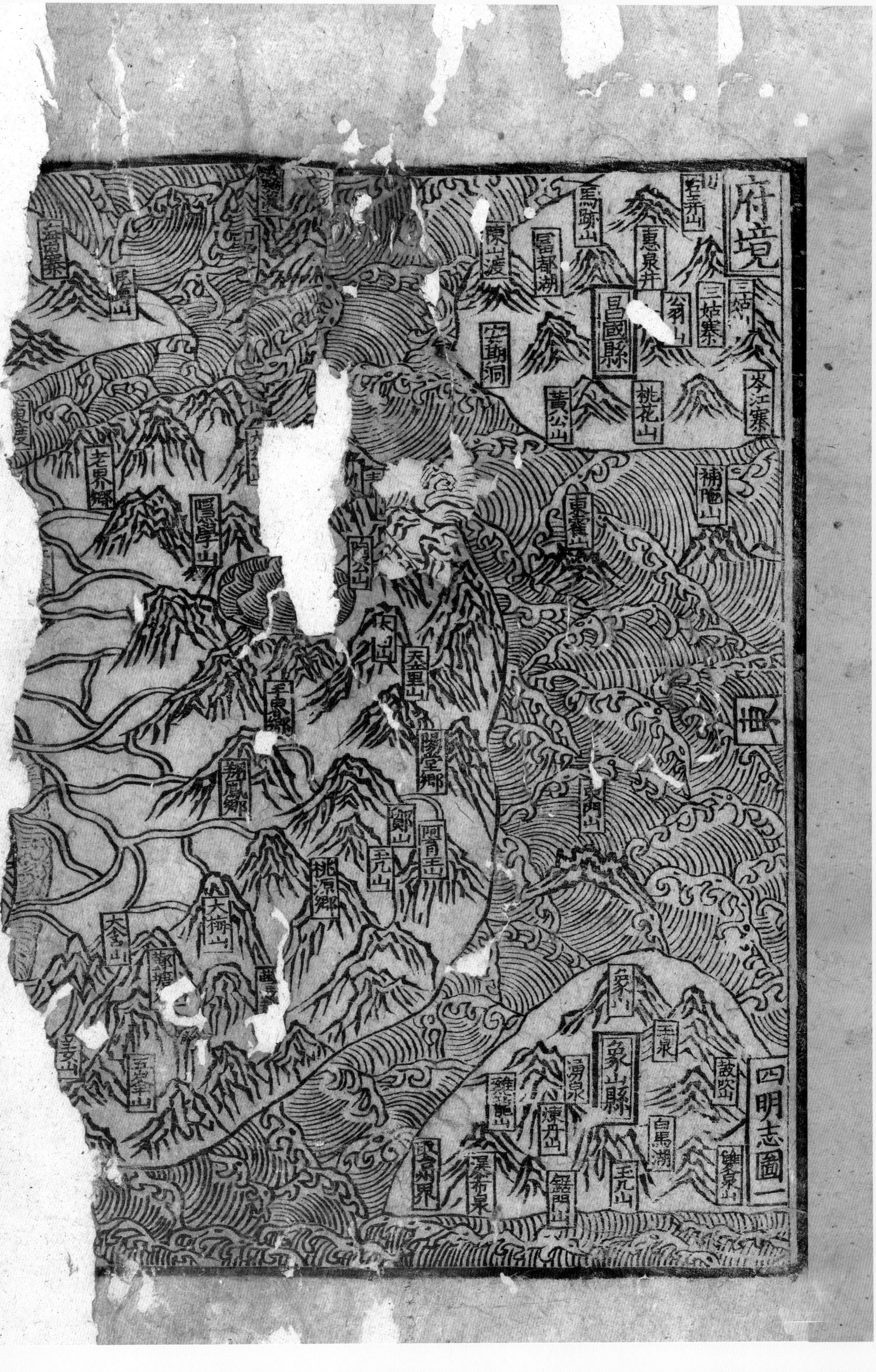

南宋宝庆《四明志》［国家图书馆藏宋绍定二年（1229）刻本］府境图

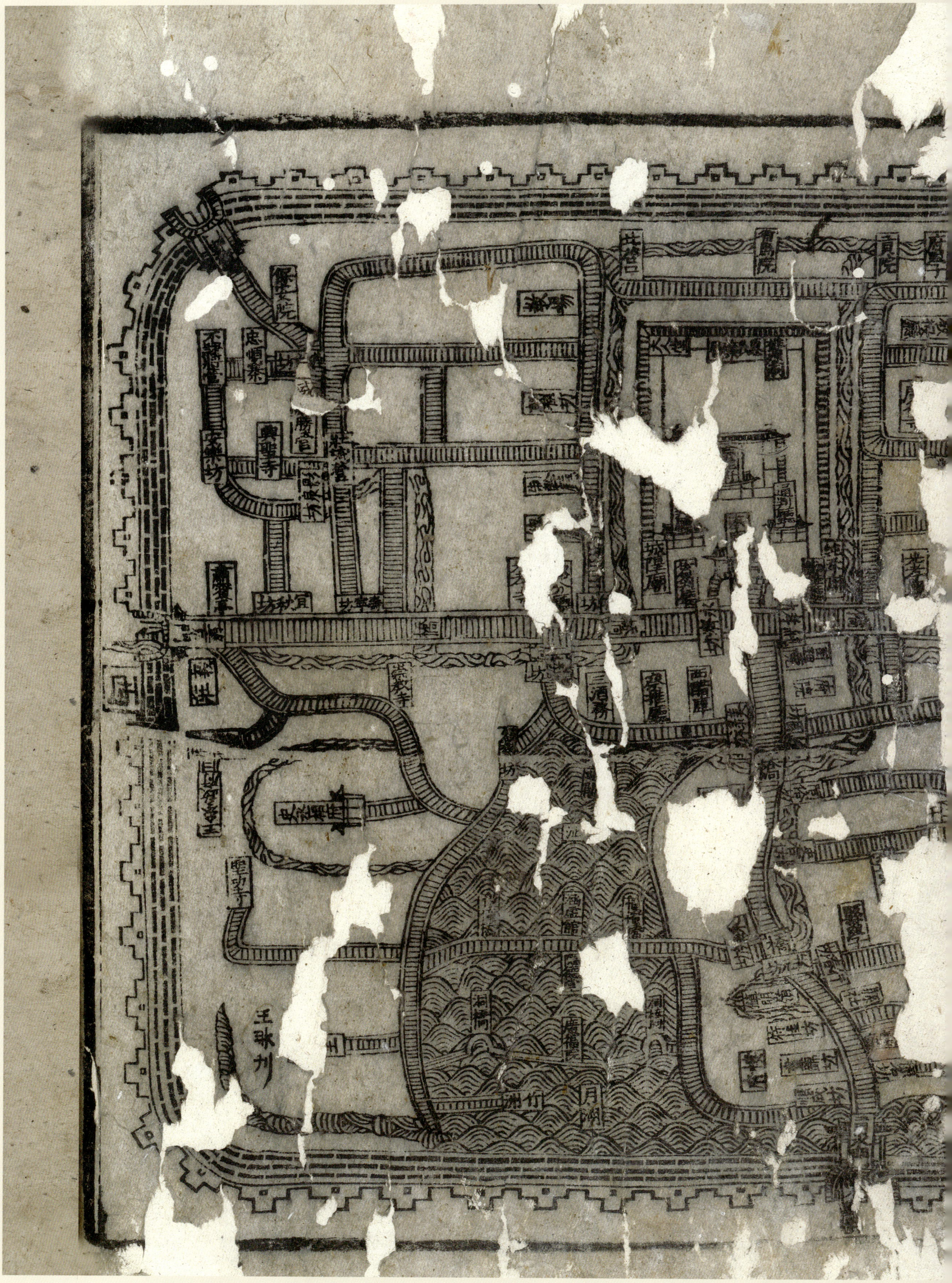

南宋宝庆《四明志》［国家图书馆藏宋绍定二年（1229）刻本］罗城图

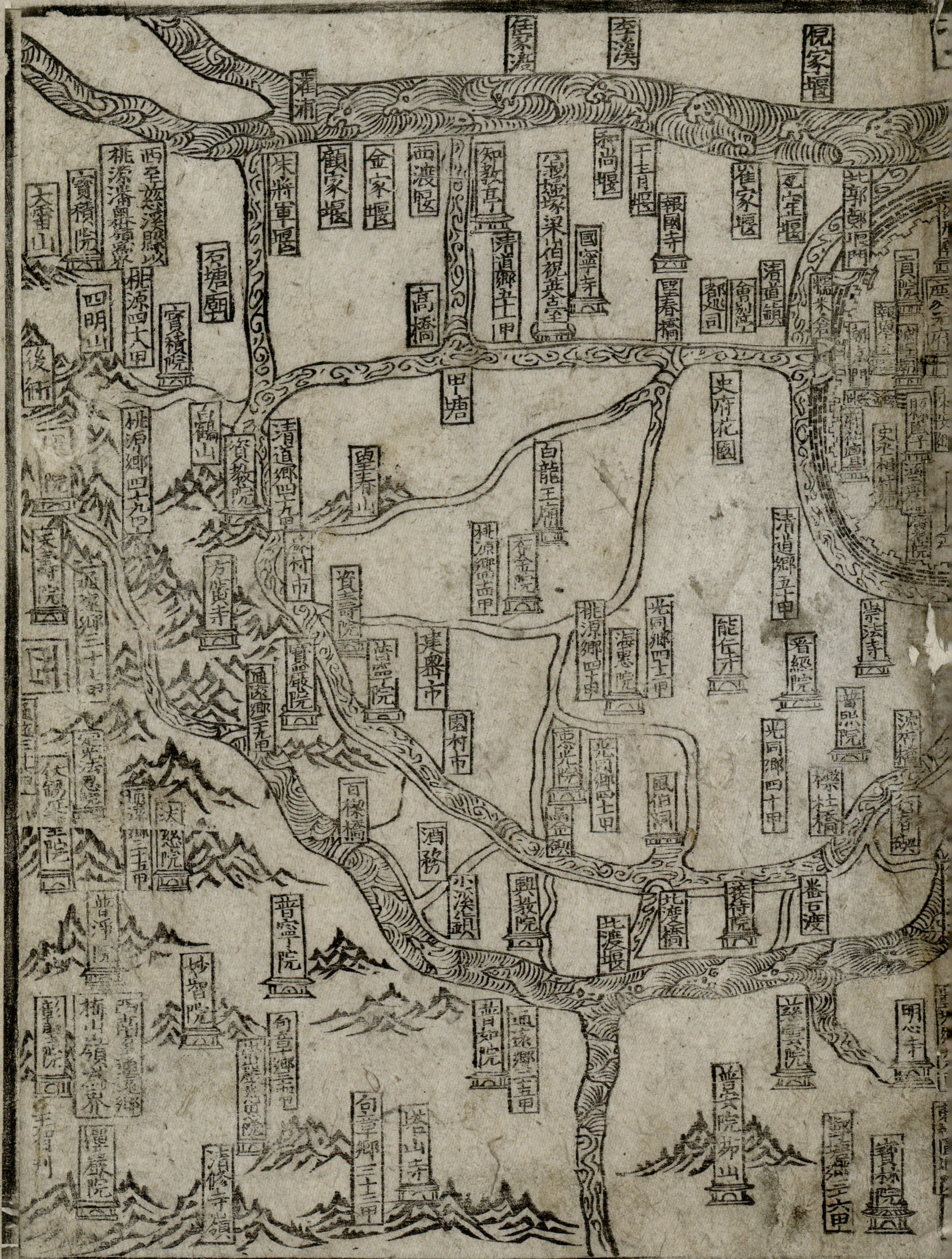
倪家堰
朱將軍堰
顧家堰
金家堰
西渡堰
和尚堰
崔家堰
高橋
甲塘
石塘廟
寶積院
四明山
大雷山
後街
白鶴山
望春山
白龍王廟
史府花園
國寧寺
報國寺
望春橋
都巡司
清道鄉五十甲
崇法寺
能仁寺
方廣寺
建嶴市
園村市
光同鄉四十甲
百樑橋
酒務
小溪鎮
興教院
北渡堰
北渡橋
接待院
普寧院
妙智院
塔山寺
句章鄉三十二甲
梅山嶺
清修寺嶺
明心寺
寶林院

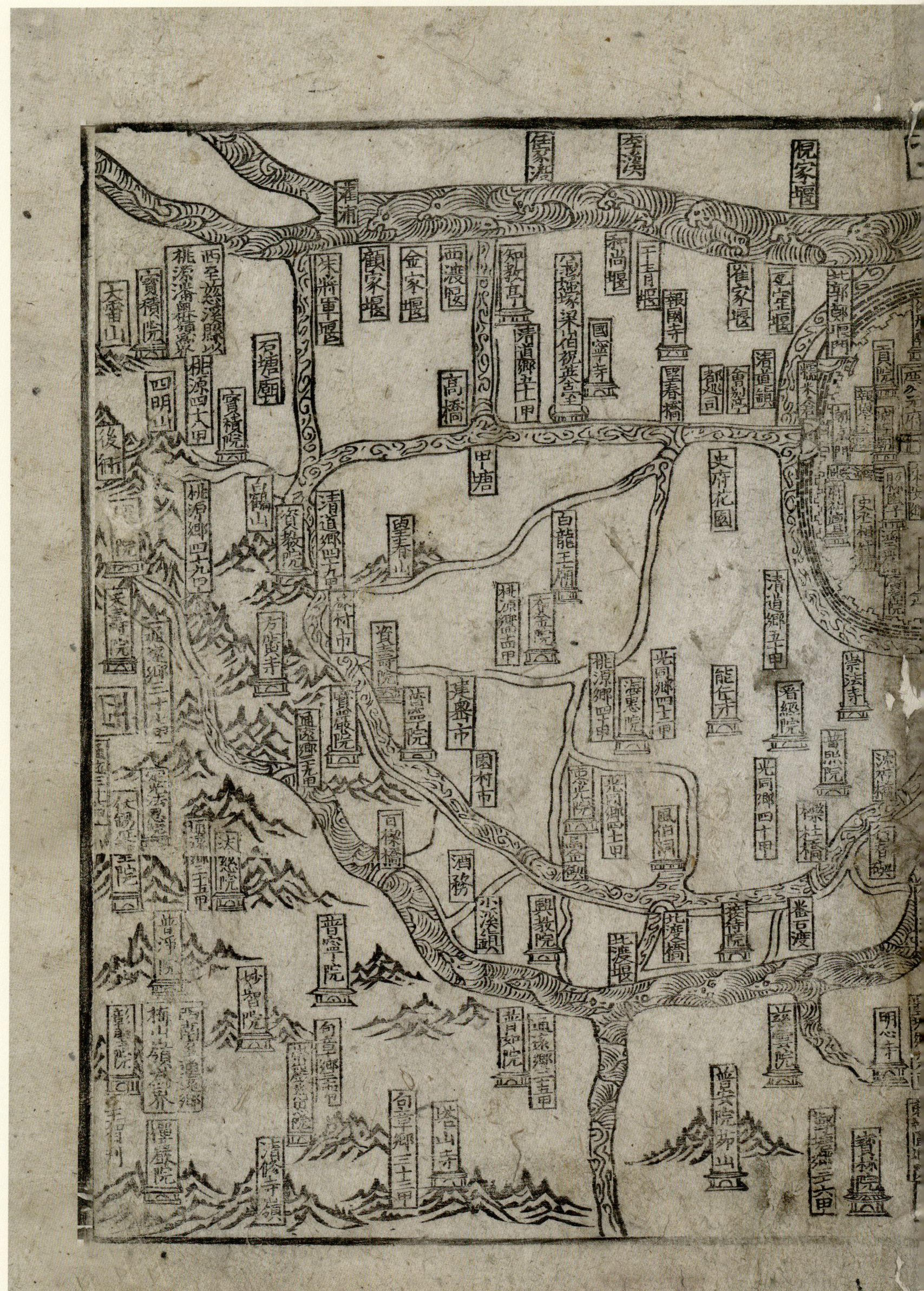

南宋宝庆《四明志》［国家图书馆藏宋绍定二年（1229）刻本］鄞县县境图

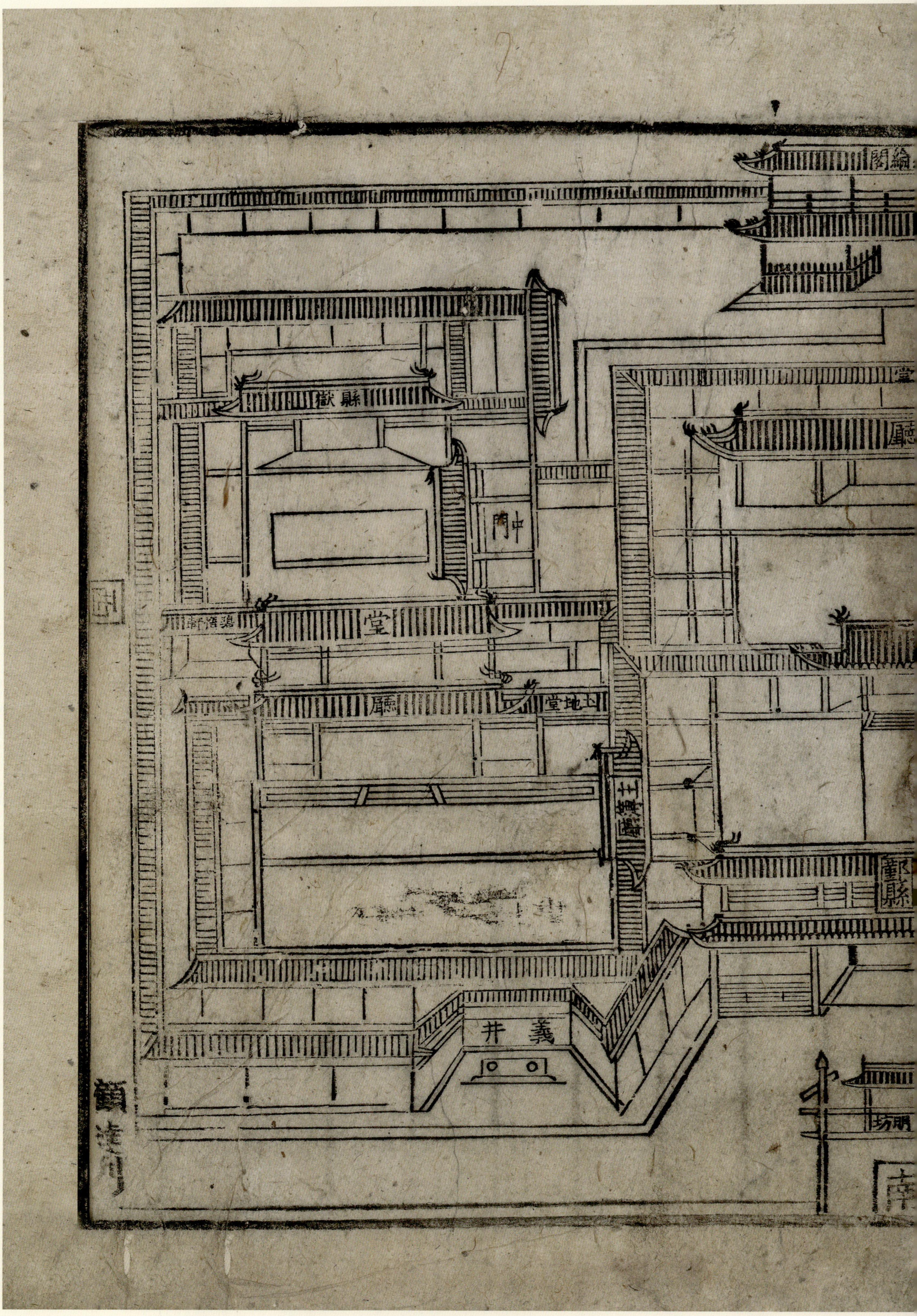
縣獄
中門
堂
廳
土地堂
義井

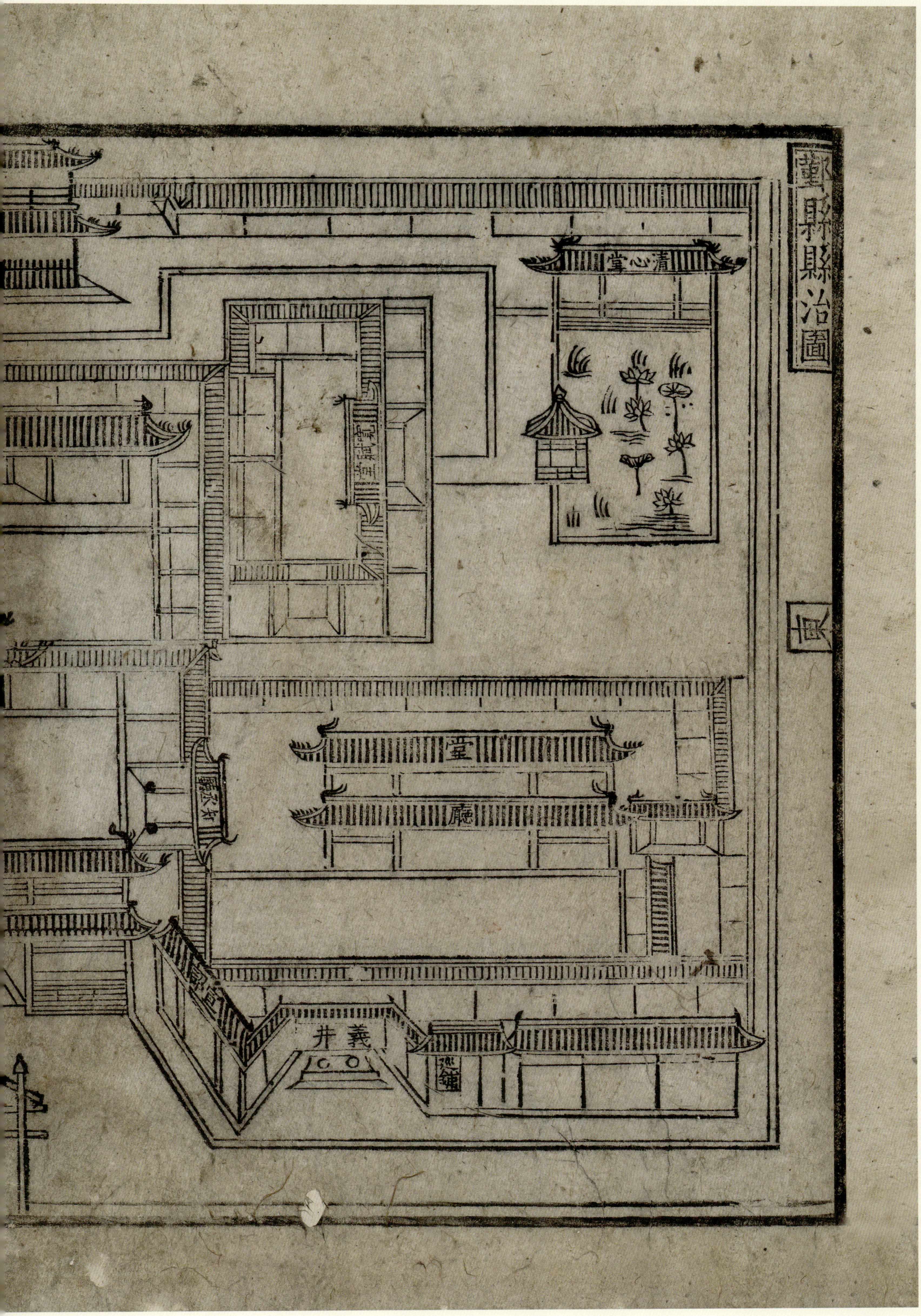

南宋宝庆《四明志》［国家图书馆藏宋绍定二年（1229）刻本］鄞县县治图（县治在今中山东路与开明街交界处北侧）

安隱院
奉慈院
資聖寺
洪昌院
淨業院
龍華院
蓮華院
證道院
寶林院
淨明院
江口坊
大智院
小晦坊
崎山坊
泉口坊
惠照院
永固院
上乘院
資福院
溪口坊
崇福院
三管
移孝院
彌勒塔
法喜院
剡元鄉
公塘坊
護教院
日嶺
廣化院
惠日院
慈光院
演教院
城隍廟
奉化縣
縣學
護國院
資國院
社壇
靈隱院
連山鄉
定明院
連山坊
普明院
廣法院
松林鄉
金地院
松林坊
安住院

南宋宝庆《四明志》［国家图书馆藏宋绍定二年（1229）刻本］奉化县境图

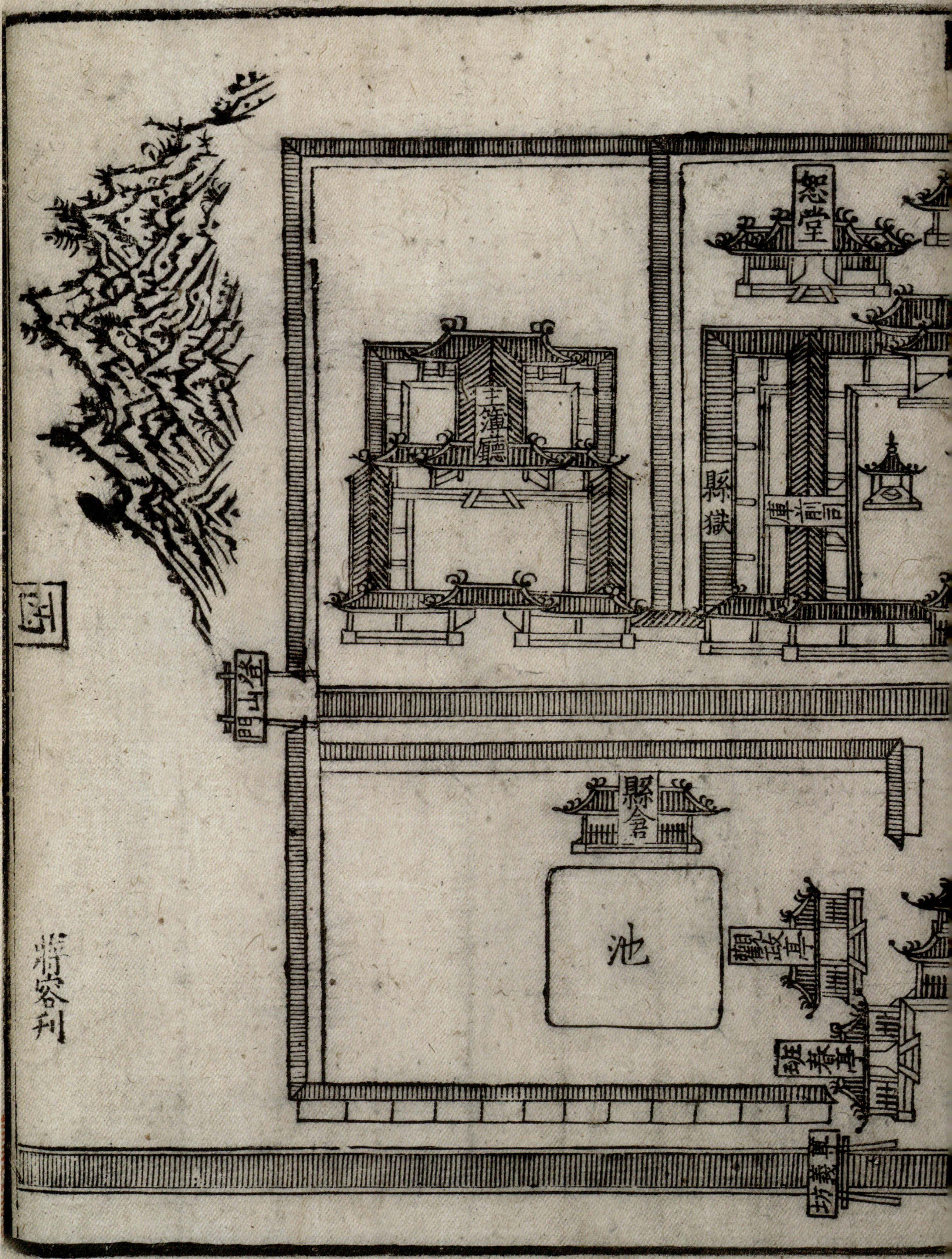
西
登山門
主簿廳
縣獄
恕堂
縣倉
池
觀政亭
延春亭
重義坊
将容刊

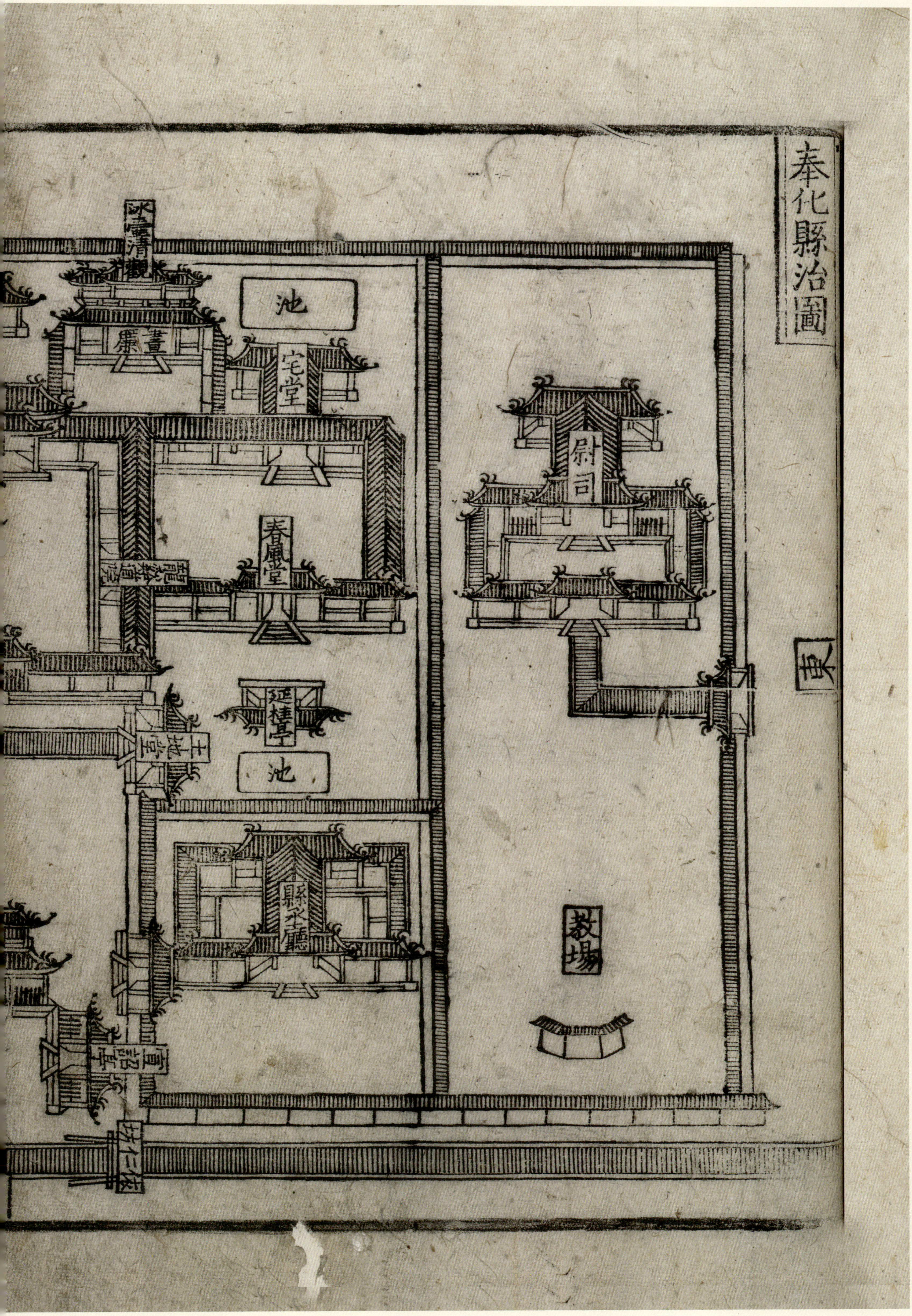

南宋宝庆《四明志》［国家图书馆藏宋绍定二年（1229）刻本］奉化县治图

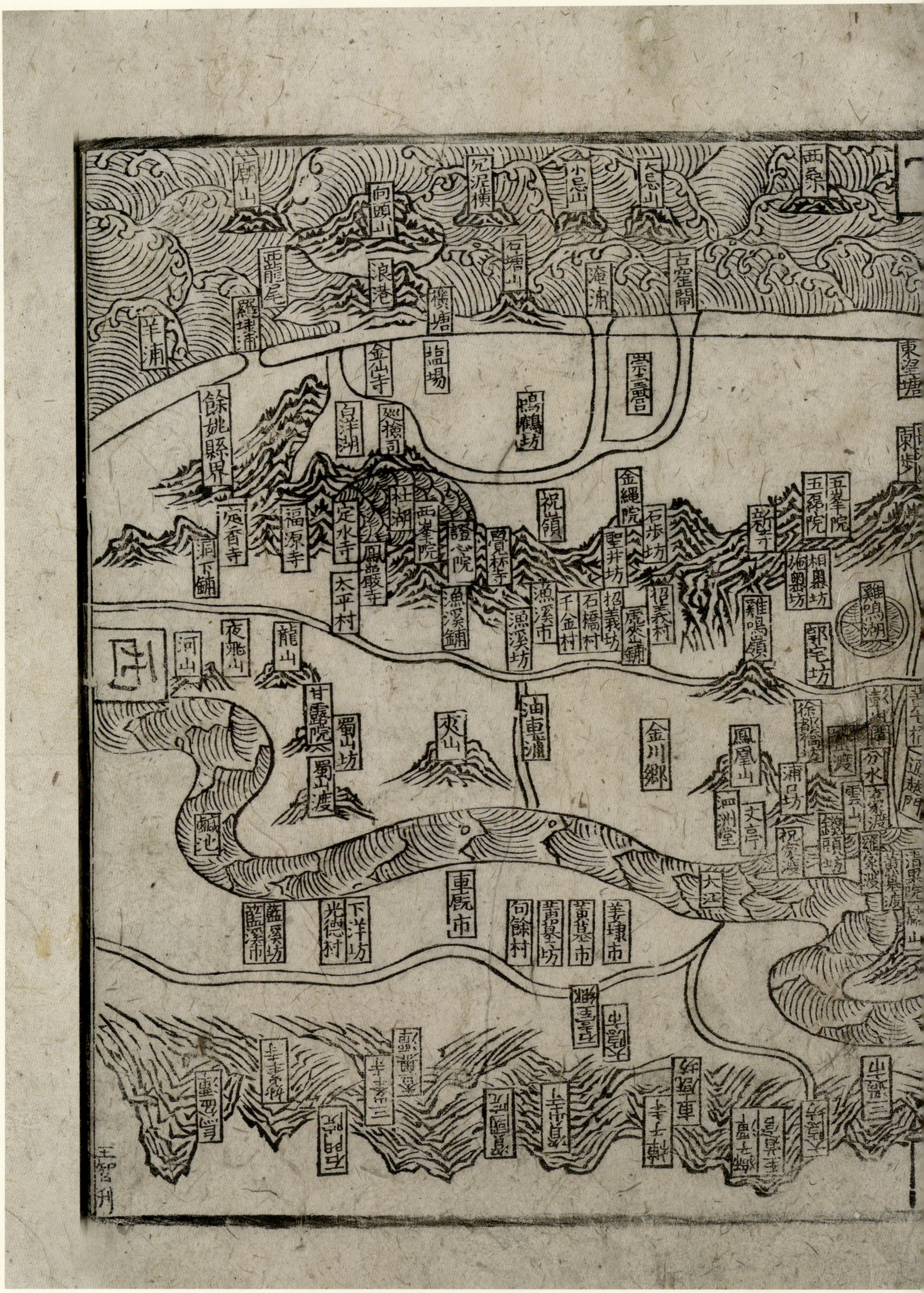

小息山
大息山
西象
向頭山
浪港
石塘山
淹浦
古窖閘
橫塘
鹽場
金山寺
白洋湖
羊浦
餘姚縣界
鳴鶴坊
杜湖
西峯院
證心院
定水寺
福源寺
冠香寺
洞下鋪
太平村
祝領
金繩院
石步坊
聖井坊
五峯院
五磊院
漁溪鋪
漁溪市
漁溪坊
千金村
石橋村
招義坊
招義村
雞鳴嶺
雞鳴湖
河山
夜飛山
龍山
甘露院
蜀山坊
蜀山渡
金川鄉
鳳凰山
泗洲堂
文亭
大江
車廄市
光德村
下洋坊
藍溪坊
藍溪市
句餘村
姜埭市
王智刊

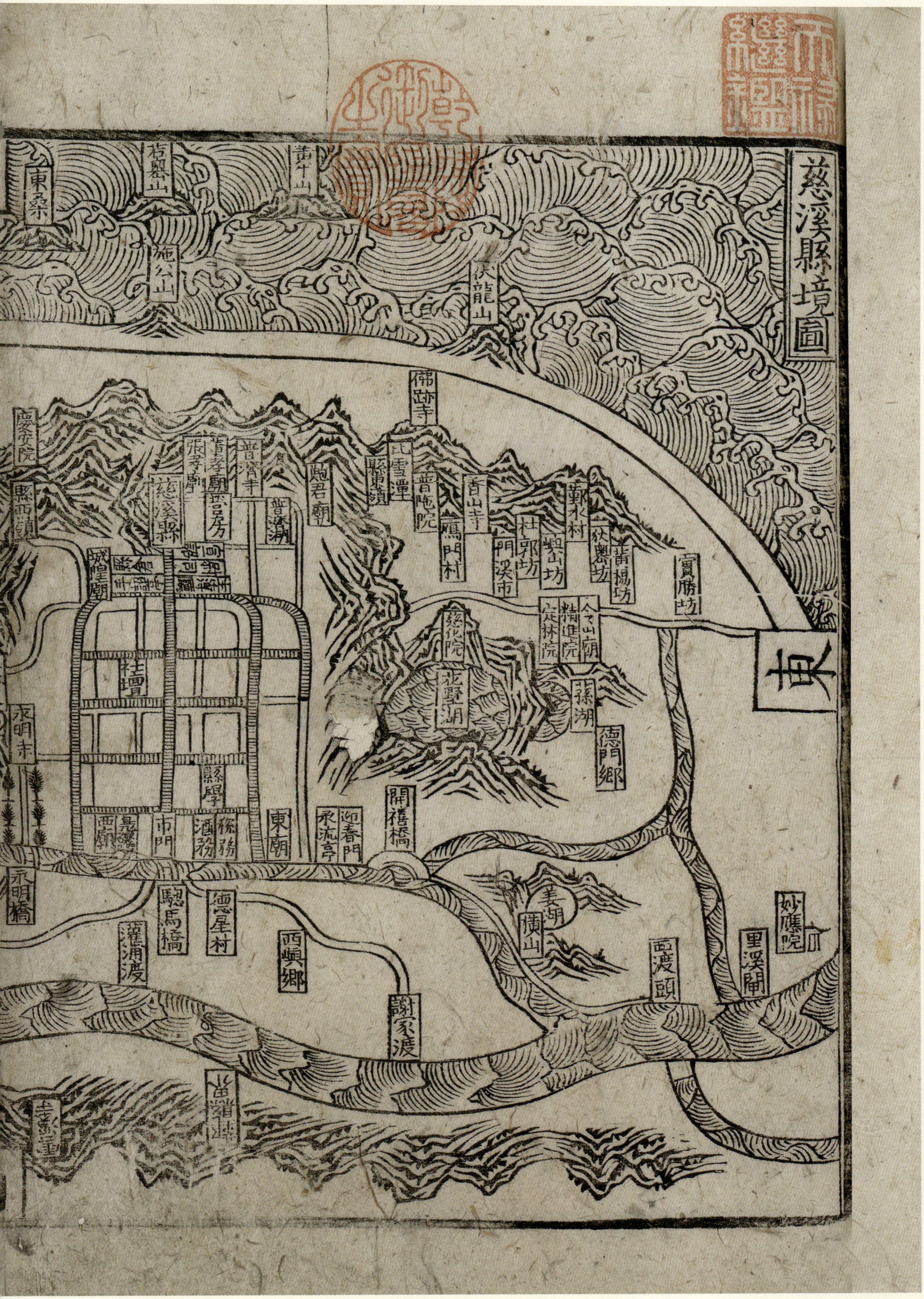

南宋宝庆《四明志》［国家图书馆藏宋绍定二年（1229）刻本］慈溪县境图

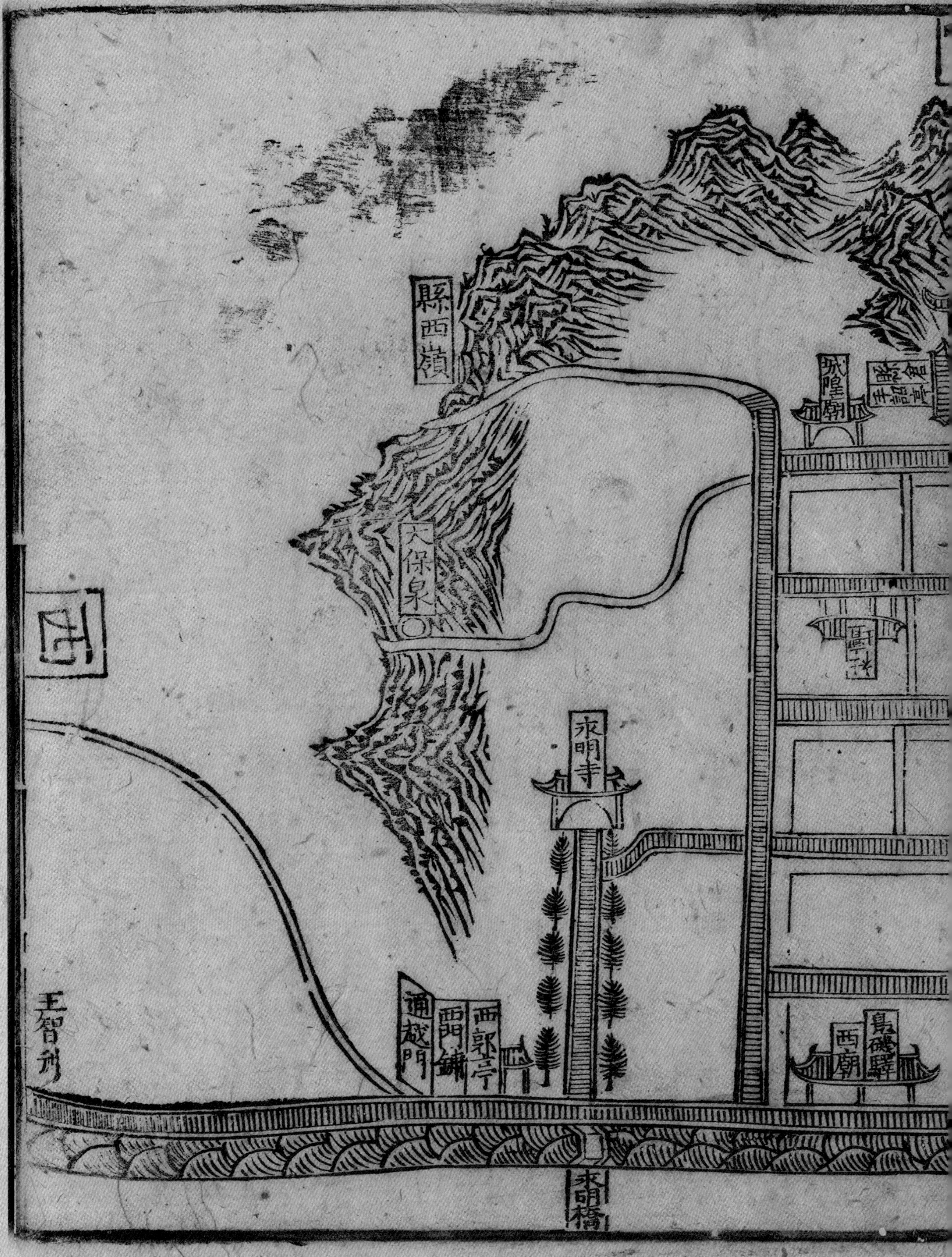
縣西嶺
大保泉
城隍廟
西
永明寺
通越門
西門鋪
西郭亭
西廟
永明橋
王智刋

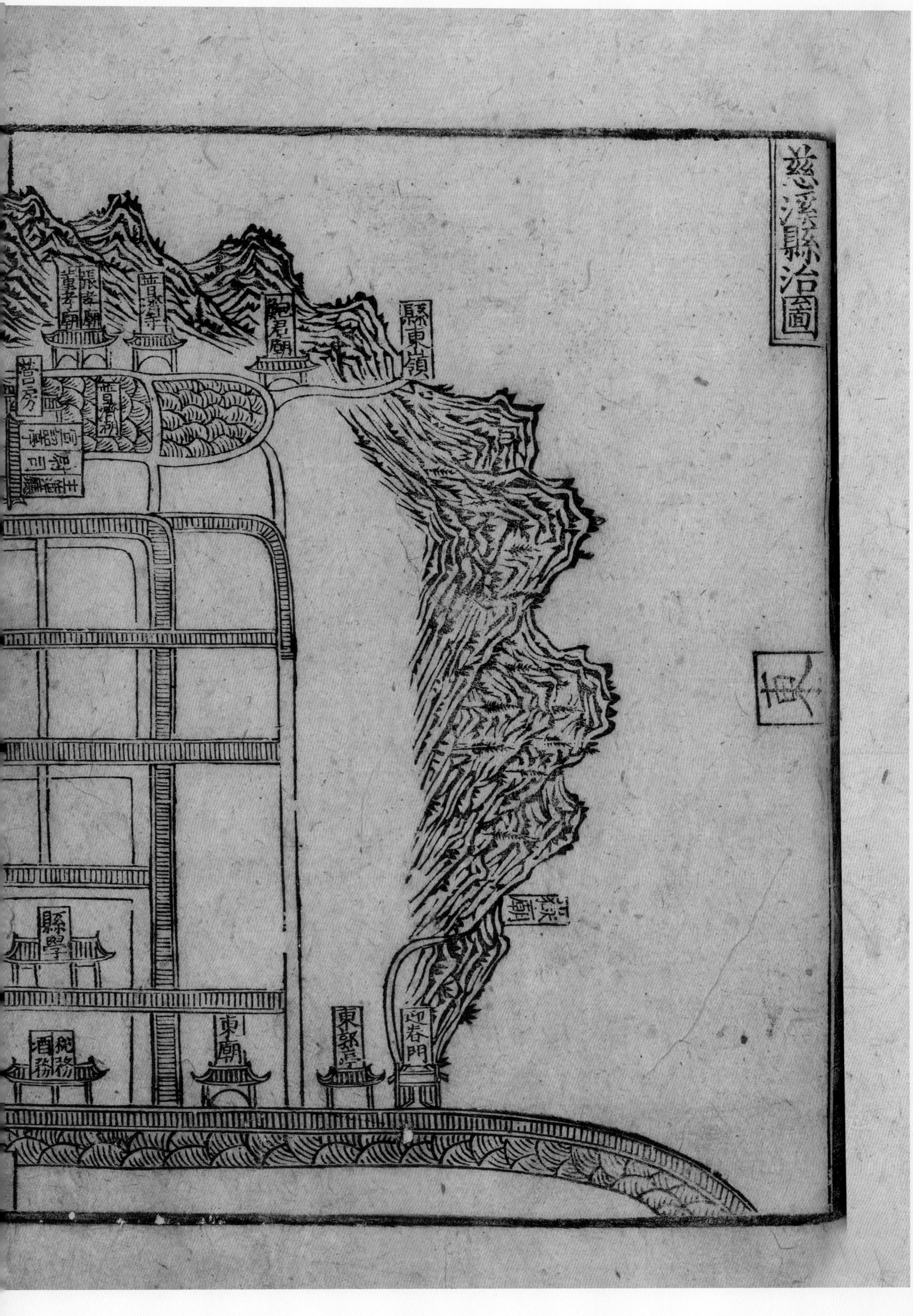

南宋宝庆《四明志》［国家图书馆藏宋绍定二年（1229）刻本］慈溪县治图（县治在今慈城古镇）

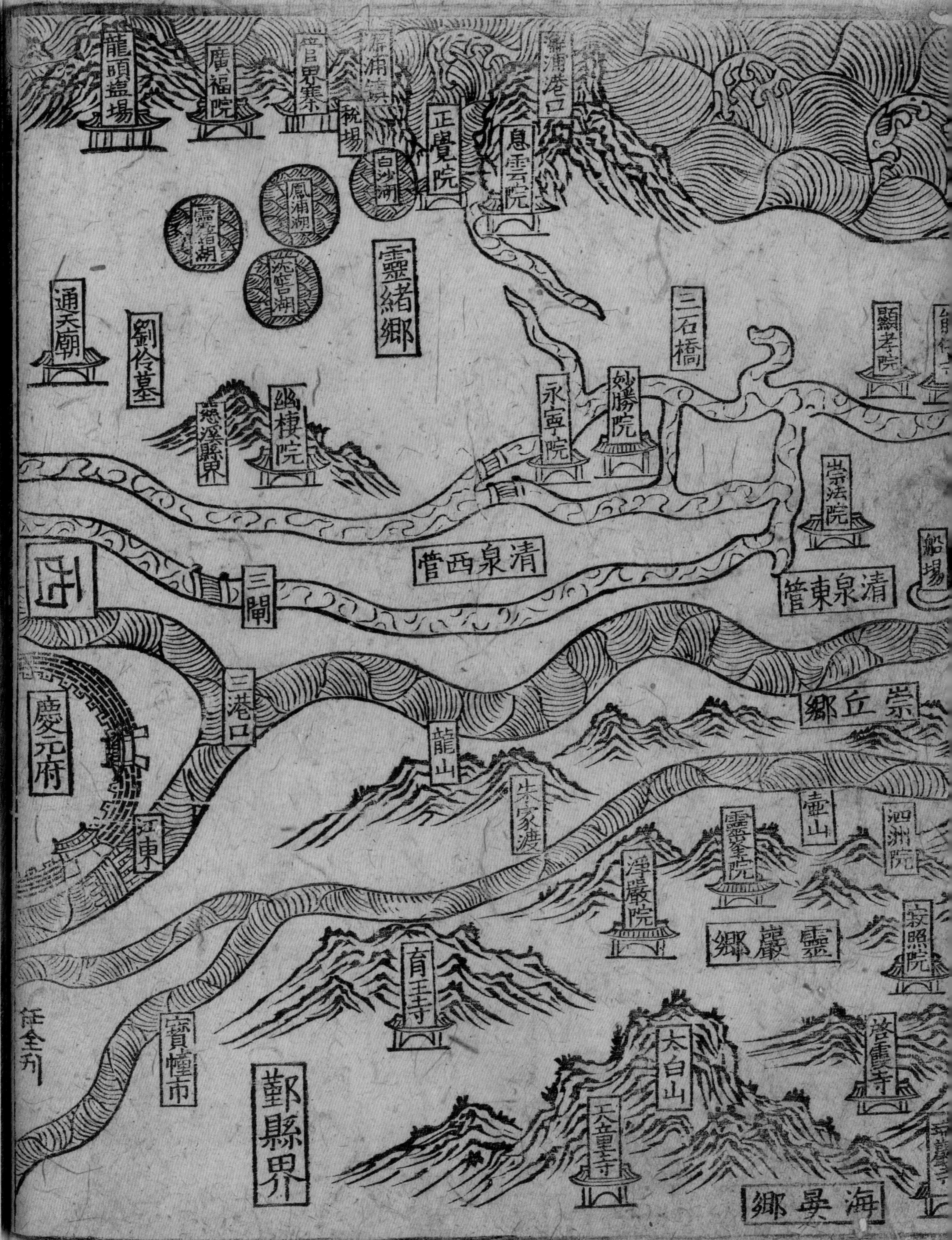
龍頭鹽場
廣福院
稅場
正覺院
白沙湖
息雲院
鳳浦湖
靈緒鄉
通天廟
劉伶墓
慈溪縣界
幽棲院
永寧院
妙勝院
三石橋
顯孝院
崇法院
船場
清泉西管
清泉東管
三閘
三港口
崇丘鄉
慶元府
龍山
朱家渡
江東
泗洲院
浮巖院
靈巖鄉
育王寺
大白山
天童寺
寶幢市
鄞縣界
海晏鄉
任全刊

南宋宝庆《四明志》［国家图书馆藏宋绍定二年（1229）刻本］定海县境图

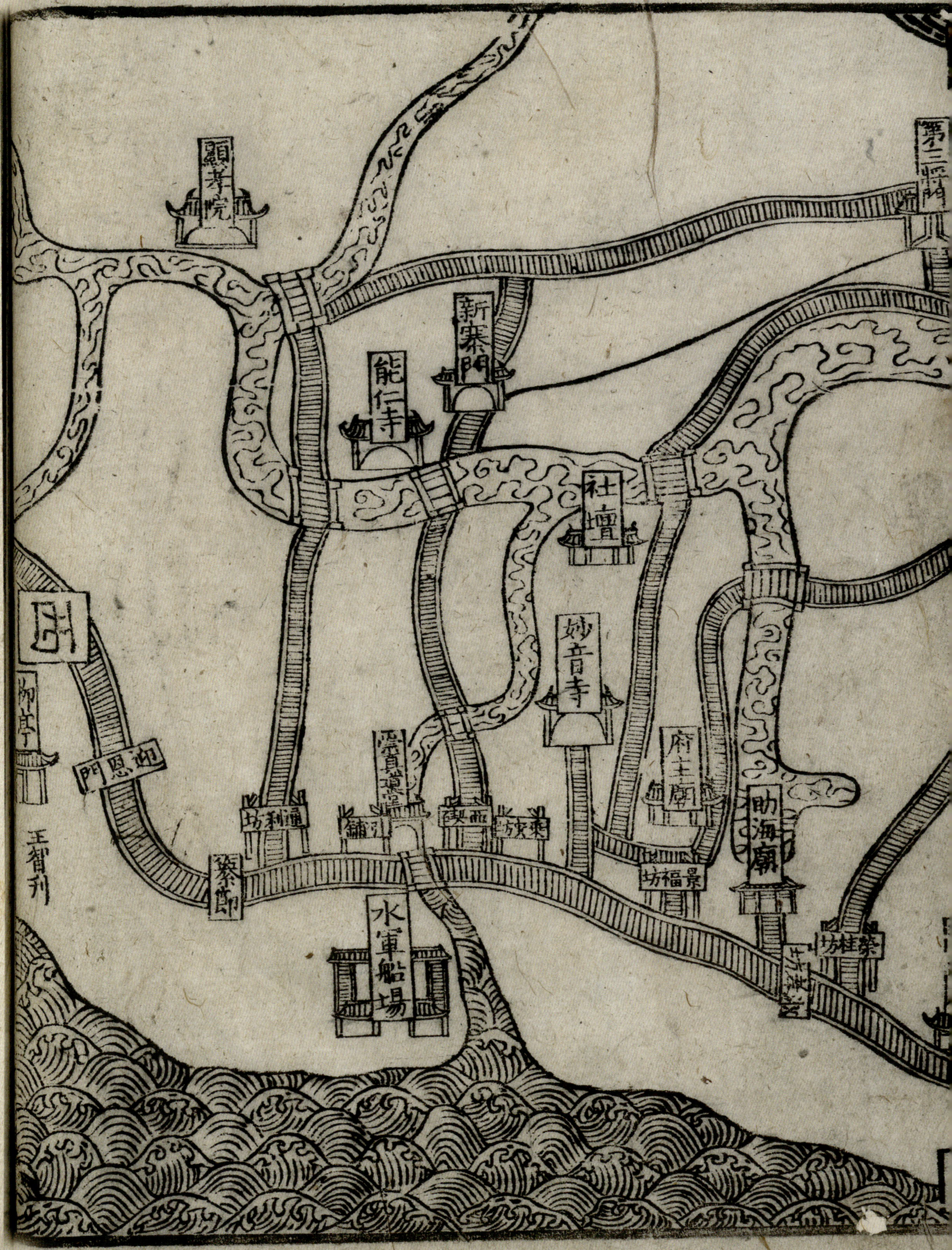
顯孝院
新寨門
能仁寺
社壇
妙音寺
府主廟
助海廟
迎恩門
柳亭
王智刊
通利坊
東安坊
景福坊
榮桂坊
水軍船場

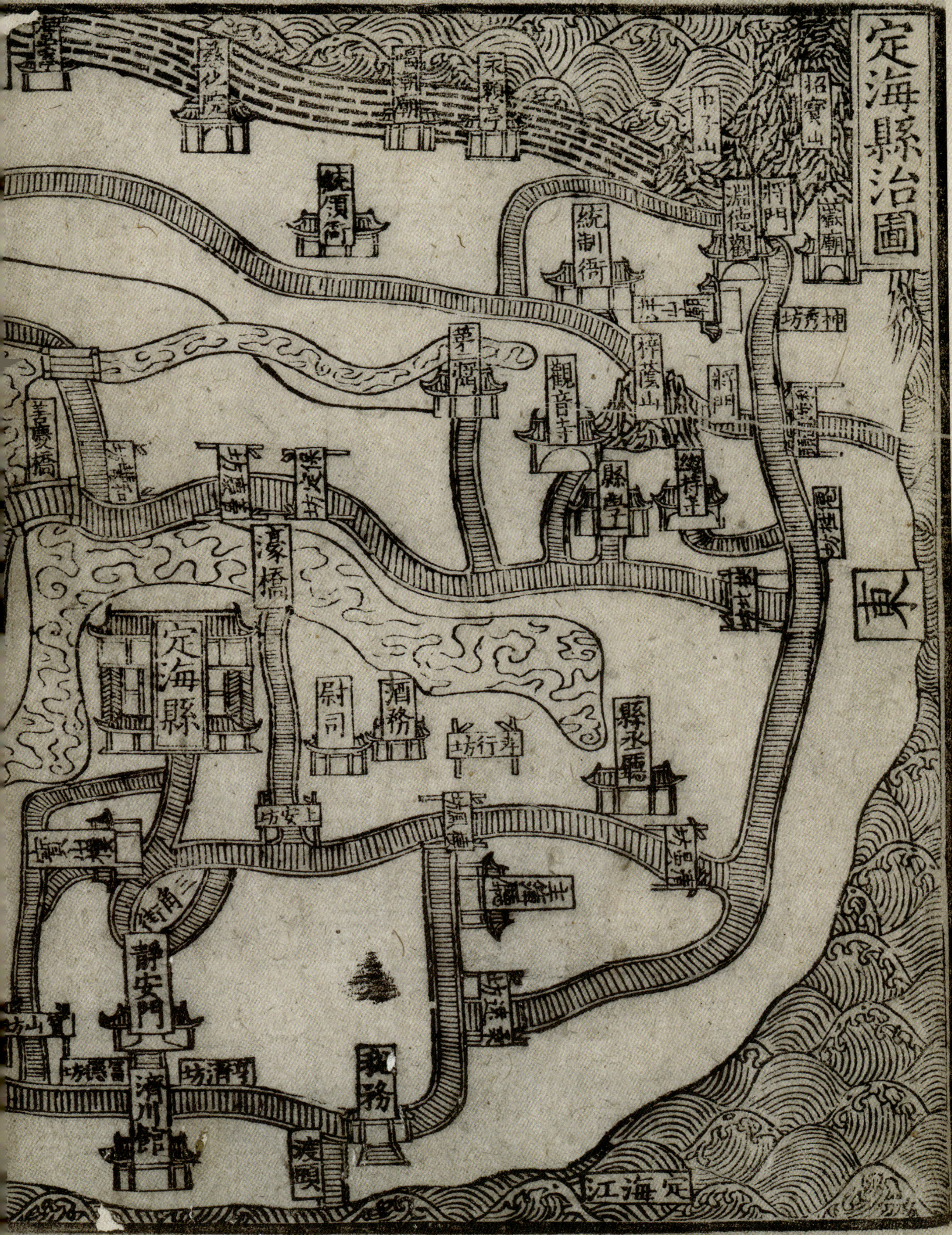

南宋宝庆《四明志》［国家图书馆藏宋绍定二年（1229）刻本］定海县治图

西北到泰化縣界
以鄭港中流爲界
台州寧海縣界
以峽山爲界
白石山
鄭港
西管洋
西嶴
後倚
排頭
黃溪
智門院
西砂坊
黃欄店
政實鄉
教場
煉丹山
應真亭
棲霞觀
煉丹井
社壇
西橋
蓋蒼山
西至台州寧海縣界一百里蓋蒼山爲界
蓬萊院
城隍廟
九頃村
西溪坊
普明院
伍師院
歸仁鄉
馬江河
靈巖院
東溪坊
太平寺
新安院
西南到台州寧海縣界一百十五里以溪港蓋蒼山爲界
台明嶼

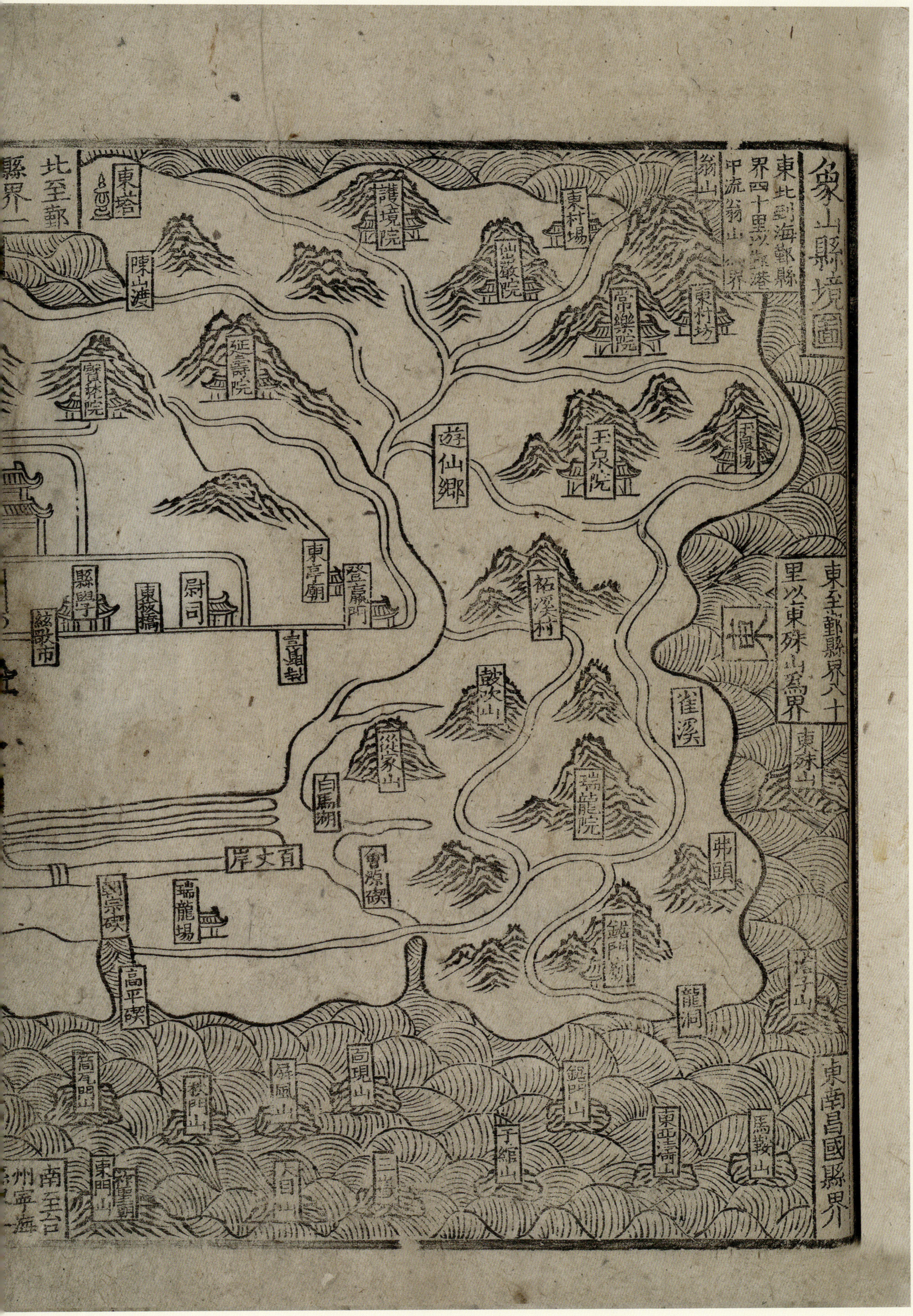

南宋宝庆《四明志》［国家图书馆藏宋绍定二年（1229）刻本］象山县境图

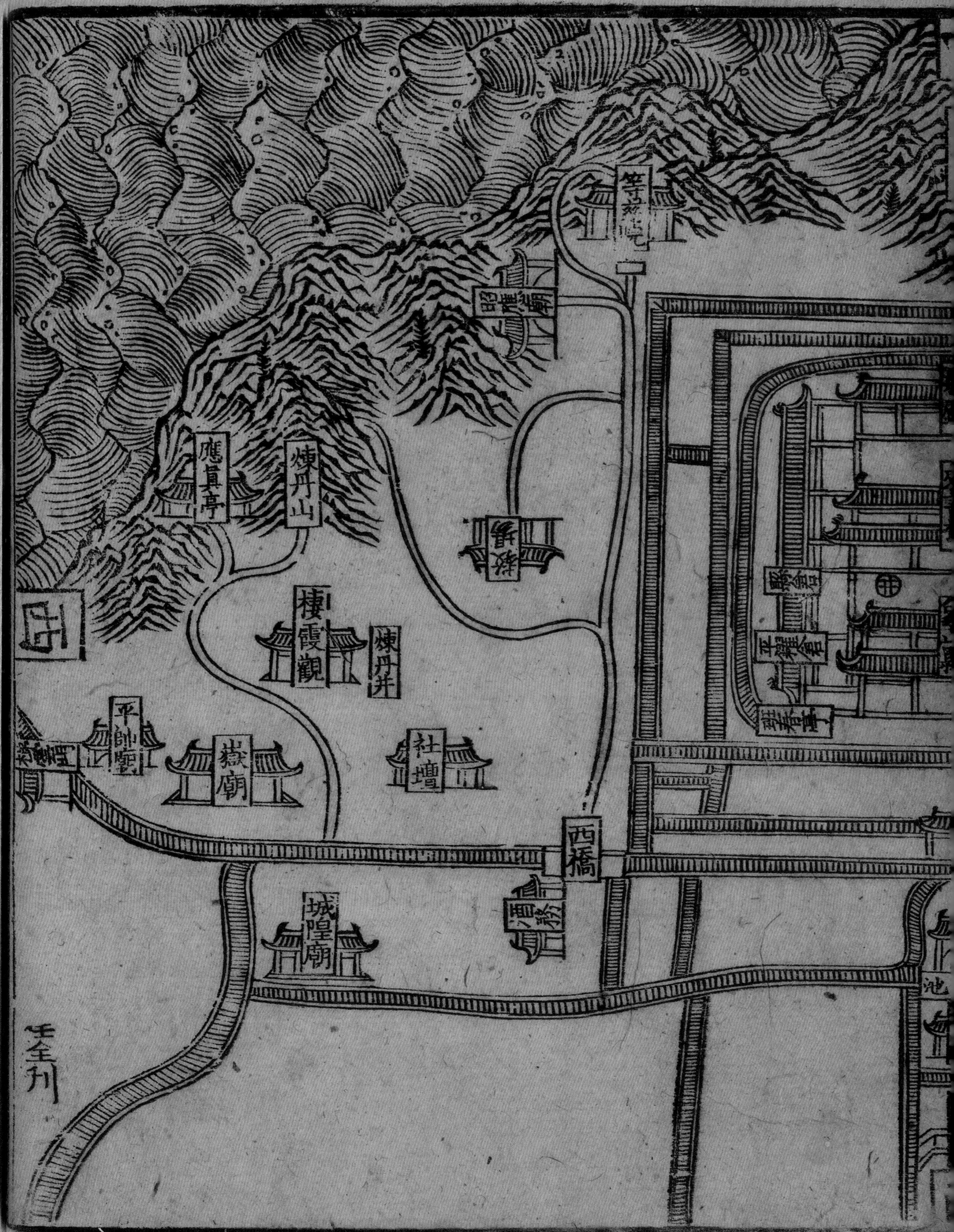

應真亭
煉丹山
昭應廟
棲霞觀
煉丹井
嶽廟
社壇
西橋
城隍廟
迎春亭

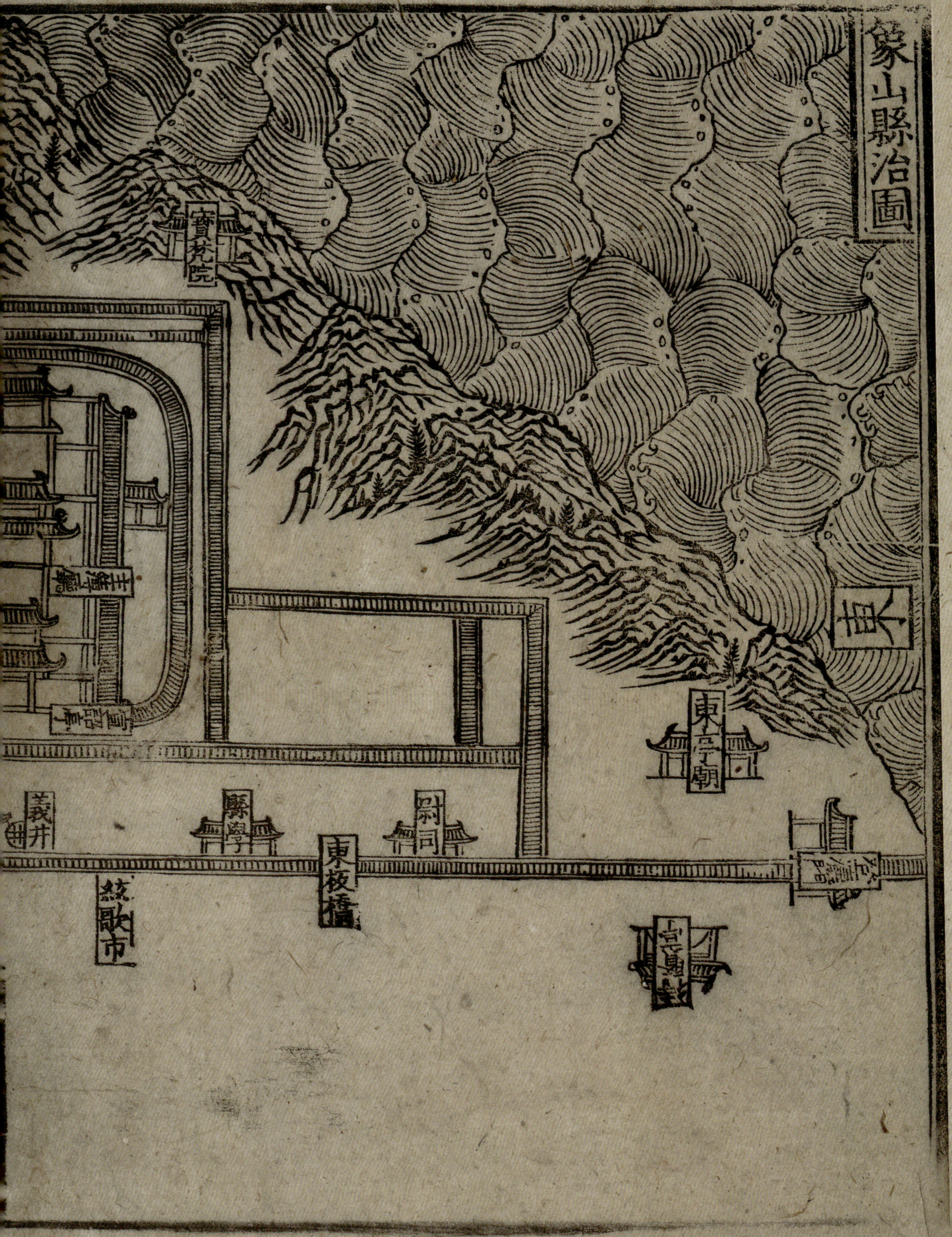

南宋宝庆《四明志》［国家图书馆藏宋绍定二年（1229）刻本］象山县治图

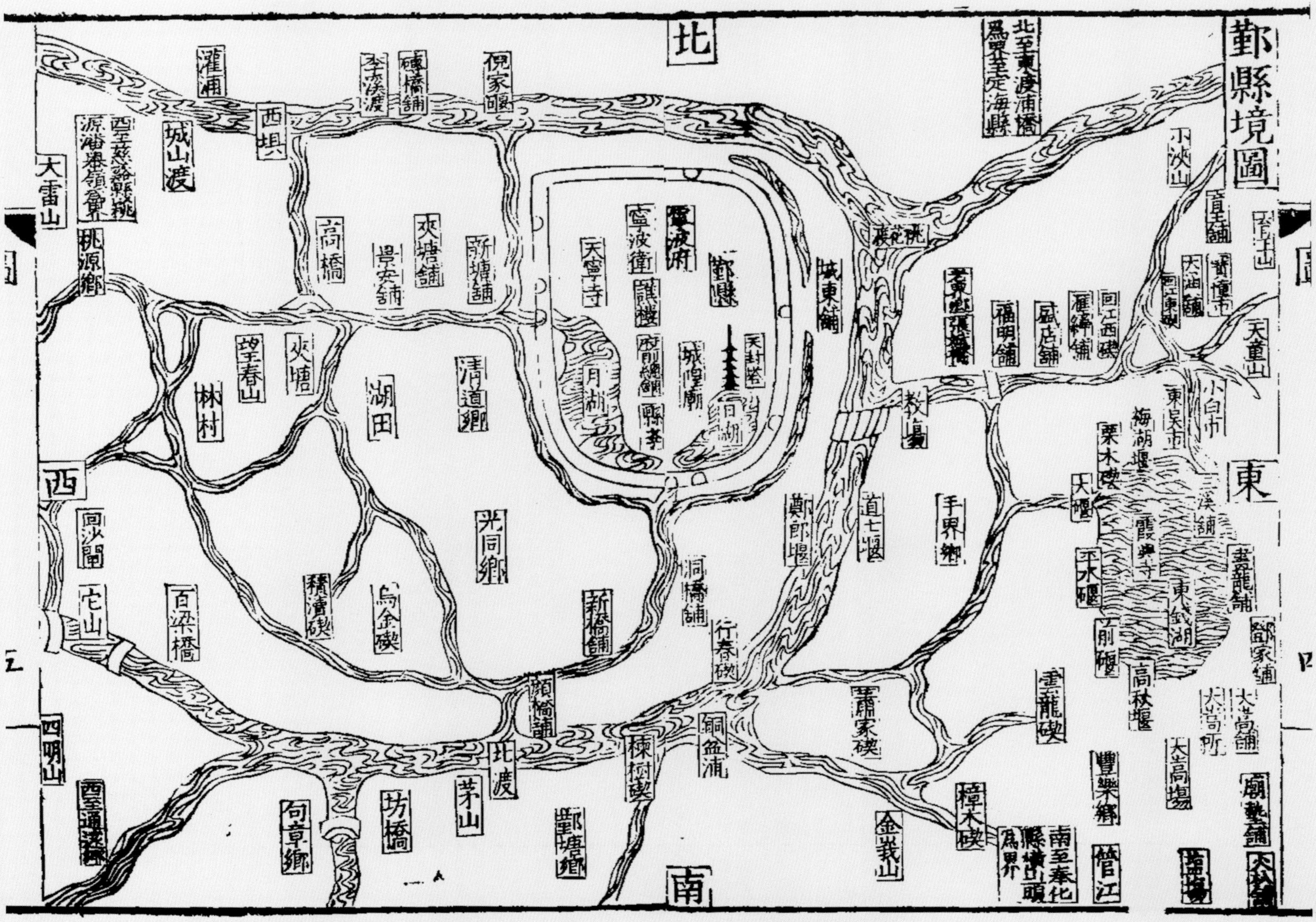

明嘉靖《宁波府志》鄞县县境图

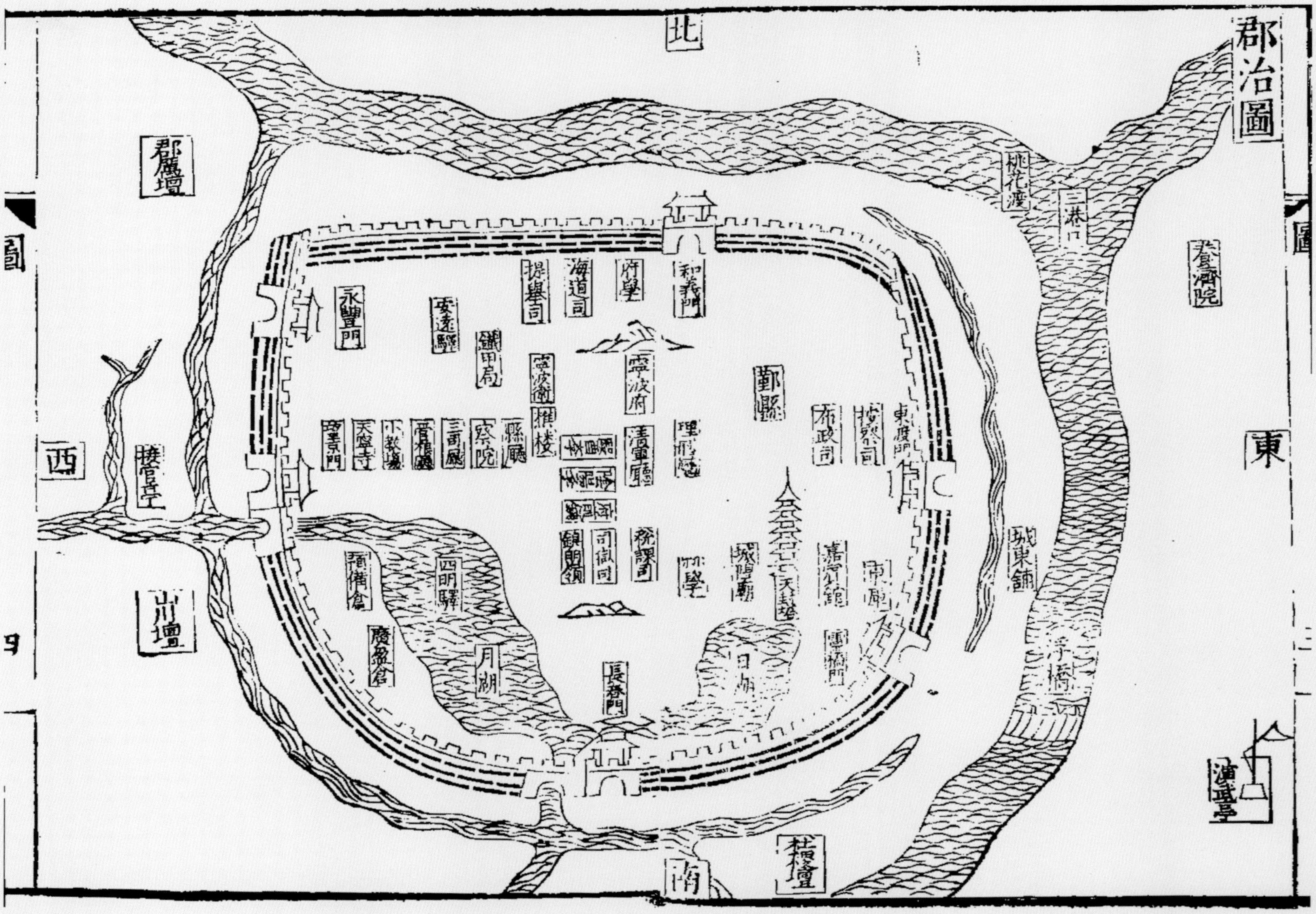

明嘉靖《宁波府志》郡治图

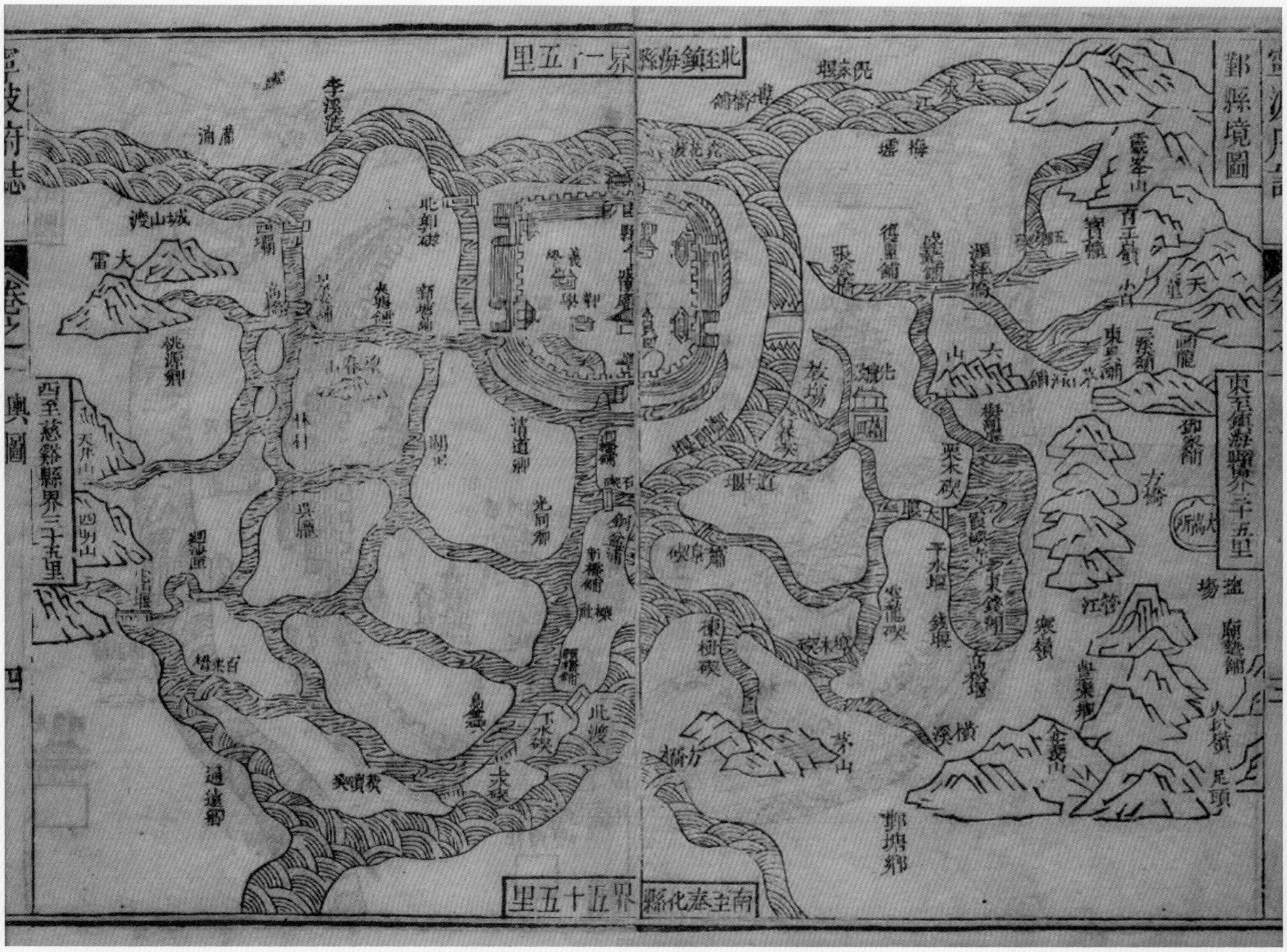

清雍正《宁波府志》鄞县县境图

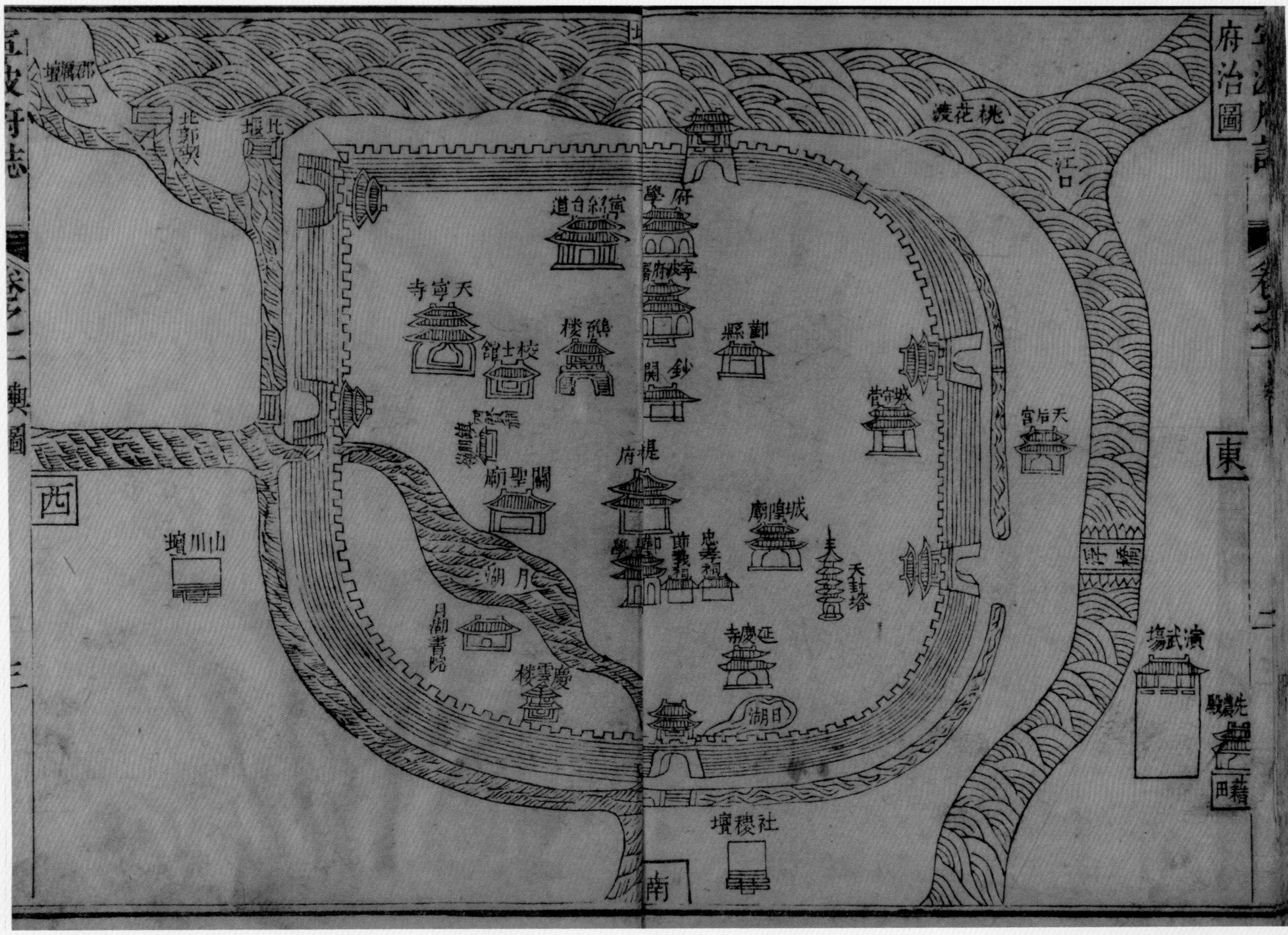

清雍正《宁波府志》宁波府治图

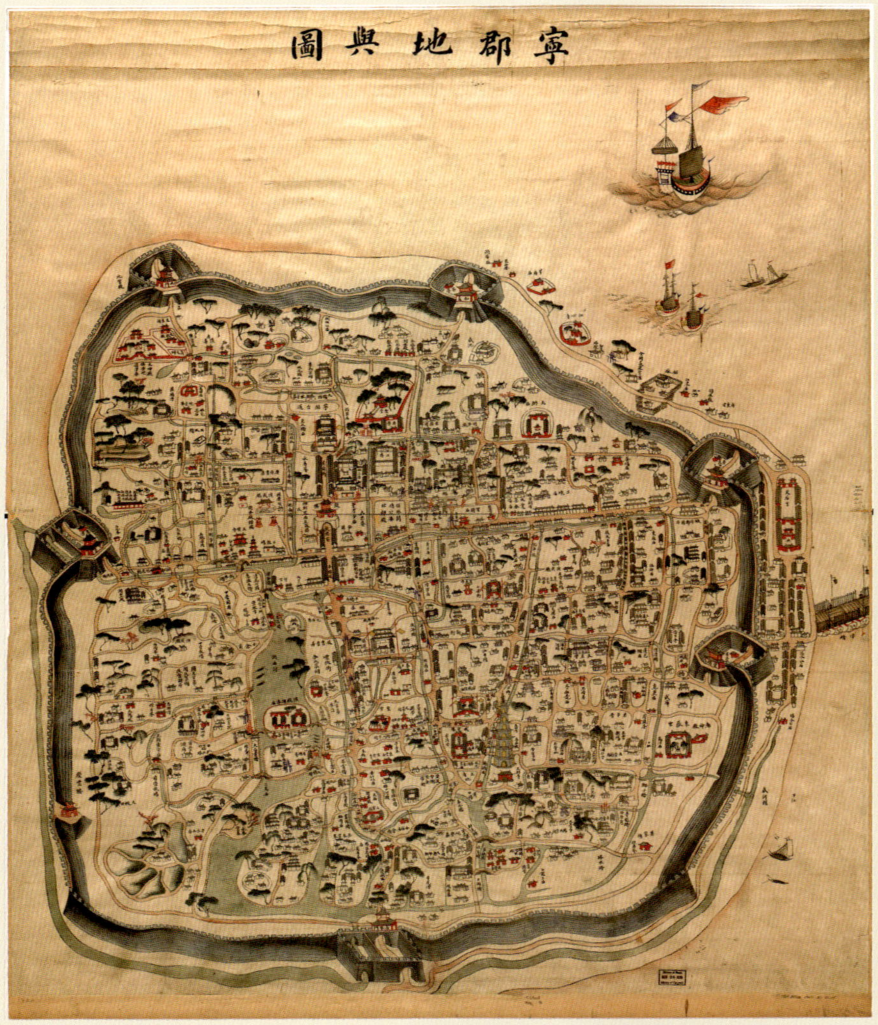

清《宁郡地舆图》（约绘于道光年间，现藏于美国国会图书馆）

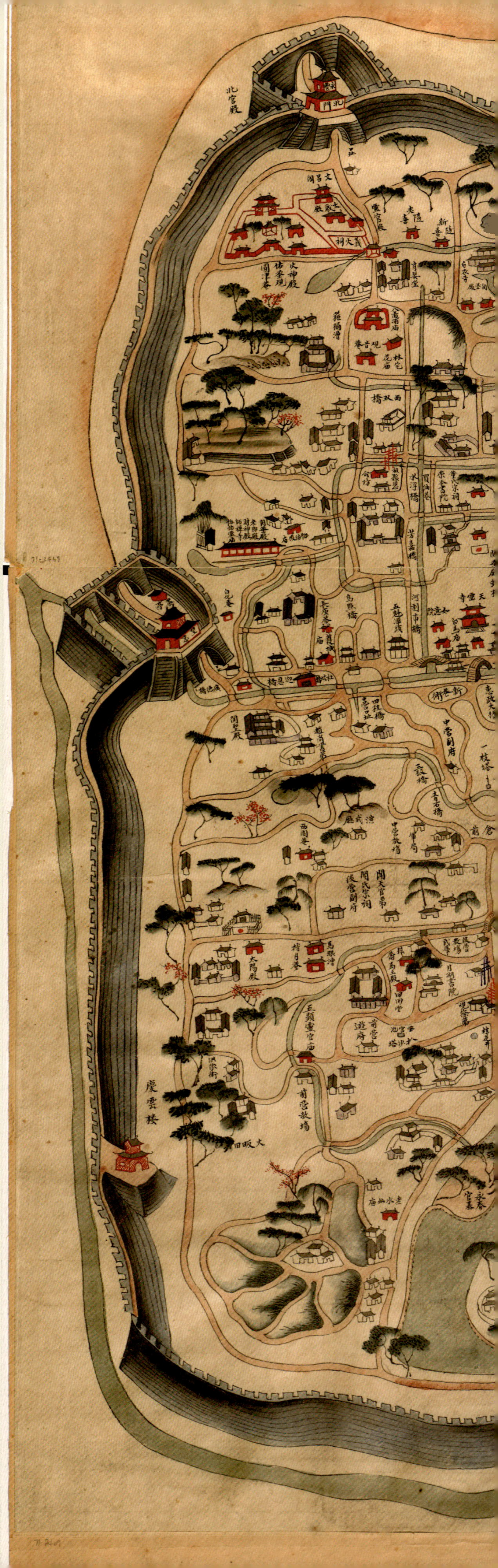

天后宫
东岳宫

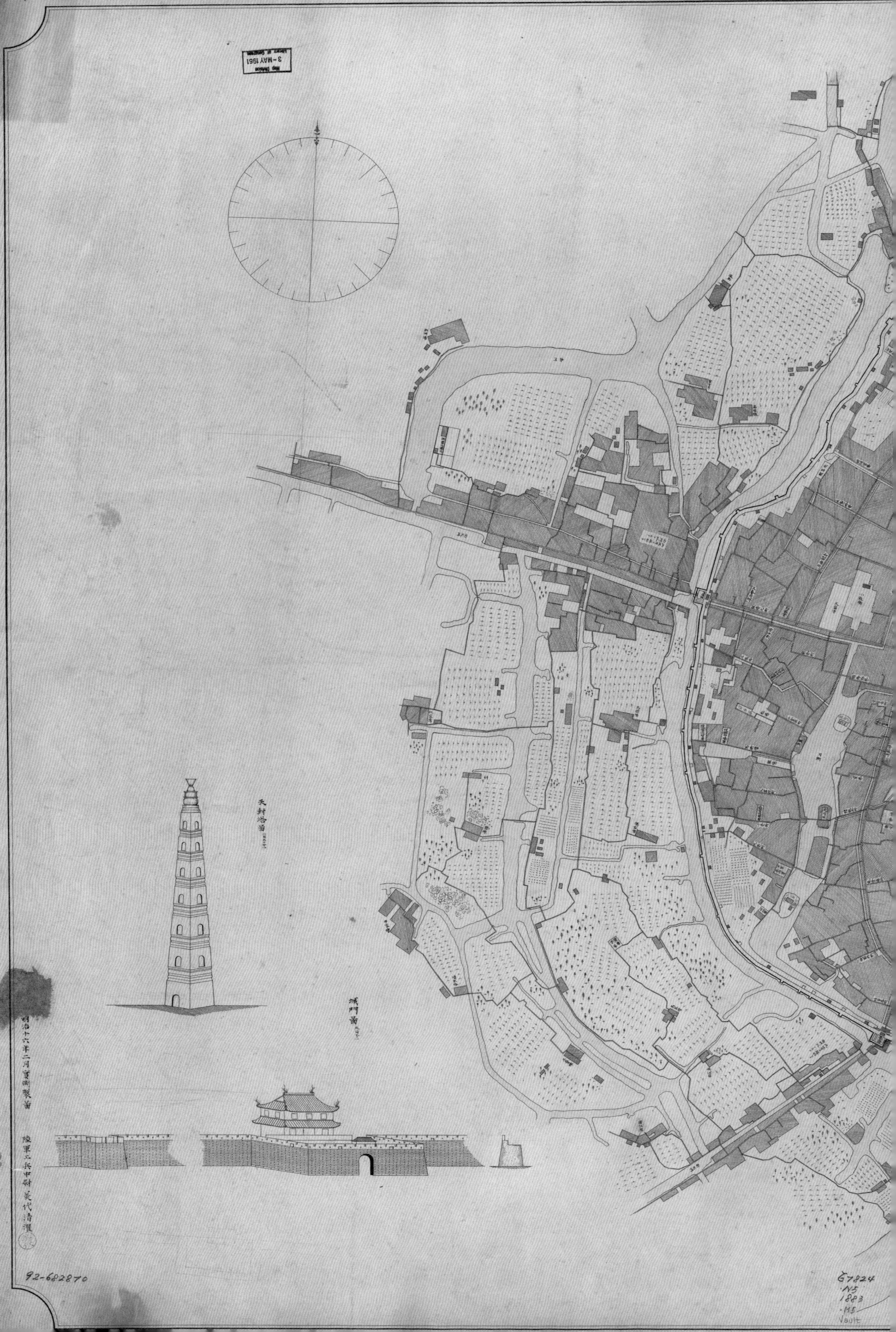

天封塔圖
城門圖
明治十六年二月實測製圖
陸軍工兵中尉

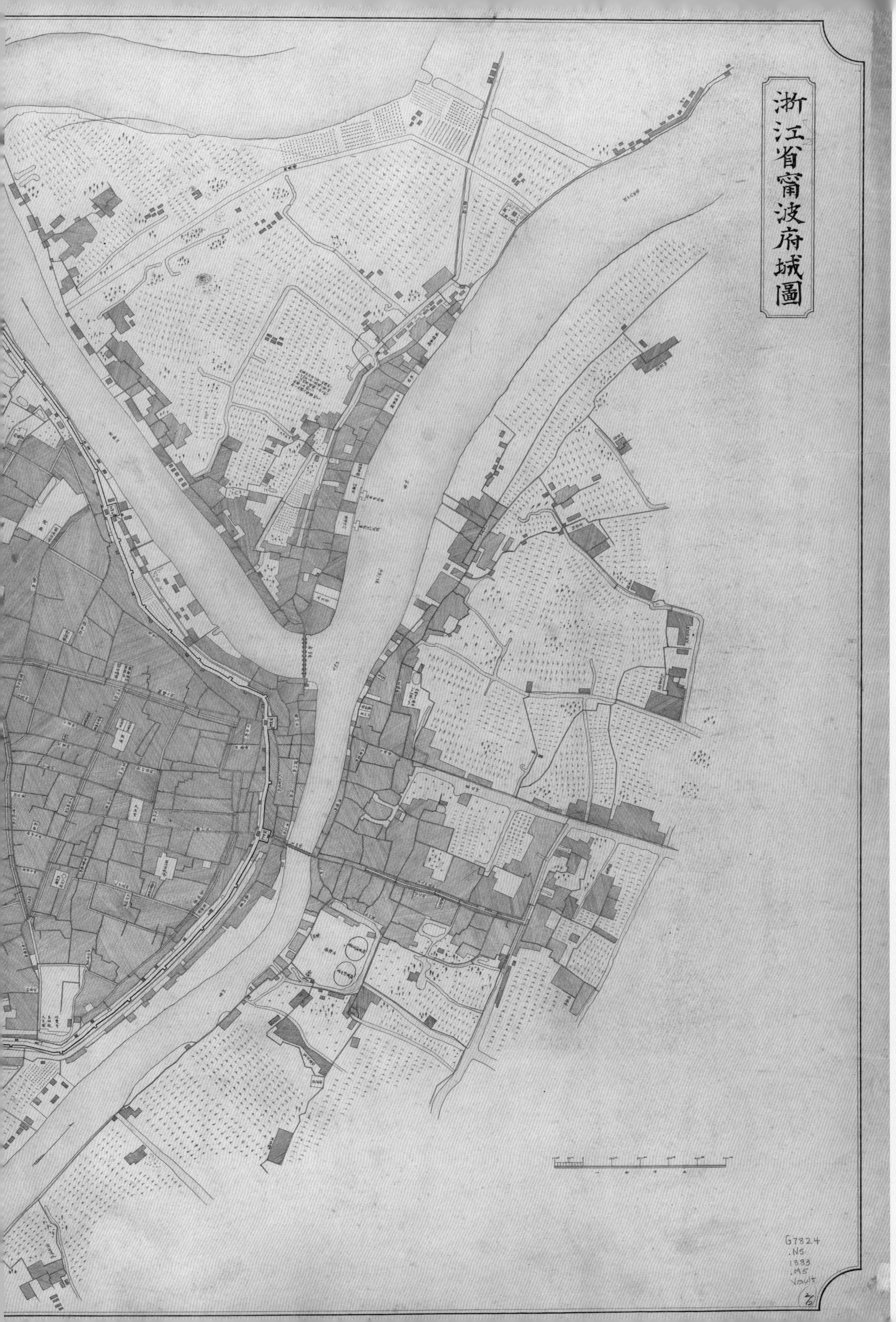

1883 年《浙江省宁波府城图》（日本工兵美代清濯实测制图，现藏美国国会图书馆）

清光绪十四年（1888）河工局《宁郡城河丈尺图志》之《城河全图》

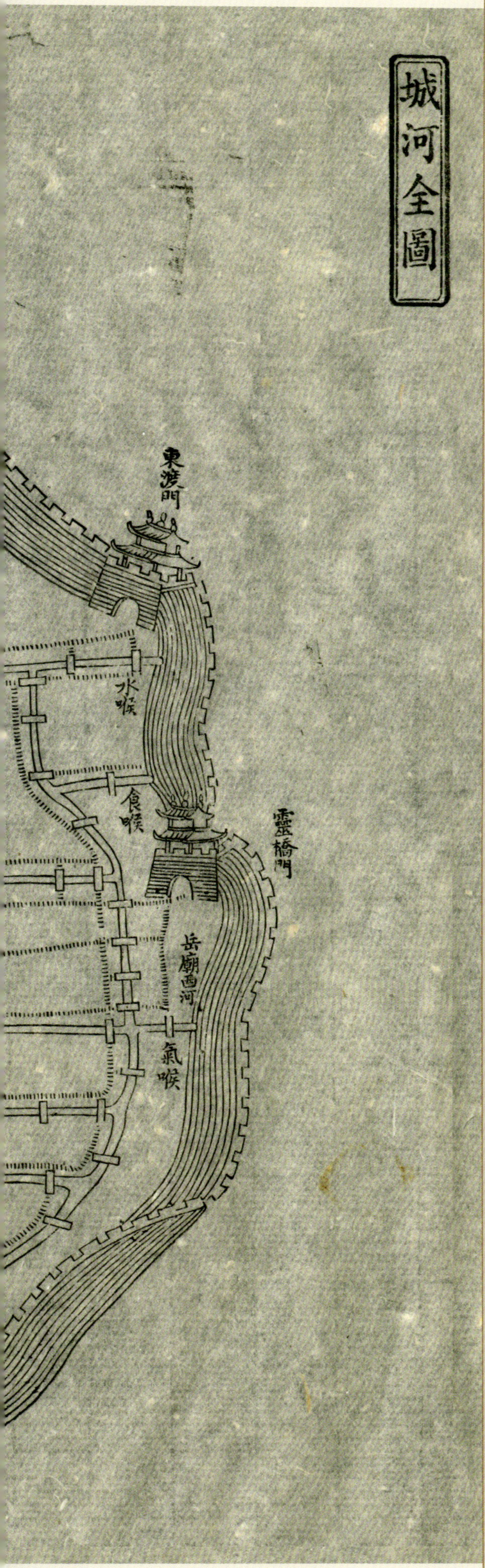

宁波重浚城河碑

明州襟带江海，郡城周十八里，其水源西南自大雷暨斤岭、它山汇诸支以入城，而出三喉，中间潴为日、月二湖，又蜿蜒曲折灌城中，阛阓殆遍；东自宝幢、天童发为三塘河，又汇七十二溪为东钱湖者，其流虽不入城，而委输于江，亦注江东各河，与城郭相映带。

治河之工，见于县志者，明天启三年张邑令，国朝乾隆八年张郡守、五十年钱邑令，嘉庆二十四年陈兵备，以逮咸丰三年、同治元年邑令皆有疏治。二张之举碑记称述甚盛，其工程不尽可考。钱邑令工未得半。咸丰三年之工见于《浚河册》者，工长不及三千丈。同治初元之工见于志载，城内外五千五百余丈。惟嘉庆中，陈兵备兴工几五年，用钱三万缗，浚经、支各河四十五道，工视前后为最巨。今光绪五年，余倚诸绅董，浚城内外诸渠，用钱二万余缗，而工长至一万三千二百余丈，出土三万二百余方，河道段落载于《工程册》者，盖一百三十余所云。

夫水利者，民生之命脉，而蓄泄者，水利之精神。自宋以后，四乡碶闸启闭率以城河为标准，淳祐间先有平水尺，不始自吴丞相水则亭也。城市污浊湮塞最易，前哲营治，心力交至。兹乃若事半而功倍者，则天时、人事之异也。春夏多涨，秋冬亦不尽涸，故自来施工，往往在水中，偶值爽晴，可以乘时矣。而水道纷互，工有次第，乘时者一，失时者且百。

光绪戊寅春，予甫莅明，张君铁峰时已九十，首劝予兴水利而莫先于城河。己卯五月兴工，适逢夏旱，度量规画，幽隐毕见，余又采诸绅之议，用十三水龙会董事鸠工，分道并举，阅三月而工已竣。以极难之事，措之乃若极易，非天时之顺，人力之齐，乌有是哉！虽然其举之而不疑，挠之而不败，则尤赖众人之一心。夫以数月之畚锸，而集捐至两年有余。方创议时，予初莅明，非有信孚于民之素，况甫议行，而又有凶徒毁局之事，任事者几为寒心。而乃万众壹志，无贰无疑，自搢绅以逮齐民，斸财无所惜。由戊寅以迄辛巳，逾久而论定，蔽河之棚屋当毁者，官谕一下，立毁无吝色，盖萃众人之精神意识，以趋事赴功，而后流泉贯于交衢，舟航达于四境焉。抑又闻之"浚河者一时，而病河者日积而月累"。此河之所以恒不治，病河非一端，其尤者，廛居栉比，逐日之尘垢，百物之腐蜕，举而委之于河；河不能容，遂塞衢巷；衢巷不能容，仍挤之于河，变河渠而冈阜者有之矣。兹于浚河之前，先清街运旧污，出城千余船，裁石为楔形三百余具，以纳新污，分雇夫役每数日运之远去。迨治河既竣，又分治病河诸事，胪为禁约，凡经营之迹，措理之方，皆有纪略，综纪略十则，禁约七事，与工程方数，出入钱数，并刊为《征信录》，又附列丈尺图志，使后来者有所考焉。在局者委员则候补府照磨张渤海、候补县丞吴嘉孙、鄞县县丞张乃大，而绅士如江镜清、张善仿、张瑞梁、王世浚、余世恩、卢友焜、马永廉、华志青诸君尤不避劳怨，始终其事。今竣事已逾年，诸君属予为文，泐诸碑方。予之初至见城河大半不通舟，十日不雨，民遂病汲郁攸，偶灾辄苦无水。今则泉源绕户，舴艋通桥，山泽交宣，与西湖、南湖相映贯，是举之为民乐利固矣。然西湖浅处犹待浚且治，其流尤须治其源，各乡堤堰多病，西南来源随处走泄，而东钱湖待治尤殷。廑念空悬，卬须谁托？则又日望诸君与凡有志者之起而承其后也。

大清光绪八年十一月　日

通议大夫、赏戴花翎、三品衔浙江补用道、三举卓异宁波府知府宗源瀚文并书

训导张锡藩篆额

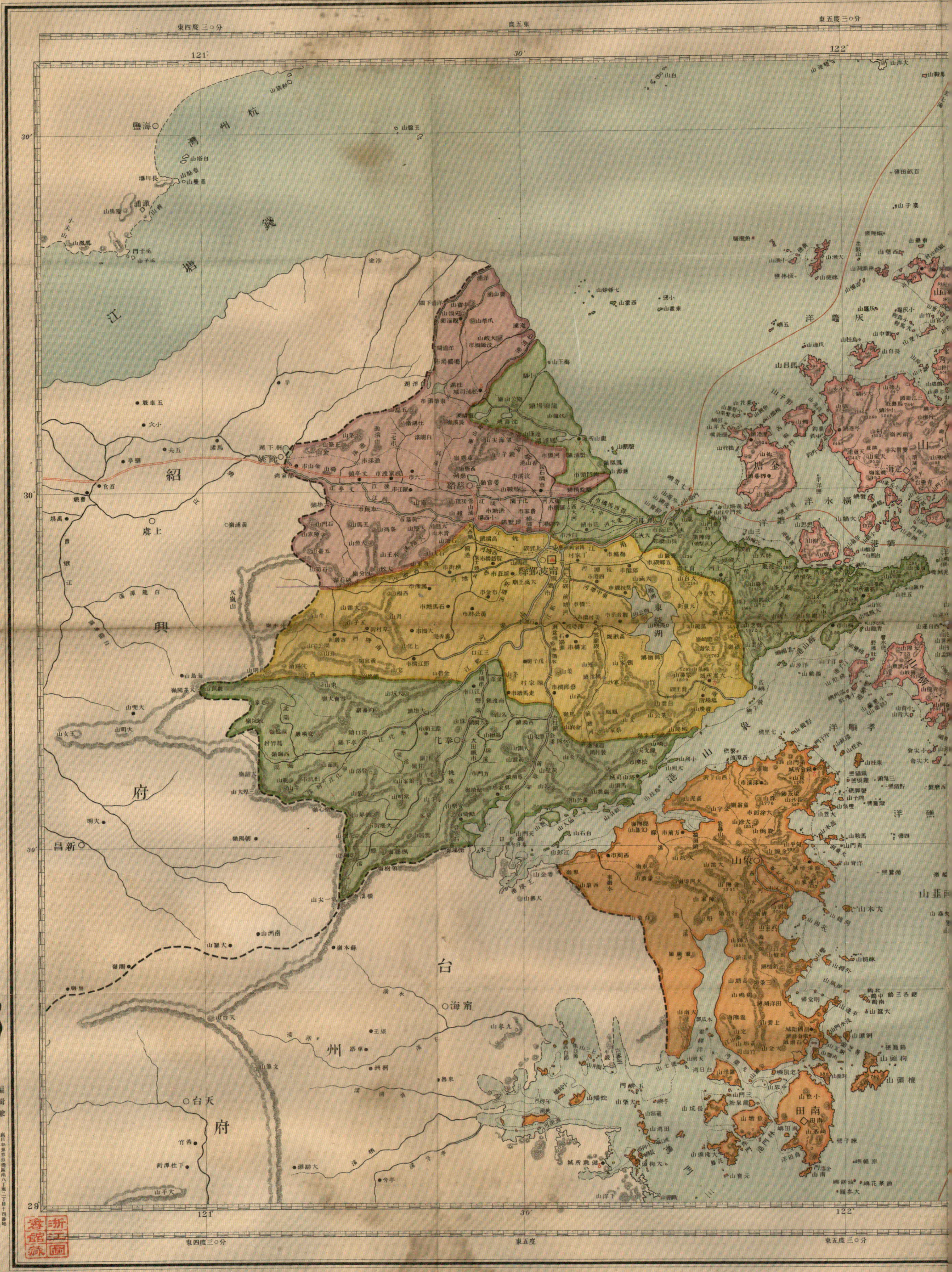

宣統二年九月十五日印刷
宣統二年九月三十日發行

編輯兼發行者 張之銘
發行所 上海、漢口、奉天 科學儀器館
發賣所 內地各大書坊
製版印刷 日本東京京橋區南八丁堀二丁目十四番地

清宣统二年（1910）《宁波府全图》（现藏于浙江图书馆）

波城廂圖

社印行

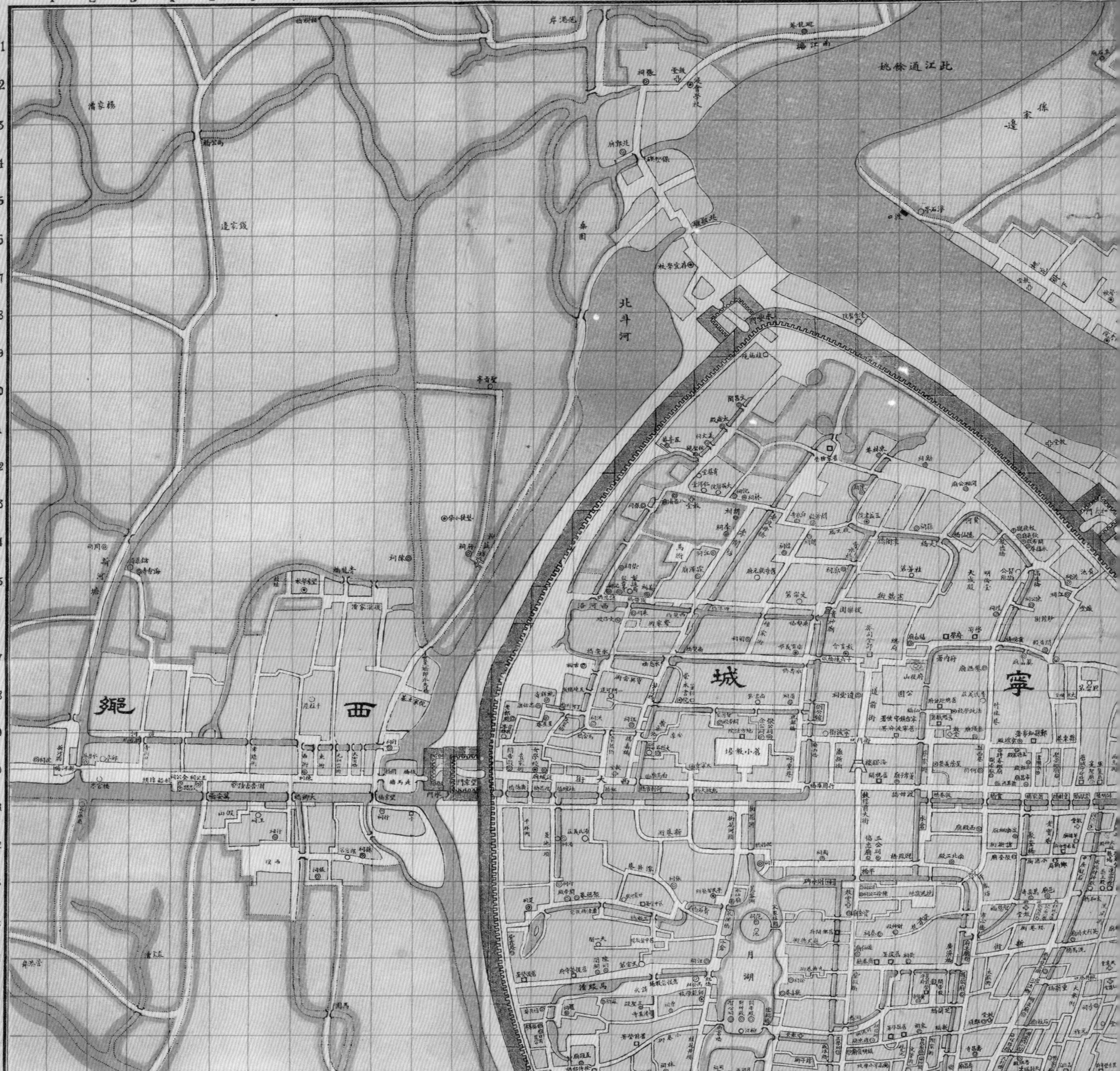

印刷所上海閘北滬寧車站後面華新石印局

繪圖者鄞縣子衡李海澄

每張定價大洋叁角

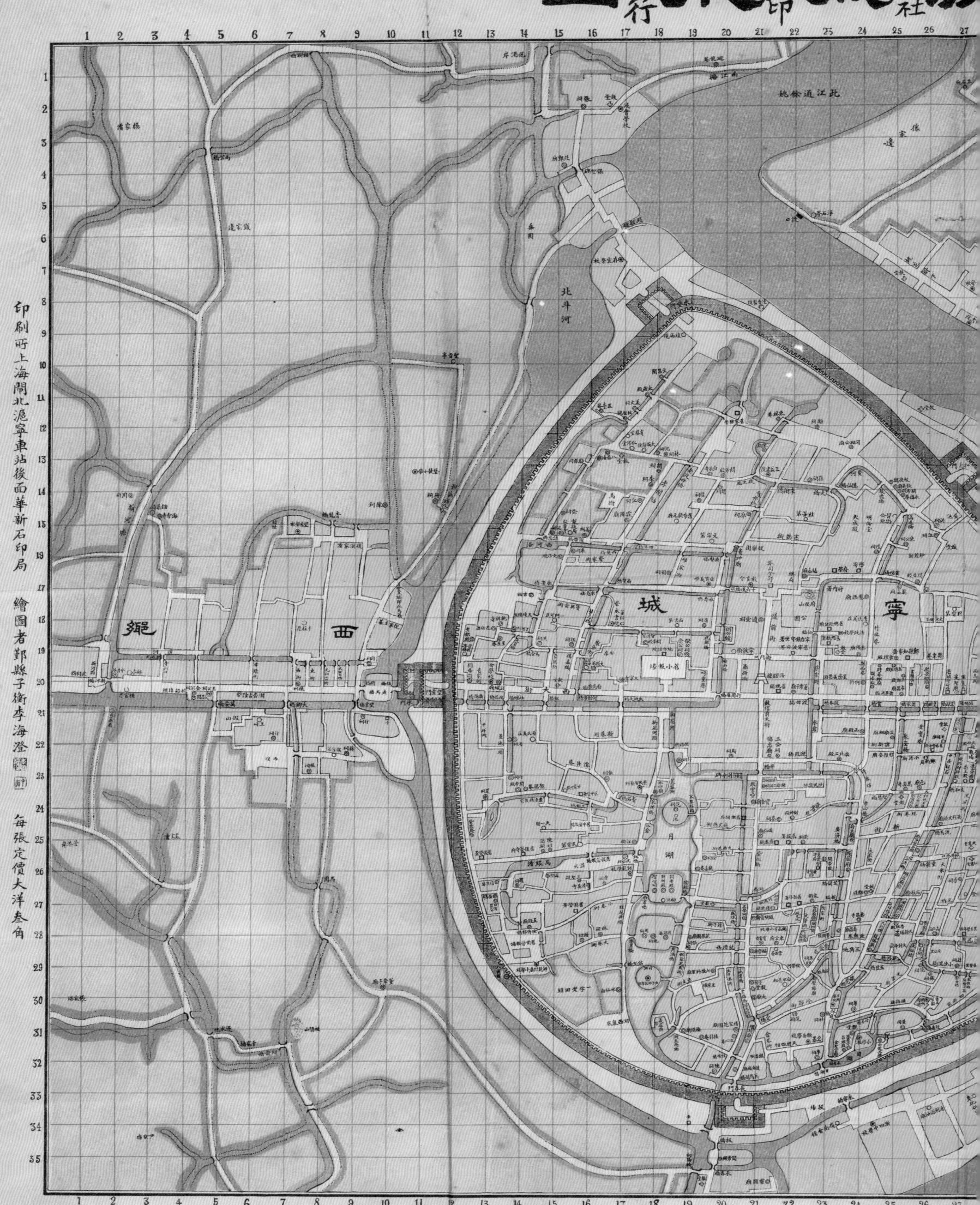

民国三年（1914）《最新宁波城厢图》

中華民國十八年七月付印
中華民國十八年八月出版

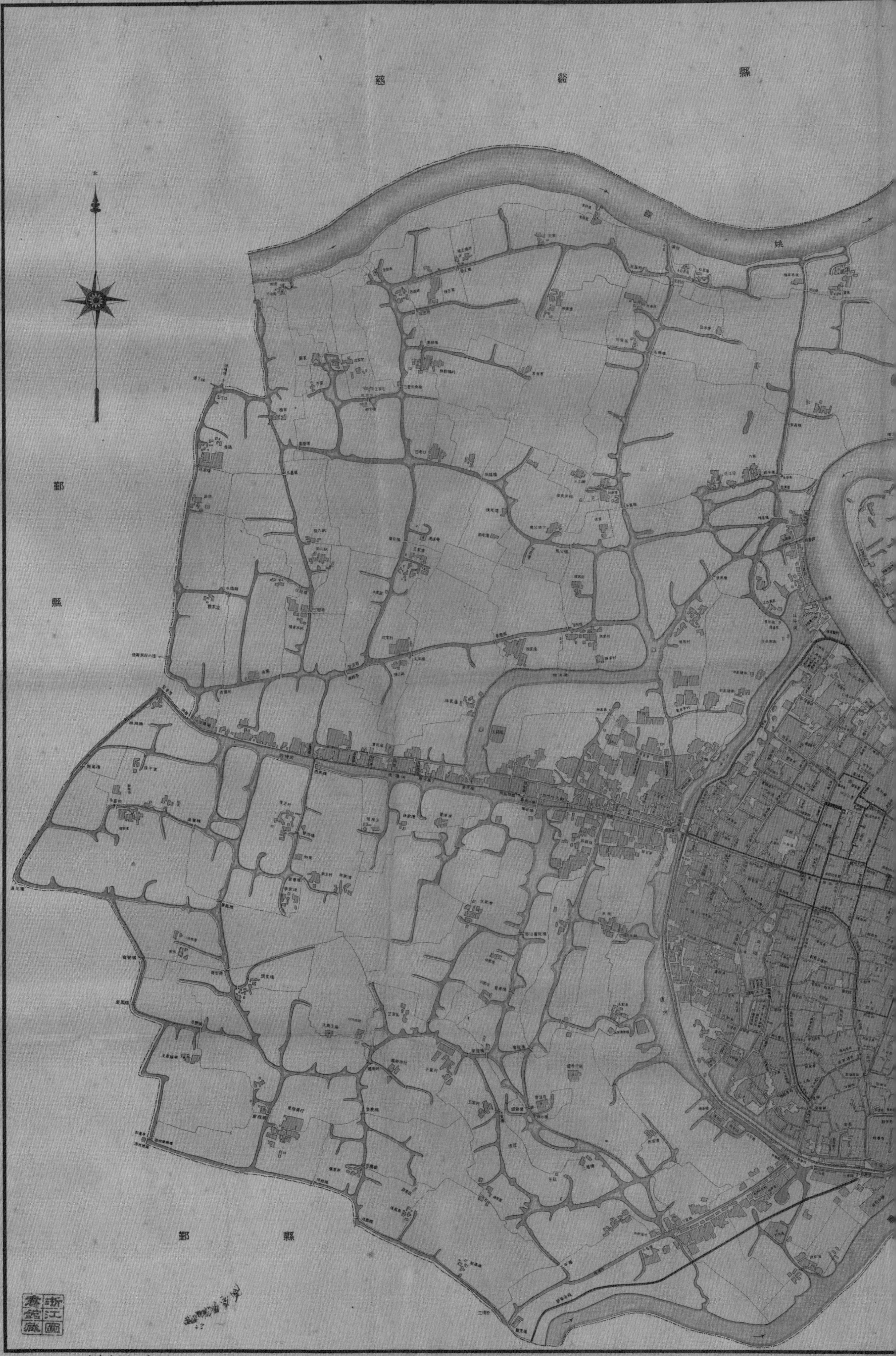

寧波市政府製
實價銀壹圓五角

民国十八年（1929）由当时的宁波市政府制作的《宁波市全图》（浙江图书馆藏）

中華民國二十五年三月製

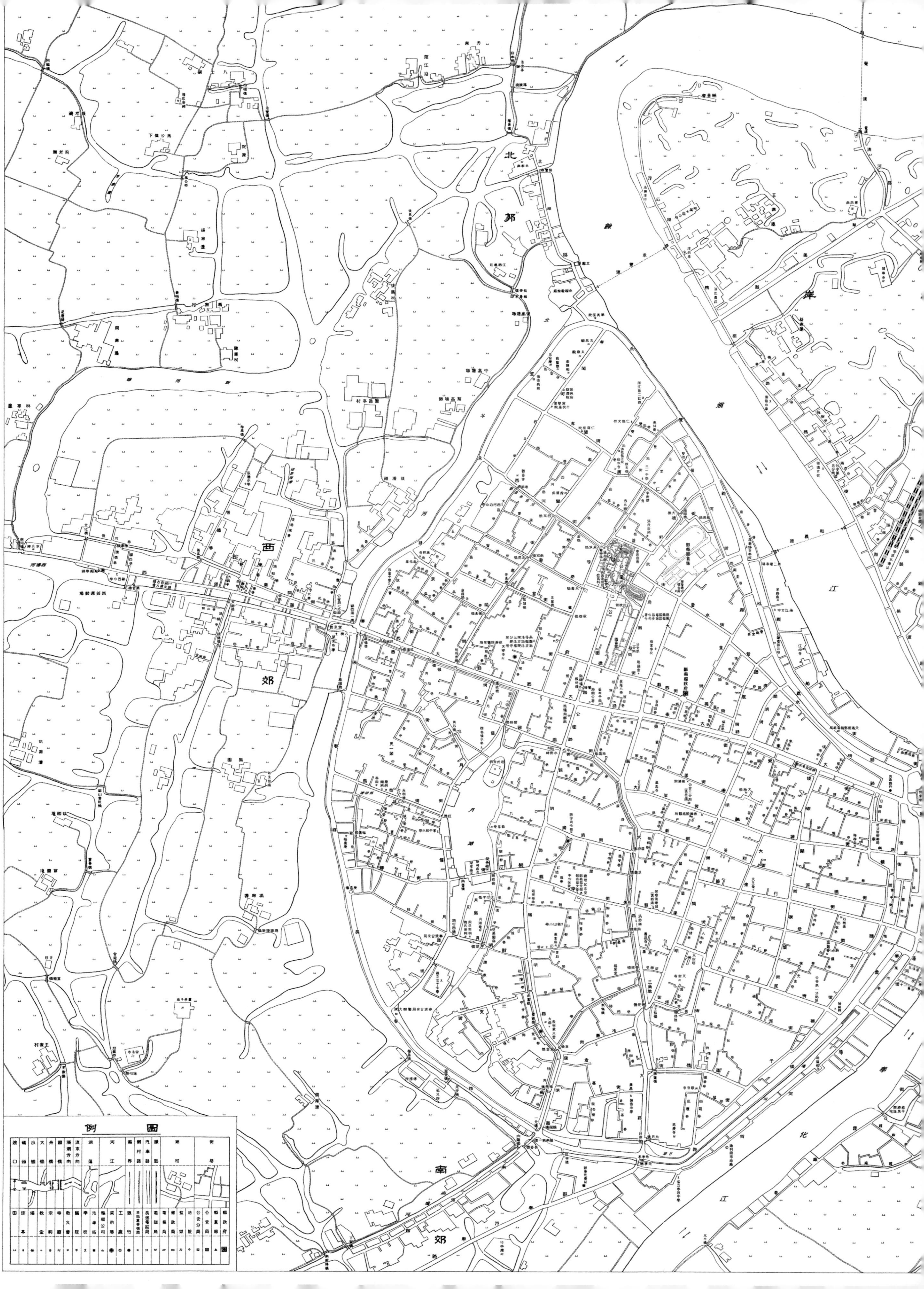

義烏傅聖樑繪

民国二十五年（1936）民国《鄞县通志》鄞县城厢图

文献记载

民国《鄞县通志》
舆地志·巳编·古迹·隳城始末

隳城之役始于民国九年，其时府制既革，城为鄞之县治。县人士以甬为五口通商之一，自开埠以来，市舶殷集，廛肆众多，与寻常行政区域不同，非别立市政枢部不足以谋荣殖而挨声施，因呈请县省各长官，成立宁波市政筹备处，计画全市市政。九年春，乃有隳城造路之议。又三年，决议先隳六门耳城，改筑市内东南西北四大干路。十三年，始隳灵桥、东渡二门，同时西城效实学校以校舍逼近城垣，不能扩充，亦商准筹备处毁其西部一段。至十六年，宁波市政府成立，市长罗惠侨拟筑环城马路，驶行汽车，以市税所入不足抵当市行政经费，遂实行隳城之案。自十八年起，讫市府撤废止，为时不过三年，而三江口千余年之雄城已成废迹。当时收入城甓堧地一切之所息，为数且在百万以上，而所谓环城马路者，犹俟异日甚矣。兴废之不可逆度也。

又：民国八年间，县人史翔熊设立翔熊草织工厂于西城外高塘墩。厂中女工皆招自城中，日夕往来须绕郭纡行。史病之，呈请省当道在西河营新辟一城门，以利行人，名曰通利。论者谓此为隳城之先兆云。

宁波城区影像图

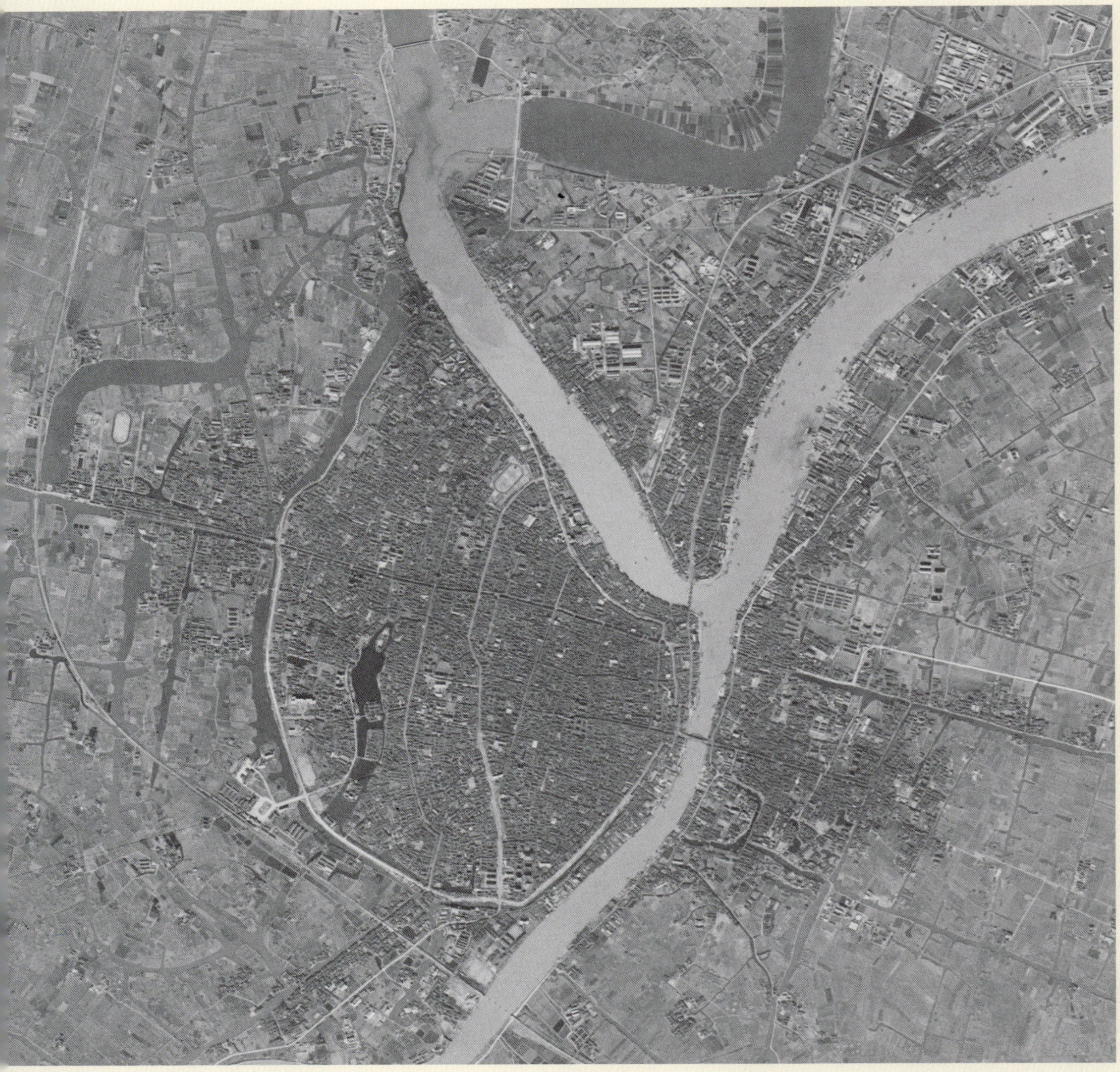

上图拍摄于 20 世纪 60 年代

1986 年 12 月 8 日，国务院公布宁波为第二批国家历史文化名城。右侧宁波城区影像图反应了 20 世纪 80 年代宁波城市的实际状况

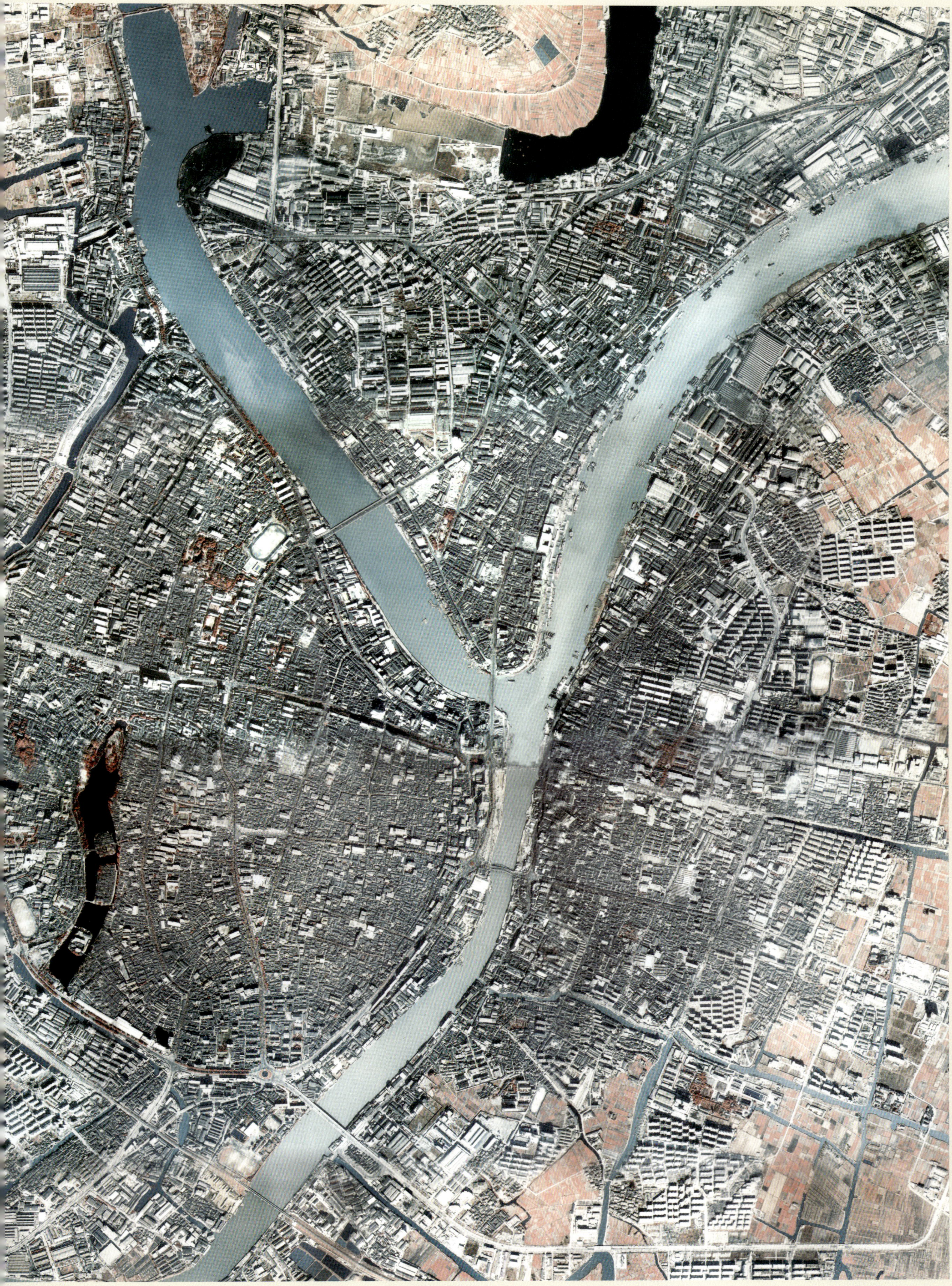

1987 年 8 月宁波城区影像图

2002年5月宁波城区影像图

2002年10月，宁波市城市规划部门完成第二轮《宁波市历史文化名城保护规划》的组织修订。该规划对名城保护现状作了客观深入的分析，并指出：抢救性保护一批传统民居密集的地段，对保护名城风貌特色具有重要意义。在老城区“划定新的历史文化保护区”，在市域范围内保护有价值的历史村镇，是当前历史文化名城保护十分迫切的任务。

与此同时，宁波市文物管理部门组织力量，在宁波老城区范围内展开调查并形成报告。报告指出：到目前为止，除原来公布的历史街区外，尚有毛衙街、莲桥街历史地段，郁家巷、白水巷、云石街、冷静街历史地段，秀水街历史地段，南郊路、南塘河历史地段，江北岸历史地段（包括原轮船码头以北沿江历史地段、人民路与大庆南路之间历史地段）等5个区域，还保留有一定规模和质量的文物与历史建筑遗存。文物部门建议将这5处历史地段，确认并划定为宁波历史文化名城的历史文化街区或历史地段予以保护。

详见《最后的遗存——宁波市老城区文物与传统类建筑掠影》，宁波市文物保护管理所2003年编。

《最后的遗存》书影

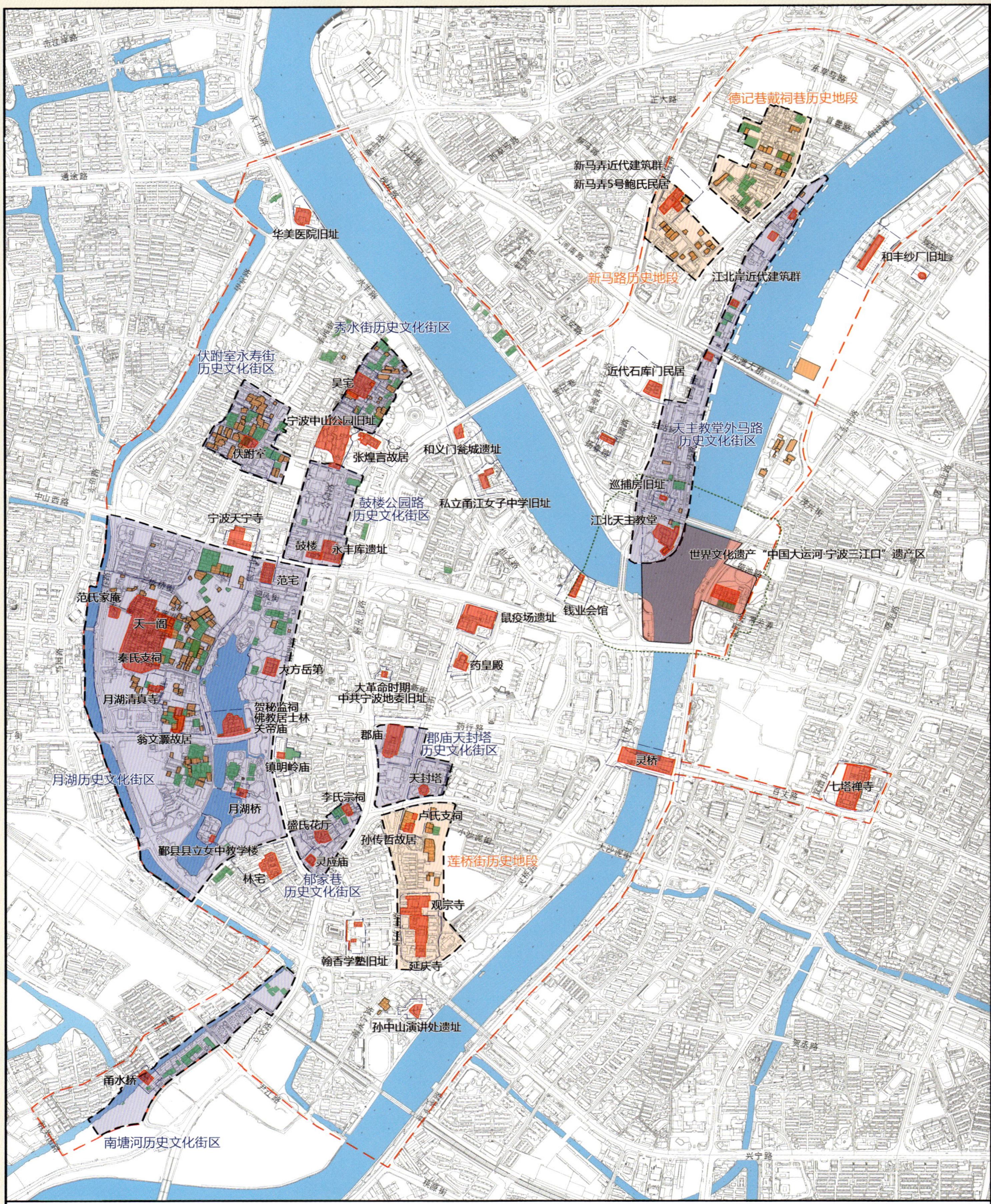

图例

- 文物保护单位保护范围
- 文物保护点
- 历史建筑
- 文物保护单位建设控制地带
- 历史文化街区范围
- 历史地段范围
- 世界文化遗产"中国大运河·宁波三江口"遗产区
- 世界文化遗产"中国大运河·宁波三江口"建设控制地带
- 历史城区范围

宁波历史文化名城保护规划

宁波历史城区保护区划图（建筑遗产）

2019年5月23日

第一部分

宁波古城核心区

一、鼓楼

二、永丰库遗址

三、府桥街以北，公园路一带

四、中山公园

五、宁波府学与孔庙

六、张苍水故居

七、鄞县县署

宁波古城核心区

本区域东至厂堂街，南至中山路，西至呼童街、大桥街，北至永丰路、和义路。历史上主要包括明州子城（州治、府治、道署等驻地）、孔庙、府学、鄞县县治等。

明州子城在今鼓楼公园路一带，为刺史韩察于唐长庆元年（821）所建。范围南至中山路，西至呼童街，东至蔡家巷，北至今中山公园南半部分，“周回四百二十丈，环以水”。元初隳城后，仅留南城门（即今鼓楼）。古代子城内大部分为官署，是宁波唐宋以来的行政中心，至1911年清王朝灭亡，历时1090年。2002年，鼓楼东北侧考古发现元代永丰库遗址，被国家文物局评定为“2002年度中国十大考古新发现”。子城北侧原有“郡圃”，1927至1929年间，“郡圃”与原宁绍台道署及周边区域同时被改建为中山公园。

孔庙与府学。明州（宁波）府学于唐开元间随州而立。北宋天禧二年（1018），郡守李夷庚迁建于今中山广场位置。大致范围东至解放南路，南至苍水街，西至大桥街，北至横河街。1929年，民国政府改府学旧址为运动场等，1935年将府学尊经阁迁往天一阁藏书楼北侧。1997年，市体育场改建为中山广场，目前保留有庙学部分基址遗存。

鄞县为明州附郭，明州设立后，县治（这一时期尚称鄮县）初在今鼓楼公园路一带，后迁至今开明街与中山路交叉口北侧。明洪武六年（1373）在原来的乾符和竹林两寺废址上重建县治，此后到1949年未再改变。大致范围东至厂堂街，南至县前街，西至解放北路，北至苍水街。现为海曙区政府所在地。

区域内主要文化遗存包括：全国重点文物保护单位元代永丰库遗址、浙江省省级文物保护单位鼓楼、张苍水故居、中山公园旧址，另有宁波市市级文物保护点周宅、督学行署等。

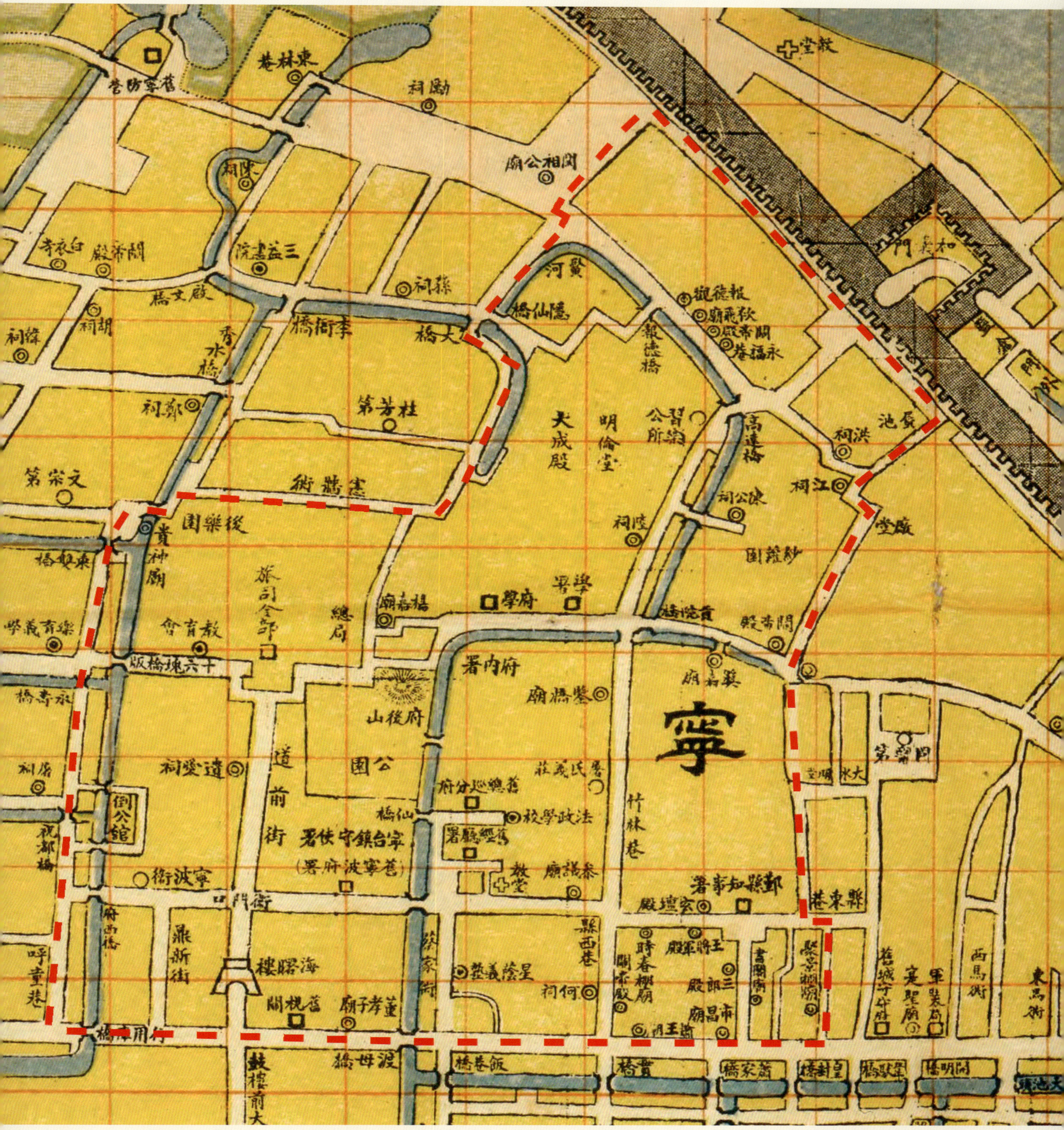

民国三年（1914）《最新宁波城厢图》局部・宁波古城核心区

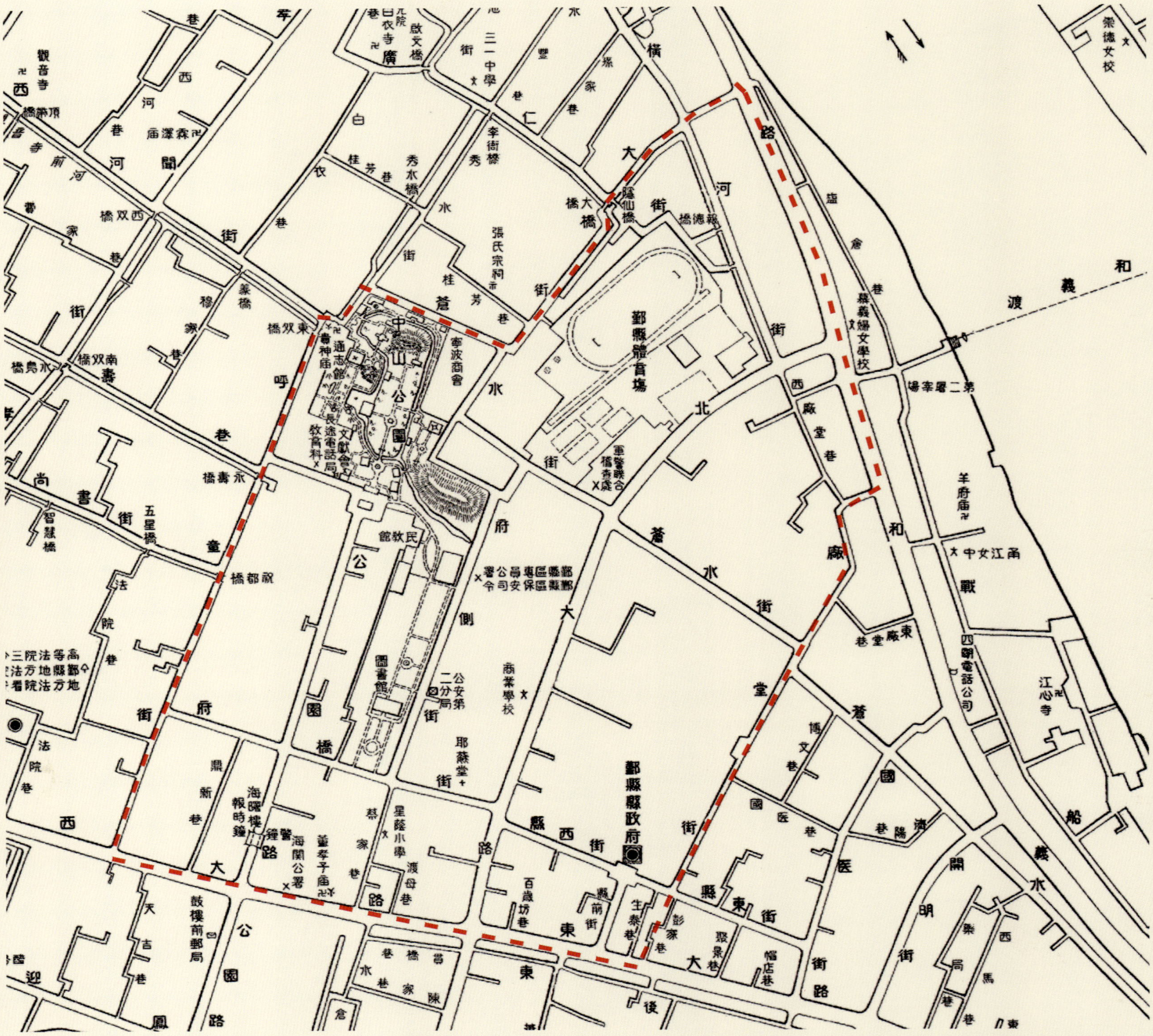

民国二十五年（1936）《鄞县城厢图》局部 · 宁波古城核心区

2002 年《宁波城市影像图》局部 · 解放北路两侧

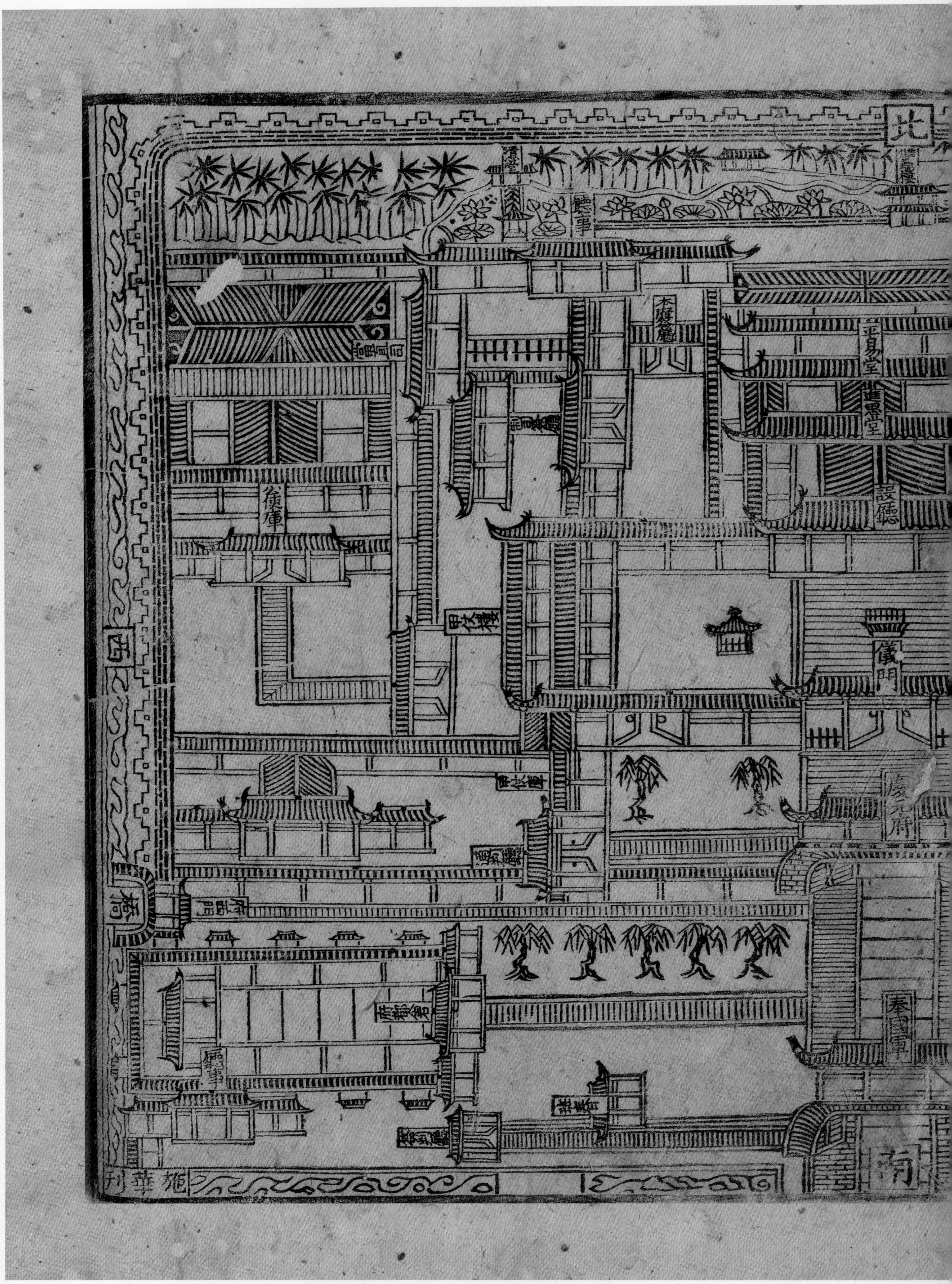
北
西
南
平易堂
進思堂
設廳
儀門
慶元府
奉國軍
公使庫
施華刊

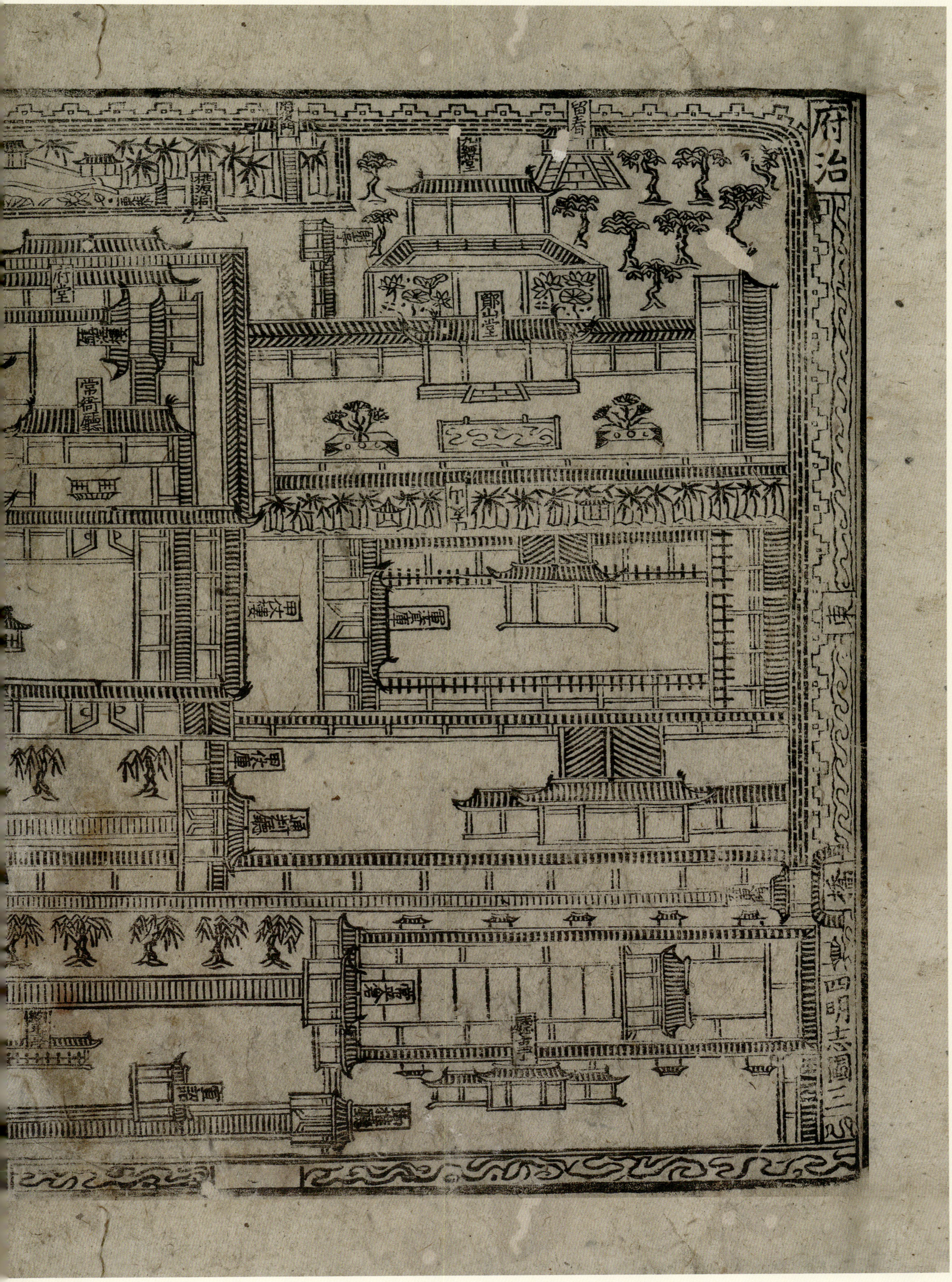

南宋宝庆《四明志》之宁波《府治》图（今鼓楼公园路一带）

1935 年后，鼓楼顶增建了瞭望台与钟楼

19 世纪 30 年代初，鼓楼前的镇明路改筑沥青路

一、鼓楼

鼓楼，位于公园路南端，原为唐宋时期子城南门，现存楼体建筑为清咸丰五年（1855）重建。2011 年，鼓楼被公布为浙江省第六批省级文物保护单位。

文献记载

海曙楼

旧名谯楼，俗称鼓楼，在县治西，南当今中山路，旧凡九间。宋为奉国军楼，元火。明宣德九年，守黄永鼎建，名曰四明伟观。北曰声闻于天。嘉靖三十七年，守张正和立。万历乙酉毁，守蔡贵易重建，名曰海曙楼，沈一贯记，董大晟为之赋。清康熙五年，守崔维雅重修，胡文学记。十二年，守邱业重修。二十五年，鄞令汪源泽重修，张士甄记。五十二年，守李肃又修。乾隆四十七年毁，石刻多仆，惟赋碑全。嘉庆十八年建，道光二十五年重修。咸丰四年毁，五年巡道段光清重建。民国五六年间，宁波警察厅以其居城中区，高可瞭远，因悬挂警钟于其中。民国十九年，救火联合会呈请市政府拨租全部房屋为会所，即于是年十二月，于三层楼中间建筑水泥钢骨正方形之瞭望台及警钟台于其上，并置全市标准钟一座，四明如一，俾全城人民得知时之早晚焉。

民国《鄞县通志·舆地志·丑编·营建》

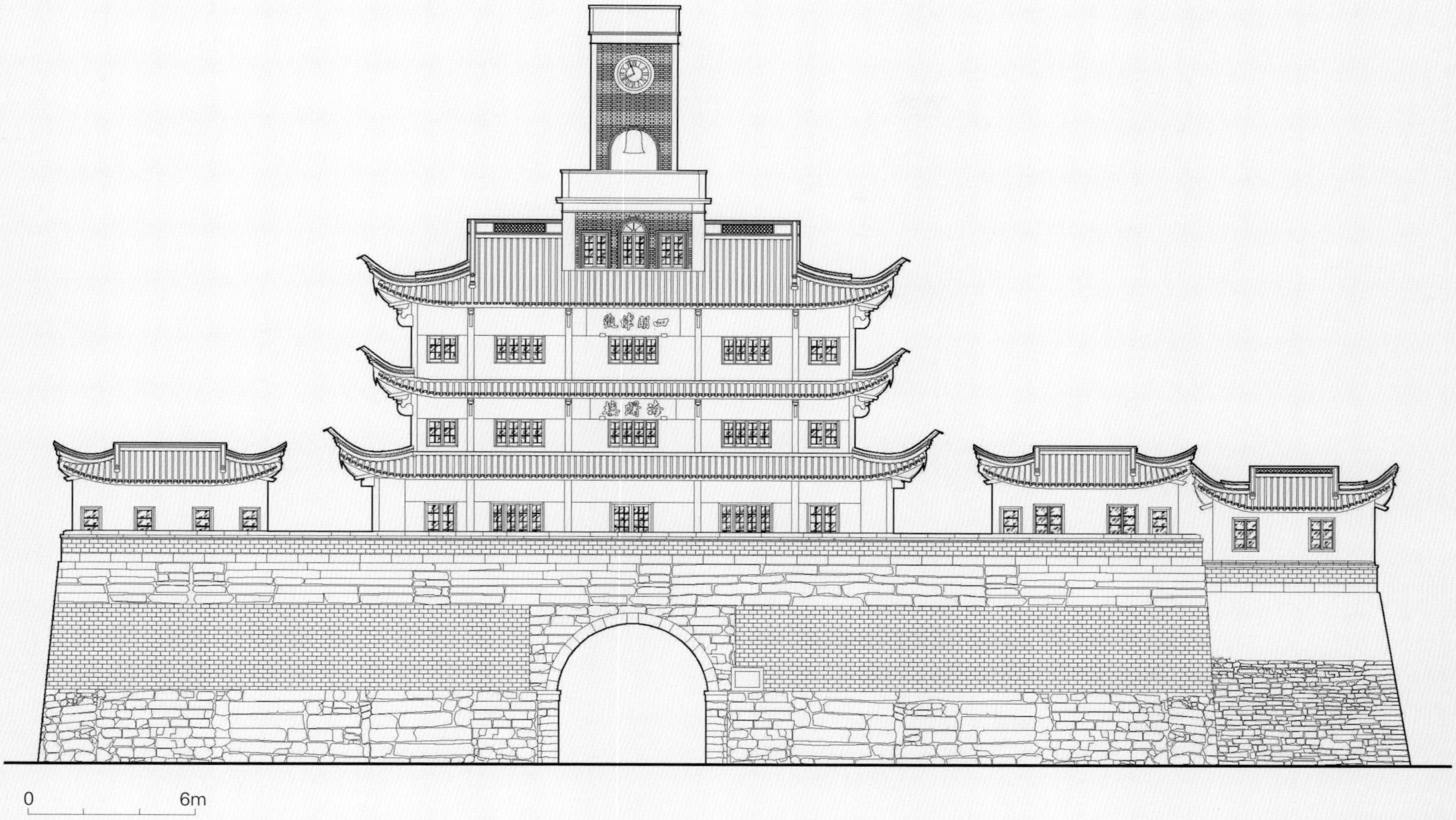

鼓楼南立面图

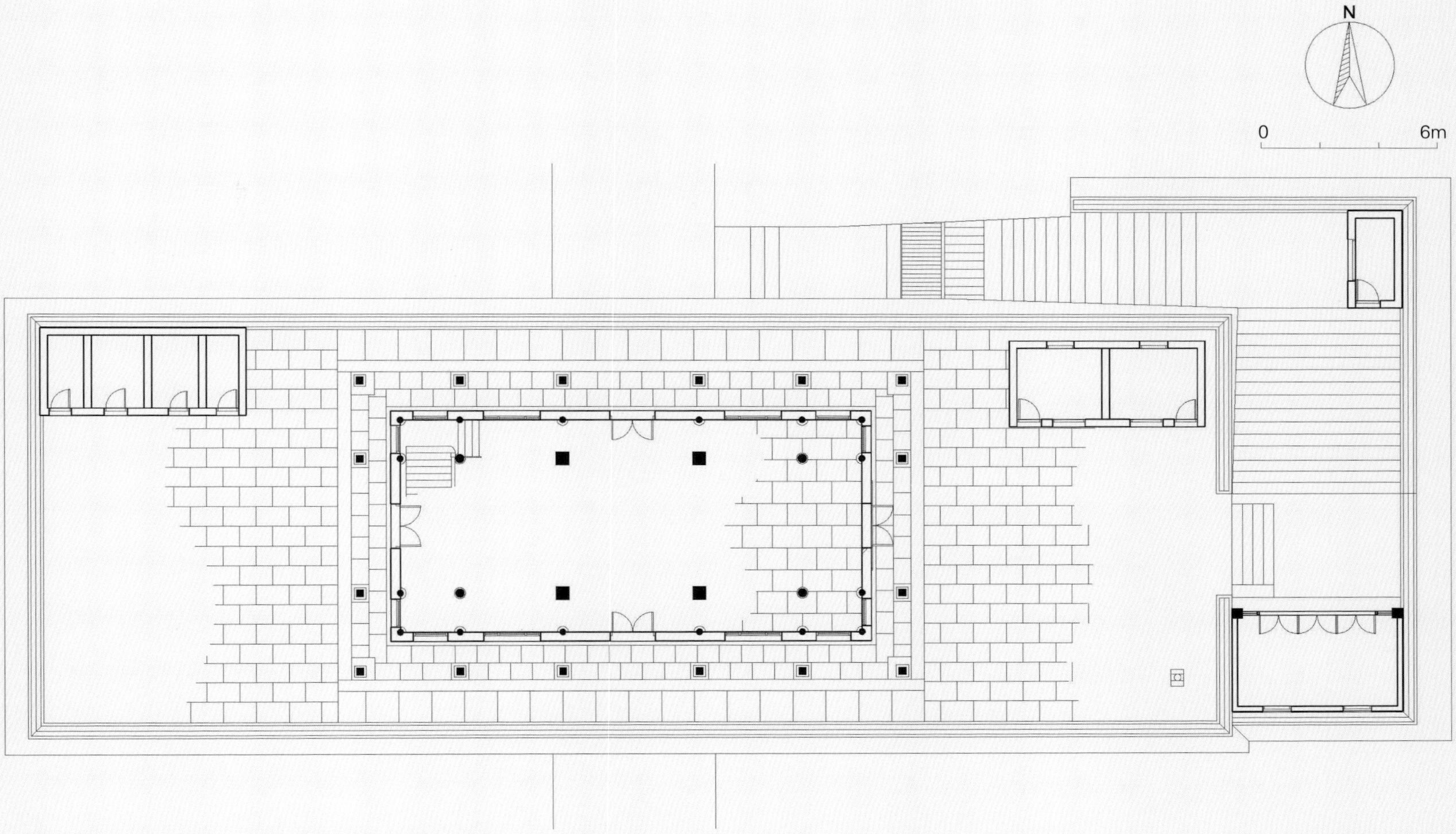

鼓楼平面图

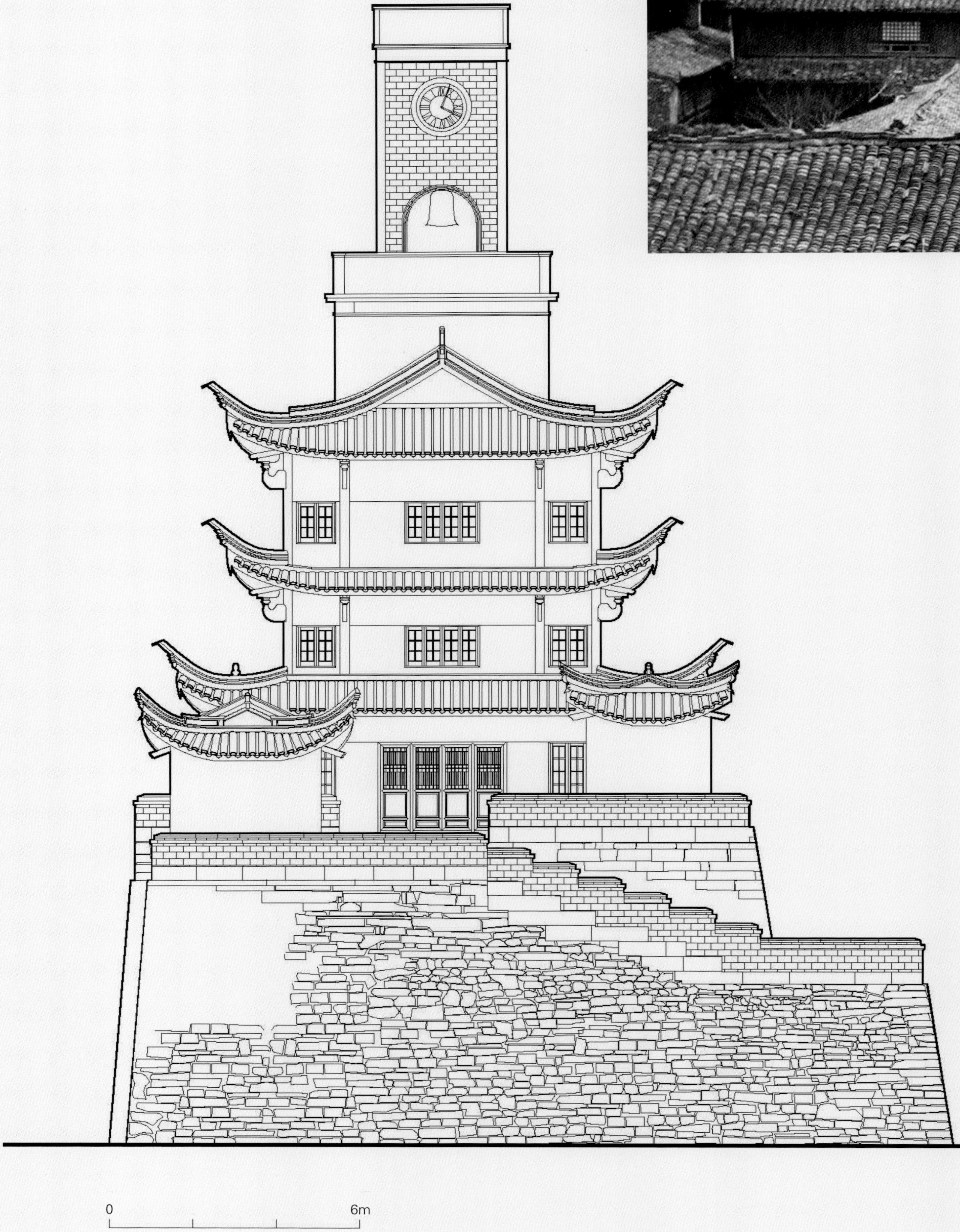

鼓楼东侧立面图

19 世纪 70 年代，自小教场内土丘东望鼓楼（包腊相册）

19 世纪 20 年代的鼓楼

20 世纪 80 年代鼓楼前的中山路（东西走向）

20 世纪 80 年代鼓楼前的中山路与镇明路（右侧）、公园路（左侧）交叉口

二、永丰库遗址

元代永丰库遗址，位于鼓楼东侧，2003 年 4 月被国家文物局评定为“2002 年度中国十大考古新发现”之一。2006 年被公布为第六批全国重点文物保护单位。

永丰库遗址鸟瞰

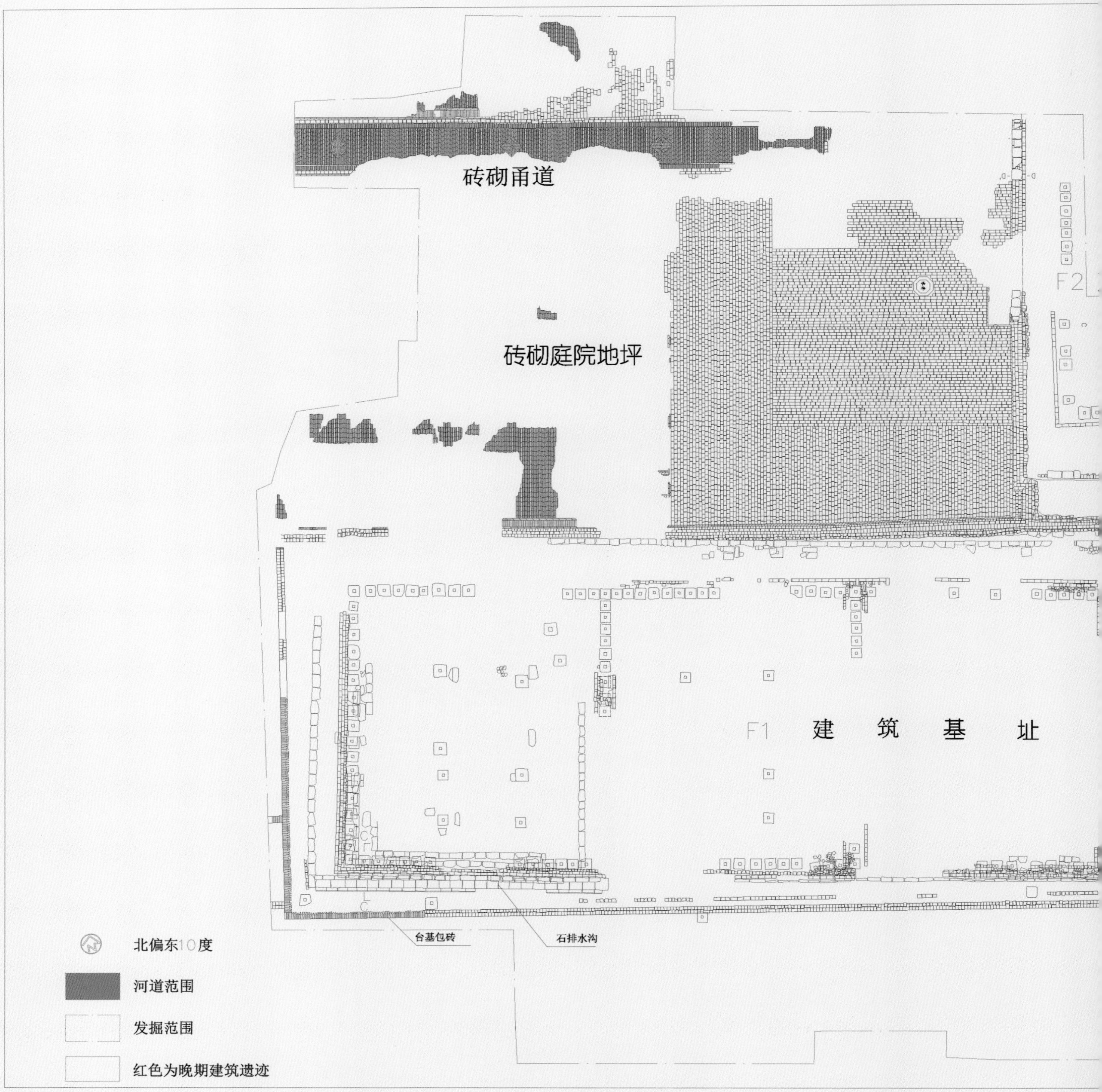

宁波元代庆元路永丰库遗址总平面图

东墙基局部

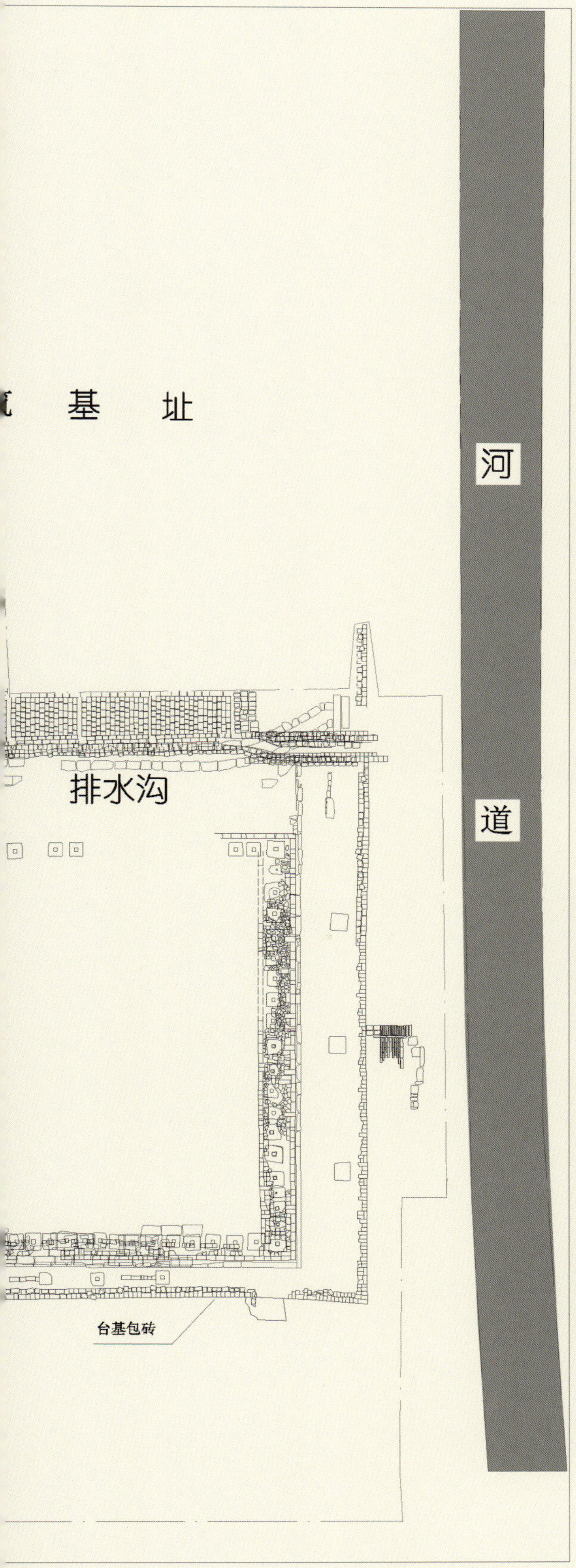

台基东南角

礓礤

水沟

砖砌甬道

柱孔

柱孔

水井

分隔墙

砖砌庭院

宋代·影青
观音头像

元代·建窑系
黑釉盏

元代·龙泉窑
莲瓣纹碗

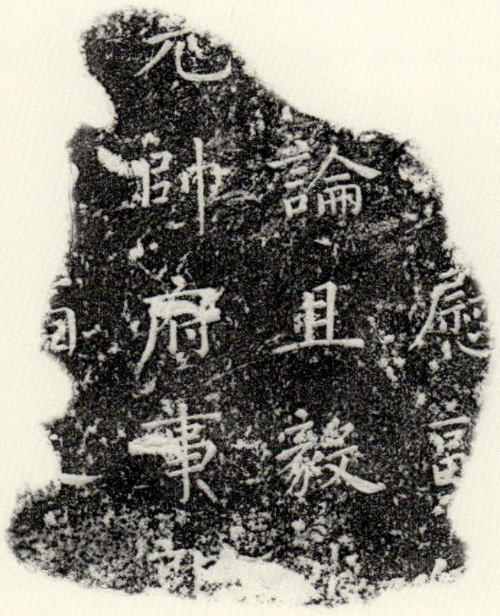

元 残碑拓片

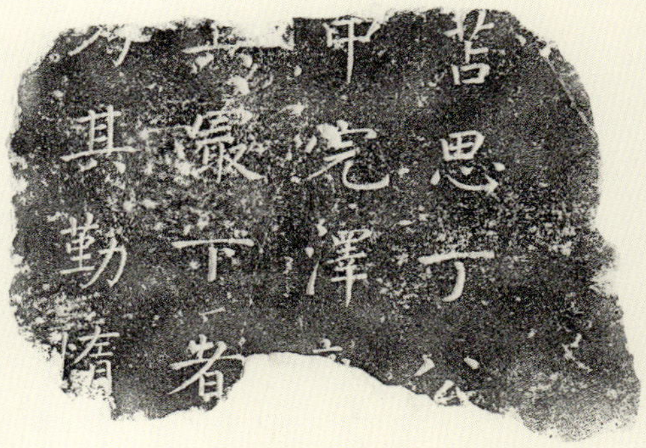

元 残碑拓片

元代·福建窑
影青瓷碟

唐代·青铜私印
“文房之印”

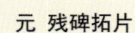

三、府桥街以北，公园路一带

从鼓楼上向正北远眺。中间为公园路，两边多为民国初期陆续建造的沿街商铺和民居院落。箭头标记处为中山公园正门

从鼓楼上向东北方向远眺。箭头标记处为周宅，民国建筑，坐落于府桥街东首，1999 年被公布为宁波市市级文物保护点

宁波市人民大会堂，坐落于公园路 186 号，1954 年 12 月 31 日落成，2017 年被公布为浙江省第七批省级文物保护单位

1954 年 8 月 1 日，宁波市人民大会堂建设施工照

今府前街东端周宅

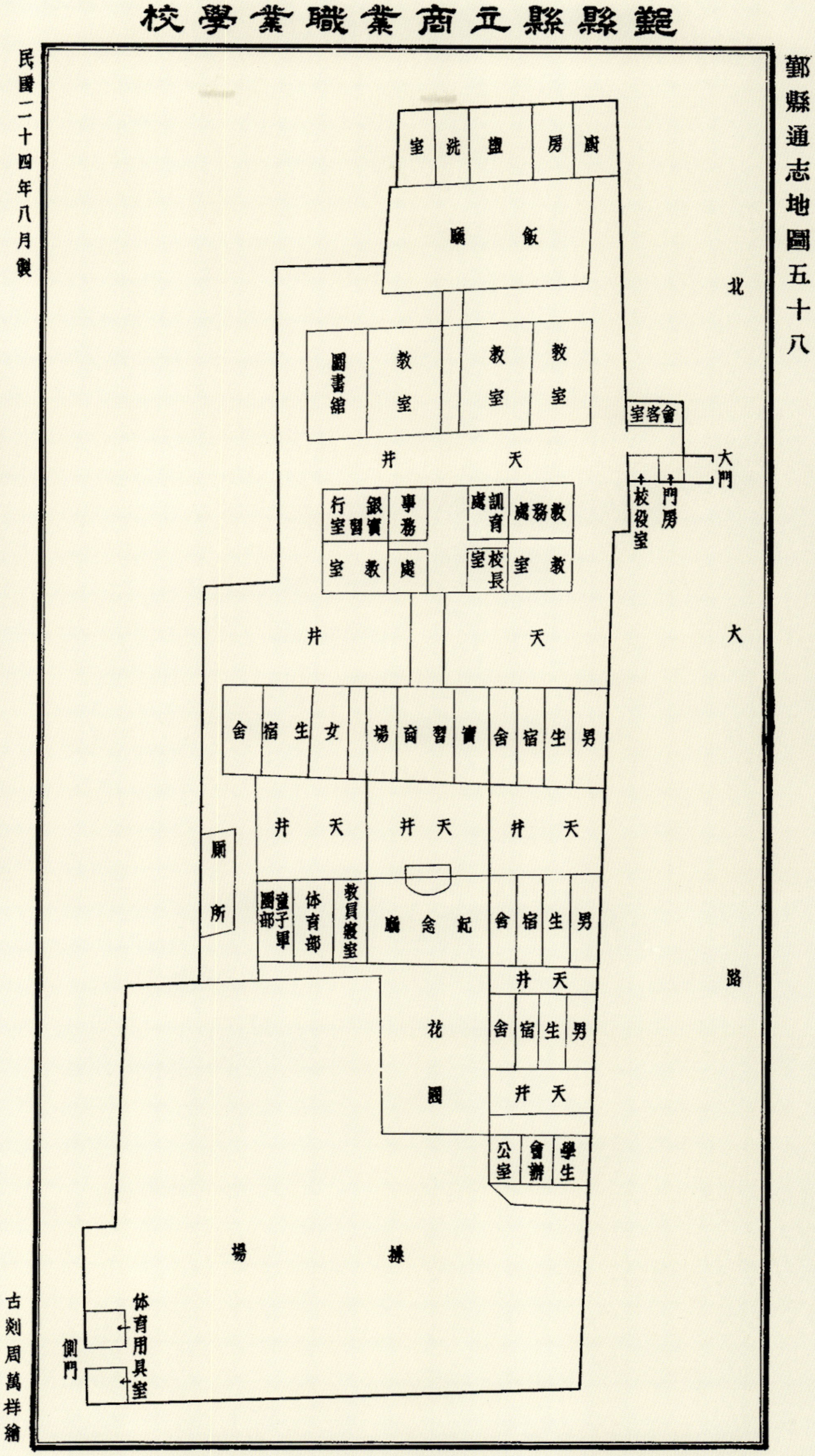

民国《鄞县通志》之鄞县县立工商职业学校（今解放北路西侧宁波市档案馆前）平面图

四、中山公园

中山公园，1927—1929 年在旧衙署、郡圃基础上兴建。宁波中山公园旧址于2011 年被公布为浙江省第六批省级文物保护单位。

1949 年前，中山公园门楼

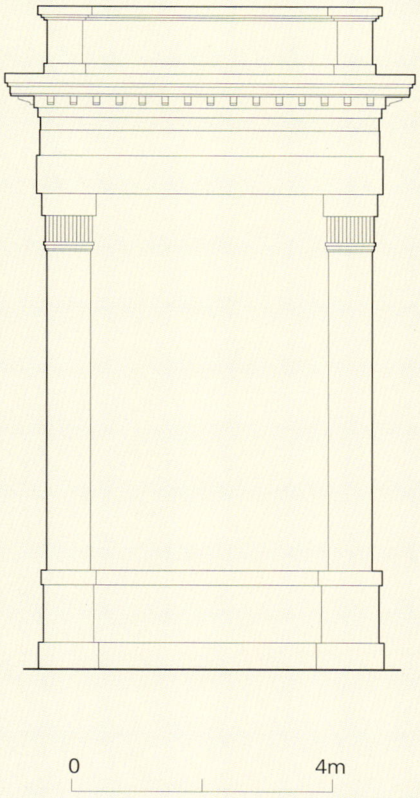

中山公园门楼侧立面

中山公园门楼正立面

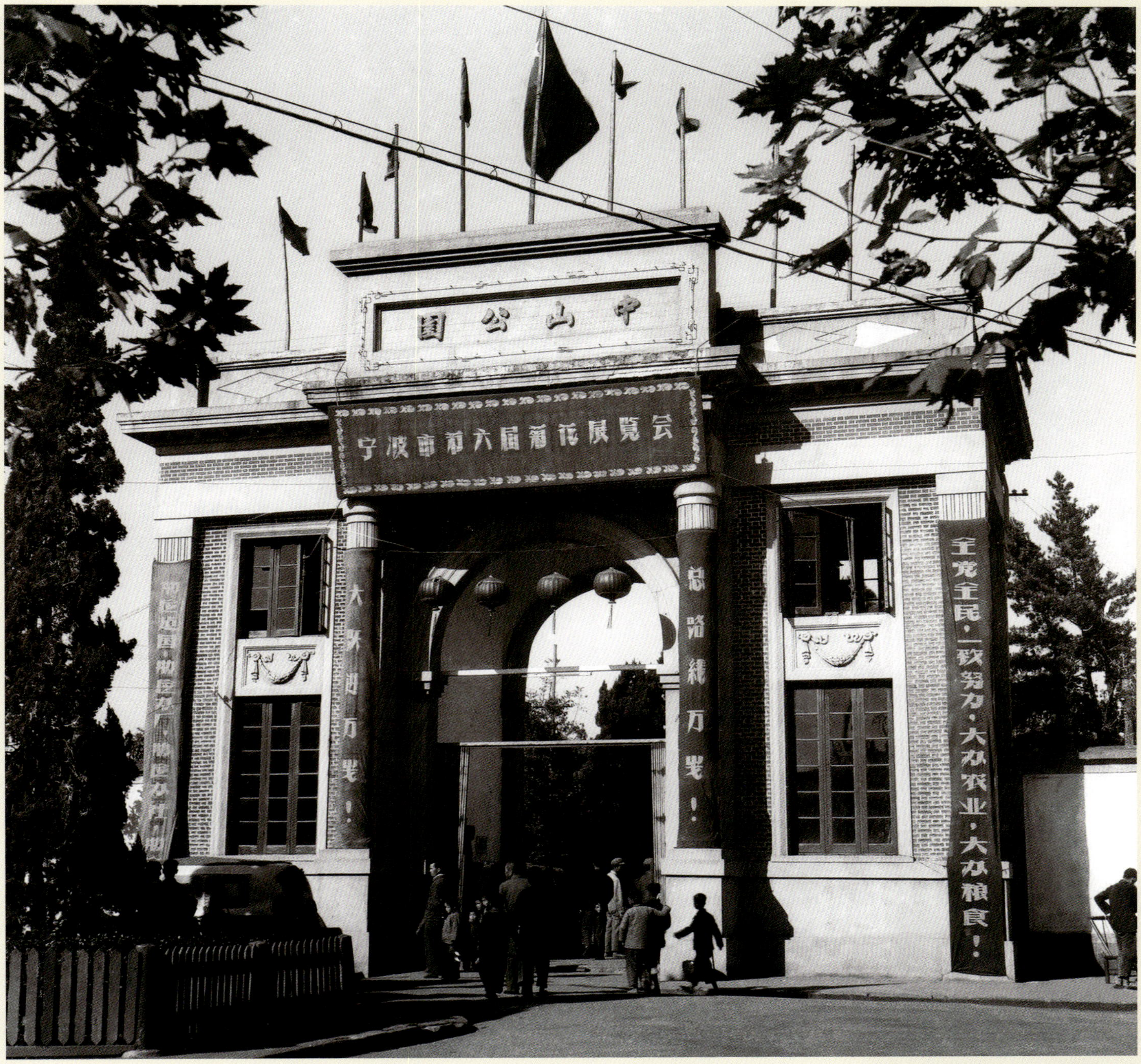

1960 年拍摄的中山公园门楼

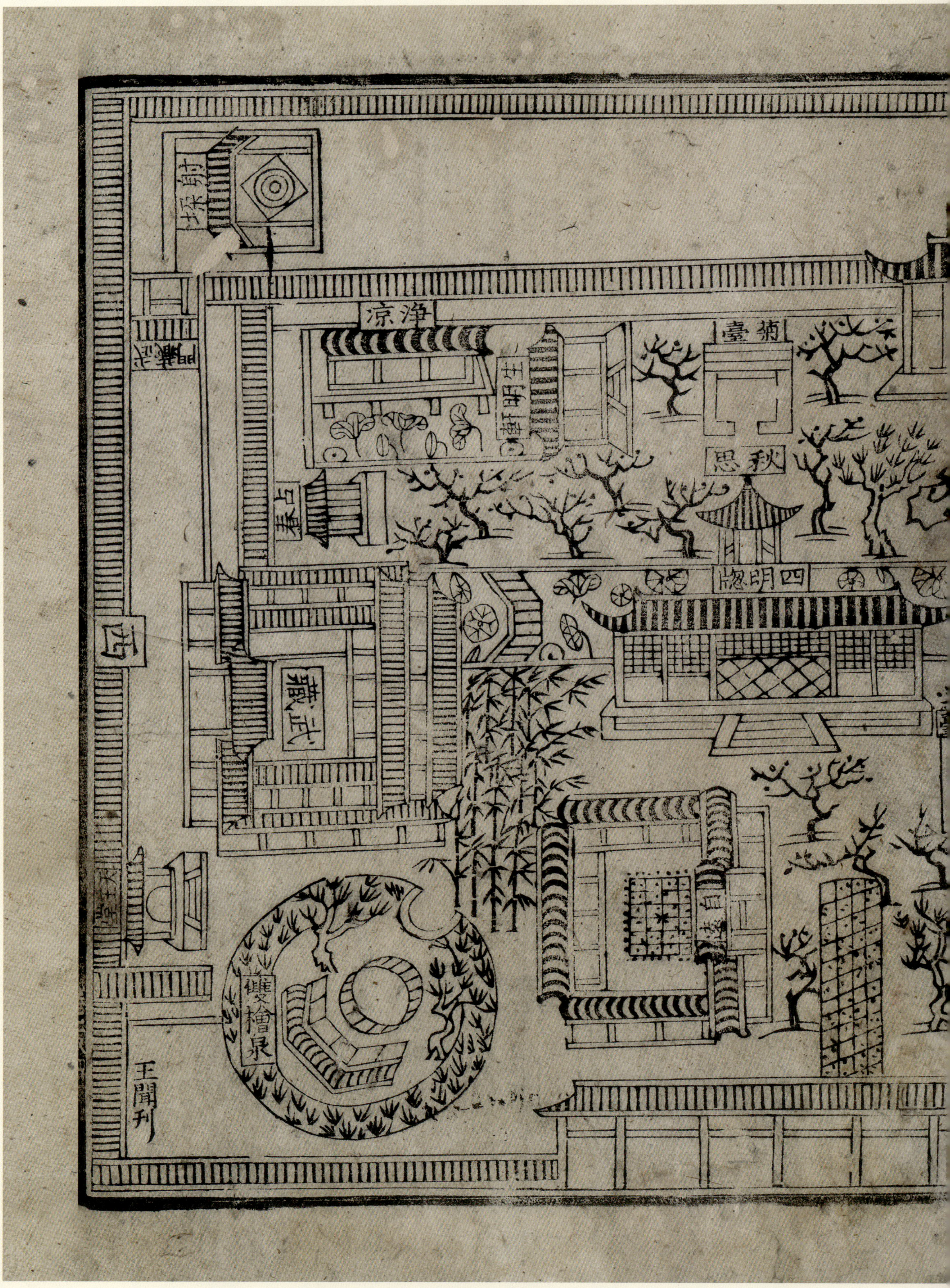
射圃
净凉
猗臺
秋思
四明窗
武藏
雙檜泉
西
王聞刊

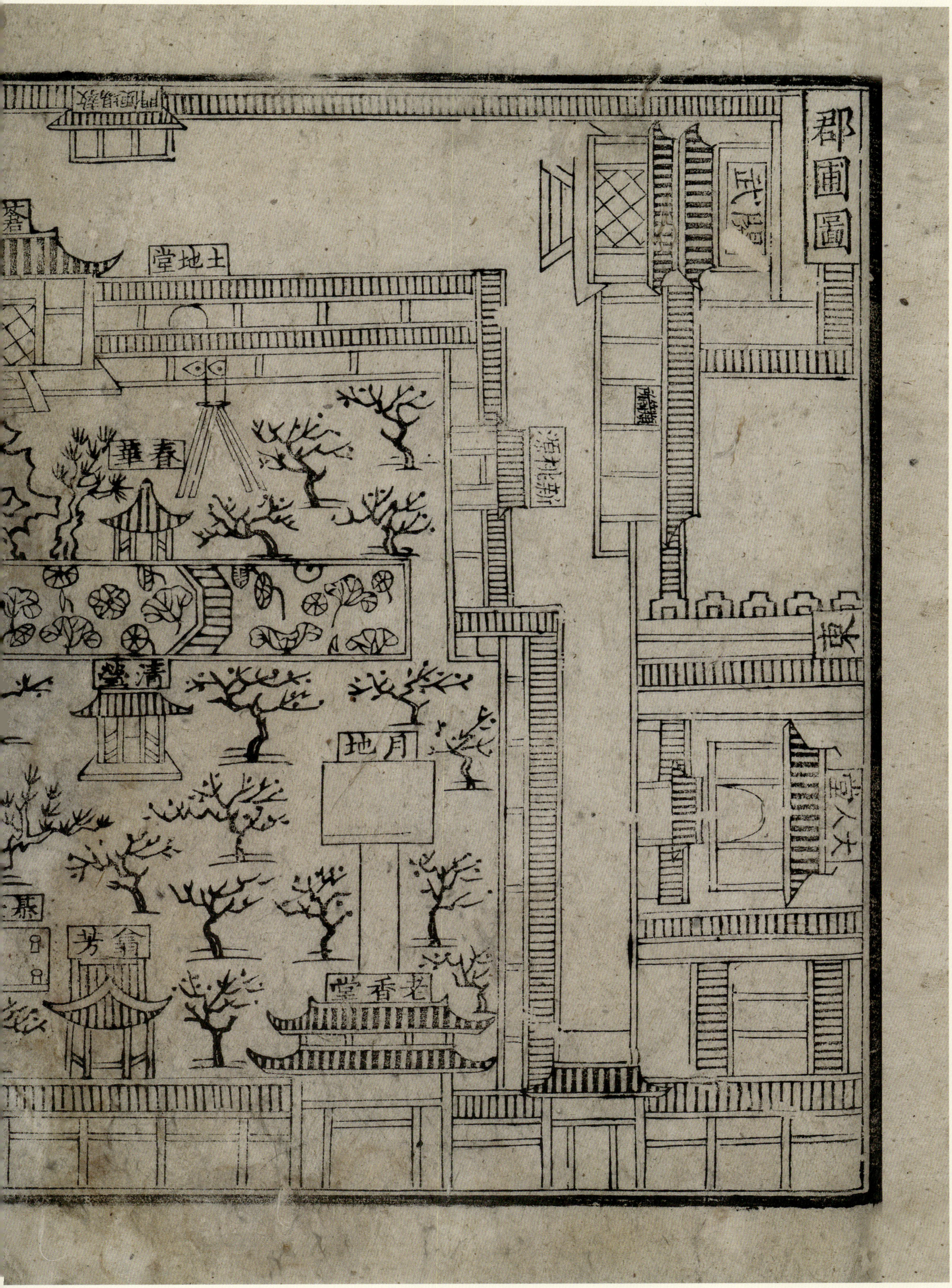

南宋宝庆《四明志》之《郡圃图》（今中山公园一带）

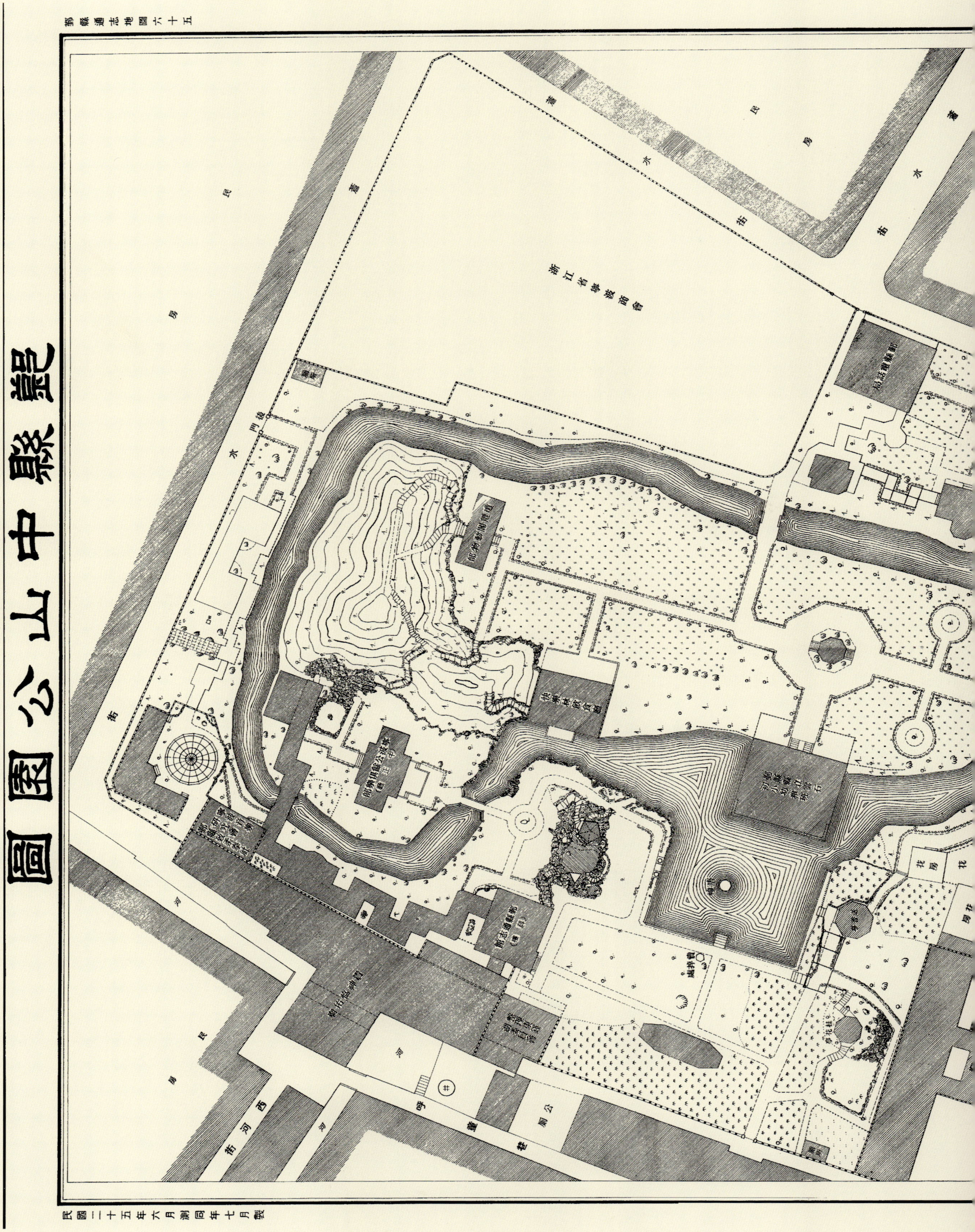
鄞縣通志地圖六十五
鄞縣中山公園圖
民國二十五年六月測同年七月製

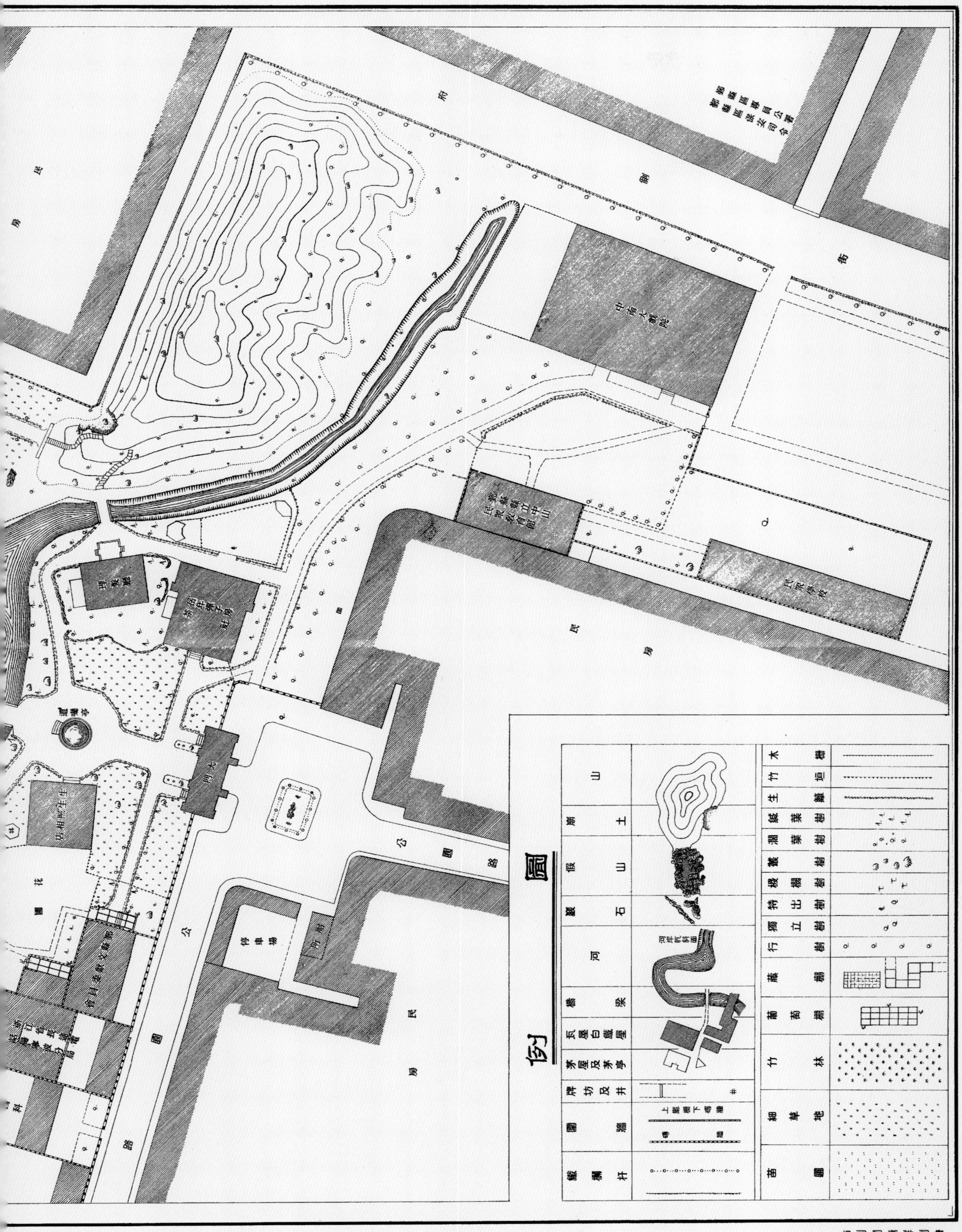

民国《鄞县通志》之《鄞县中山公园图》

20 世纪 30 年代中山公园（右前为总理遗嘱碑亭，后即逸仙楼）

景行牌坊

始建于清道光十七年（1837）。

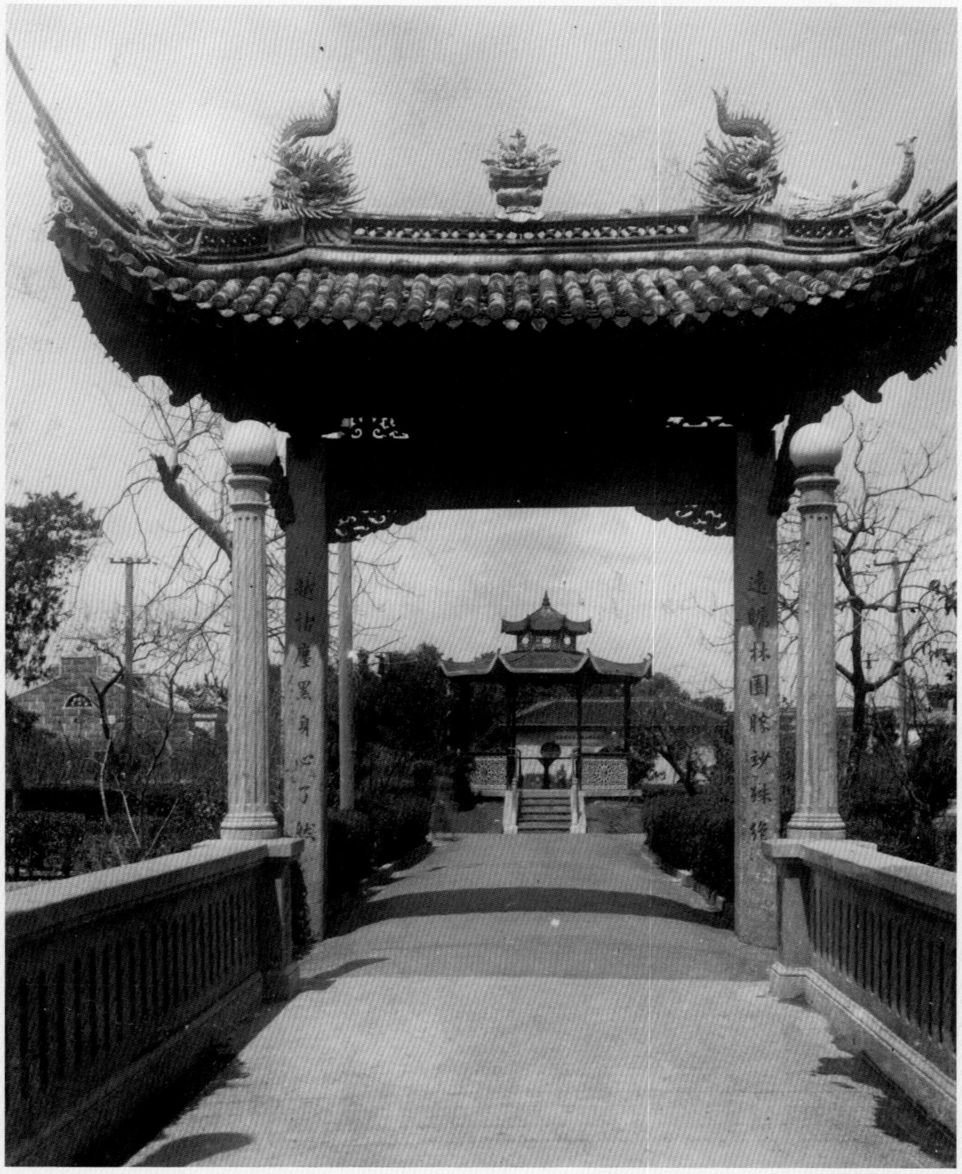

景行牌坊旧照

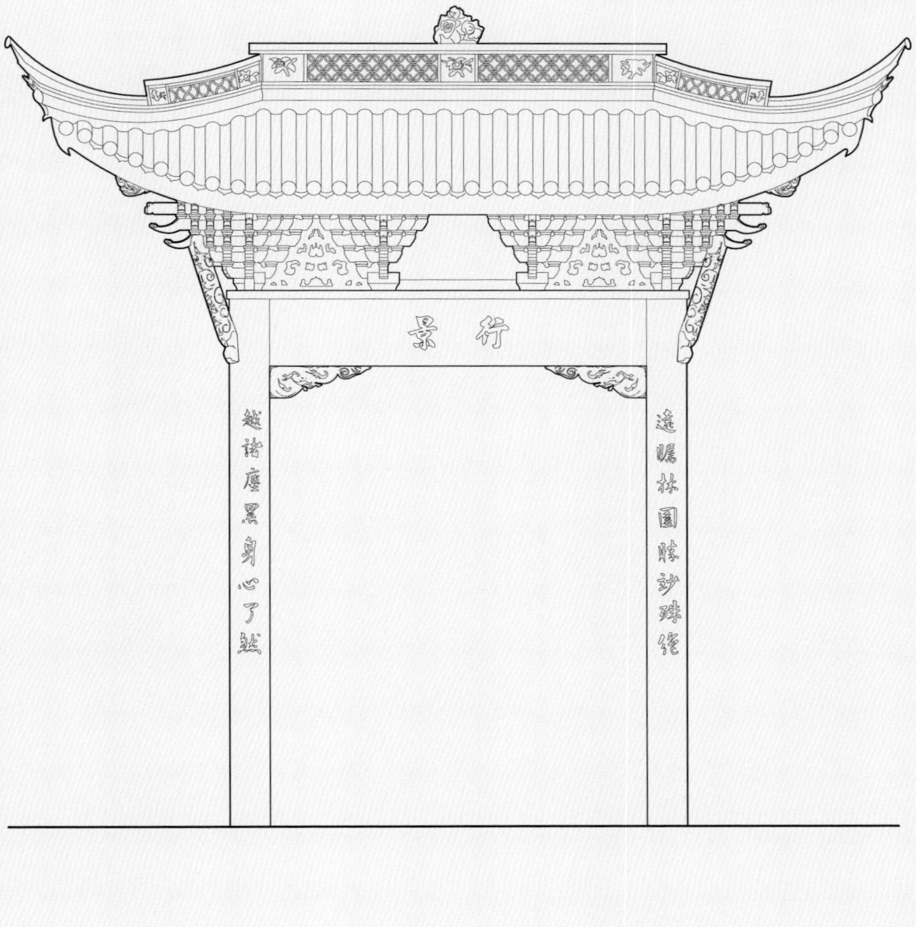

景行牌坊南立面

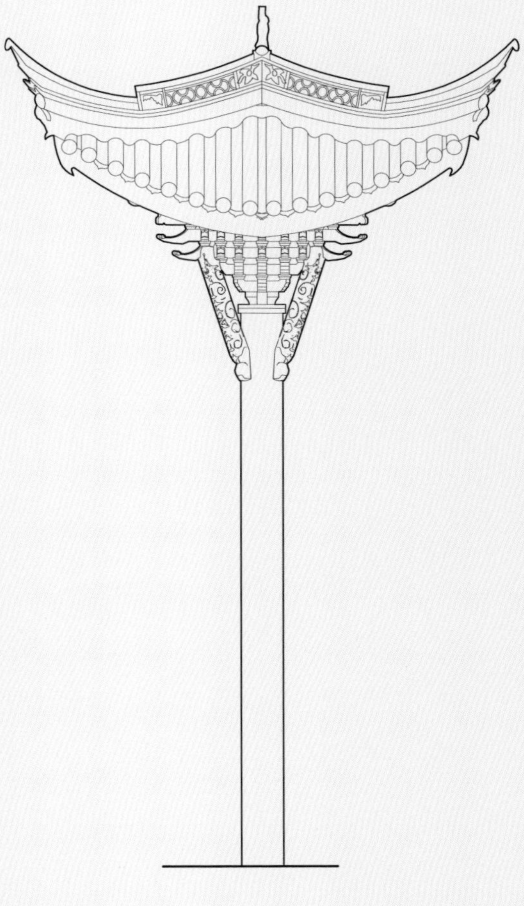

景行牌坊西立面

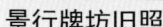

逸仙楼

清代建筑，原为鄞县县学尊经阁，1928 年迁建于此，后更名为逸仙楼。

20 世纪 60 年代中山公园逸仙楼

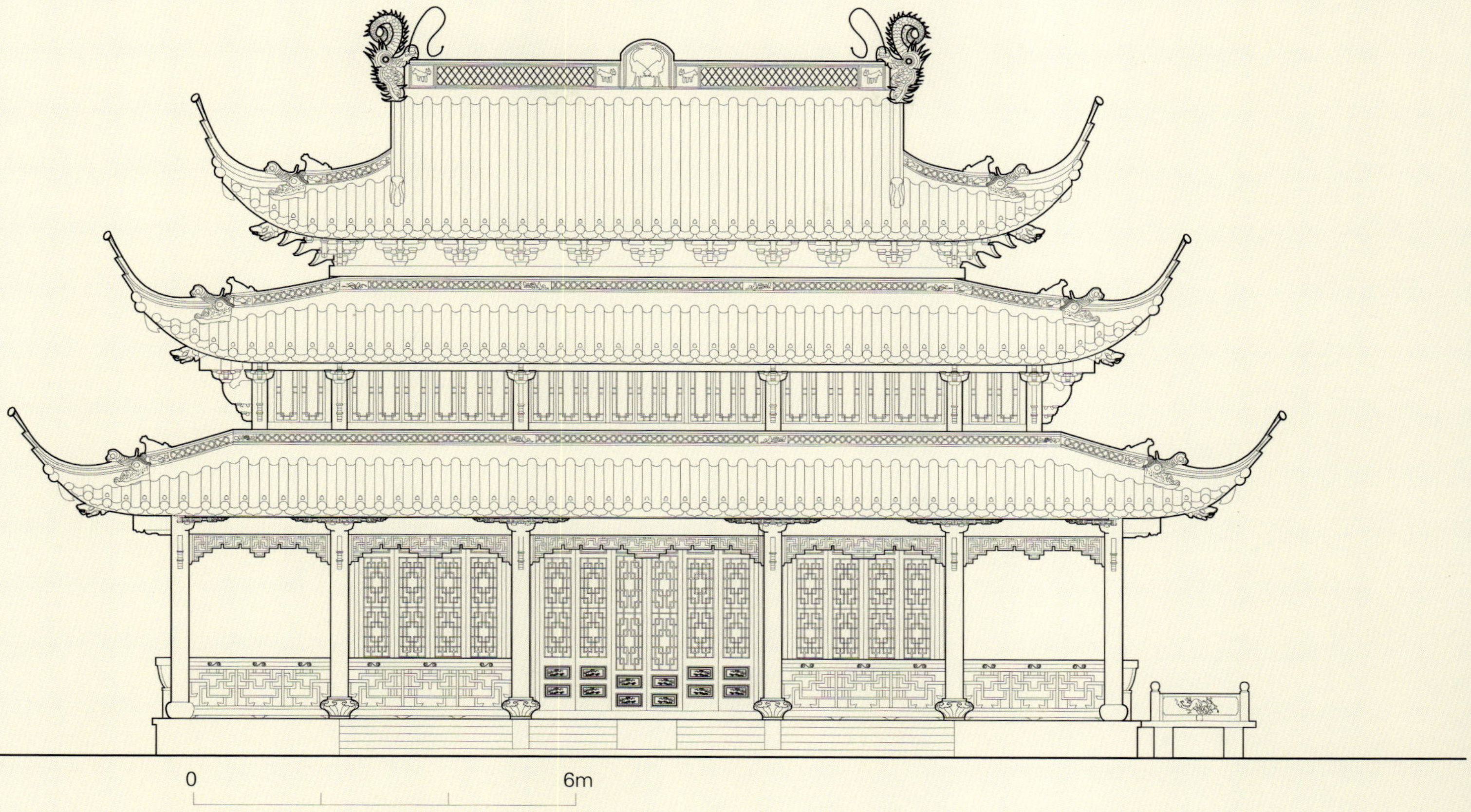

逸仙楼南立面

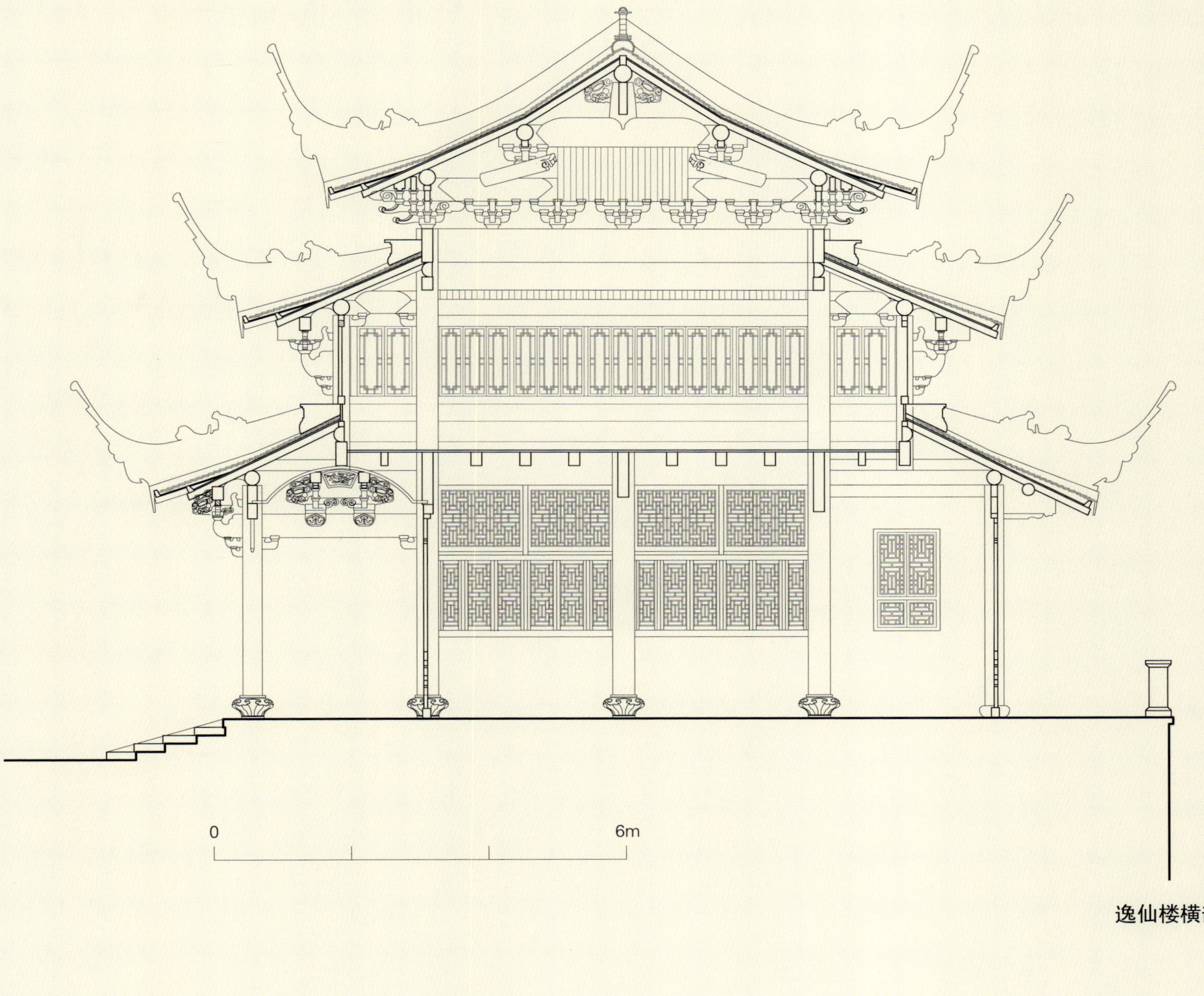

逸仙楼横剖面

宁波商会旧址

宁波商会旧址，民国建筑，坐落于苍水街195号，2010年被公布为海曙区第五批区级文物保护单位。

文献记载

【宁波商会碑记】

张原炜撰文　沙文若书丹　赵时棡篆额

有清末叶，朝廷厉行新政，奖厉（励）农商，各行省诸大都会以次设商务会，龂上下相更始。首起者上海，而吾甬继之。上海始曰“商务公所”，寻改今名。吾甬则称“商务总会”，已曰“总商会”，而冠以郡名。郡道制废，它郡率易称，独吾宁波犹袭旧名者，以其地通海凤稟，中外人士孰于口也。

宁波之有商会，事在清光绪三十一年。于时，王君月亭澄、汤君仲盘嗣新及吴君葭窗传基，以吾甬故以商著称，非设会无以资棣通，于郡城东旧茶场庙侧，赁民房若干楹为会所。方事之朔，规制草创，诸所设施未遑云备。及世会嬗移，人事益繁赜，隶会籍者日加，旧所设会所，地小不足以容，又偏局不适中，佥弗之便，谋所以辟新之。今主席陈君南琴贤凯持尤力顾，迄不果行。先是，东南诸省拥重兵者，互为长雄，一旦据其地，则檄下商会供军乏，名曰“军事借款”，顾无所取偿。十六年春，国军莅吾浙，主省帑者有所属。陈君曰：“此其时矣。”既持券诣省争之，亟得白金三万余版以归，继又疏募诸会众得三万版。赀用既集，众议更新，度地庀工，次第具举。会郡

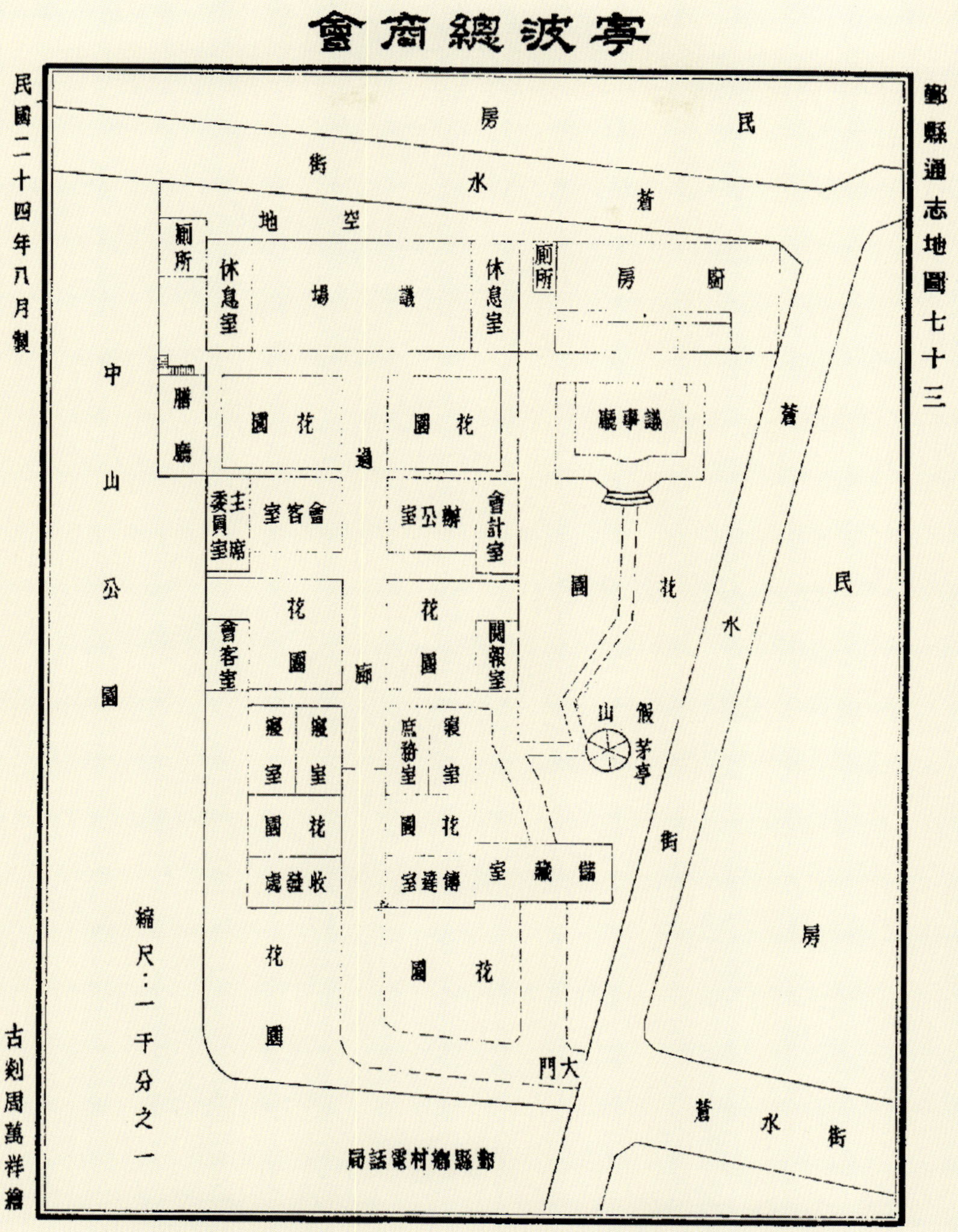

民国《鄞县通志》之宁波总商会平面图

人士有事于中山公园，乃与主者谋，割园地余羡，得六亩有奇，用营缮为会所。会中设议事厅二，会员休憩室二，会客室一，膳室一，自会长以下诸执事于会者，乃至徼巡及诸夫役，皆各有室。厅之外辟为园，长廊曲槛，邃如洞如，园卉蓊翳，四时而有。盖吾浙七十有五县，县各置商会，论其规制，未有若斯之完饬者也。张原炜曰：凡事之成有机，机至矣，无人以持之，无当也。吾甬号殷庶，列肆千万，顾自军兴以来，先之以供亿，重之以征敛，商力亦殚矣。赖总理之灵，诸丑殄除，党国底定。向所埔于民者，积十余年之久，一旦乃还诸吾民，斯机之不易遭者也。顾非有陈君之奔走尽瘁，及诸会众之乐输其后，安望能底于成耶！会制主者，先曰“总理”，继曰“会长”。委员制行，乃称“主席”。自设会讫今二十有八年，自吴君葭窗首立会务，其后若郑君锷笙、余君芷津、费君冕卿、屠君鸿规、袁君端甫、俞君佐庭、陈君南琴、孔君馥初，先后得若干人。

是役也，经始于十六年十二月，越明年六月讫工，为时凡七阅月，用白金六万版有奇，旧所集不足，则由钱肆及诸商肆奏（凑）其成。监工者自主席陈君外，陈君如馨兰、林君琴香润芬，皆有劳，例得附书。

中华民国二十一年一月上石

鄞县李良栋刻石

宁波孔庙大成殿（摄于19世纪70年代）

五、宁波府学与孔庙

明州（宁波）府学于唐开元间随州而立。北宋天禧二年（1018），郡守李夷庚迁建于今中山广场位置。大致范围东至解放南路，南至苍水街，西至大桥街，北至横河街。1912年，州学被废。1928年，县学尊经阁移建中山公园中，即今逸仙楼。1929年，鄞县县政府改府学用地为运动场等。1935年将府学尊经阁迁往天一阁藏书楼北侧。1997年，体育场改建为中山广场，目前保留有部分基址遗存。

尊經閣
在寧波府學擬遷至天一
閣後 二十三年十一月攝景

宁波府学尊经阁，清代建筑，1935 年迁至天一阁北侧

文献记载

重建州学记

李 璜

四明据会稽之东，抱负沧海，枕山臂江，重阜崇岭，连亘数千里。其浸不淫于海，而潴以为湖。山川之胜，雄杰茂异，所以人才英拔，视他郡为甲。至于后进缝掖，往往冰玉秀整，廉利好学。盖自祖宗以来，名公硕儒，文词为诸儒倡者，缙绅至今诵之。

郡旧有学，制度甚伟。建炎胡虏之祸，鞠为茂草，而先圣之殿仅存，扶持倾欹，不庇风雨，荒榛断址，使人怆然怀旧而悲焉。今新昌石君延庆光锡，学问渊博，连中三科，四方望风钦瞩，愿得执经席下以丐余论。绍兴五年，实掌是邦之教事。居无黉舍，食无粱肉，水火器皿之用，凡百不备，学者犹且负笈而来，栖于败屋之下，弦诵之声不绝，盖其风俗好学如此。会太守仇公以次对出镇，恭致天子崇儒右文之意，岁时严奉牲币，盛服搢笏，祠于庭下。将事既毕，延见诸生，酌以酒醴，每病饩廪不充，以为公私之患。明年政成，乃斥公帑百六十万，又丐于耆旧乡老，得钱八十万，始益赋入，助其供给。复以估榷废材，瓦木竹杆，凡十万九千六百有奇，益以调度之余四百万钱，以为梓匠丹垩之费。初立重门两序，敞其后以为讲议之堂，盖其东以为庖湢之舍。闬闳深丽，翼瓦飞甍。神位像设，笾豆俎簋，焕烂一新。于是泮宫之制，具体克备。既落成，率诸生行舍奠之礼。是日，鼓舞歌咏，莫不称颂仇公之德。又以石君超诣之材，屑于细故，针抽缕积，以至于斯也。

窃尝谓古者有国有乡必立学校，盖非苟然而已，以为君子之居而礼义之所从出也。为诸侯者，于此乎受成遣师，以服远人。为士大夫者，于此乎游燕休息，以议政事。执政者，又从而究其言善否，因以改行。下至游士胄子、编户庶民，莫不雍容进退于斯，讲求先王之道，皆得兴于礼义。及其秀杰颖脱，则又论而升之，俾之为天子政事之臣。此所以学校、官府，初无二体，而三代之上，家塾、党庠、遂序、国学，如是之设也。后世先王之道不明，武吏以杀伐暴悍为能，文吏以簿书期会为重，其间深文刻害，便法自营者，则悠悠之谈指为廉正，怙其鸷忍，以投时好，如虫食木中，伤败冲气，卒至穿穴侵漏，与本俱倾而莫之知也。大抵自汉以下，承暴秦之绪，维持固结之道，一切主于法令，劫持天下，使不能去，无复父子君臣之爱。一旦溃败，不可钤柅，诚以平昔用法便文之积也。

今承汉唐之后，去古益远，为吏者视斯民如仇雠，居官者指公府为传舍，朝夕从事米盐锥刀之末，为治之道，追胥箕敛耳，非复有文学礼义之说也。至尊忧勤于上，隆师重傅以明先王之道，而六经之旨不行于士大夫之间，处心积虑，官迁留滞而止。士之游于庠序者，截决经史，取青媲白，以待有司之问，交相告语，惟恐趋赴功名之后。此道之所以不明，而先王之迹几于熄也。如是而望风俗之醇厚，亿兆之孝悌忠信，难矣。

郡之有学，始曰礼义，而先王之遗风余训，标准在是。为政者尚指以为不急之务，亦已甚矣。四明环地千里，浮屠、老子之宫无虑数百区，穷极土木，以享侯王之奉。然以州郡之力，学校之事，求数十楹以庇其徒，而艰难勤劬，积岁十数不克有成，良可叹也。今仇公适丁抢攘之际，抚临一方，未及报政而公私便利，风化醇厚，无厨传过客之事，而有恭俭率循之益。为善者有所恃而不惧，奸宄小人知所畏惮而不敢自肆，是以风帆海舶，夷商越贾，利原懋化，纷至沓来。波涛奢伏，山谷休靖，盲风怪雨，不敢辄作。乃能于此之时，以其余力及于学校，养育人材，用为异时兴起太平之资，其所以忠于国家，惠其侪类之意深矣。又能斥其帑藏之积，勉励群寮，上下协同以济澄兹，其用心可谓知所先后，不忘其本者哉。虽然，善始者未必善终，能作者未必能述。今公于此可谓勤矣，若夫因卑为高，积微至著，使之日增月益，以至熙盛，则又有待于后之君子赓继存爱之而已。此则仇公之意，亦郡人所望于来者也，并书之以告。

绍兴七年季冬闰十月甲申谨记。

选自乾道《四明图经》

宁波府学尊经阁（摄于 1934 年）

1929 年在府学旧址兴建体育场。次年，除大成殿（为古物陈列所）、教谕署（为场员办公室）及尊经阁外，其余建筑全部拆除

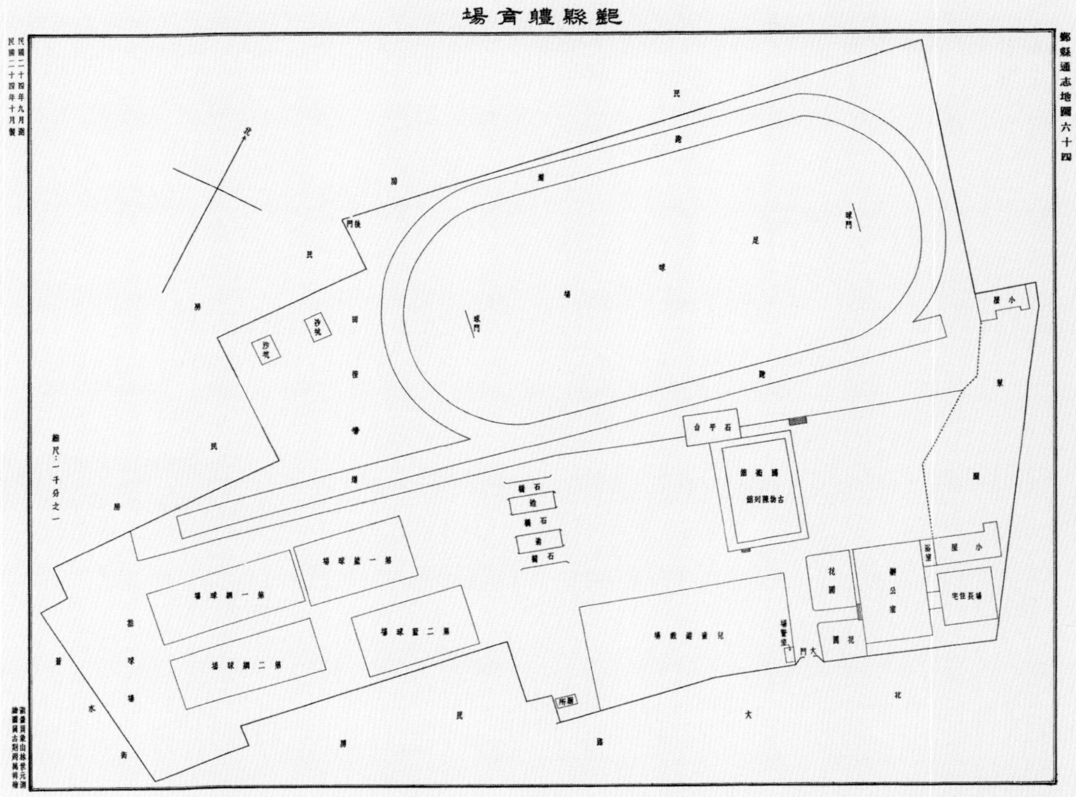

民国《鄞县通志》之鄞县体育场平面图

20世纪60年代，宁波体育场常有万人大会

宁波府学泮池与文昌阁（摄于 1870 年前后）

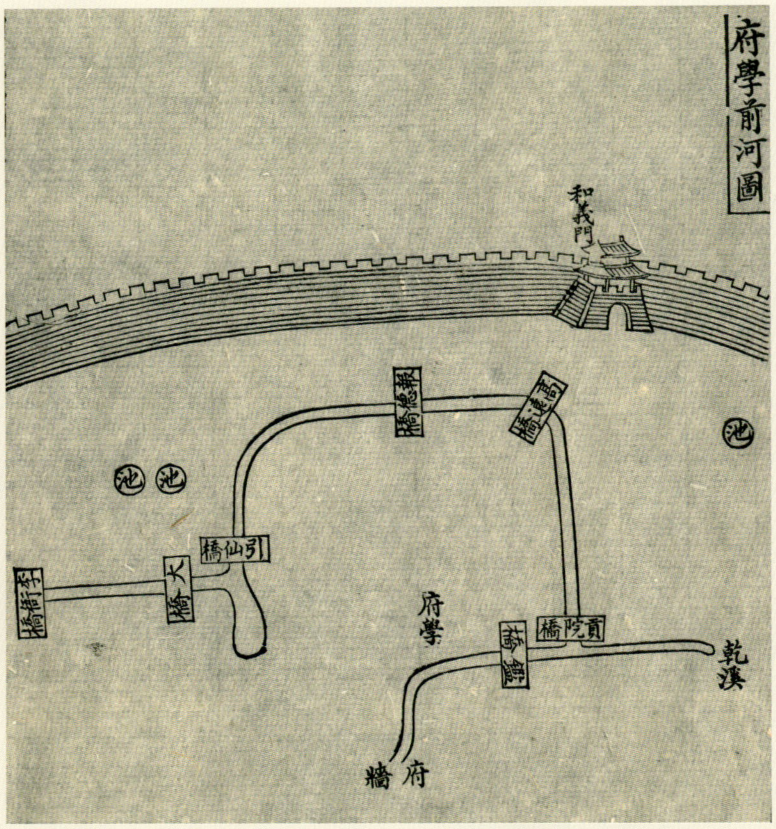

《宁郡城河丈尺图志》之《府学前河图》

宁波府学泮池考古现场

大成殿台基包砖残损情况

泮池中间桥墩与两岸特殊设施

泮池池壁

世纪 70 年代，学宫墙外卫安勇操练场面（由北往南拍摄，具体位置即下左图红箭头所指处），左为孔庙，右为引仙桥至桂芳第前漕（现为大桥街）

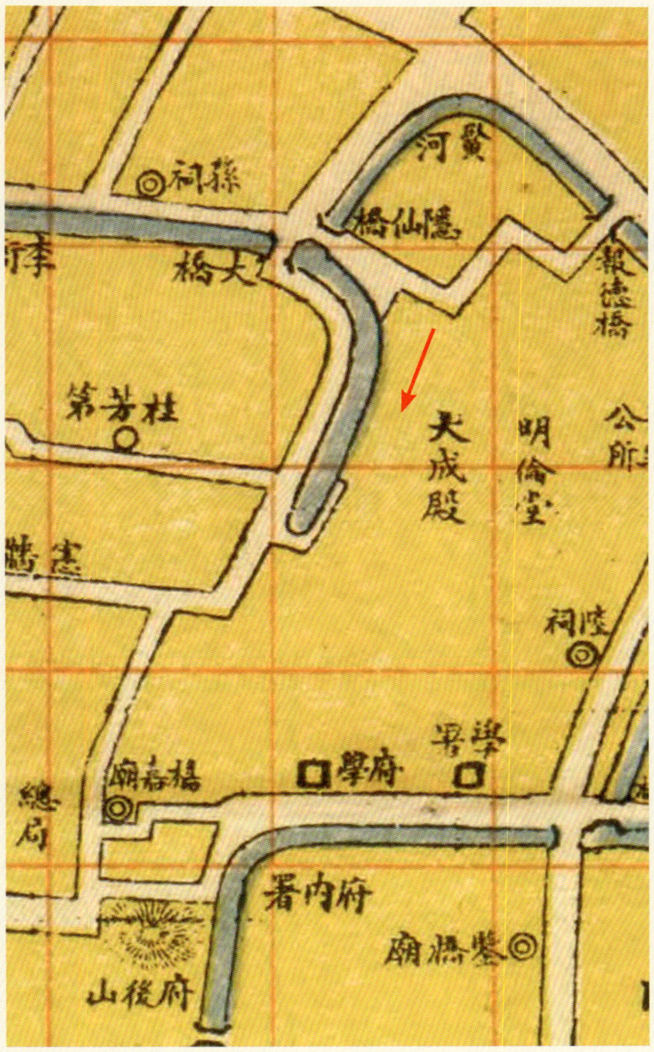

1914 年《最新宁波城厢图》局部

中山广场（下沉式广场，北为泮池遗址所在地）

六、张苍水故居

张苍水故居，始建于明代，坐落于苍水街194号，2005年被公布为浙江省第五批省级文物保护单位。

张苍水故居大门

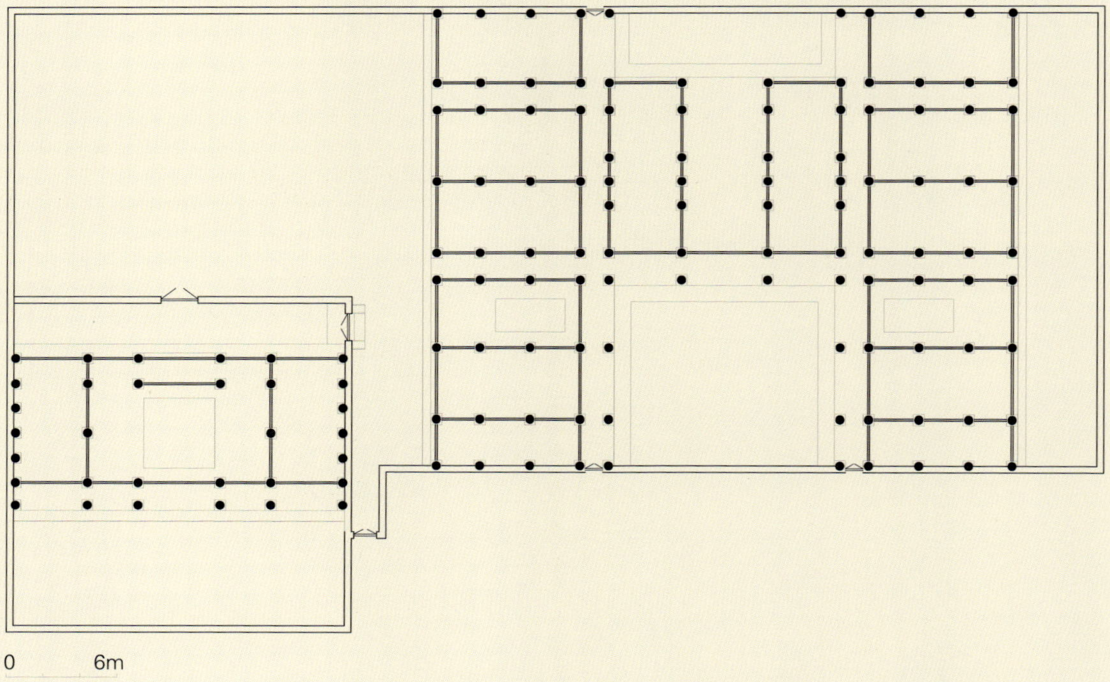

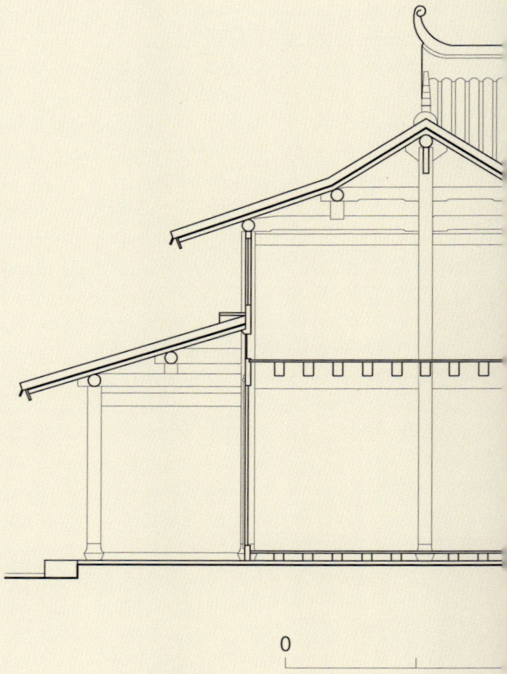

张苍水故居平面

张苍水故居正南面鸟瞰

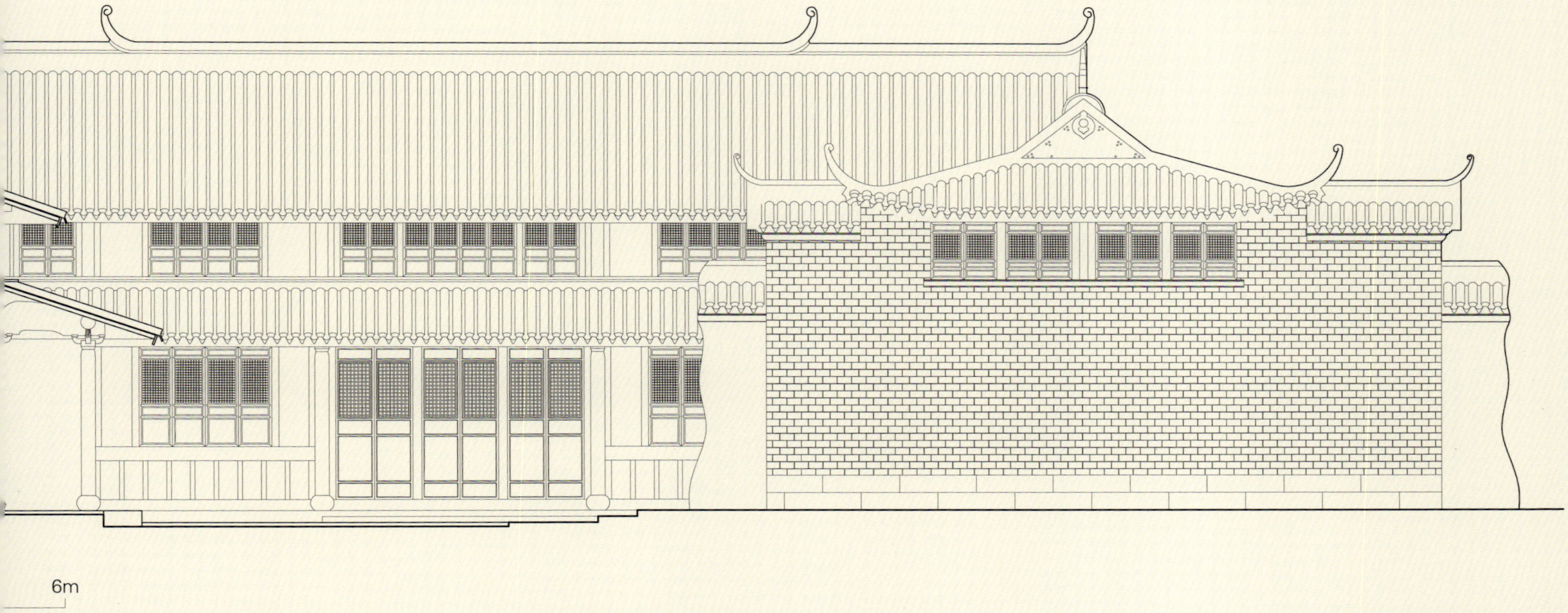

张苍水故居南立面

七、鄞县县署

輿地志丑編

營建

自政府唱導建設而國內交通較便之都市皆承風奮起盡心於道路橋梁水利營繕諸要政于是甬上市容頓改故觀而各鄉重要大將作亦以時完成于此可以覘甬上人士之思想與財力非他縣所逮也蓋吾國自海通以來商業經營多以滬爲中心滬甬一夕之程耳歐風所被自較他地爲先然物質文明乃富貴者之享受民衆利益今尙在不可知之數故甬上建設以理想論誠不可或廢若切按其實際需要與否則未免有小大不侔緩急相反之見象至其各項辦法如何尤非茲編範圍所應及不備述云

公署

縣署　在縣東鎭縣前街北舊稱西北隅富榮坊北　自唐長慶間移州城置鄮縣署於開明橋北梁改鄮爲鄞宋因之建炎四年兵火紹興八年重建元至大

二年改爲廉訪分司皇慶二年徙縣治於分司故址至正間又徙於行春坊明洪武元年又徙於迎鳳坊以上舊署詳古蹟　六年知縣楊仲珪以其隘陋移置乾符竹林二寺廢址卽今縣署地民國初元嘗移至府署三年設會稽道尹復還至今署其屋舊正廳三間東西列曹吏房科二十八間前爲露臺又前爲儀門凡三間門之西爲獄禁四周各三間外東爲土地祠外爲大門前及左右皆樹坊表正廳後爲川堂三間左右爲庫其後爲宅門門內堂三間亦稱二堂舊有甘露堂扁額摹張卽之書東西爲耳房後堂三間亦稱三堂其後爲內宅後堂之東書齋三間題曰餐柏聞志舊有古柏一株明知縣王章作餐柏亭於旁久廢乾隆五十二年知縣錢維喬改題齋名以存古蹟稍後書齋曰小林棲道光十四年知縣周召棠重建大堂二堂川堂儀門二十二年治與縣丞典史二署爲英兵所毀二十五年重建改內宅爲樓增獄禁爲十六間咸豐十一年寇亂復毀同治二年籌辦善後事宜一律建復今列屋設置非復舊觀面南爲大堂卽舊正廳三間前爲甬道兩旁設有網球場運動場東爲錢糧造串處卽舊東曹吏房科等屋西爲建設科卽清西曹吏房科等屋與獄禁典史署及民國鄞縣地方法院看守所舊址　又前爲腰牆門卽舊儀門其屋三間已拆除　外東爲縣公安局卽舊土地祠　又前爲大門門外舊有屏牆已拆除惟東西坊表猶存　大堂後爲川堂堂東爲工役宿舍西爲田賦徵收處其後爲二門卽舊宅門　兩旁耳房右爲號房左爲送達工役室內爲過廊東西平屋各三間爲管理警保衛團丁住宿處廊北卽大禮堂舊稱內堂亦稱二堂　西爲收發處庶務室寢室儲藏室庖室東爲模範桑園又後爲過路一間保衛團正副團總室一間保衛團辦公室一間卽舊後堂亦稱三堂　東爲縣政府辦公廳三間卽舊書齋題曰餐柏　土地登記曬圖室一間卷房一間卽舊小林棲　會議廳一間西爲寢室廳後爲會客室兩間圖書室一間卷房儲藏室膳室會計室益西爲縣長住宅三間又後爲徵收雜捐稅室三間書記室三間後末爲樓房下爲財政局辦公室三間左右寢室各二間上俱寢室卽舊內宅之樓　由會議廳而東北爲縣款產保管會凡五間卽舊縣丞署址前爲花圃又前爲編造坵地辦公室三間舊市府檔案一間又前西式平房二間爲土地登記處民國二十三年縣長陳寶麟劃模範桑園

之北隅地建

第五區行政督察專員署　在縣治西北府橋街北宋簽判廳元總管府明洪武初明州府十四年改寧波府清依明舊民國初年鄞縣署曾移此三年爲會稽道署十六年爲寧波市政府二十年市廢爲教育局暨建設科辦事處其屋卽舊知府宅西偏之屋自大門儀門寅賓館土地祠以及露臺詹廳正廳東西曹吏房科等屋與宏濟庫庫房軍器庫川堂洗心堂御書樓等均於民國十六年撤去劃入中山公園區域　爲明洪武初知府張琪拓闢府東廣仁白衣寺址所建其屋面南凡四進每進五間前進中爲過路左爲會客室一間收發處一間右爲第三股長室一間會計庶務室一間卽舊正廳五間　前爲甬道東西列衛兵連長室衛兵室各五間又前爲儀門爲大門儀門之右爲傳達室後爲游廊中進保安分處辦公室四間過路一間卽舊後堂五間　後進中爲禮堂兼督察署辦公室三間東爲祕書室一間西爲過路一間卽舊內宅五間　後末進爲樓房其下中爲膳室一間左爲視察員室一間祕書室一間右爲第一股長室一間第二股長室一間上爲職員室四間雜物

鄞縣縣政府

民國二十四年七月製

鄞縣通志地圖三十八

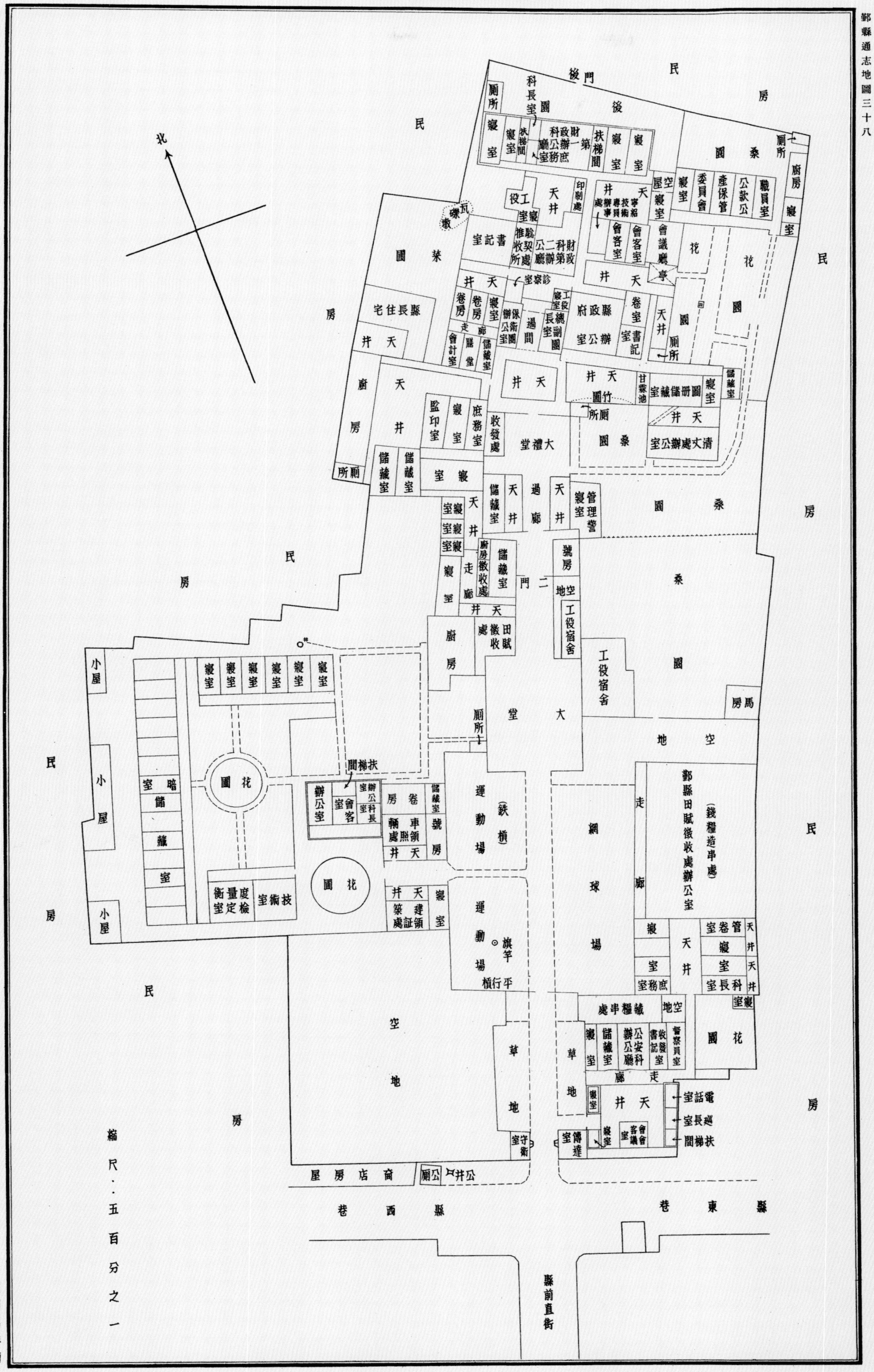

古剡周萬祥繪

民国《鄞县通志》之鄞县县政府平面图

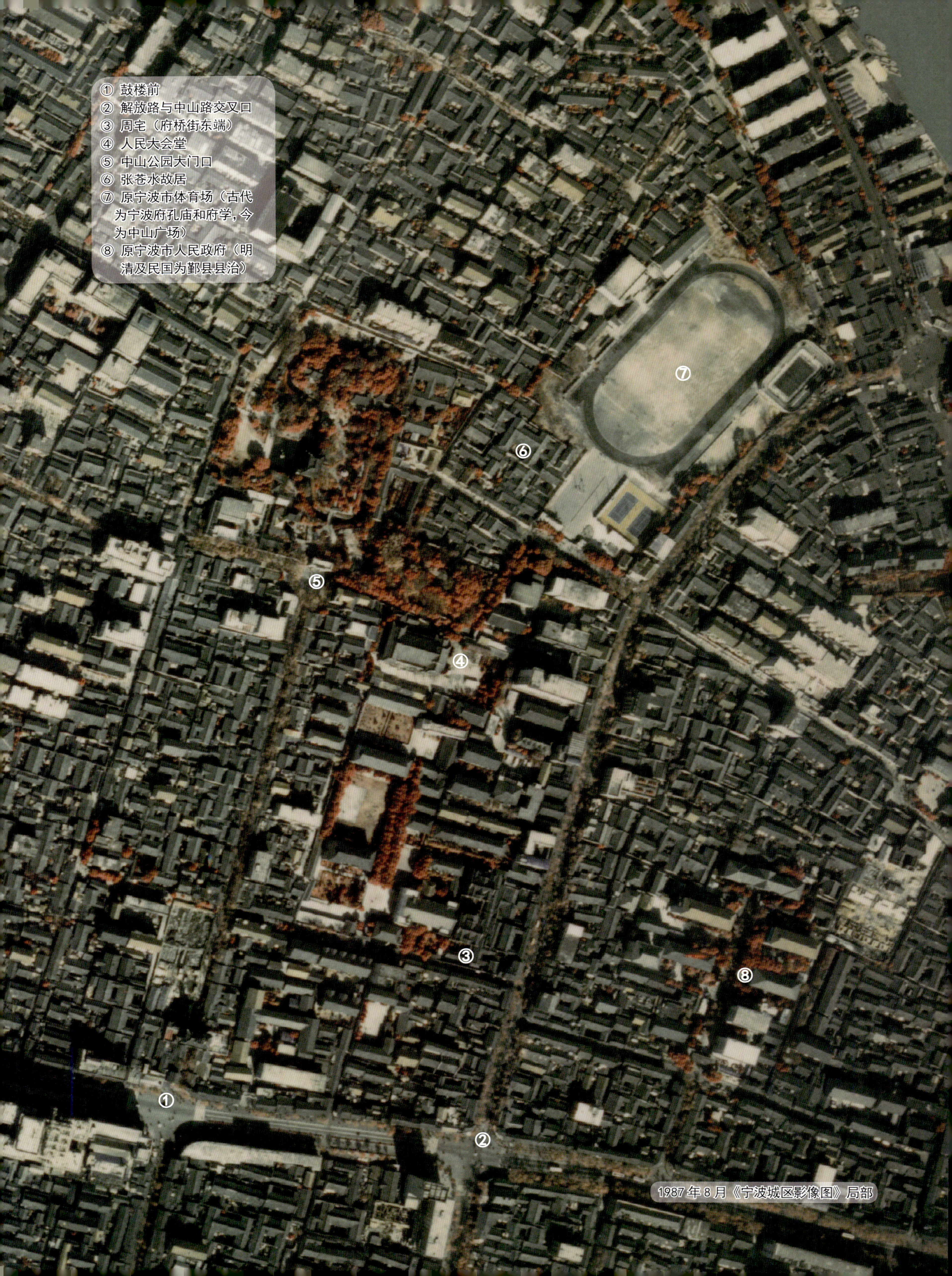

1987 年 8 月《宁波城区影像图》局部

第二部分

宁波古城西北隅

一、宁波天宁寺
二、伏跗室与永寿街历史文化街区
三、西河街以北，孝闻街一带
四、华美医院旧址
五、永丰门内外
六、秀水街历史文化街区

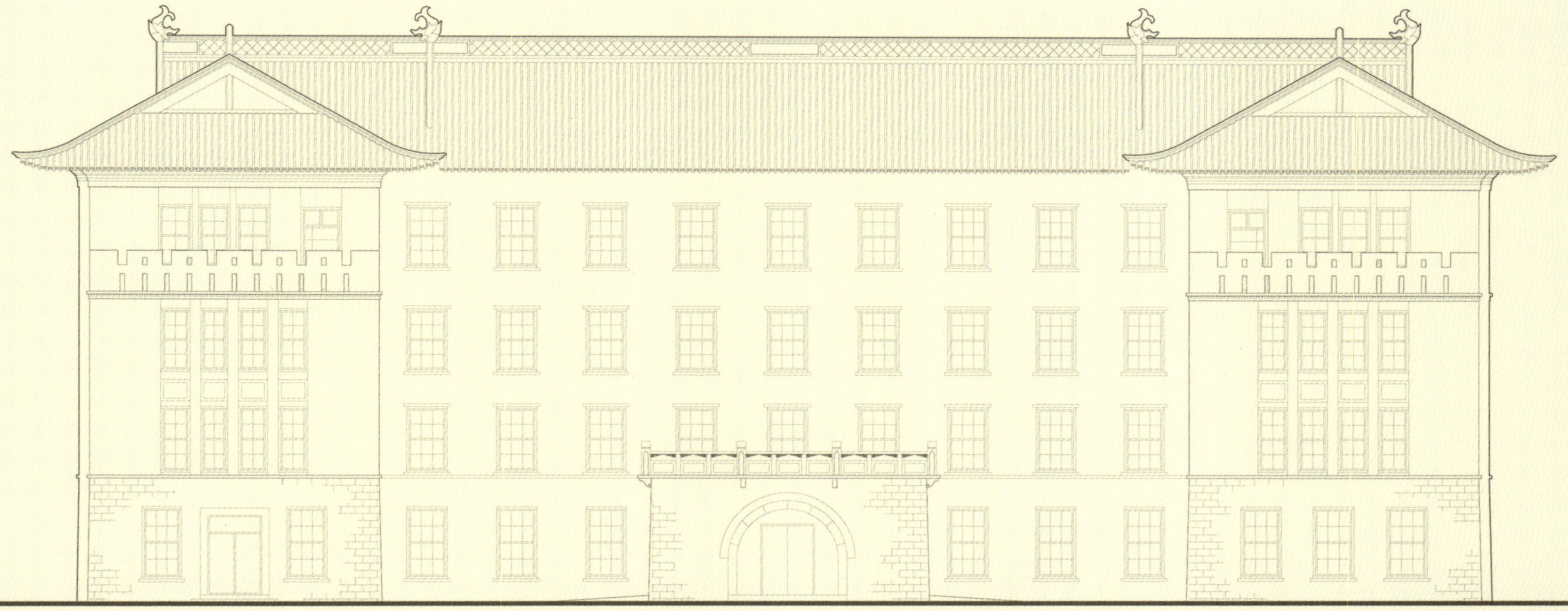

宁波古城西北隅

本区域东至呼童街、大桥街，南至中山路，西至望京路，北至永丰路。历史上曾是宁波城内规模较大、格局较为完整的传统住宅区域。

孝闻街是区域内南北向道路轴线，东西向主要街道包括尚书街、永寿街、西河街等，构成主要历史地段“丰”字形街巷结构。历史上这里的街巷多为一河一街形式，井然有序。今孝闻街南段、永寿街、尚书街原有河道，总称为天宁寺西河；今孝闻街北段、西河街原有河道，总称为观音寺前河；今文昌街、乌含巷原有河道，总称为文昌阁西河。民国年间这些河道陆续被填为道路。

区域内主要文化遗存包括：

中山路以北至西河街，有全国重点文物保护单位宁波天宁寺、浙江省省级文物保护单位伏跗室、宁波市市级文物保护点万氏别第、海曙区区级文物保护点赵叔孺故居等。永寿街一带有伏跗室与永寿街历史街区。

西河街以北的孝闻街东侧，有宁波市市级文物保护点白衣寺、虞宅等；孝闻街西侧及西北街附近，历史上有观音寺、佑圣观、文昌阁等。

北端滨姚江，原有宁波城的北门——永丰门，附近有浙江省省级文物保护单位华美医院旧址、宁波市市级文物保护点永耀电力公司旧址。

本区域东北部为秀水街历史街区，范围东至大桥街，南至苍水街，西至秀水街、永丰巷，北至横河街。主要文物遗存有宁波市市级文物保护点倪氏桂花厅、桂芳巷陈宅、广仁街孙宅、鹤年坊、大桥街徐宅等。

新近发掘的“明州罗城（望京门段）遗址” 位于本区域西南角，发现晚唐五代以来宁波的城墙遗址和东汉与六朝以来的重要遗存，出土完整及可复原器物近三千件（套），是宁波地区早期港城发展演变的重要实物资料。先后获评 2016 年度和 2019 年度“浙江考古重要发现”。

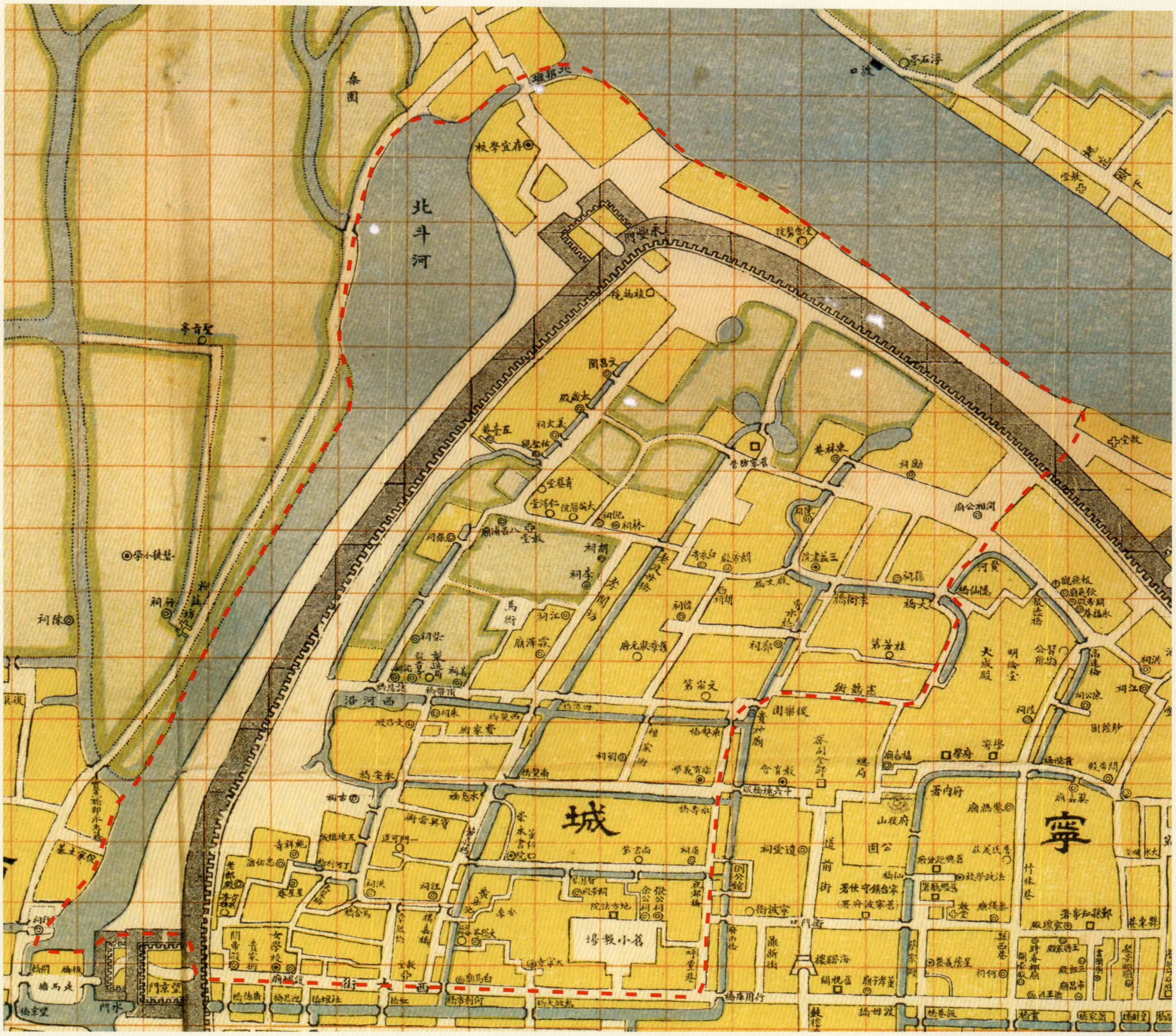

民国三年（1914）《最新宁波城厢图》局部 · 宁波古城西北隅

民国二十五年（1936）《鄞县城厢图》局部 · 宁波古城西北隅

1. 鹤年坊
2. 横河街林宅
3. 广仁街孙宅
4. 广仁街21号民宅
5. 大桥街34、36号民宅
6. 吴宅
7. 广仁街17-2、3号民宅
8. 桂芳巷5号民宅
9. 大桥街徐宅
10. 桂花厅
11. 桂芳巷6号民宅
12. 桂芳巷陈宅
13. 横河街虞宅
14. 宁安坊
15. 白衣寺
16. 费家巷顾宅
17. 元戎第
18. 林氏旧宅
19. 赵叔孺故居
20. 叶宅
21. 伏跗室
22. 万氏别第
23. 屠蒲故居
24. 孝闻街传统建筑群
25. 宁波天宁寺（西塔）
26. 华美医院旧址
27. 永耀电力公司旧址
28. 横河街民宅

2002 年《宁波城市影像图》局部 · 宁波古城西北隅

一、宁波天宁寺

宁波天宁寺（遗址），始建于唐，原名国宁寺。明洪武十五年（1382）改名天宁禅寺。民国初年改名天宁寺。2006 年被公布为第六批全国重点文物保护单位。

天宁寺西塔旧照

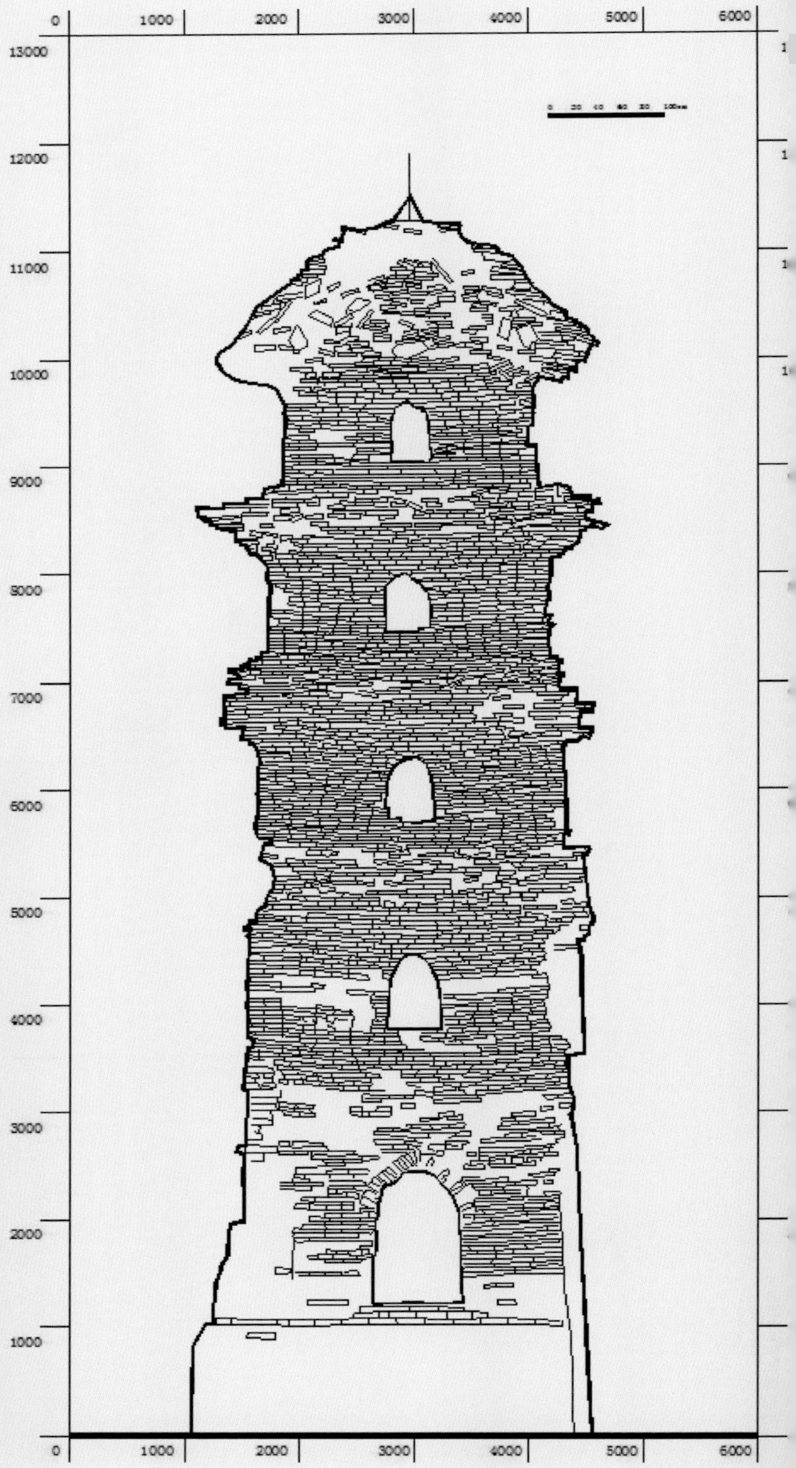

天宁寺西塔北立面原状测绘图

19 世纪 20 年代的天宁寺，图片选自［日］常盘大定、［日］关野贞著《中国文化史迹（第四辑）》

19 世纪 30 年代的天宁寺，前景棚屋为民国鄞县政府在天宁寺边兴建的居民菜场

1995 年 2 月，唐国宁寺（天宁寺）东塔塔基遗址考古发掘现场

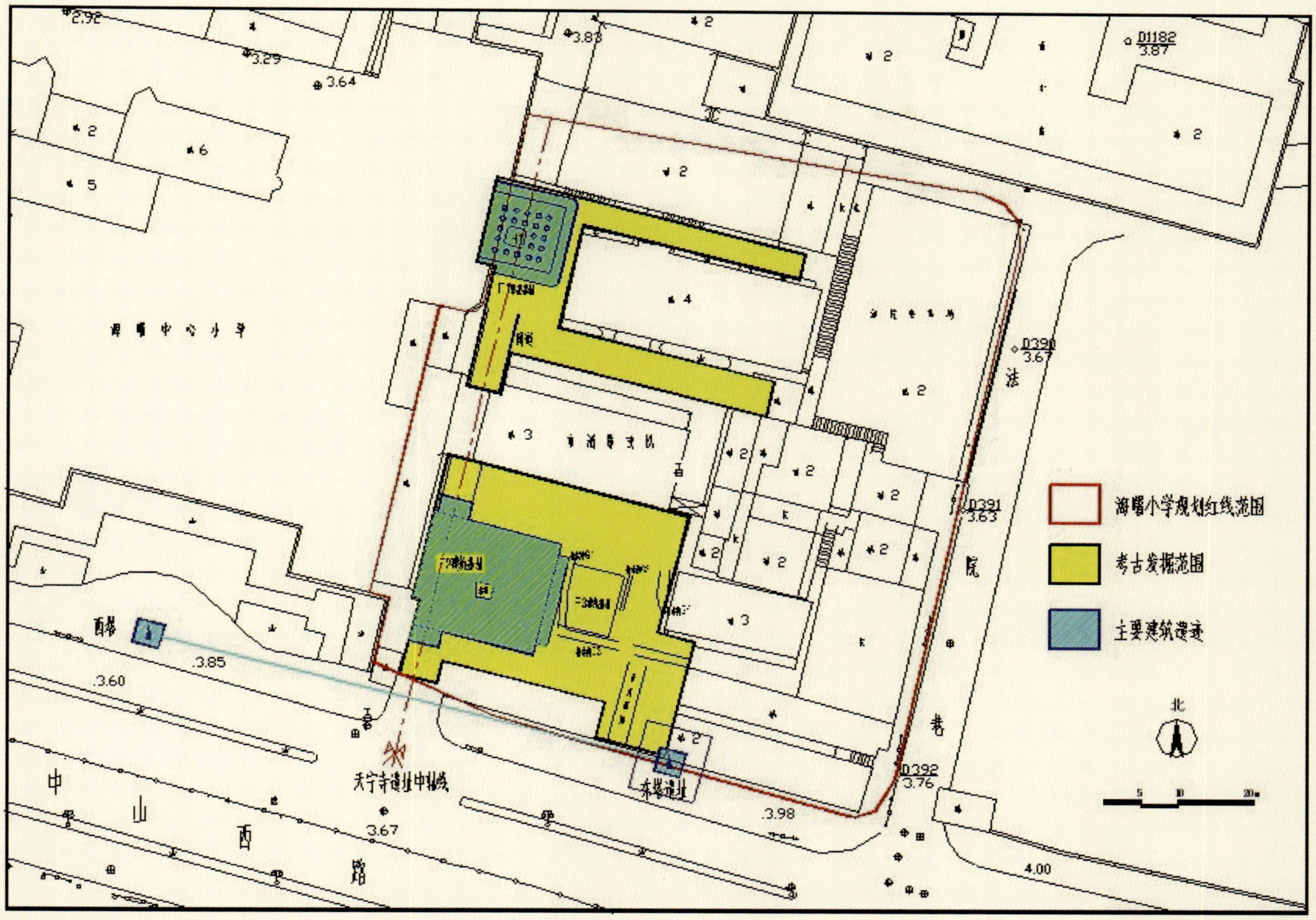

天宁寺遗址总平面图

天宁寺遗址发掘现场鸟瞰

天宁寺遗址发掘现场（自西往东）

天宁寺遗址考古发掘

2003年2月至6月，市考古所对该遗址进行了抢救性考古发掘，总发掘面积2000多平方米。揭露出唐代塔基、道路，宋代大殿、塔基、排水沟等重要遗迹，并出土了大量佛教文物，为宁波有史以来规模最大的一次佛教建筑考古发掘。

天宁寺遗址・宋代水沟

天宁寺遗址 F1 塔基（位于天宁寺中轴线，现保存于海曙小学大门东侧玻璃房下）

F1 塔基中出土的宋代经幢宝盖（现陈列于宁波博物馆）

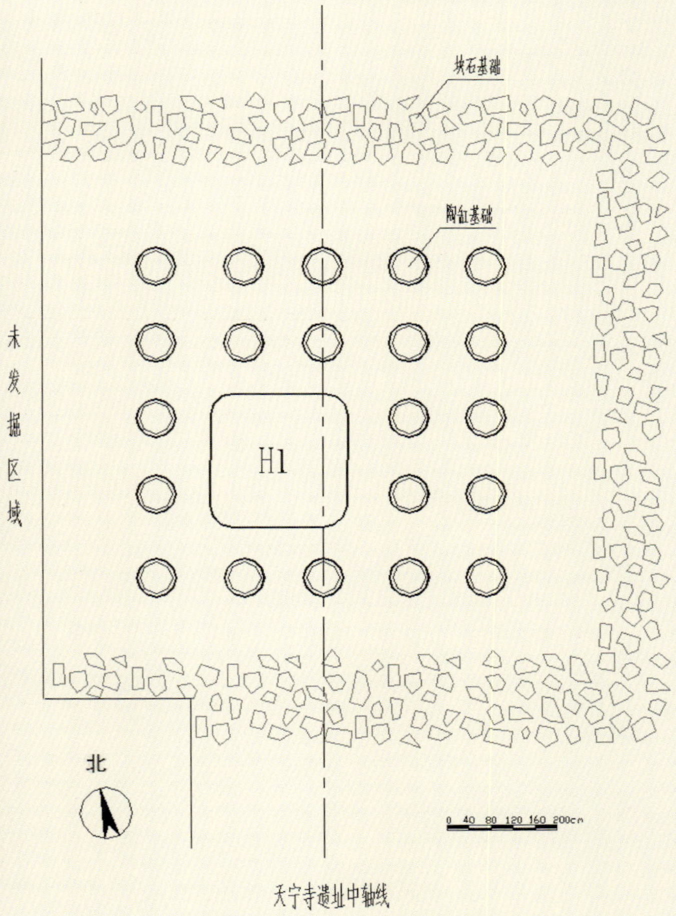

天宁寺遗址 F1 塔基测绘图

二、伏跗室与永寿街历史文化街区

伏跗室与永寿街历史文化街区影像图

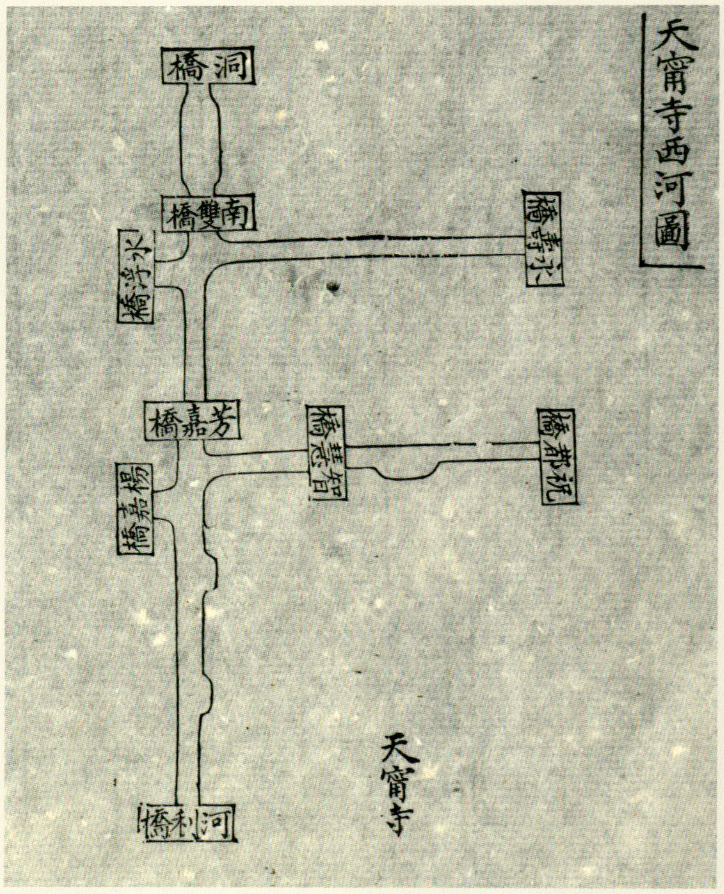

《宁郡城河丈尺图志》之《天宁寺西河图》

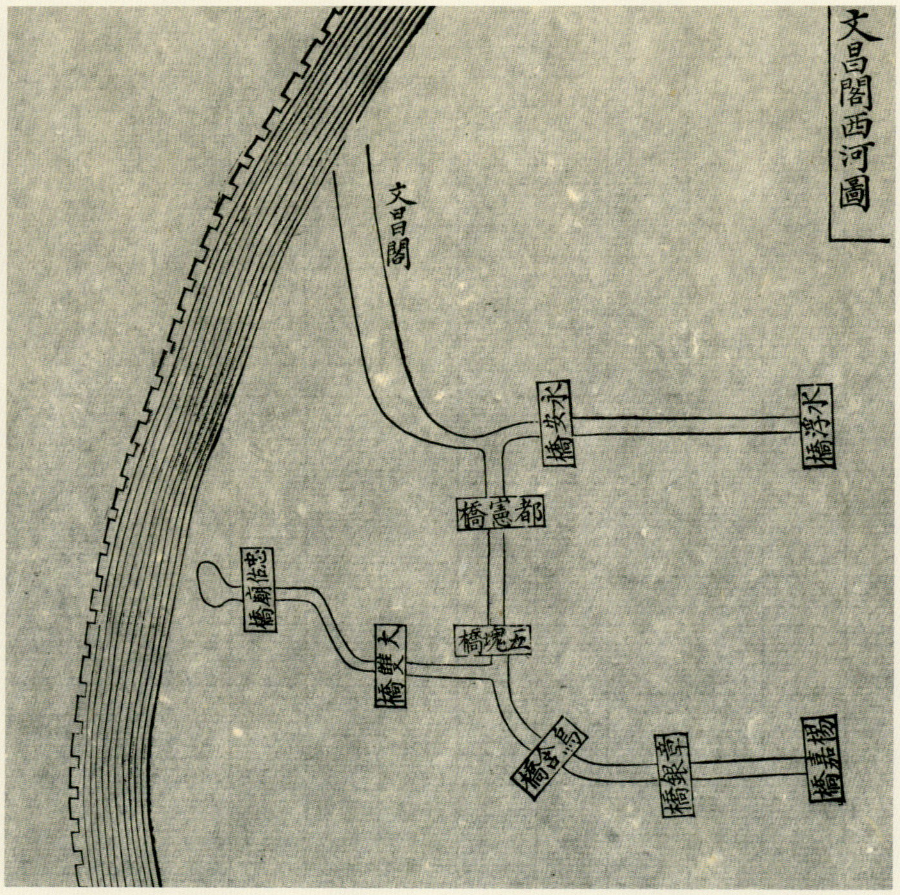

《宁郡城河丈尺图志》之《文昌阁西河图》

宁波市伏跗室永寿街历史文化街区保护规划

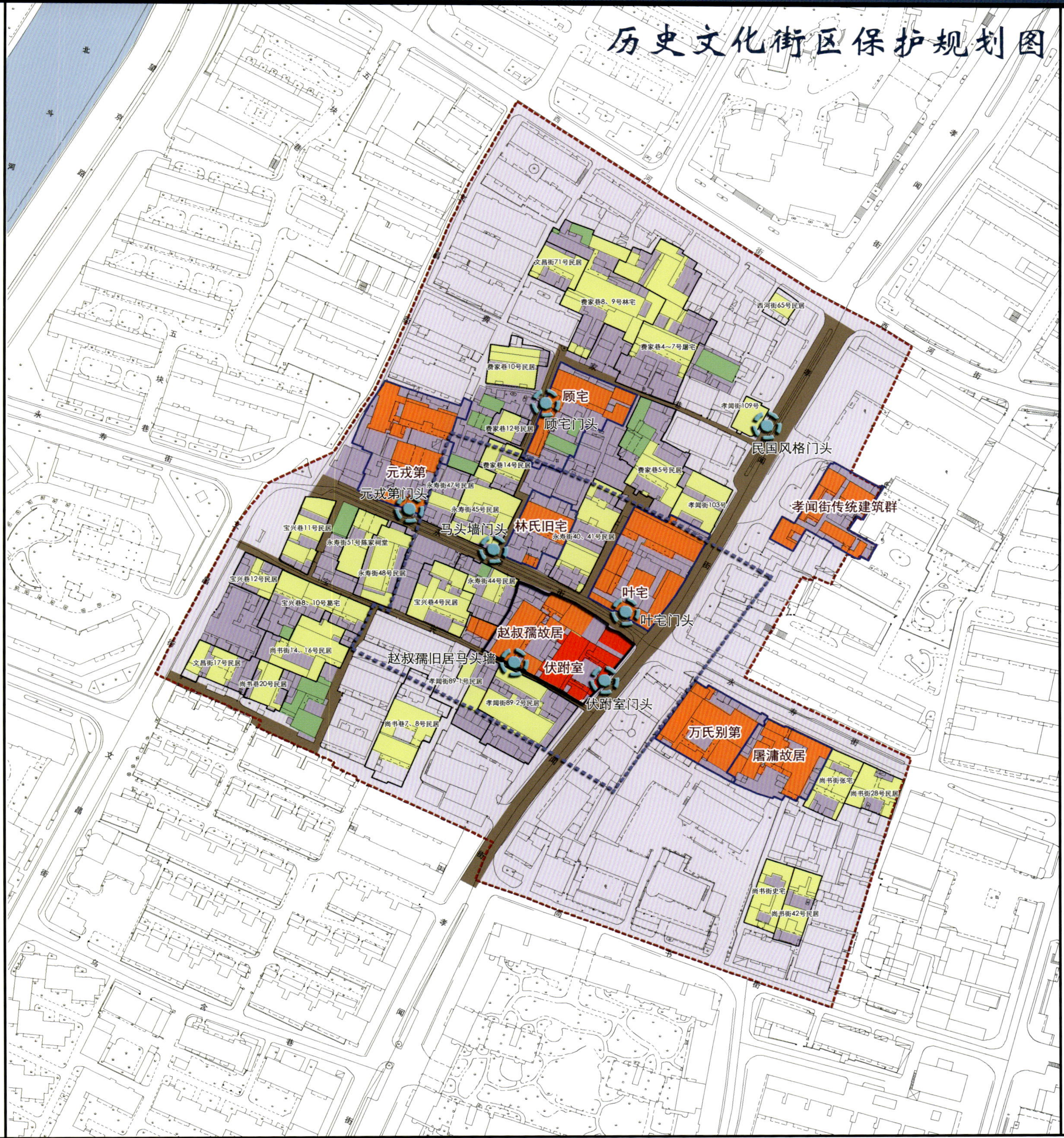

图例

省级文物保护单位	文物保护单位建设控制地带	历史文化街区建设控制地带
文物保护点	文物保护点保护范围	规划范围
历史建筑	历史街巷	
传统风貌建筑	需要保护的重要景观要素	
文物保护单位保护范围	历史文化街区核心保护范围	

伏跗室

伏跗室，清代建筑，坐落于孝闻街 91 号，2005 年公布为浙江省第五批省级文物保护单位。

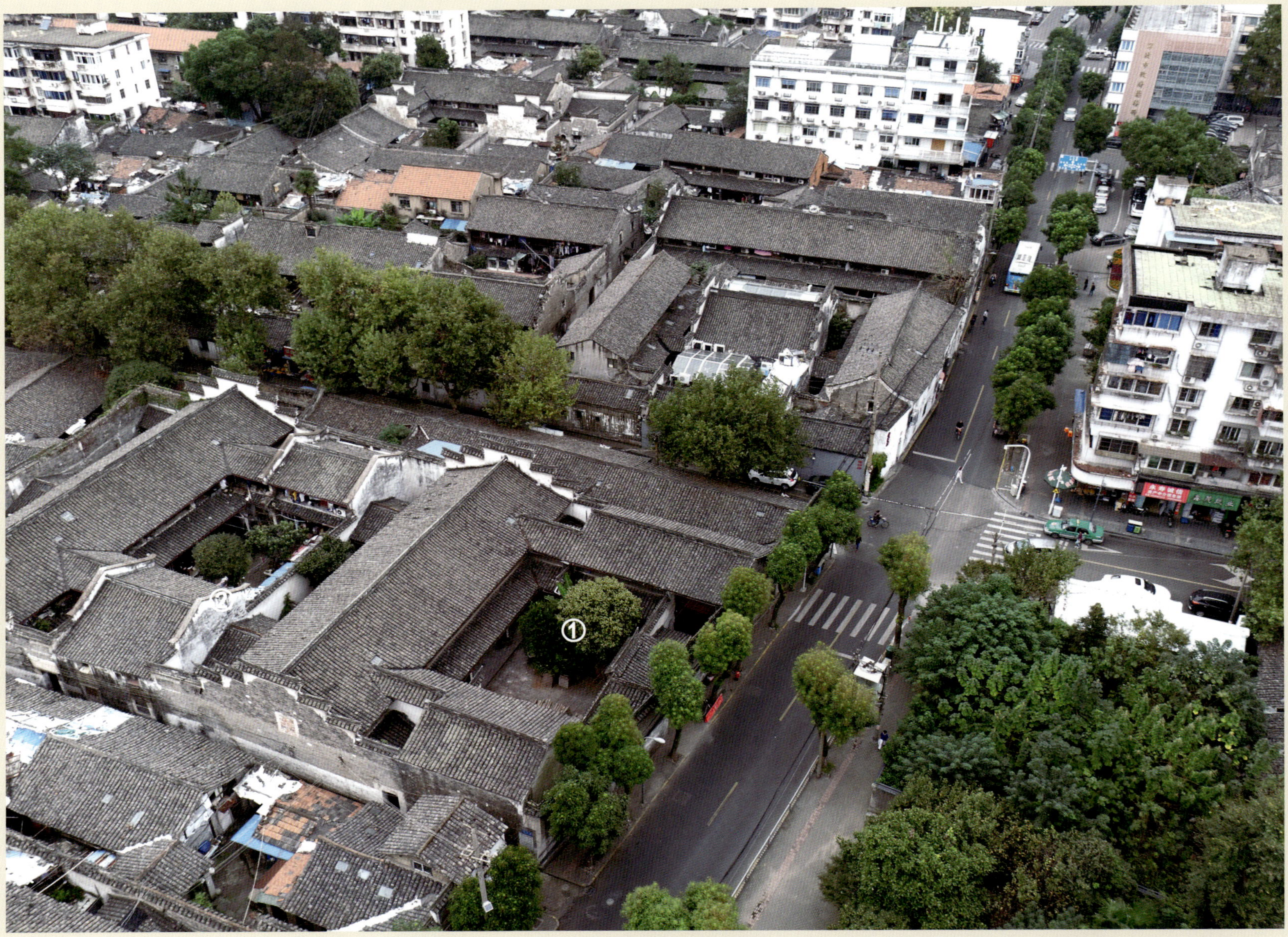

伏跗室与永寿街历史文化街区鸟瞰（前景①为伏跗室，②为赵叔孺故居）

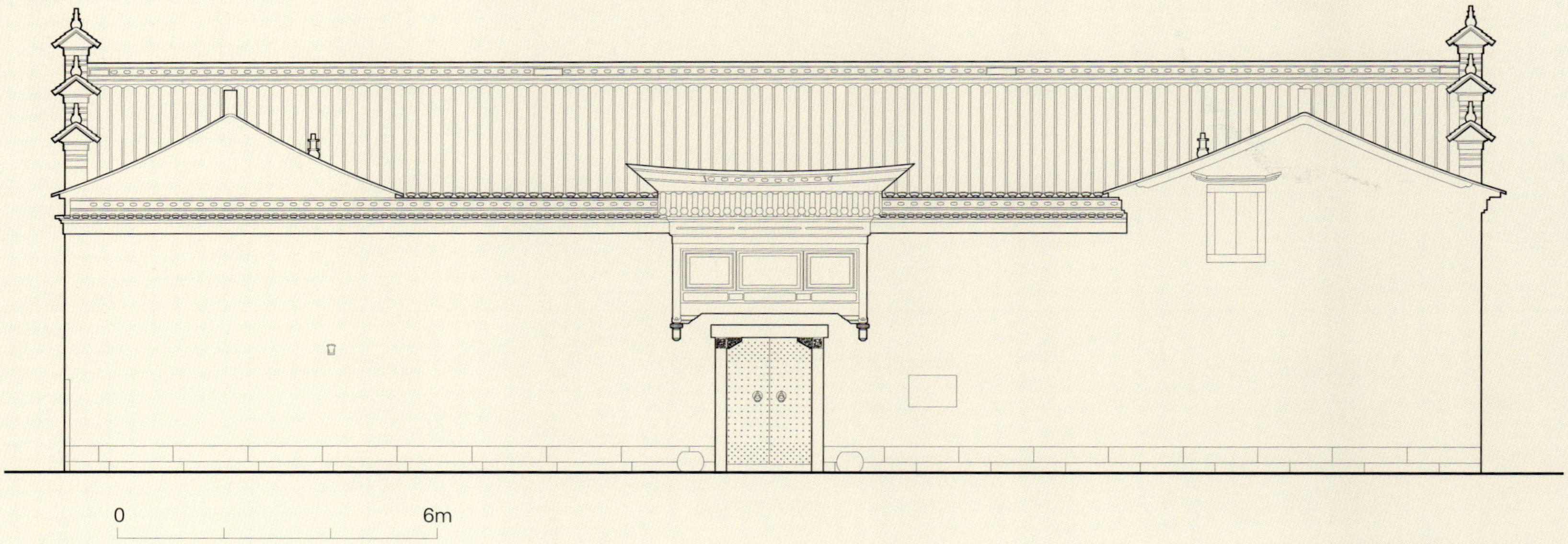

伏跗室东侧外立面

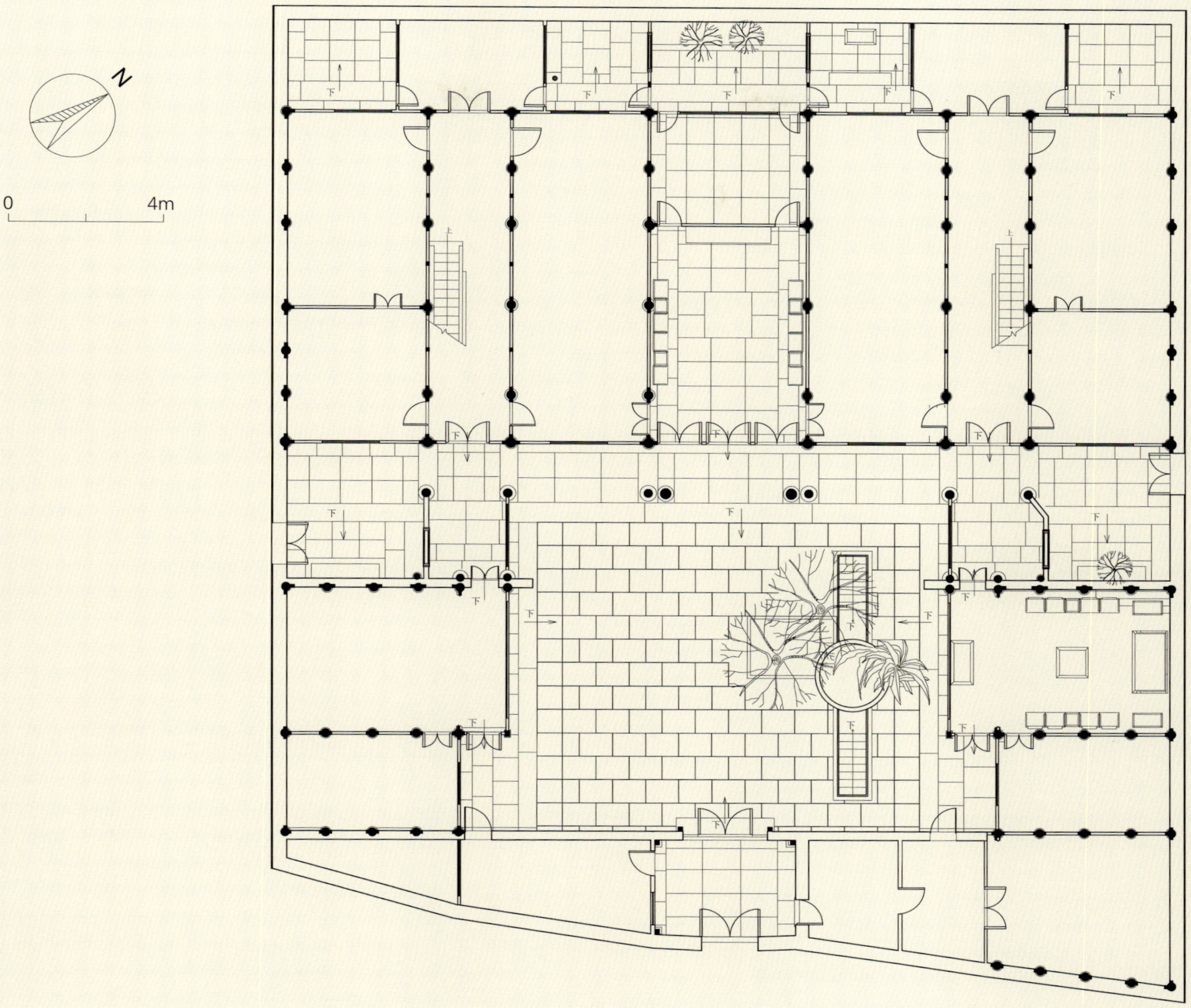

伏跗室平面

伏跗室内景

万氏别第大门

万氏别第大门外巷弄

万氏别第北墙外的永寿街

万氏别第

清代建筑，坐落于尚书街53号，1999年被公布为宁波市市级文物保护点。

顾宅

顾宅，清代建筑，坐落于费家巷 11 号，2003 年被公布为宁波市市级文物保护点。

顾宅鸟瞰

顾宅大门

孝闻街近代民居（摄于 2003 年，已拆）

三、西河街以北，孝闻街一带

白衣寺鸟瞰

白衣寺

白衣寺，始建于唐代，现存建筑为清代重建，坐落于孝闻街194号，1992年被公布为宁波市市级文物保护点。

白衣寺大殿内景

横河街虞宅

民国建筑，坐落于横河街 72 号，2003 年被公布为宁波市市级文物保护点。

横河街虞宅

三一教会学校旧址

三一教会学校旧址

三一教会学校旧址，民国建筑，坐落于广仁街 44 号，2005 年被公布为宁波市市级文物保护点。

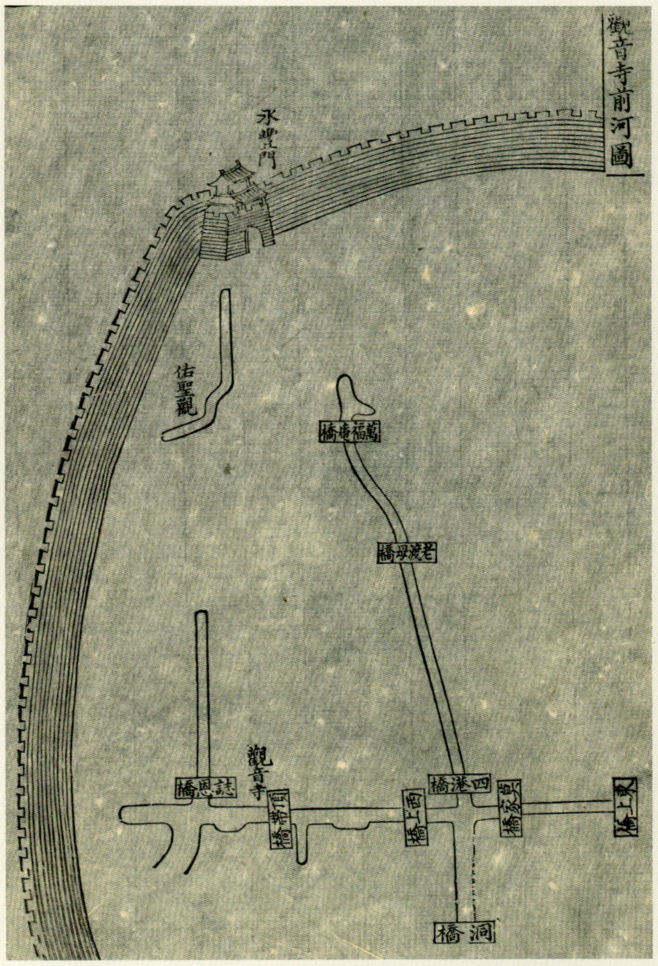

《宁郡城河丈尺图志》之《观音寺前河图》

19 世纪 70 年代的佑圣观（包腊相册）

1912 年的佑圣观（出自美国南加州大学图书馆网站）

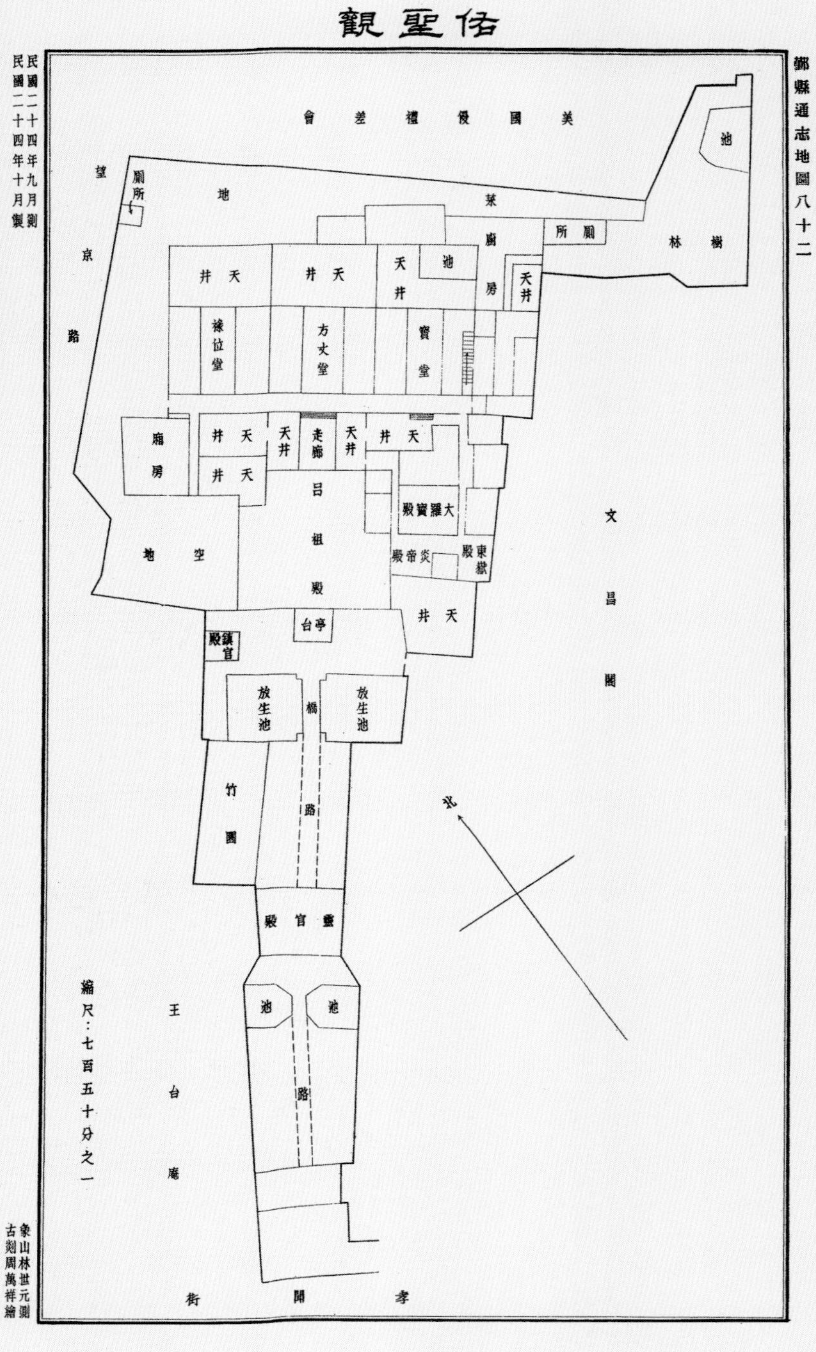

民国《鄞县通志》之佑圣观平面图

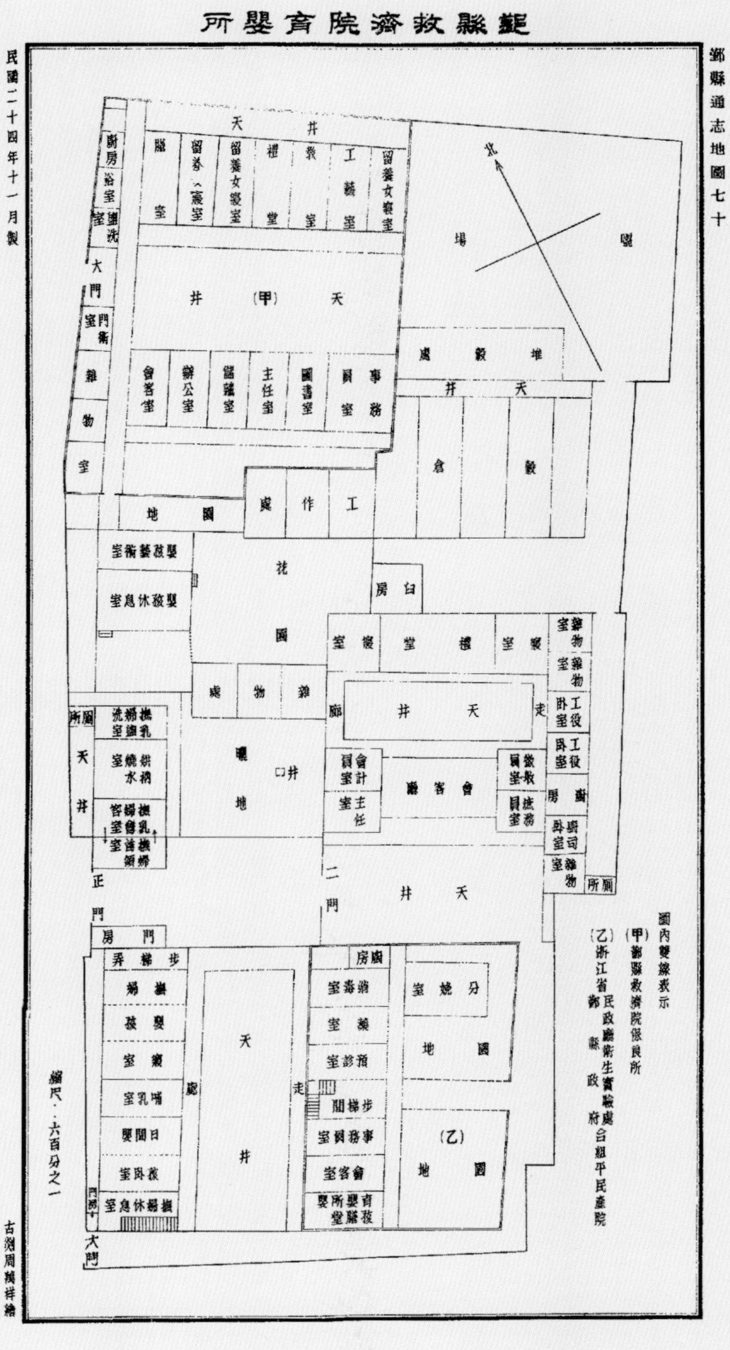

民国《鄞县通志》之鄞县救济院育婴所平面图

四、华美医院旧址

华美医院旧址，民国建筑，坐落于永丰路 42 号，2011 年被公布为浙江省第六批省级文物保护单位。

19 世纪 30 年代的华美医院

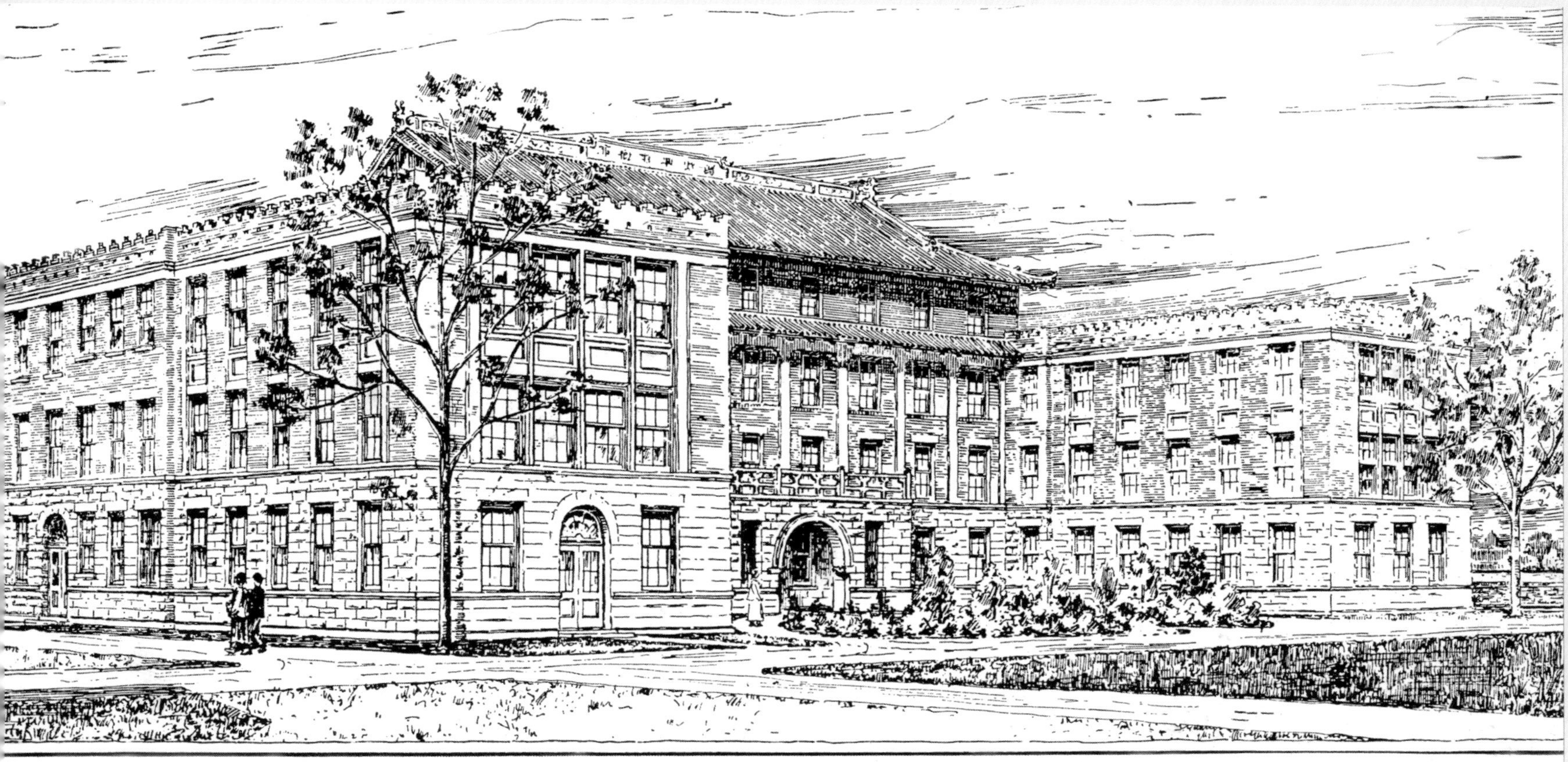

The New Chinese-American Hospital

1926 年的华美医院住院大楼设计图

文献记载

华美医院历史（碑记）

本院工作之肇始，乃由于一八四三年代表北美浸礼差会来甬之玛高温医士。

医士本耶稣救世之大道，热心服务，救济贫病，历有年所。初赁佑圣观之一部以行医，继则就月湖书院组织医科，以西方医术训练本地有志医道之学子，造成医士及药剂师之人才。此外，复周游全省，于各埠创设施诊处，治疗疾病，尤专眼科。玛医士精通中文，熟习经学，著书多种，享有盛名，美国政府且认为明了中国事务之泰斗。伟哉玛公，尽瘁中华，致死不怠。

一八四七年，北美差会复派遣白保罗医士来甬，于本院旧址之男病室施诊。查其时仅有病床二十，嗣后以女病室之需求迫切，得当地士绅与麟道宪之赞助，于一八八〇年建造该病室之一部，并置备十床，以容妇女。白医士舍城市工作而外，复至江口、溪口及沈家门施诊布道，下乡时将医务悉委诸白夫人主持。白医士善于交际，医务之暇，时与当地人士相往还，今日大有功于本院建设之张让三先生其一也。白医士辛勤劳苦，工作不辍，一八八九年因病离甬调养，差会遂以兰医士雅谷继其任。兰公就职后数年，鉴于病室之简陋，殚思竭虑，以求美备，遂将一九〇二年至一九一五年兼任海关医员所得之薪金，捐建本院旧址之男病房及手术室。

一九二〇年，本院为顾全本邑病者之正当救护，乃有扩充之建议，惟以原有院址背城面江，发展为难，兰医士乃另购城内空地一方。迨拆城筑路之议兴，本院又商得市政筹备处之同意，以筑马路一段为条件，订立正式条约，将城墙基地让作医院之用。

一九二三年至一九二七年，兰医士奔波东西，以本院新建筑之必要，与宁波各界人士相筹商，以兰公与任莘耕医士之热忱服务，深得各界之同情，佽助者异常踊跃，今日巍巍之大厦乃得成立焉。总计新院捐款全数为现银念九万九千九百六十元二角五分云。

一九三〇年四月

华美医院全景图（民国）

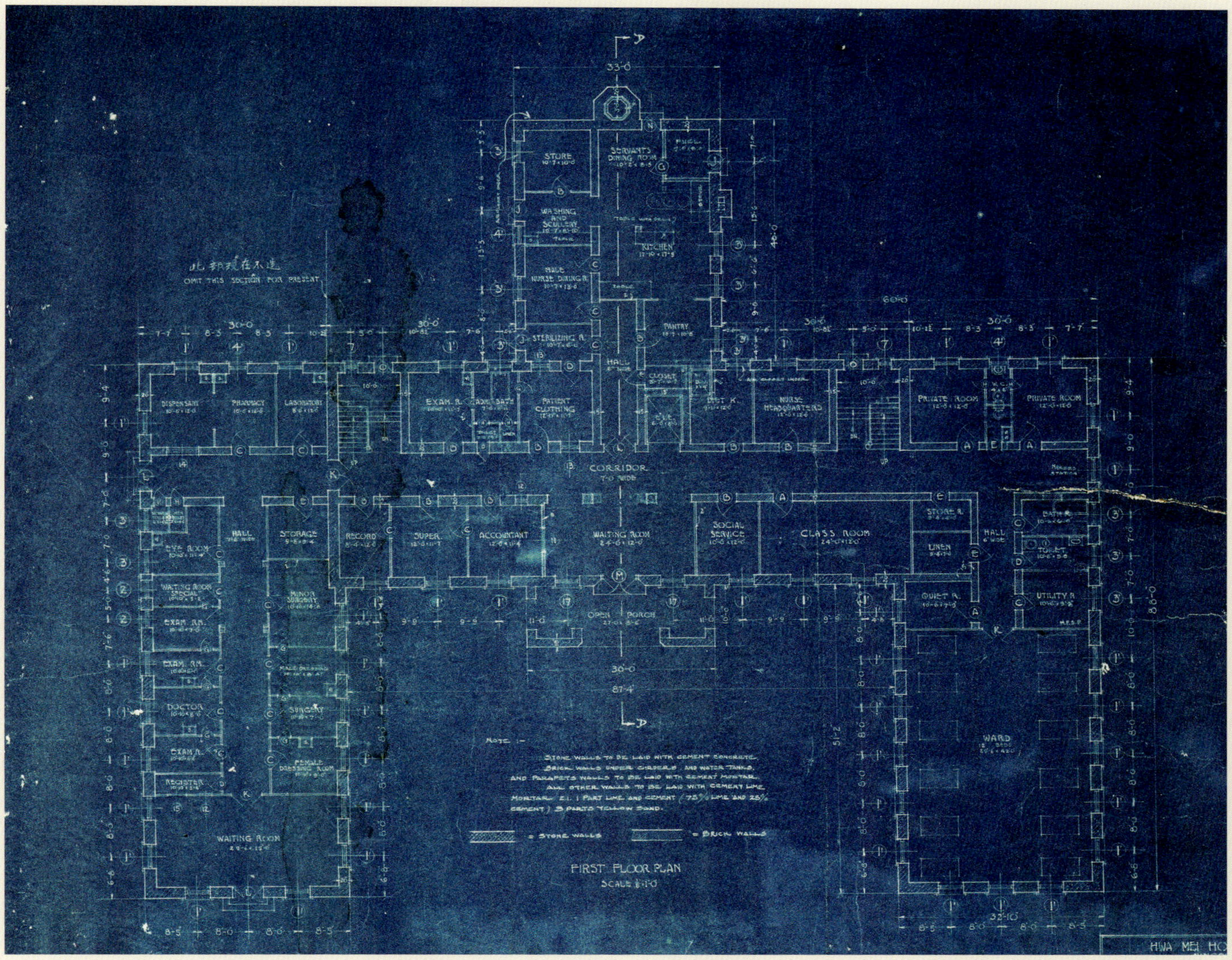

1926 年的华美医院住院大楼设计图 · 底层平面

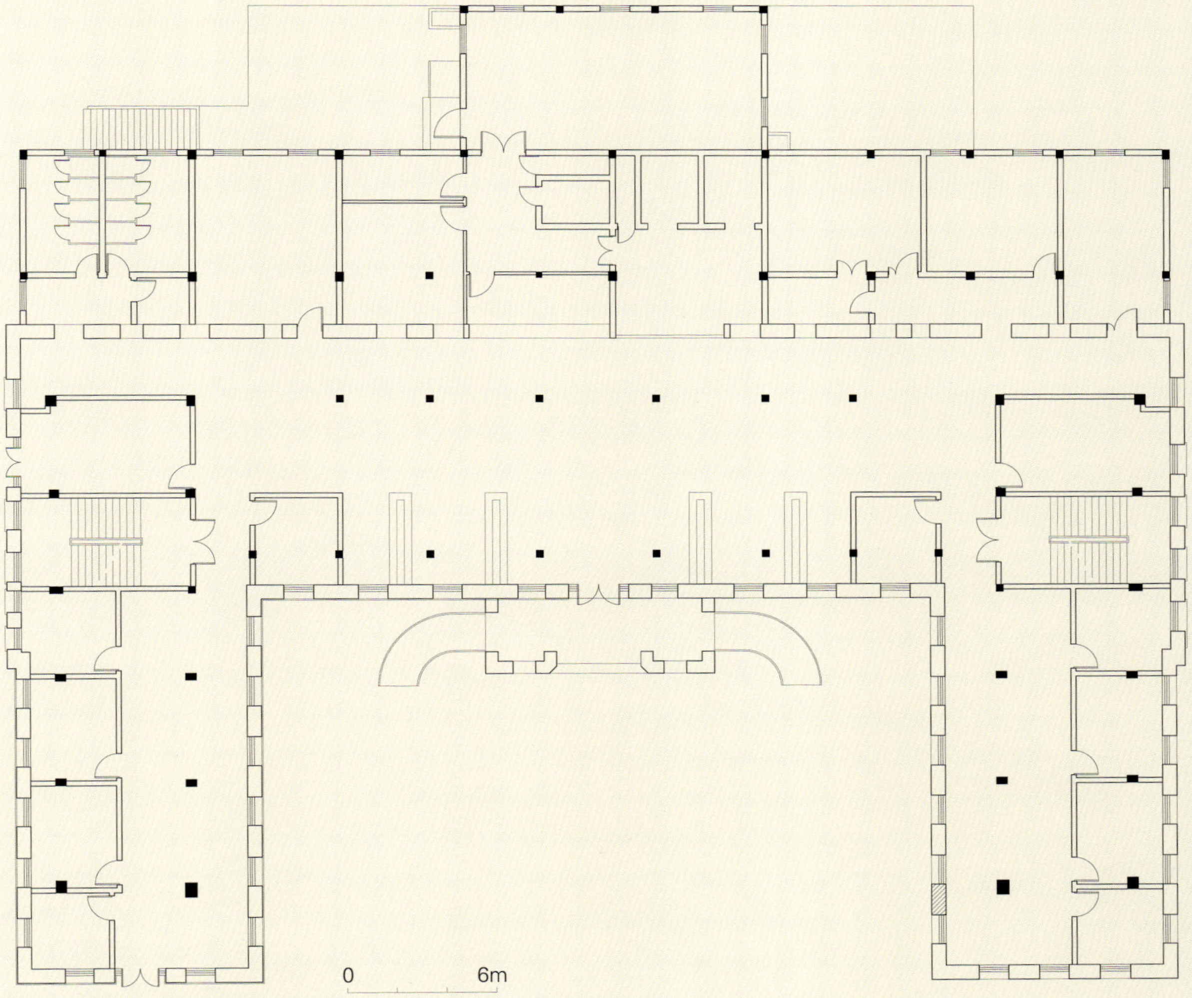

华美医院平面（2008 年绘制）

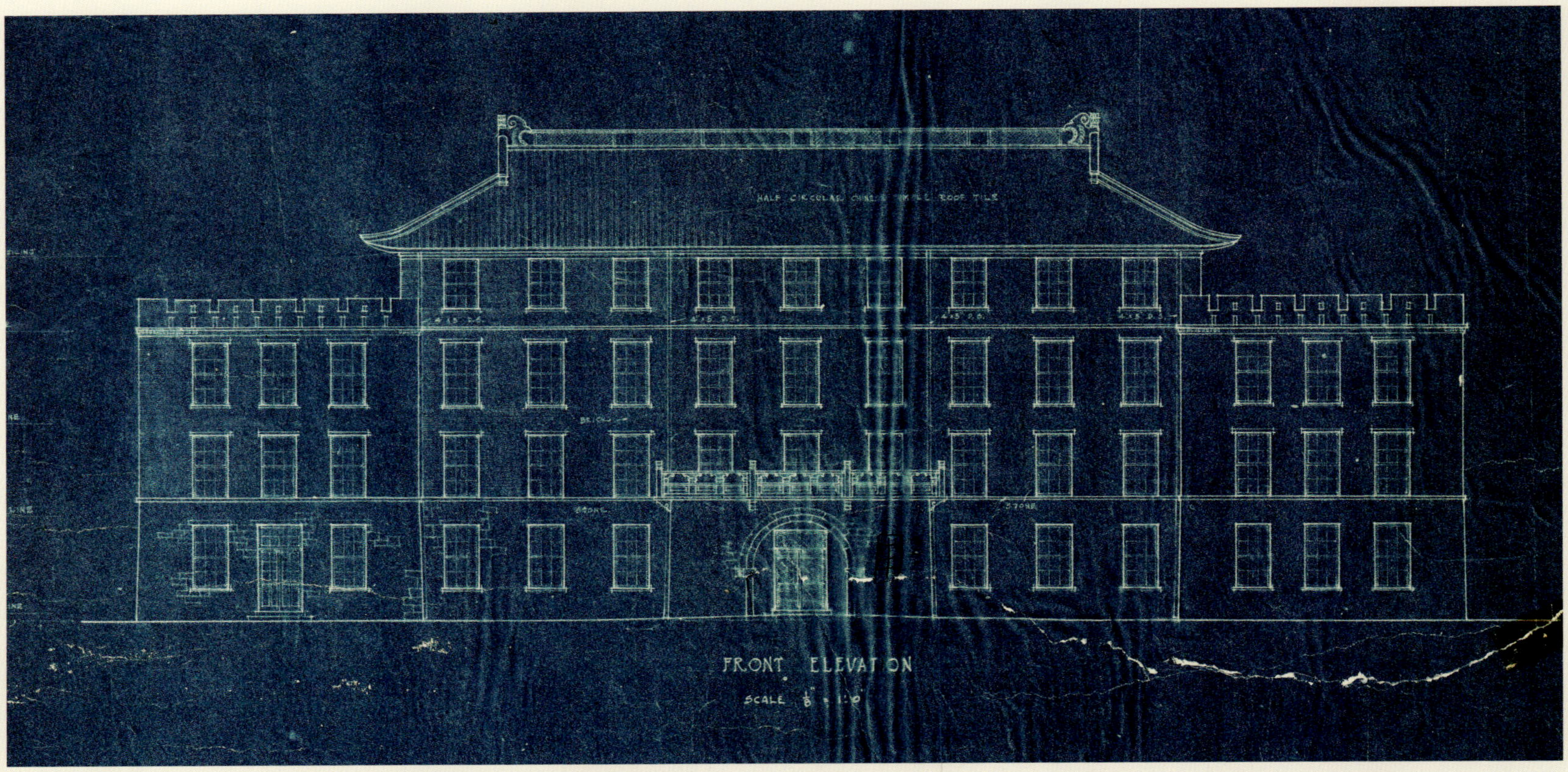

1926 年的华美医院住院大楼设计图·正立面

华美医院南立面（2008 年绘制）

华美医院顶层局部

华美医院明信片

1926 年的华美医院住院大楼设计图・东立面

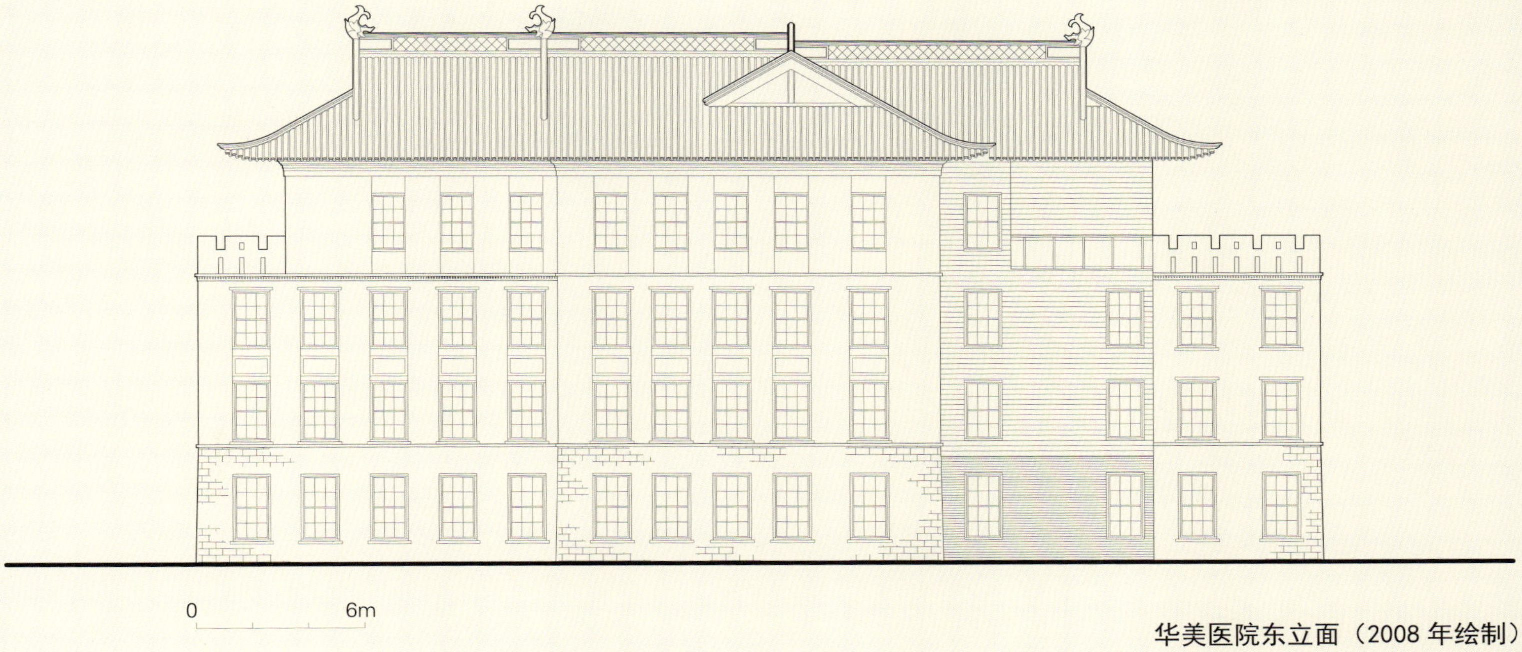

华美医院东立面（2008 年绘制）

华美医院大门及庭院内景（民国）

华美医院主楼正门（民国）

五、永丰门内外

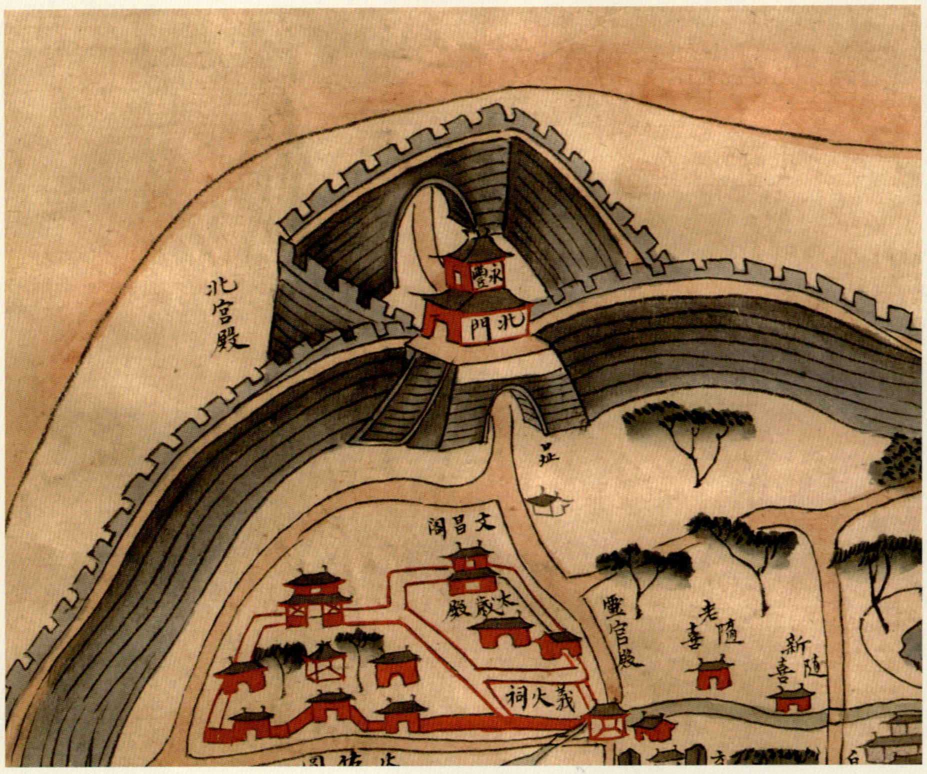

清嘉道年间《宁郡地舆图》局部 · 永丰门附近

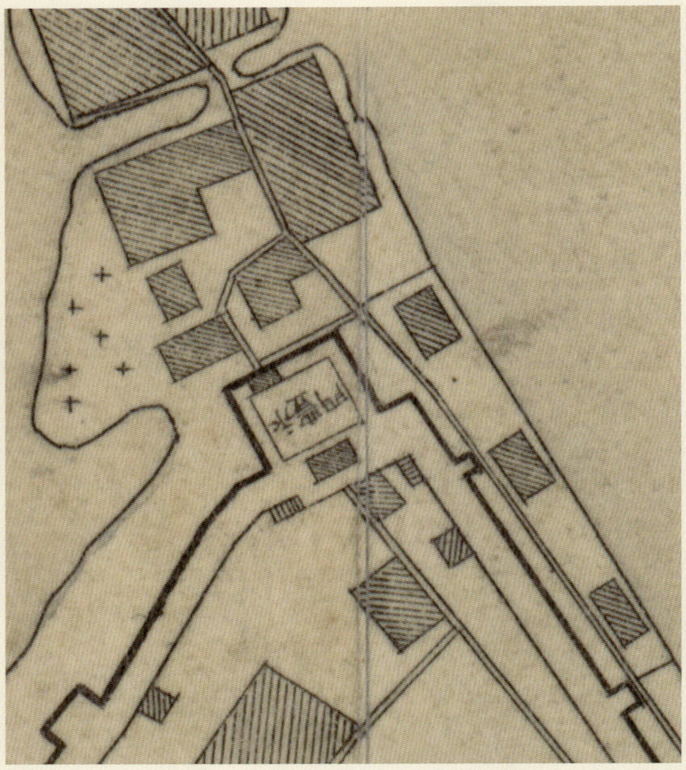

1883 年《浙江省宁波府城图》局部 · 永丰门附近

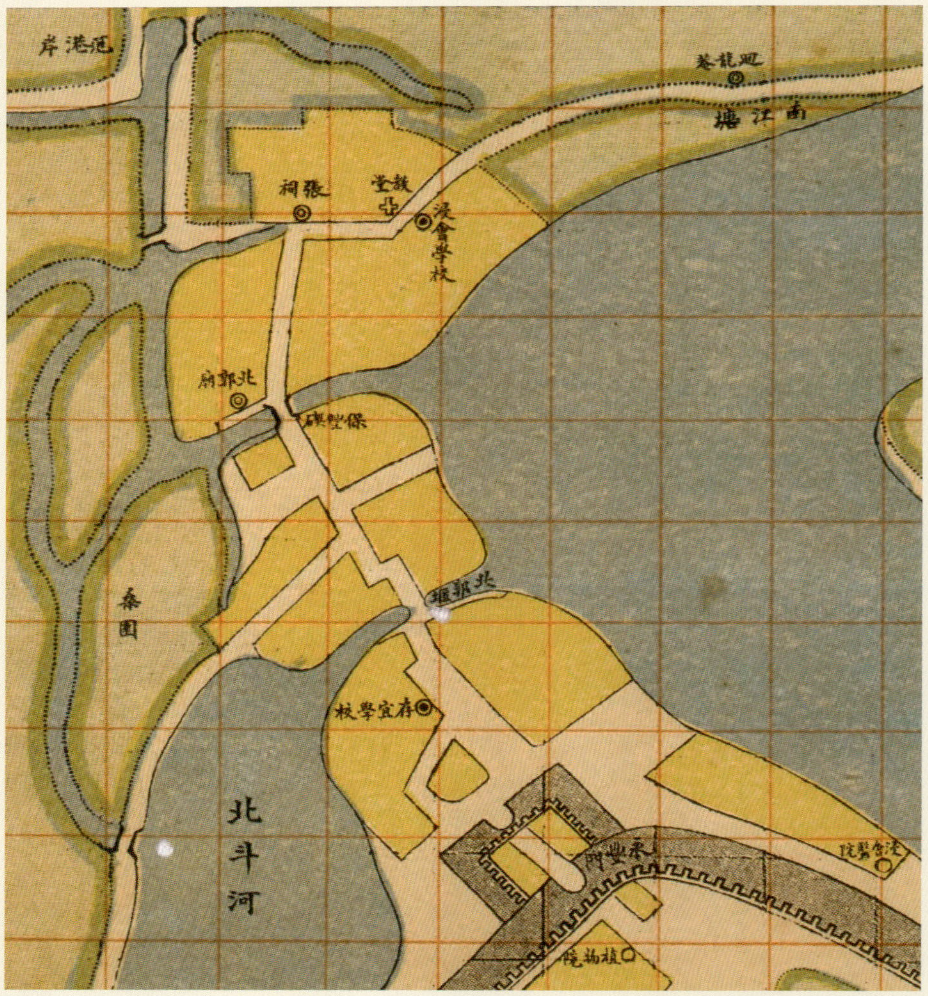

1914 年《最新宁波城厢图》局部 · 永丰门附近

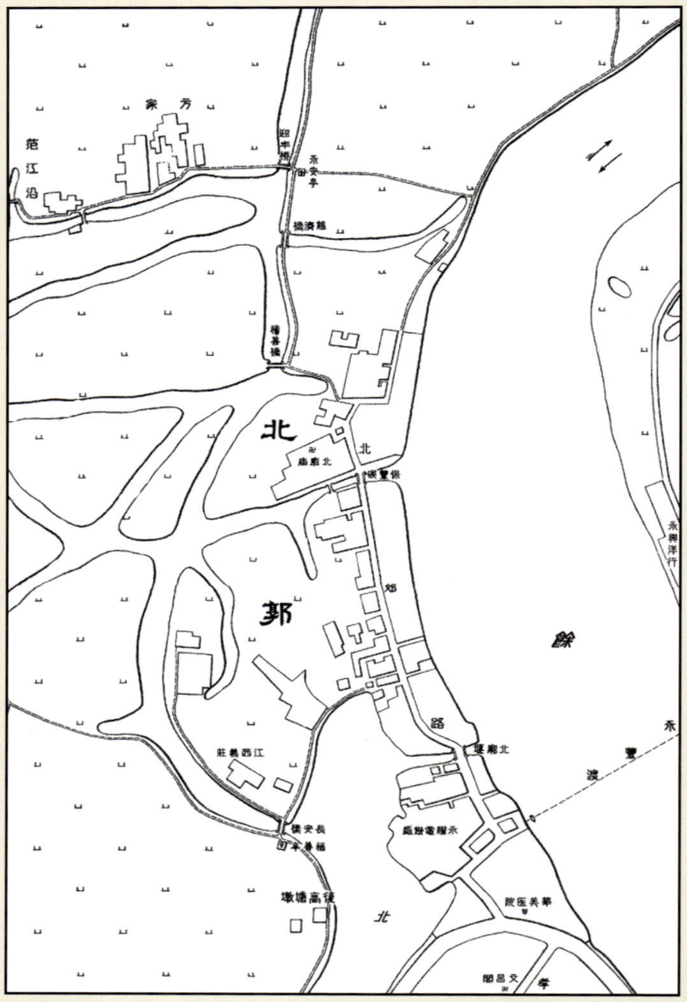

1936 年《鄞县城厢图》局部 · 永丰门附近

19 世纪 70 年代，永丰门外的保丰碶外侧（杜德维相册）

19 世纪 70 年代，永丰门外的保丰碶内侧（杜德维相册）

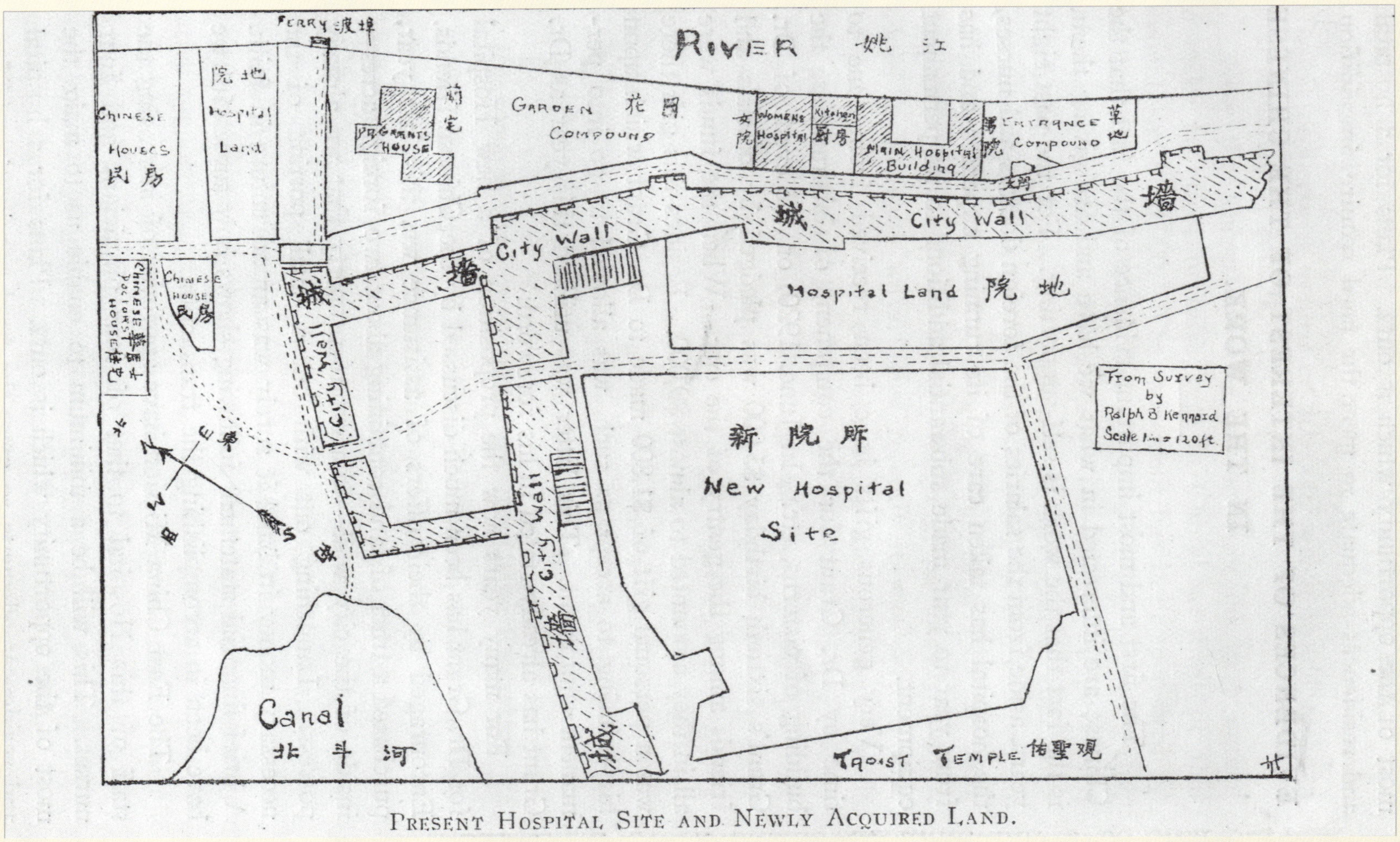

永丰门及周边城墙原址与华美医院选址关系图

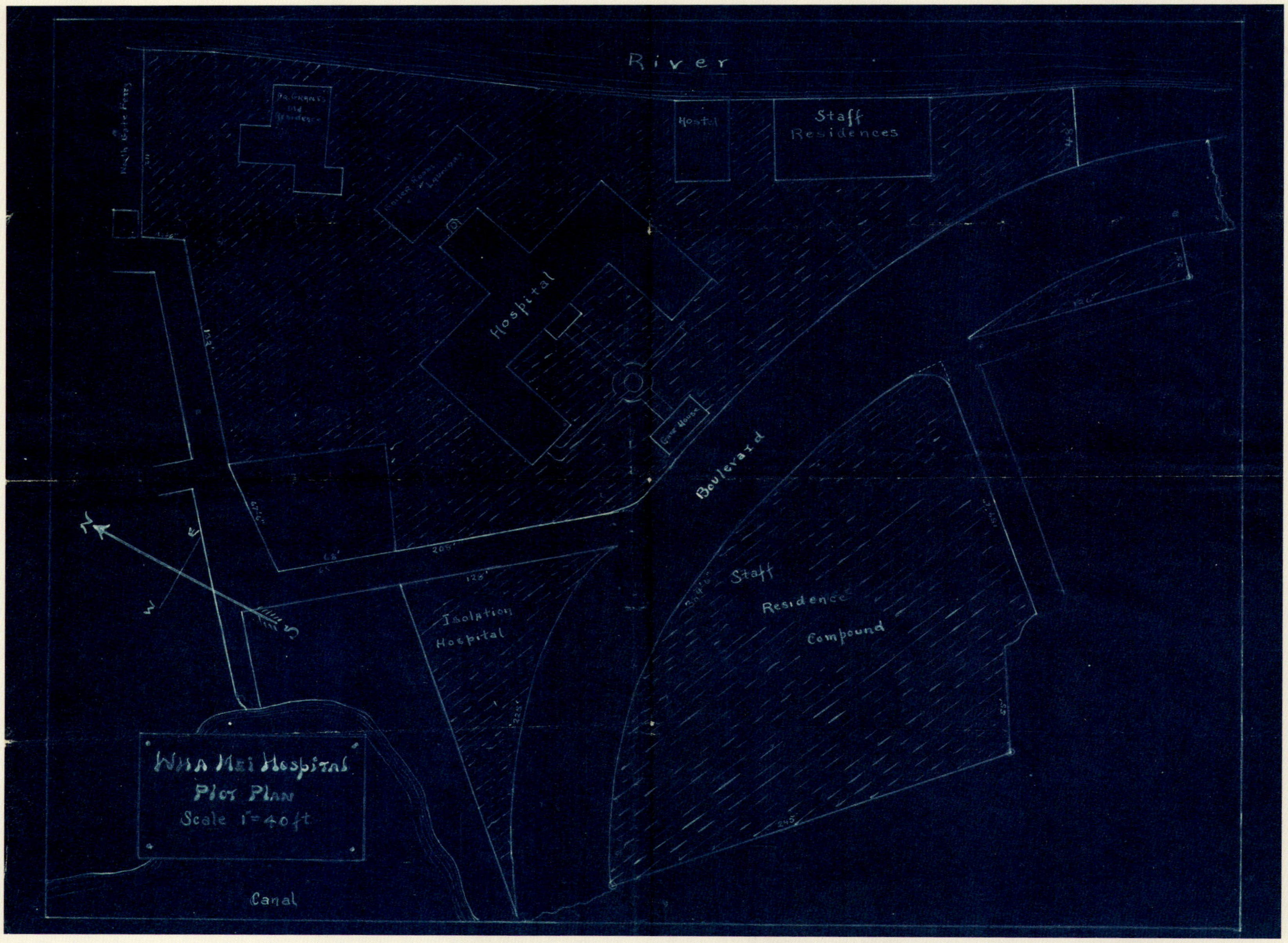

永丰门及周边城墙拆除后，新建华美医院与环城马路关系图

永耀电力公司厂房

永耀电力公司旧址

近代工业建筑，建于 1914 年，坐落于北郊路 1 号，2003 年被公布为宁波市市级文物保护点。

View (from top of city wall) of new Hospital site recently purchased. Behind, just over the wall, is our present building; in immediate foreground a narrow strip of land bought years ago by Dr. Grant. Across the roadway is the new two acre piece. The buildings in the background are those of a famous Taoist Temple in which Dr. MacGowan in 1846 held a dispensary.

上图英文翻译：最近购置的新医院的图片（从城墙上看过去）。在后面，就在墙过去的地方，是我们现在的建筑。前面凸出来的狭长地块是 Dr. Grant 几年前买的。穿过马路就是新的两英亩的地块。背景中的那些建筑是著名的道观，1846 年 Dr. Mac Gowan 在那里开了一家药房。

永丰门内城墙边，由东向西，图片选自［英］慕雅德著，*New China and Old*，1891 年版

正在拆迁的永丰门（民国）

六、秀水街历史文化街区

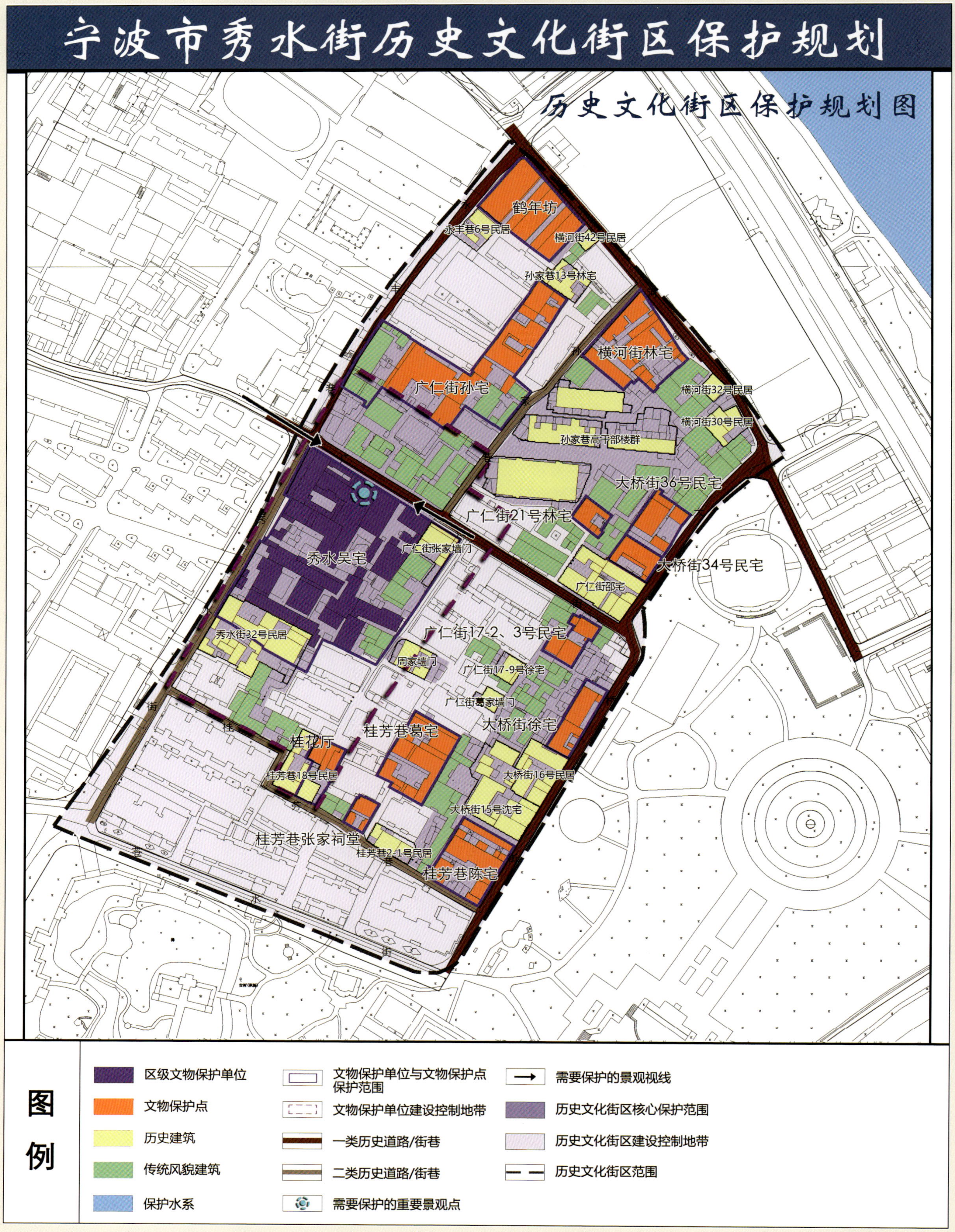
宁波市秀水街历史文化街区保护规划
历史文化街区保护规划图
鹤年坊
永丰巷6号民居
横河街42号民居
孙家巷13号林宅
横河街林宅
广仁街孙宅
横河街32号民居
横河街30号民居
孙家巷高干部楼群
大桥街36号民宅
广仁街21号林宅
广仁街张家墙门
秀水吴宅
大桥街34号民宅
广仁街邵宅
广仁街17-2、3号民宅
秀水街32号民居
周家墙门
广仁街17-9号徐宅
广仁街葛家墙门
大桥街徐宅
桂芳巷葛宅
桂花厅
桂芳巷18号民居
大桥街16号民居
大桥街15号沈宅
桂芳巷张家祠堂
桂芳巷2-1号民居
桂芳巷陈宅
图例
区级文物保护单位
文物保护点
历史建筑
传统风貌建筑
保护水系
文物保护单位与文物保护点保护范围
文物保护单位建设控制地带
一类历史道路/街巷
二类历史道路/街巷
需要保护的重要景观点
需要保护的景观视线
历史文化街区核心保护范围
历史文化街区建设控制地带
历史文化街区范围

吴宅（秀水街 40 号）

吴宅鸟瞰图

秀水街吴宅

秀水街吴宅，清代建筑，坐落于秀水街 40 号，1981 年被公布为海曙区第一批区级文物保护单位。

陈宅

陈宅鸟瞰

桂芳巷陈宅

桂芳巷陈宅，民国建筑，坐落于桂芳巷1号，2003年被公布为宁波市市级文物保护点。

桂花厅

明代建筑，坐落于桂芳巷 17、18 号，原为甬上大族倪氏居宅，1999 年被公布为宁波市市级文保点。

桂花厅组图

横河街林宅后墙

横河街林宅内庭

横河街林宅

横河街林宅，民国建筑，坐落于横河街38号、孙家巷13号，2003年被公布为宁波市市级文物保护点。

横河街街景

横河街林宅鸟瞰

横河街林宅正门

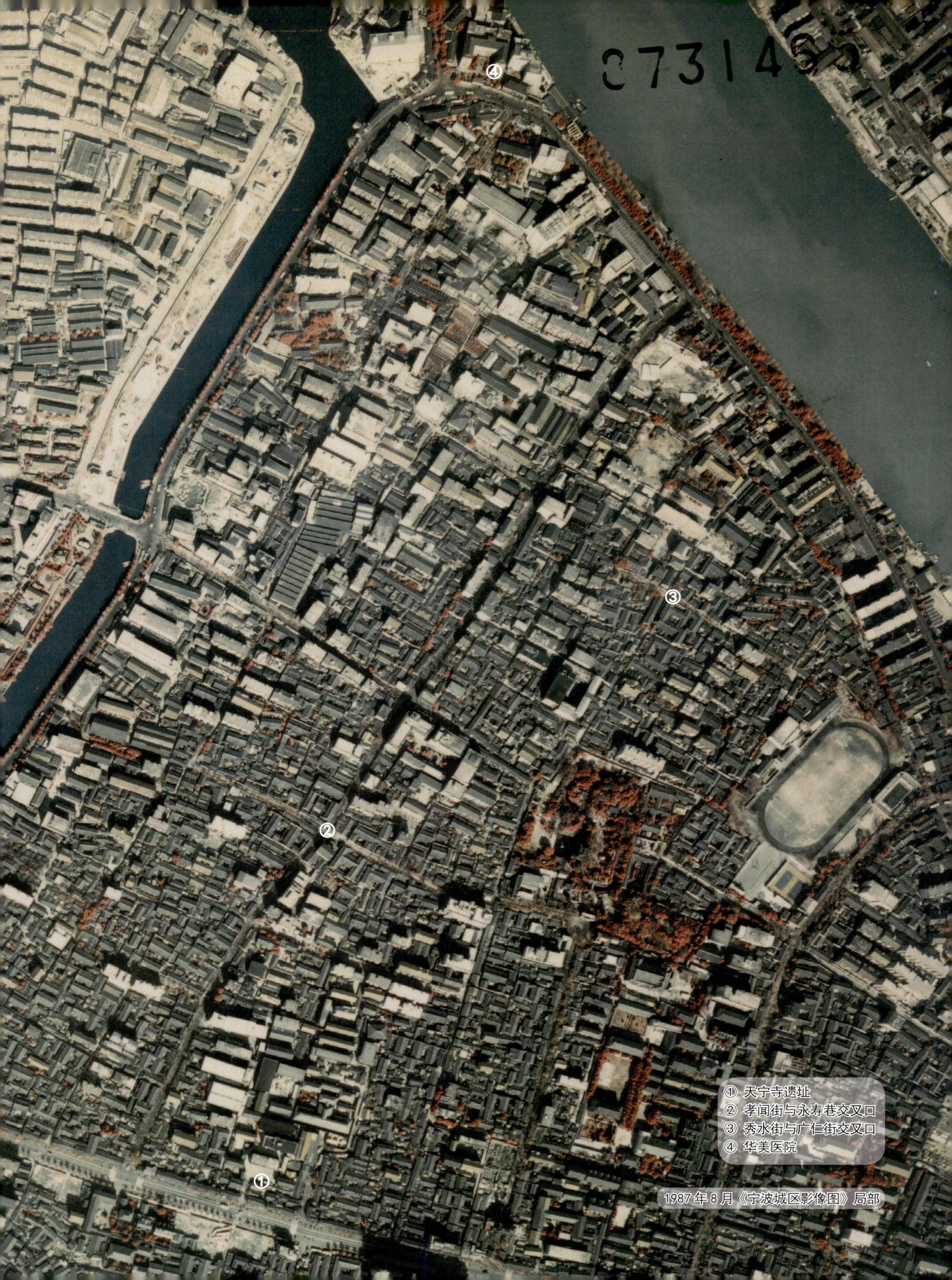

1987 年 8 月《宁波城区影像图》局部

第三部分

宁波古城西南隅

一、望京门内外（惠政巷王宅、屠宅）
二、天一阁及其东园、南园
三、秦氏支祠与陈氏宗祠
四、中营巷与书院巷一带
五、桂井街与徐氏烟屿楼
六、竹洲与竹屿林宅
七、花屿、月岛与柳汀
八、菊花洲、芳草洲与水则亭

宁波古城西南隅

本区域东至镇明路，南、西至长春路，北至中山路。历史上大部分为月湖水系及十洲所覆盖，现为月湖历史文化街区。

月湖开拓，事因水利，始于唐代，盛于两宋。唐太和七年（833），为解决城市淡水供应问题，县令王元暐在小溪鄞江修筑它山堰，将淡水自南塘河、西塘河引到明州子城外的西南区域。9世纪末，明州刺史黄晟修筑罗城，西、南隅围入城内的水域成为日、月两湖的雏形。北宋元祐至绍圣年间（1086—1098），知州刘淑、刘珵先后疏浚月湖，以积土堆建十洲，月湖景观自此形成。

两宋以来大批北方士族迁徙来甬，十洲之上因而世家宅第林立，里为冠盖，门成邹鲁。著名的西湖楼氏家族和丞相史浩家族，都在月湖地区拥有相当规模的同姓宗族聚居宅第。明清时期，家族居宅多有变迁，但传统风尚相继，如桂花井陆氏、五桂堂全氏、天一阁范氏、大方岳第张氏、银台第童氏等。近代开埠以后，故家沦落，新贵迭起，业工商者居其大半。

区域内主要文化遗存包括：全国重点文物保护单位天一阁、秦氏支祠、林宅、水则碑，浙江省省级文物保护单位翁文灏故居，海曙区区级文物保护单位月湖桥、贺秘监祠，宁波市市级文物保护点屠氏别业、青石街洪宅、张家祠堂（味芹堂）、访庐（戴传曾故居）、天一巷尤宅、中营巷赵宅、佘宅、徐时栋故居等，

本区域西北角原有宁波城的西门——望京门，大致位于今长春路与望京路交接处，有水陆两座城门。城门外即西塘河，水道可直达高桥与大西坝。西塘河是浙东运河连接宁波府城的最后一段人工河道，2011年1月被公布为浙江省省级文物保护单位。

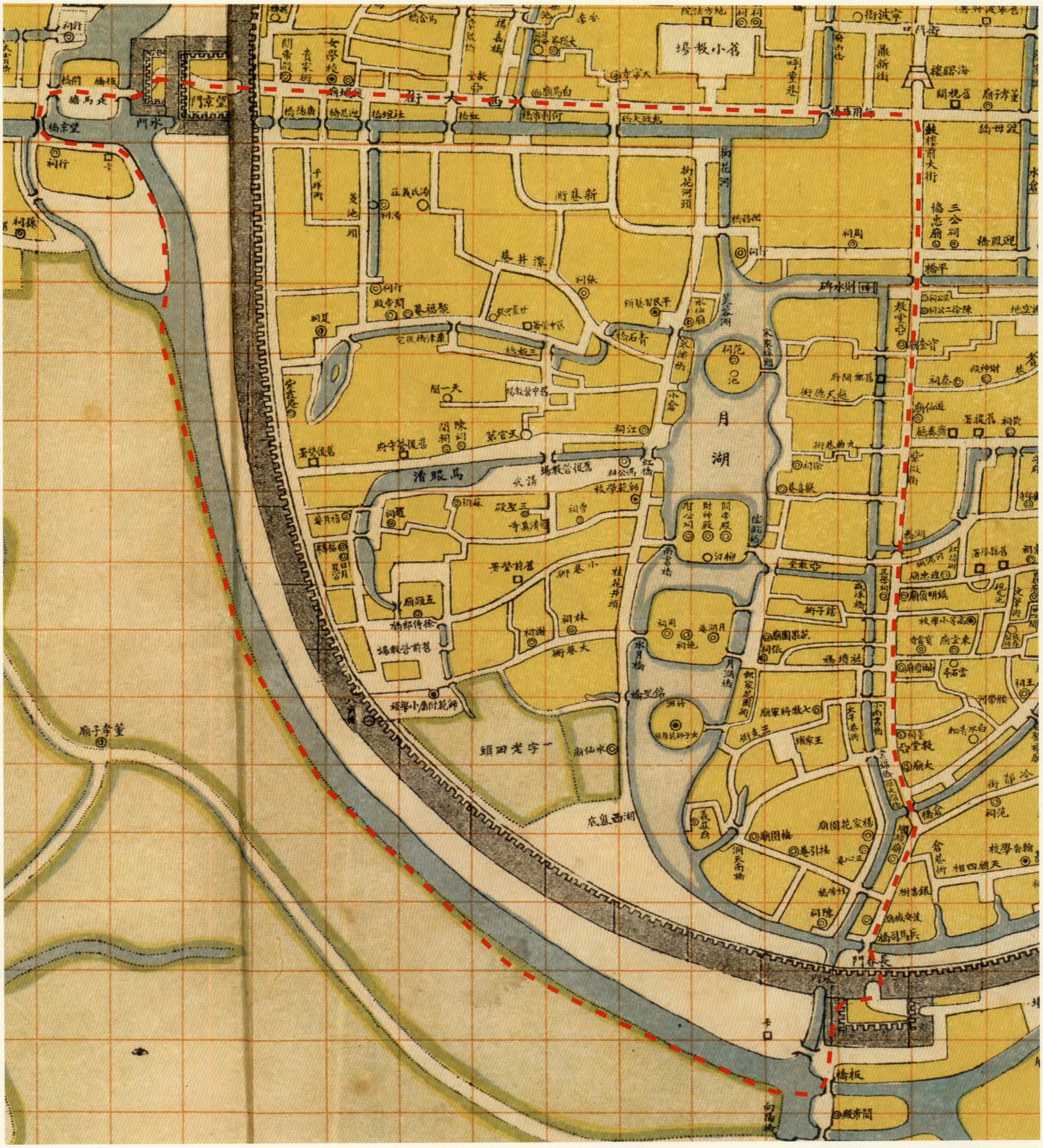

民国三年（1914）《最新宁波城厢图》局部 · 宁波古城西南隅

民国二十五年（1936）《鄞县城厢图》局部·宁波古城西南隅

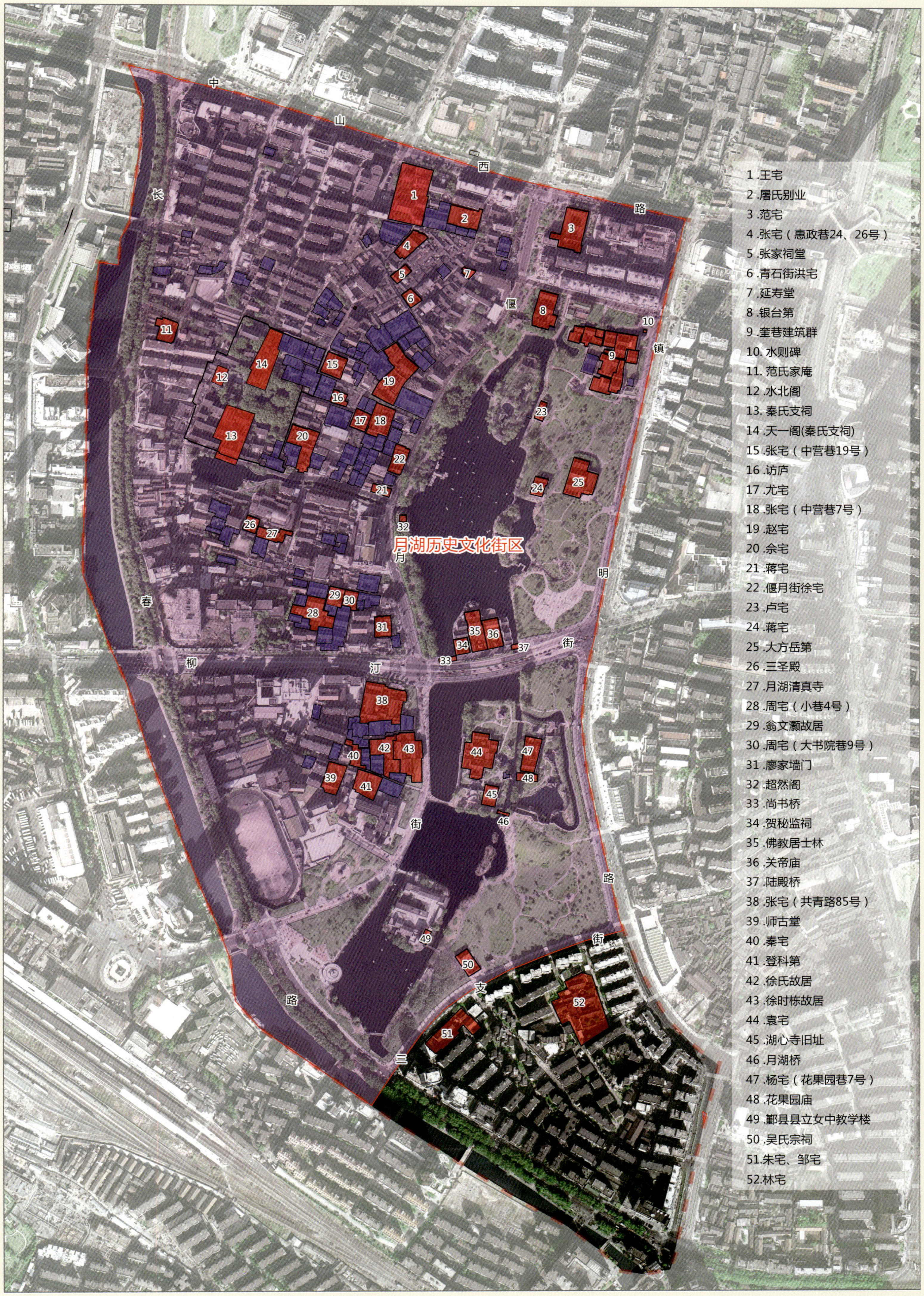

2002 年《宁波城市影像图》局部 · 宁波古城西南隅

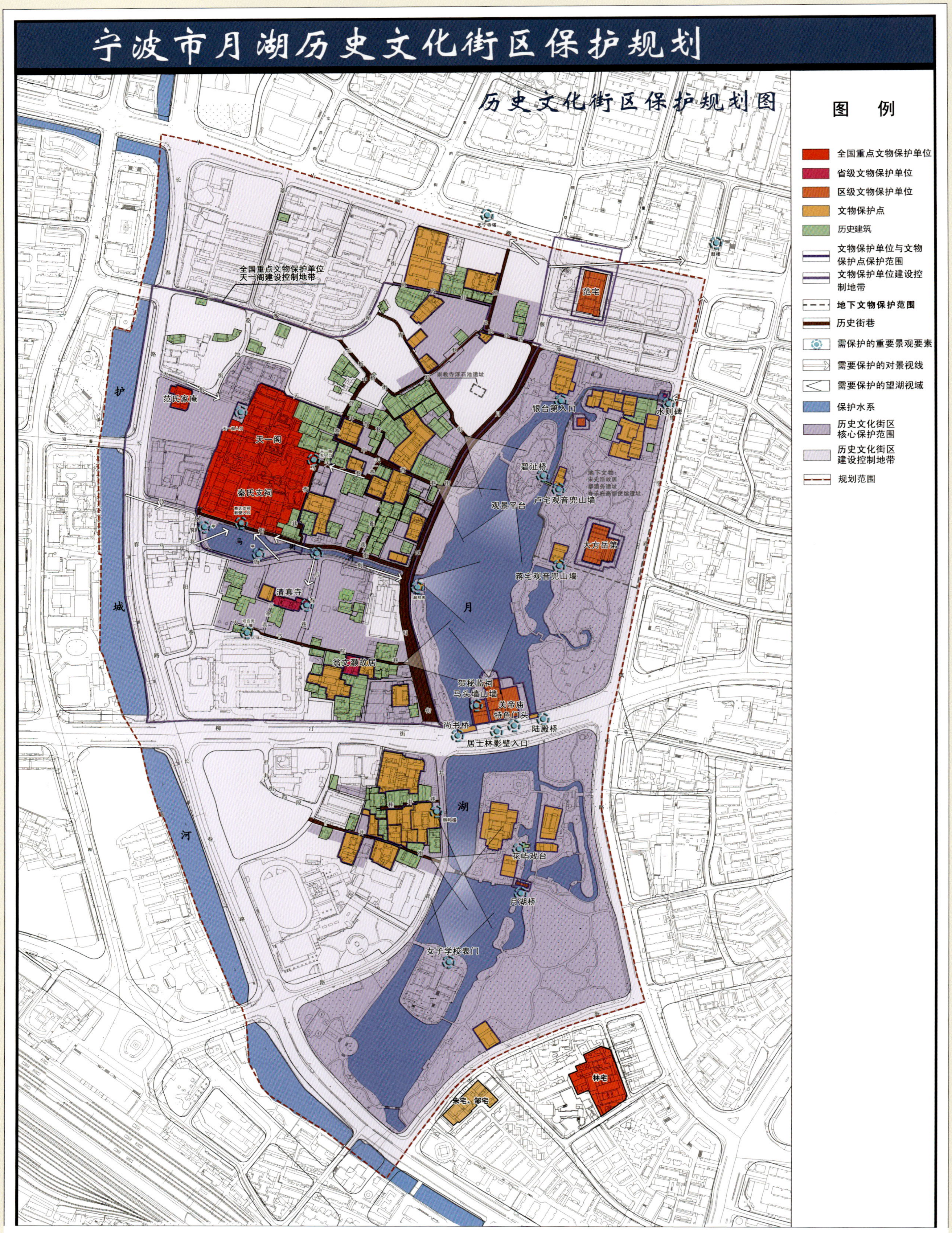
宁波市月湖历史文化街区保护规划
历史文化街区保护规划图
图 例
全国重点文物保护单位
省级文物保护单位
区级文物保护单位
文物保护点
历史建筑
文物保护单位与文物保护点保护范围
文物保护单位建设控制地带
地下文物保护范围
历史街巷
需保护的重要景观要素
需要保护的对景视线
需要保护的望湖视域
保护水系
历史文化街区核心保护范围
历史文化街区建设控制地带
规划范围
全国重点文物保护单位天一阁建设控制地带
范宅
范氏家庵
天一阁
秦氏支祠
银台第入口
水则碑
碧沚桥
卢宅观音兜山墙
观景平台
大方岳第
蒋宅观音兜山墙
清真寺
翁文灏故居
贺秘监祠马头墙山墙
关帝庙特色门头
尚书桥
陆殿桥
居士林影壁入口
花屿戏台
月湖桥
女子学校表门
林宅
朱宅、邹宅
护
城
河
马
月
湖
柳
街

一、望京门内外（惠政巷王宅、屠宅）

1872 年的望京门

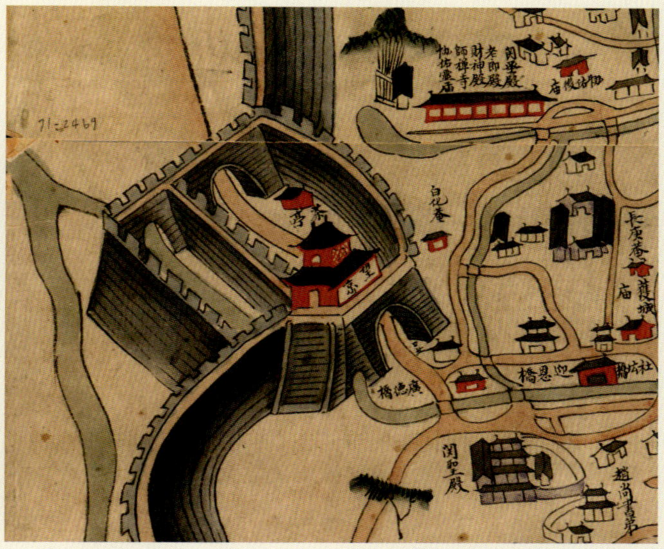

清《宁郡地舆图》局部

1898 年的望京门

建于 1934 年 8 月的一二八桥

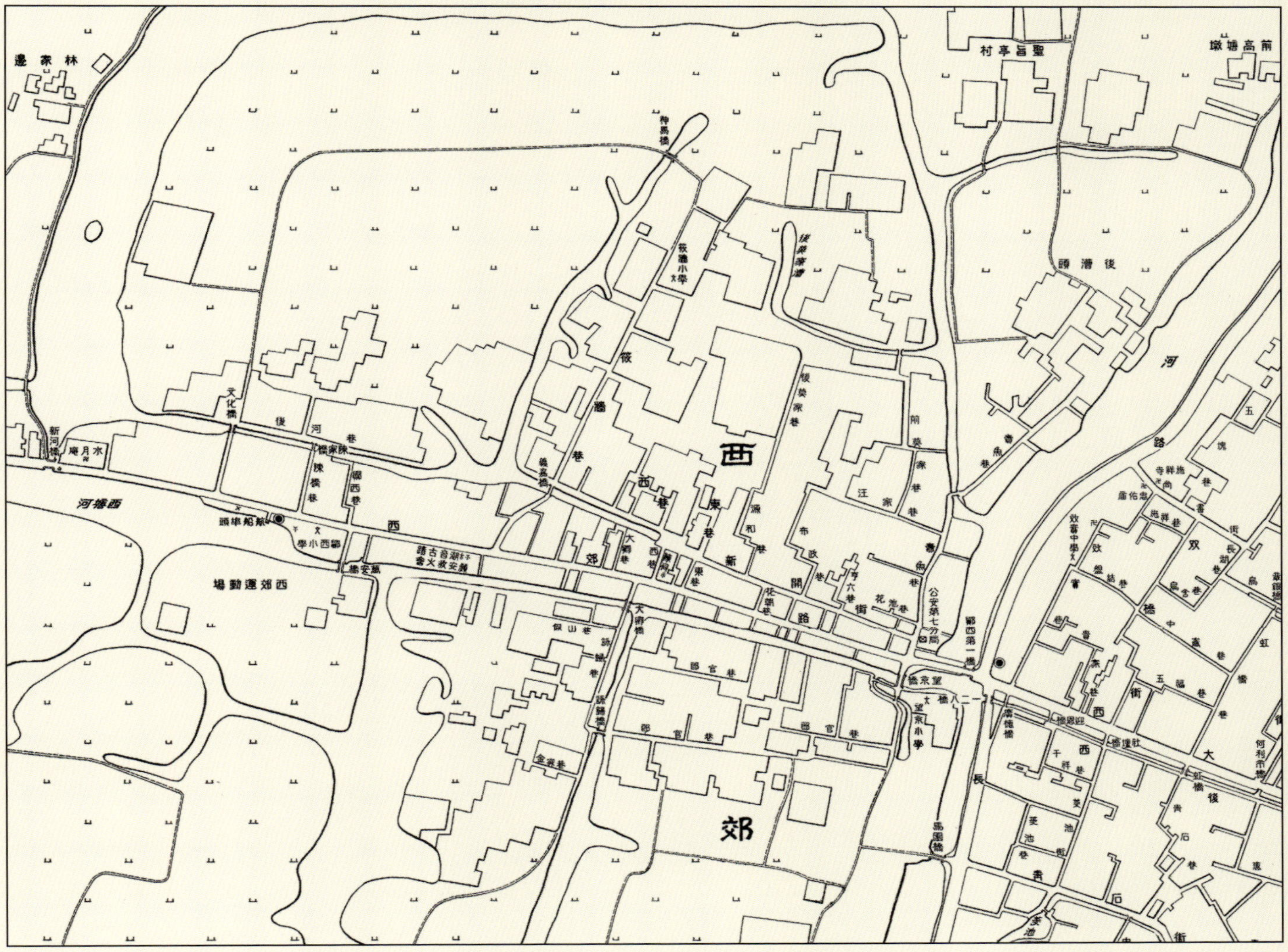

民国二十五年（1936）《鄞县城厢图》局部 · 西郊

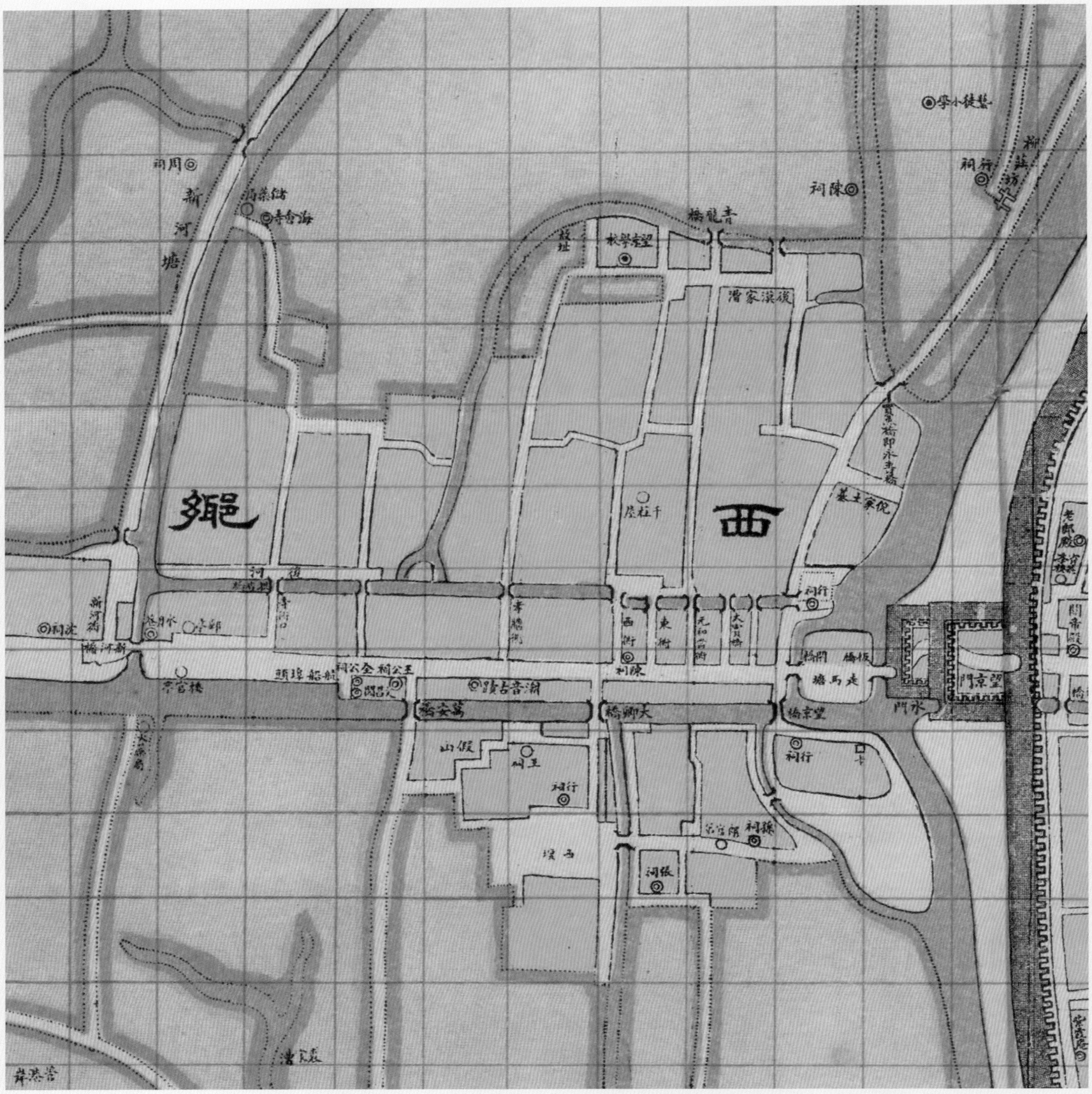

民国三年（1914）《最新宁波城厢图》局部 · 西郊

西郊接官亭（1906 年）

西郊泽民庙门楼（摄于 1962 年，中国建筑设计研究院建筑历史研究所藏，以下简称“1962 年，历史所藏”）

西塘河（王之祥摄于 20 世纪 30 年代）

1891 年望京门内西水关里河（今中山路南侧）

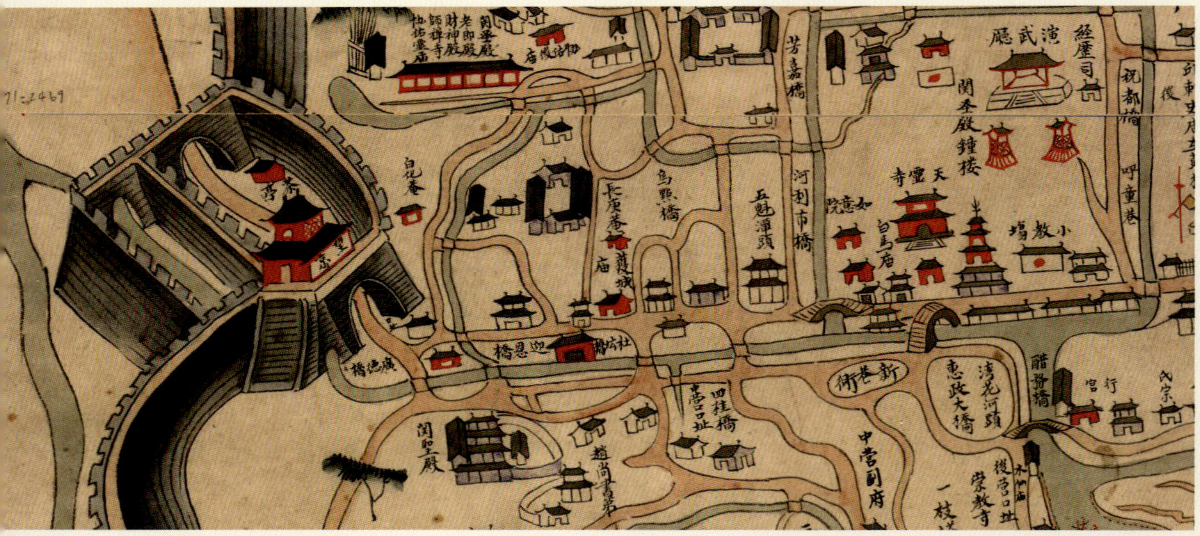

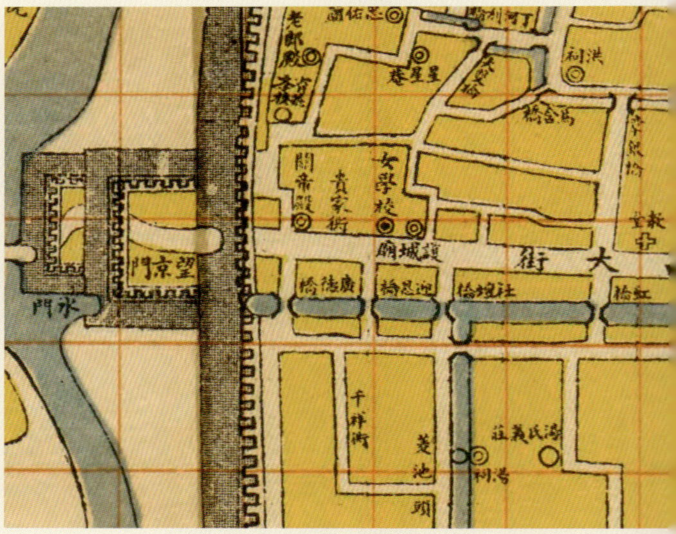

清《宁郡地舆图》局部 · 西水关里河及周边

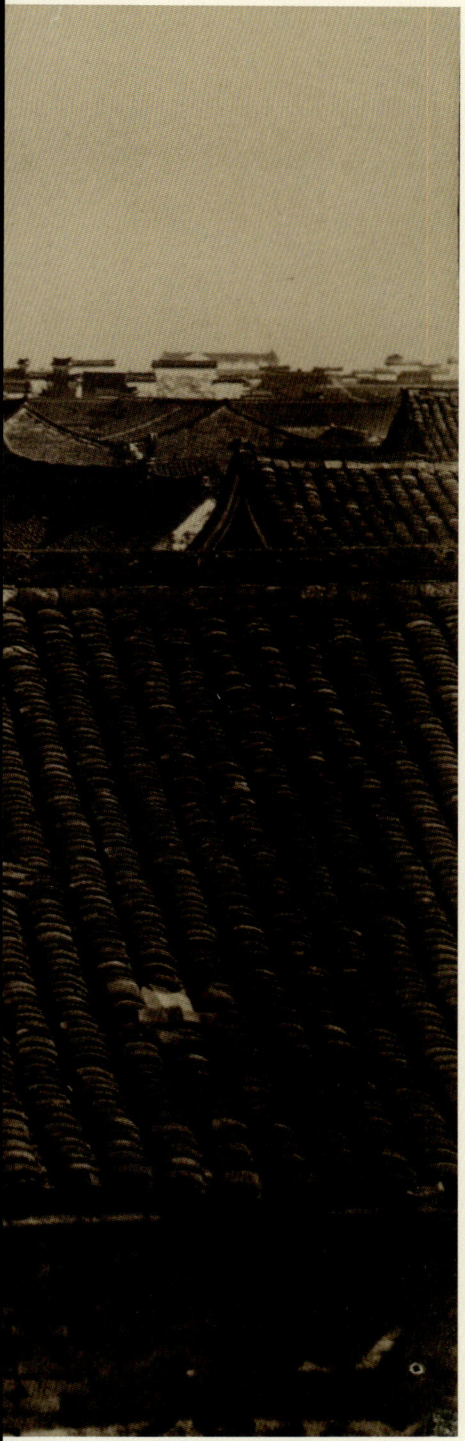

民国时期的西大街

民国时期的西大街

20世纪60年代的菱池

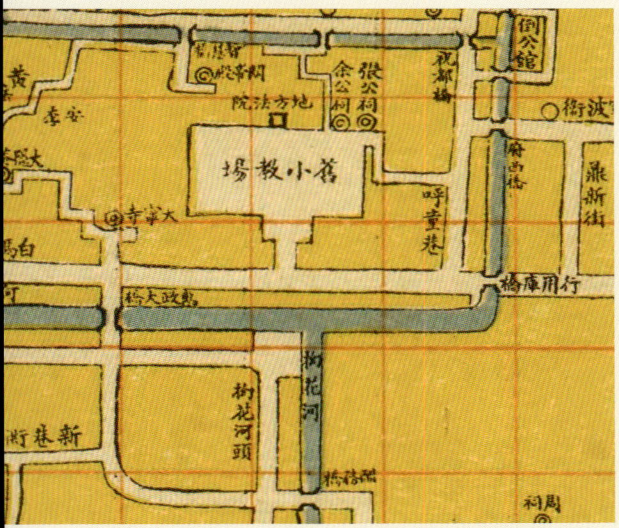

民国三年（1914）《最新宁波城厢图》局部·西水关里河及周边

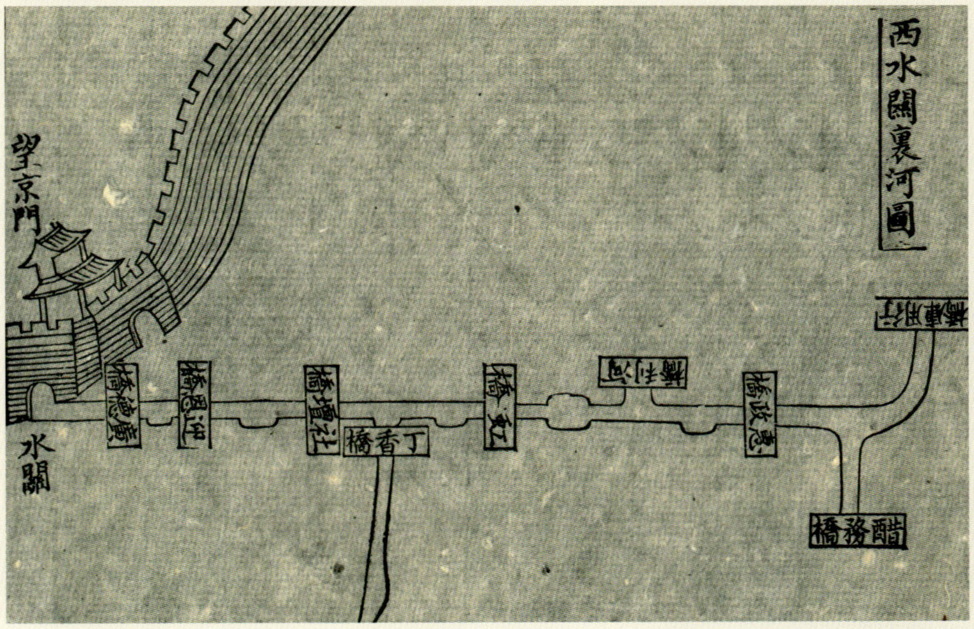

《宁郡城河丈尺图志》之《西水关里河图》

王宅

王宅，民国建筑，坐落于中山西路 155 号，1999 年被公布为宁波市市级文物保护点。

王宅

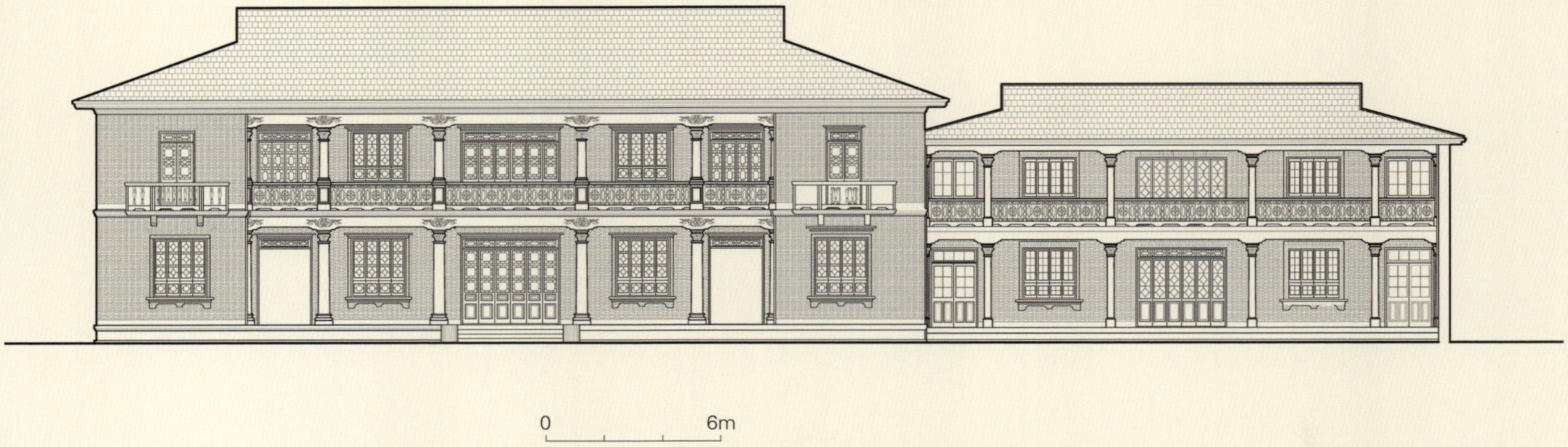

王宅南立面

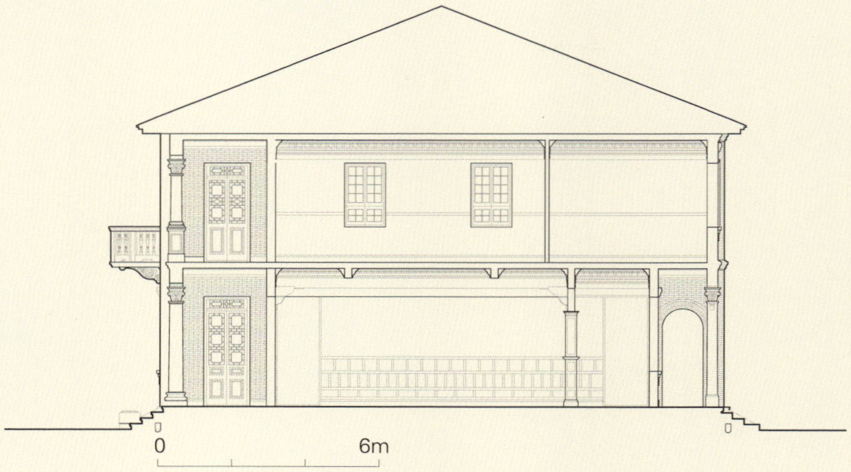

王宅剖面

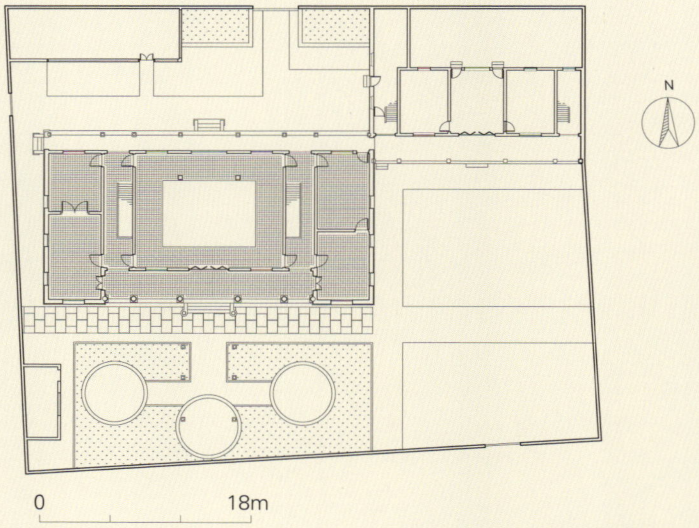

王宅平面

屠氏别业

屠氏别业，清代建筑，坐落于青石街70号，1999年被公布为宁波市市级文物保护点。

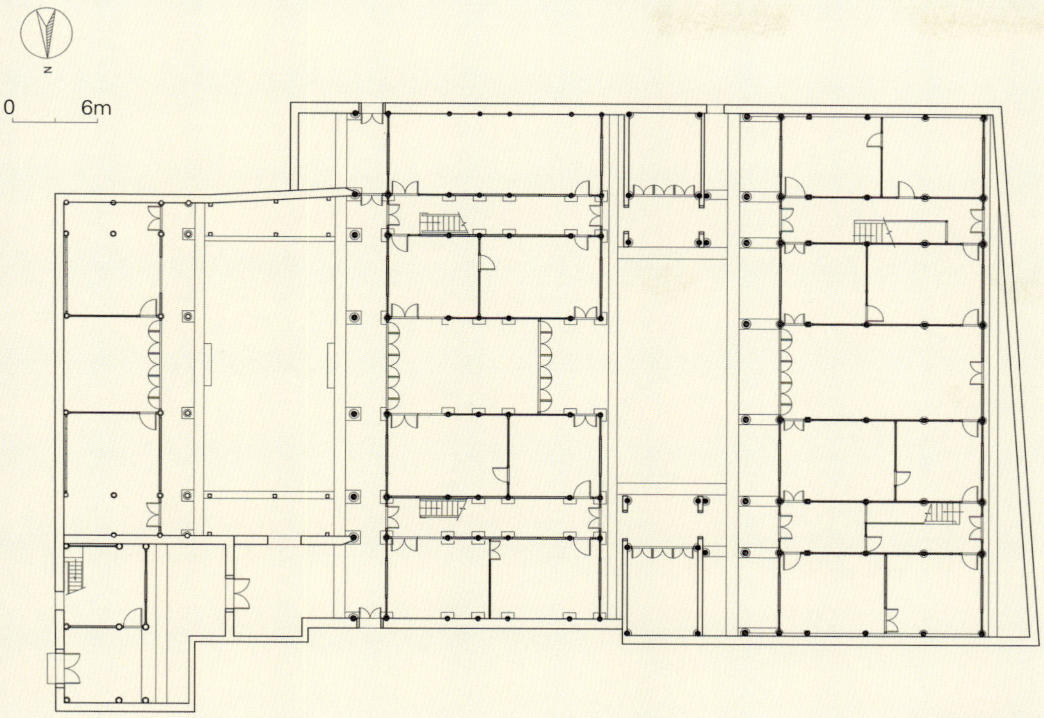

屠氏别业平面

屠宅北面鸟瞰

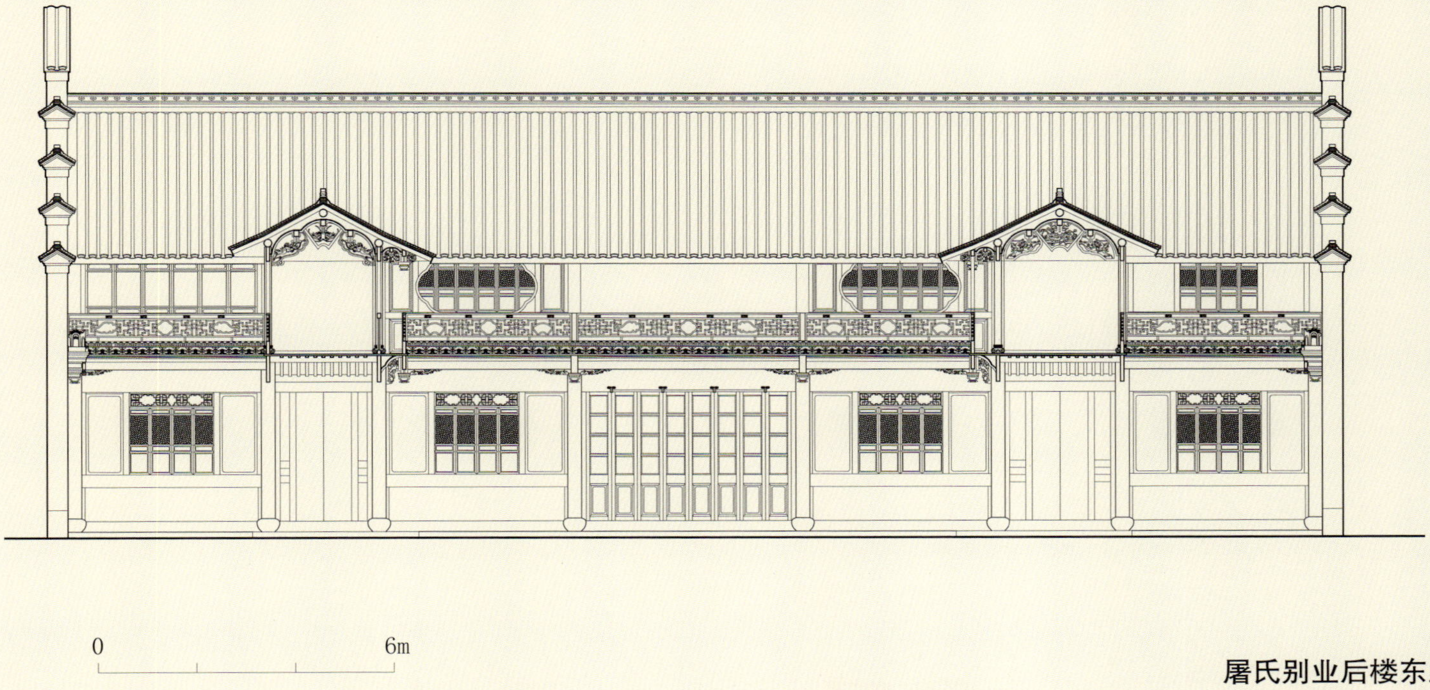

屠氏别业后楼东立面

名城宁波历史图典

宁波古城西南隅

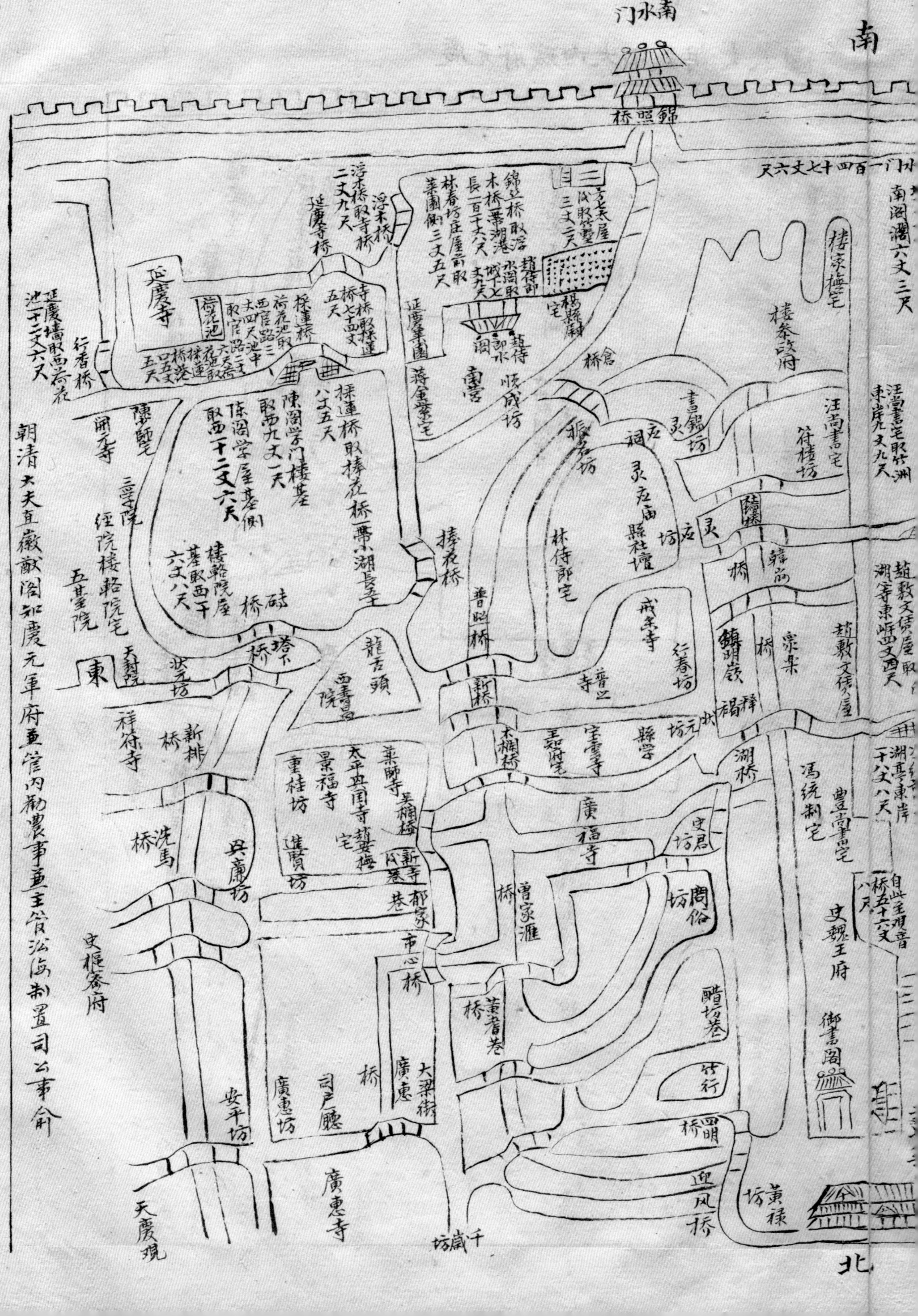

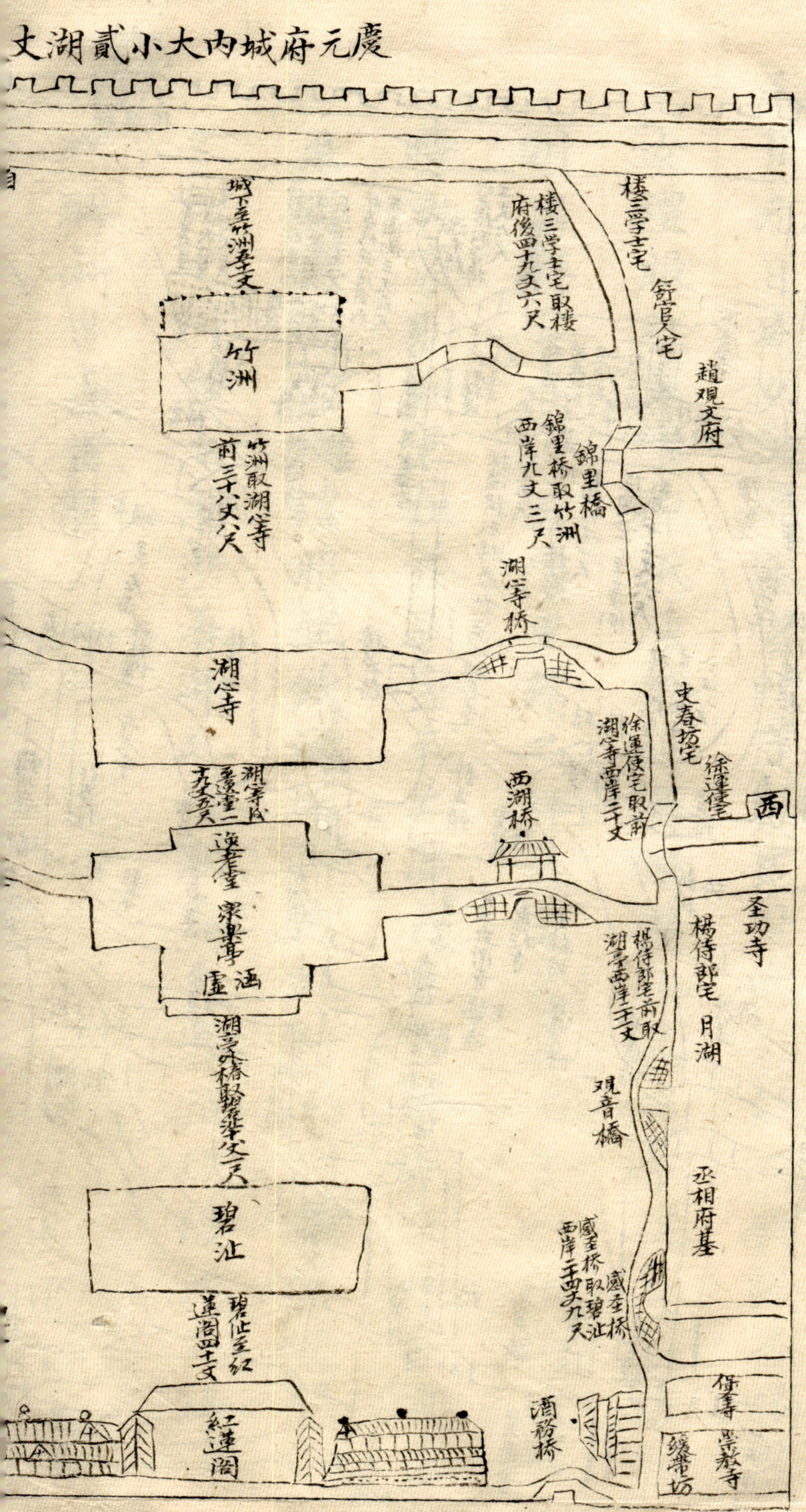

南宋《庆元府城内大小贰湖丈尺图》

二、天一阁及其东园、南园

天一阁藏书楼

天一阁，原为明兵部右侍郎范钦藏书处，建于明嘉靖四十年至四十五年间（1561—1566），是我国现存最早的古代私家藏书楼，坐落于天一街 10 号，1982 年被公布为第二批全国重点文物保护单位。

1933 年天一阁藏书楼与园林维修前旧照

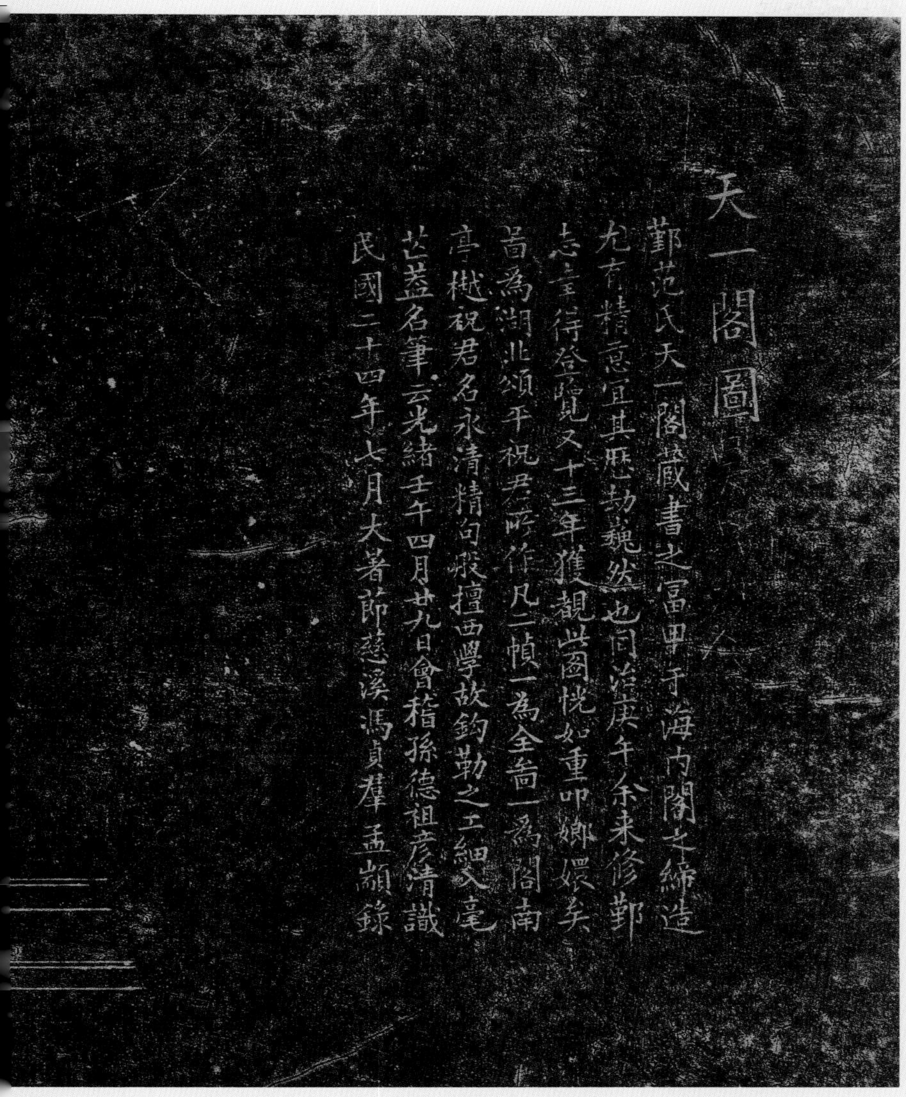

《天一阁图》，清光绪年间湖北祝永清绘，民国二十四年（1935）袁寅摹写，冯孟颛书录题记，李良栋刻石

1933 年 9 月，受台风侵袭的天一阁藏书楼东墙倒塌

1933 年天一阁藏书楼与园林维修前旧照

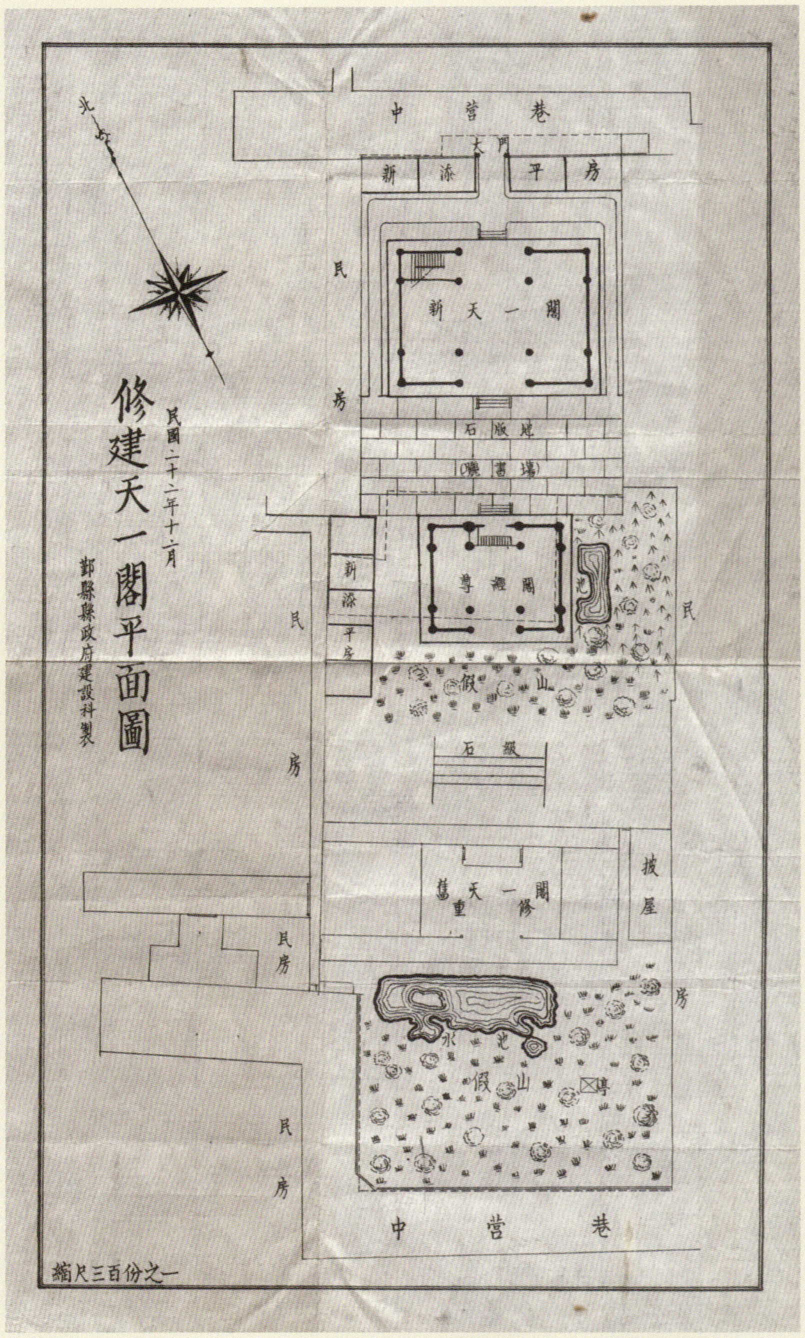

民国二十二年（1933）《修建天一阁平面图》

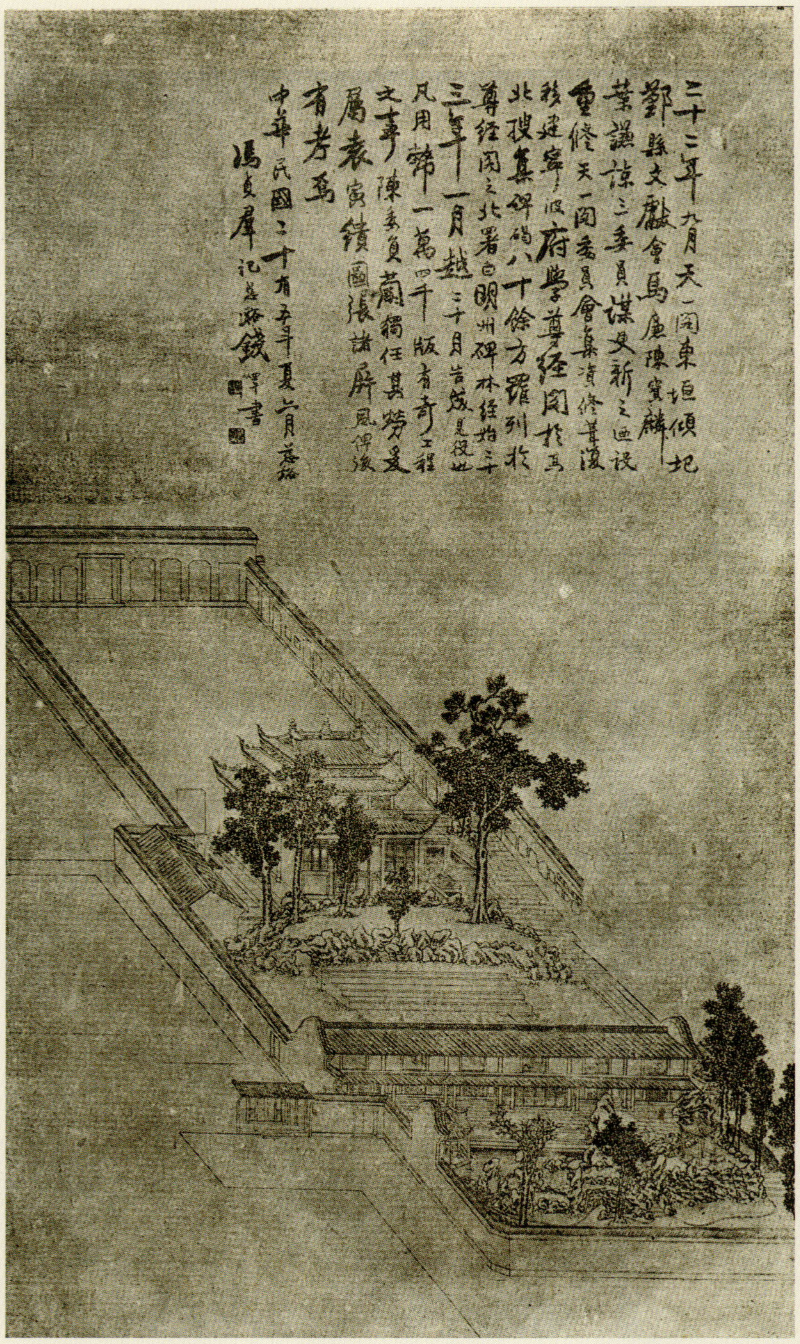

民国二十五年（1936）《天一阁全境图》

1935 年天一阁藏书楼重修落成（正南面）

1935 年天一阁藏书楼重修落成（正北面）

1935 年天一阁前重修后的园林景观（东南侧）

1935 年天一阁前重修后的园林景观（西南侧）

20 世纪 70 年代天一阁藏书楼及东南面园林景观

20 世纪 70 年代天一阁藏书楼南面园林景观

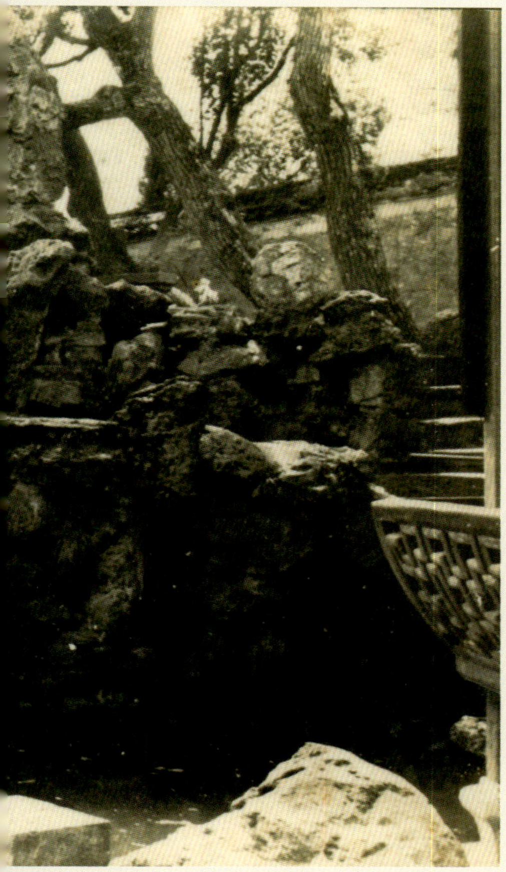

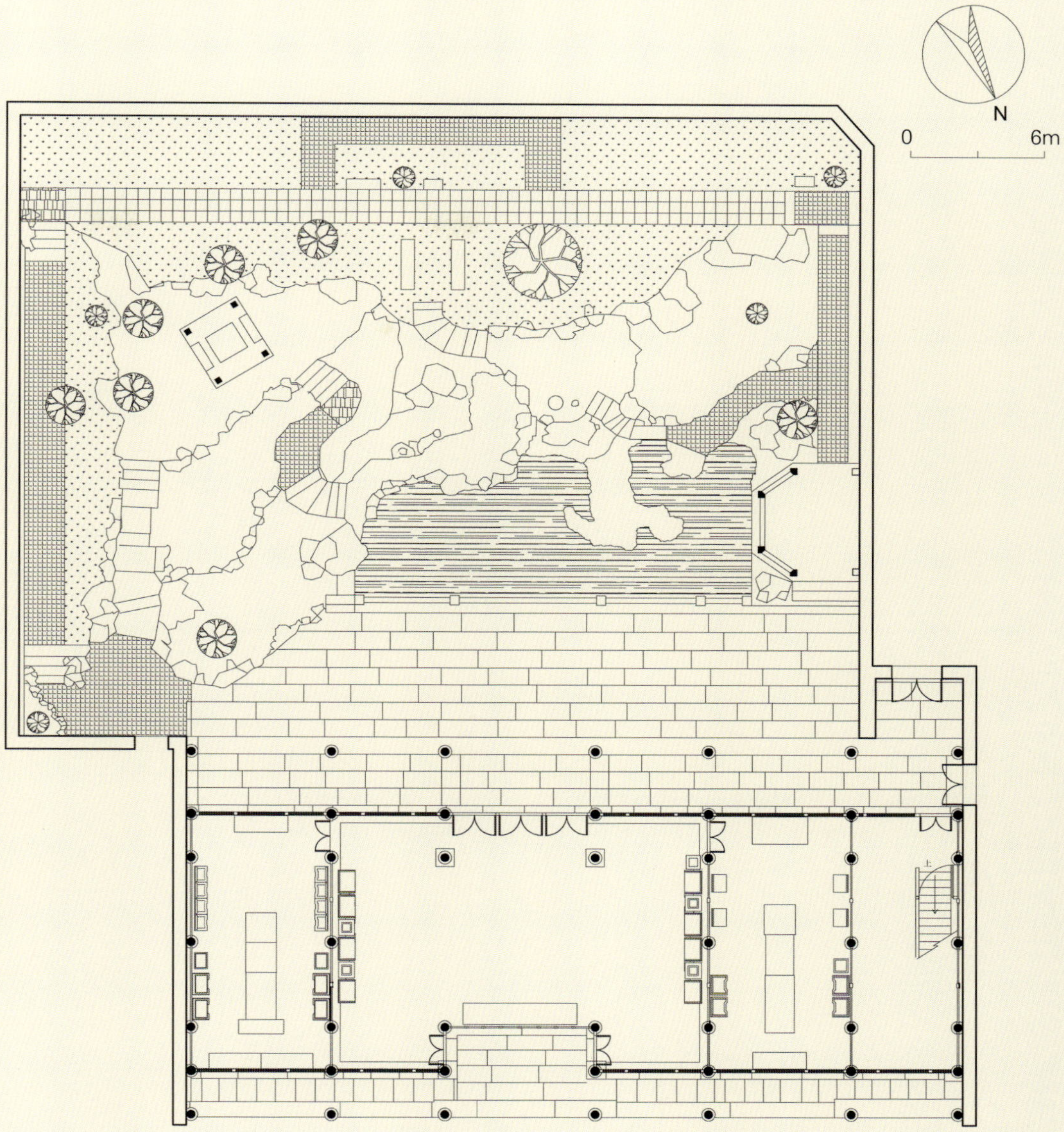

天一阁藏书楼底层平面（1989 年绘）

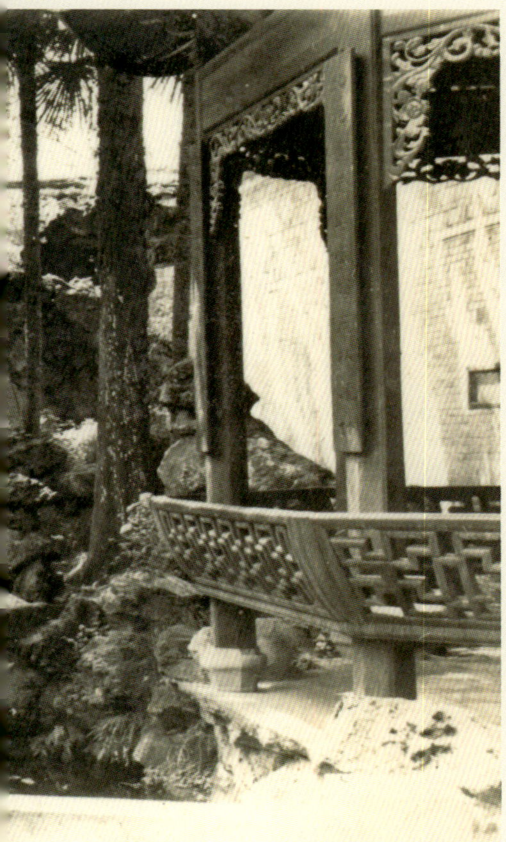

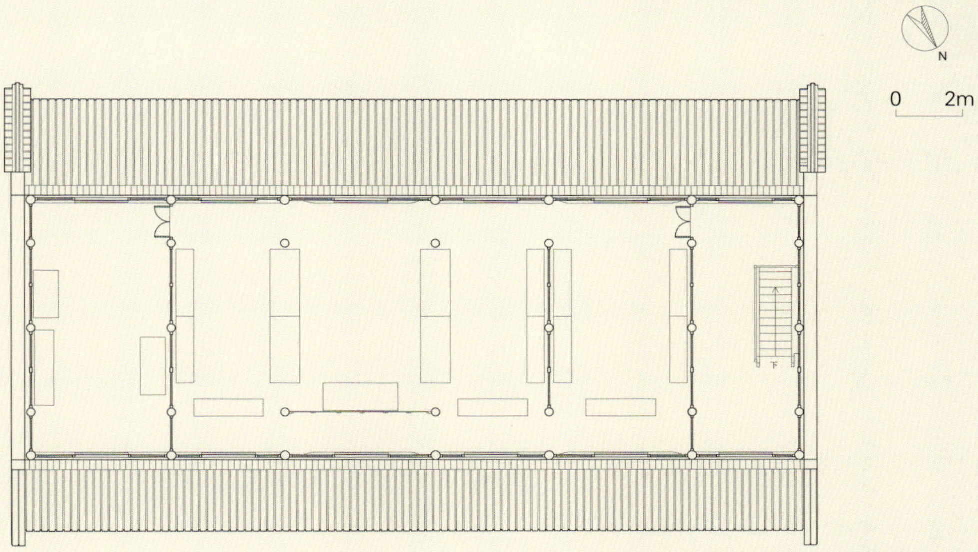

天一阁藏书楼二层平面（1989 年绘）

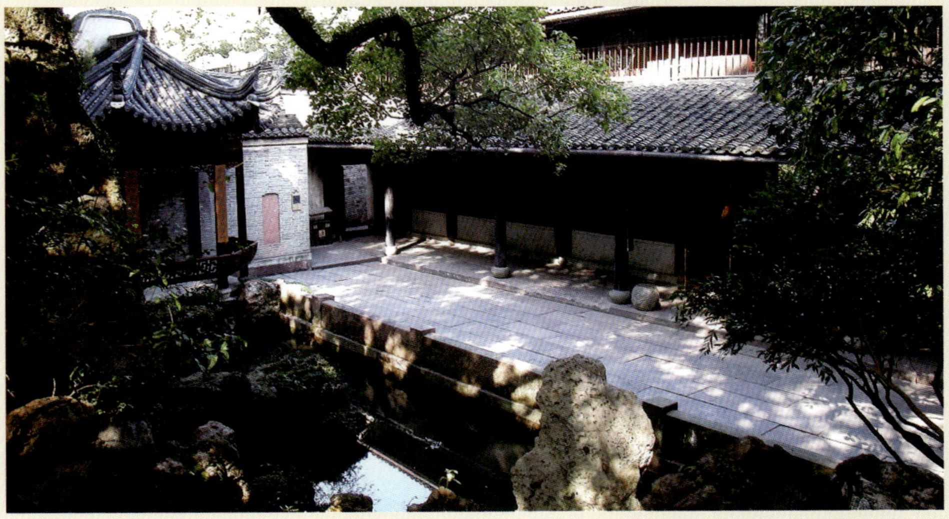
从南侧庭院假山俯瞰天一阁

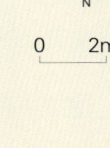

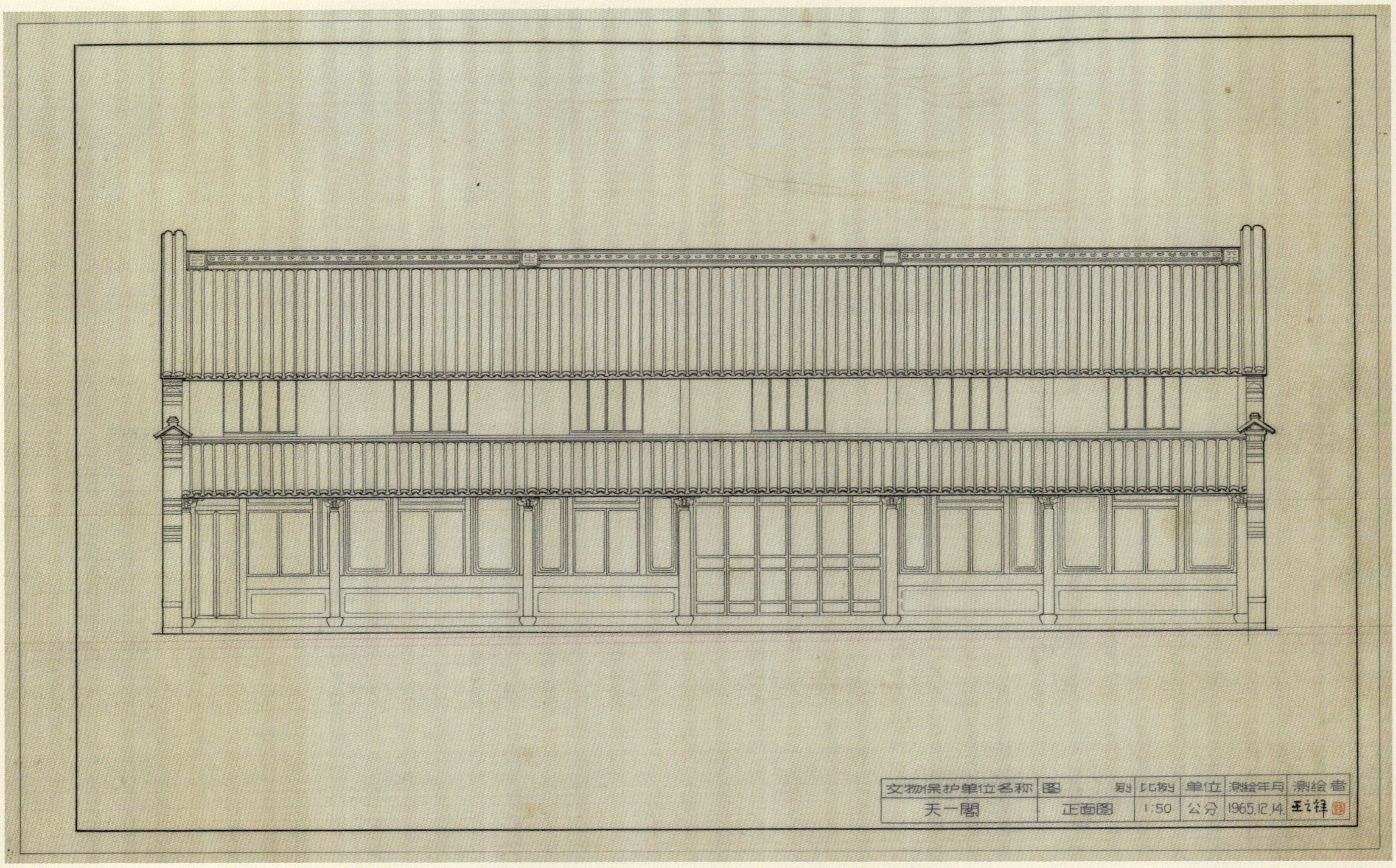

天一阁藏书楼南立面（1965 年王之祥绘）

天一阁藏书楼南立面（1989 年绘）

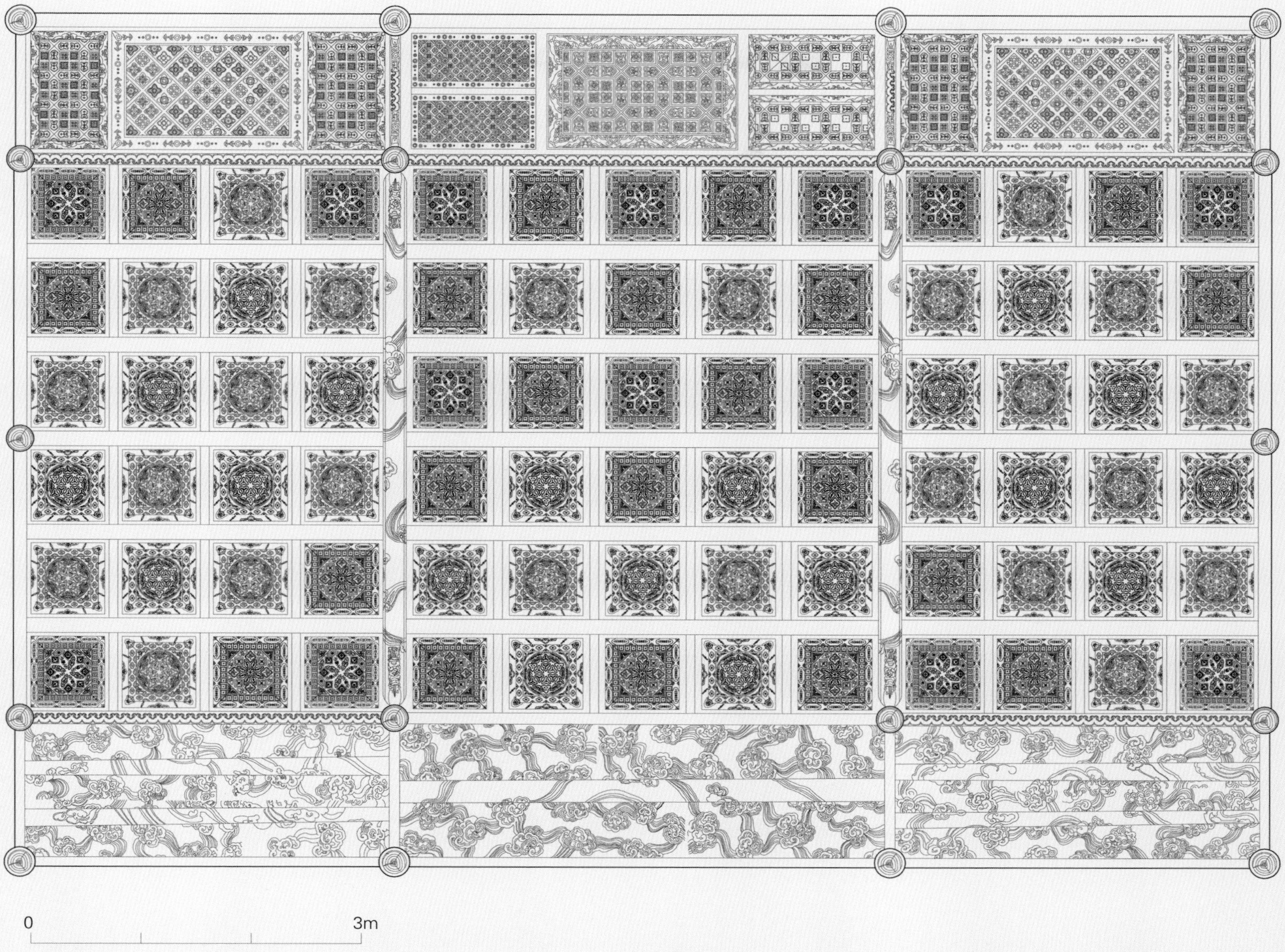

天一阁藏书楼底层平暗大样（1989 年绘）

天一阁宝书楼

天一阁藏书楼一楼

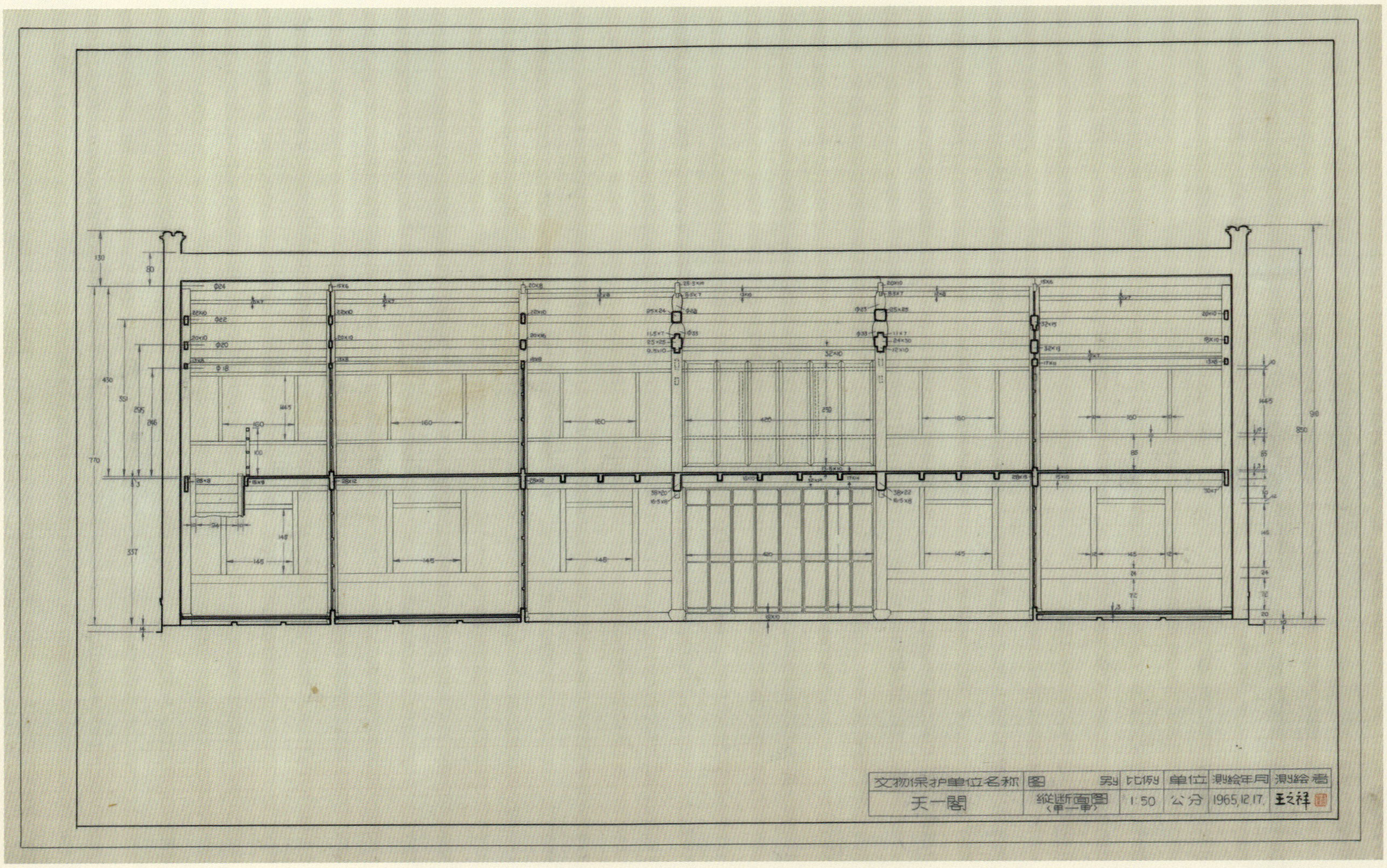

天一阁藏书楼纵剖面（1965 年王之祥绘）

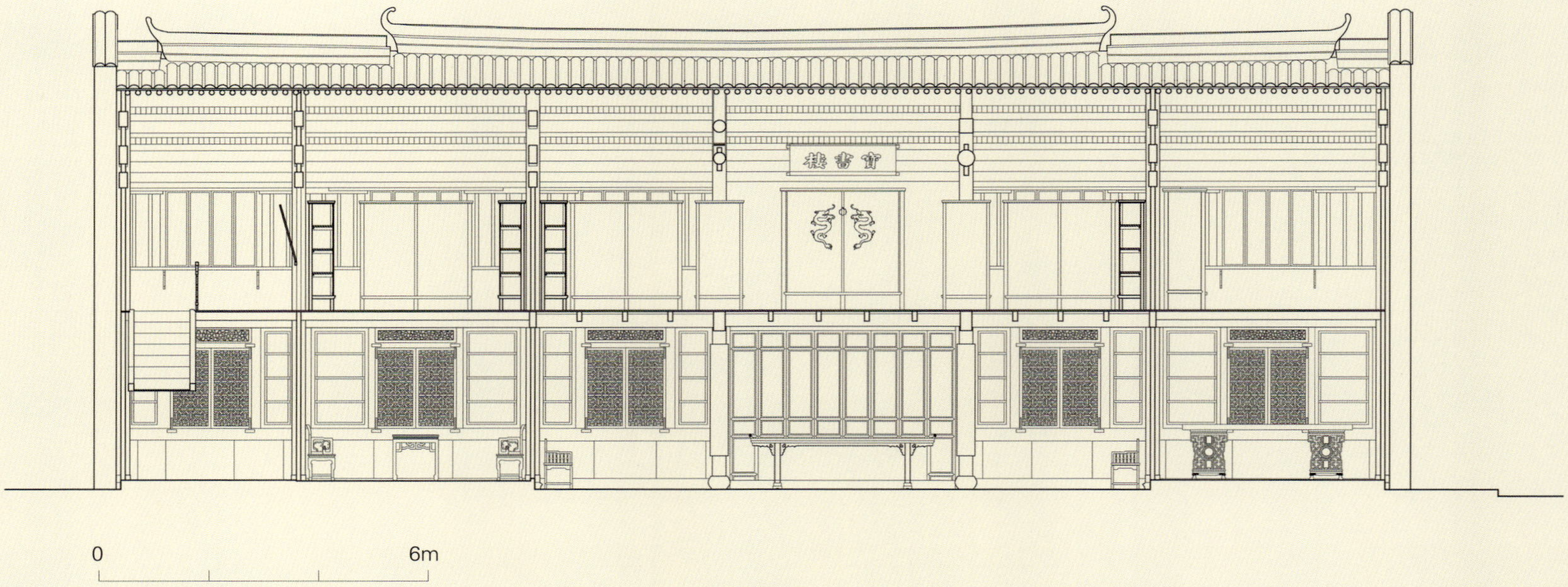

天一阁藏书楼纵剖面（1989 年绘）

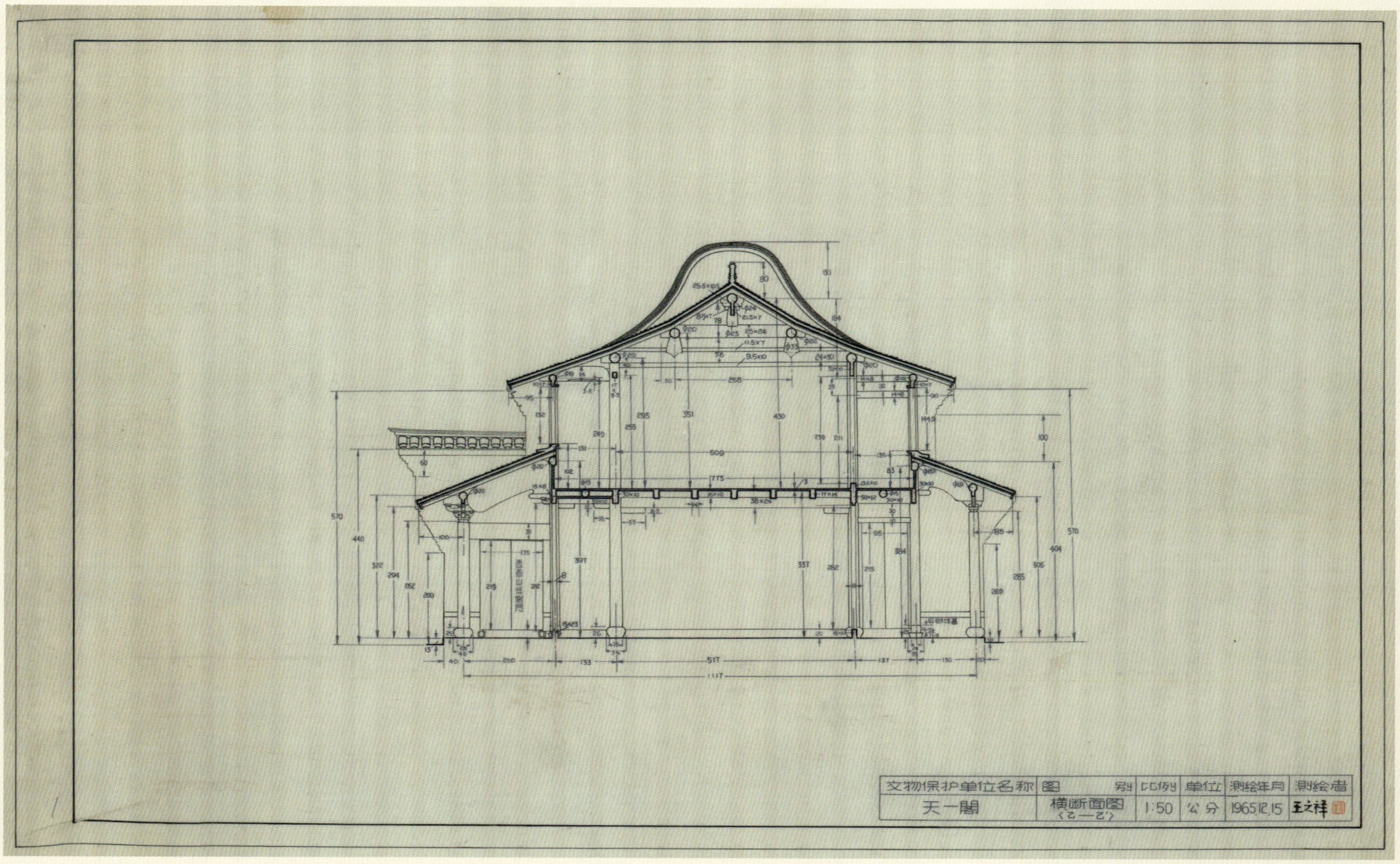

天一阁藏书楼明间横剖面（1965 年王之祥绘）

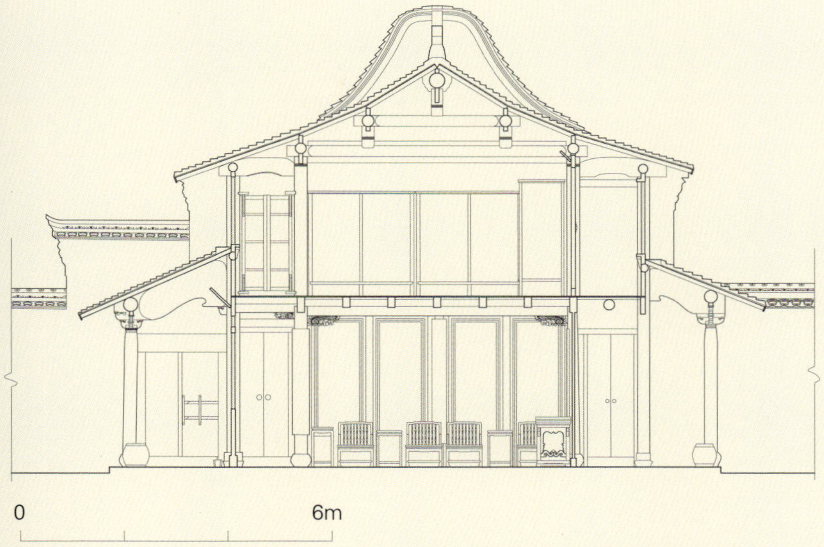

天一阁藏书楼明间横剖面（1989 年绘）

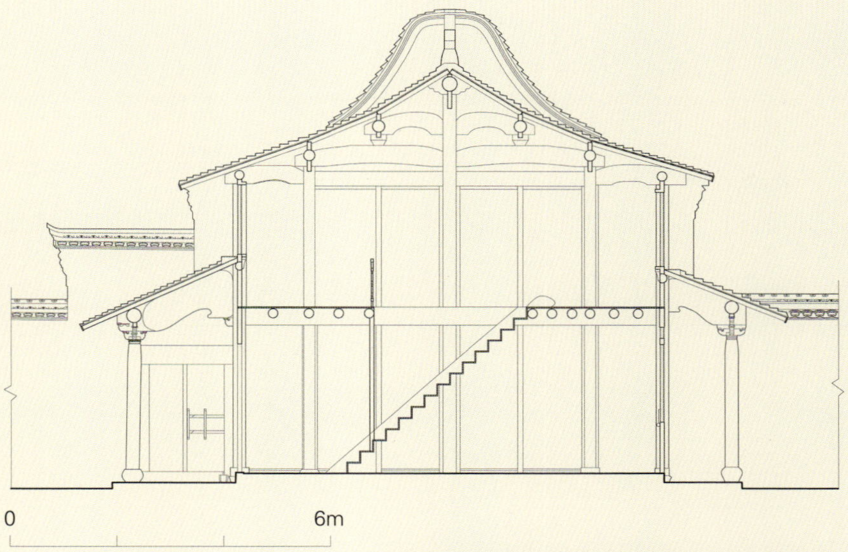

天一阁藏书楼楼梯间横剖面（1989 年绘）

尊经阁

尊经阁原位于宁波府学内，1935 年迁至天一阁北侧。

尊经阁东侧

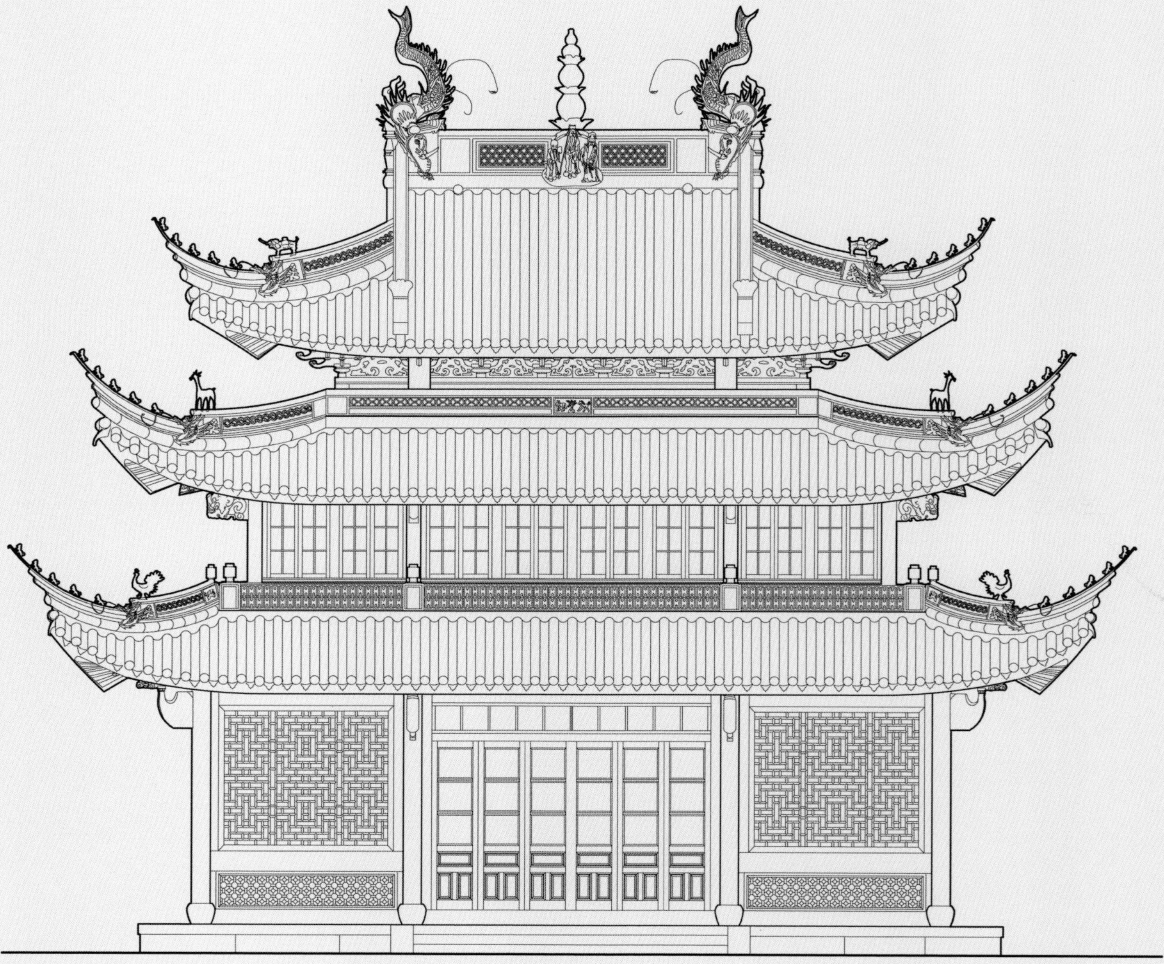

尊经阁北立面（1989 年绘）

天一阁及其周边地形图（1972 年绘）

天一阁书库建设工地考古发掘

天一阁范氏司马第后宅明清建筑遗址考古发掘现场（明代遗址主要部分，目前回填保存于今天一阁新书库北侧到三板桥街南侧区域）。

从东北往西南方向

从北往南方向

东园

东园

文献记载

天一阁东园记

环园皆廊也，而水石樟木尤胜，以位于天一阁之东，故名东园。

园多石刻，为历年所收存者，邱君嗣斌见其散置于断垣颓壁间，隐然有感，蓄整理之心久也，遂商于余，期以碑廊为主，而增园林出之，两全其美也。

小住阁中，偕洪君可尧漫步其间，商略亭台，安排泉石。园有积水，樟木蔚然成林，适甬上有古木构二，尺度相宜，移建之，宏敞轩举，今之凝晖堂也。堂成，一园之主体存焉。疏池叠石，皆因地制宜，未损乔木，宛若天成。园属天一阁，墨香衍芬，二而一也，故不以藻饰出之。复饶水景，昔范尧卿先生有东明草堂，故以明池名之。曲岸弯环，水漾涟漪，堂之影，亭之影，山之影，树之影，皆沉浮池中，虚实互见，清风徐来，好鸟时鸣。而万竿摇空，新篁得意。阁有书卷，园存雅趣，洵甬人之清福也。

余惟四明一隅以藏书闻世，学者文人辈出，信山水钟灵，然不能不归功文风之盛，而文风之盛，又不能与藏书佳处须臾离者。嗣斌守天一阁三十年，以余勇营此东园，良有以也。万卷诗书来左右，小园容我一藏身。戊辰之岁，阳和三月，读书阁中，抛卷成此记，存记园之始末耳。

岁次戊辰　陈从周撰文　顾廷龙篆额　沈元魁谨书（碑立于天一阁东园内）

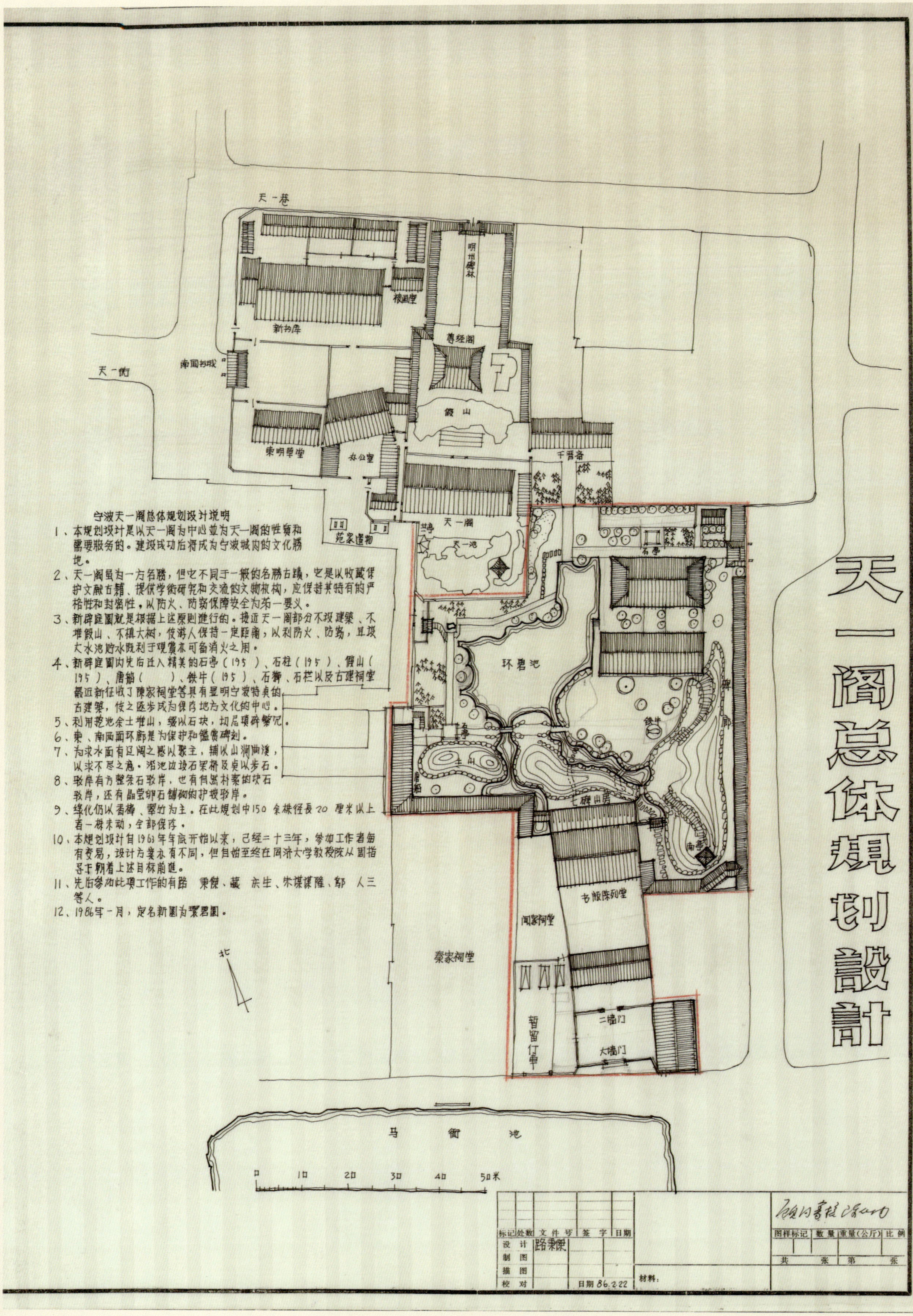

中国著名园林建筑大师陈从周先生签署的《天一阁总体规划设计图》，路秉杰编制设计

百鹅亭迁入天一阁东南面“外花园”时的早期景观

百鹅亭

百鹅亭，明代建筑，原为南郊郑氏墓道祭亭，1959 年迁建至天一阁东南面的外花园（今称东园）。

1959 年南郊百鹅亭原址旧照

东园主景建筑

原为张公祠，清代建筑，位于解放桥北埦槐树路，1986 年迁建至天一阁东园，门厅改称林泉雅会馆，正殿改称凝晖堂。

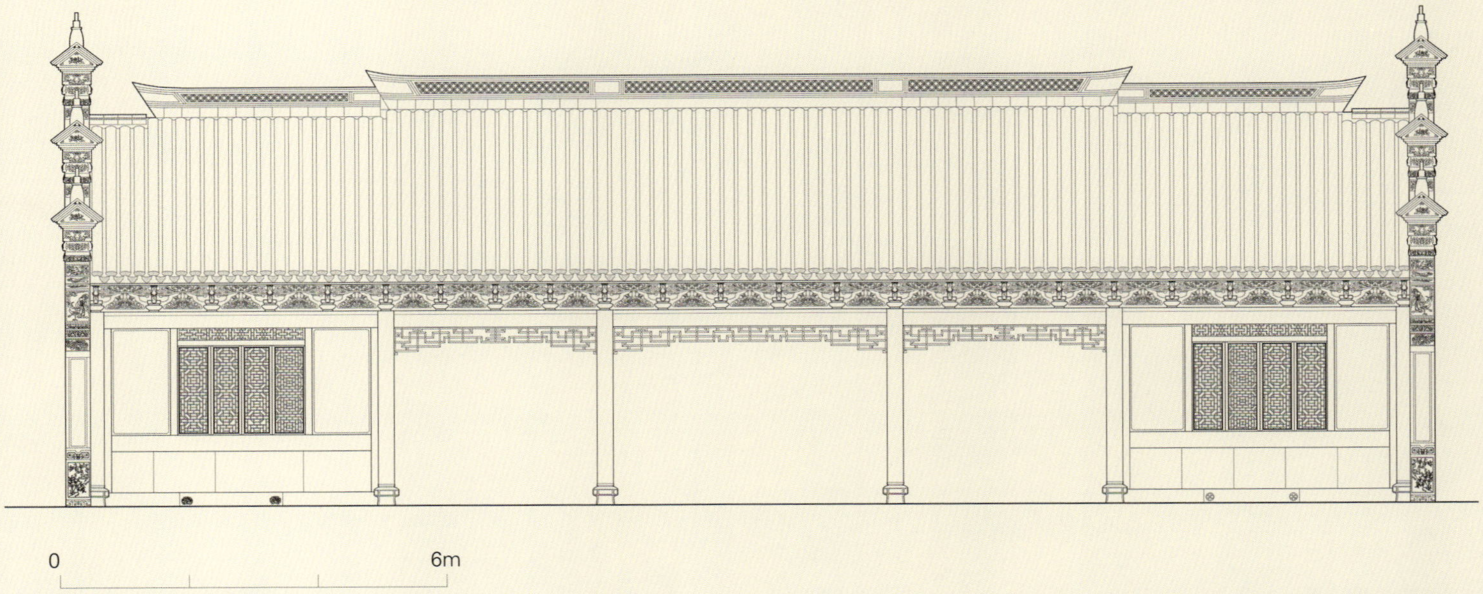

东园林泉雅会馆南立面

东园凝晖堂

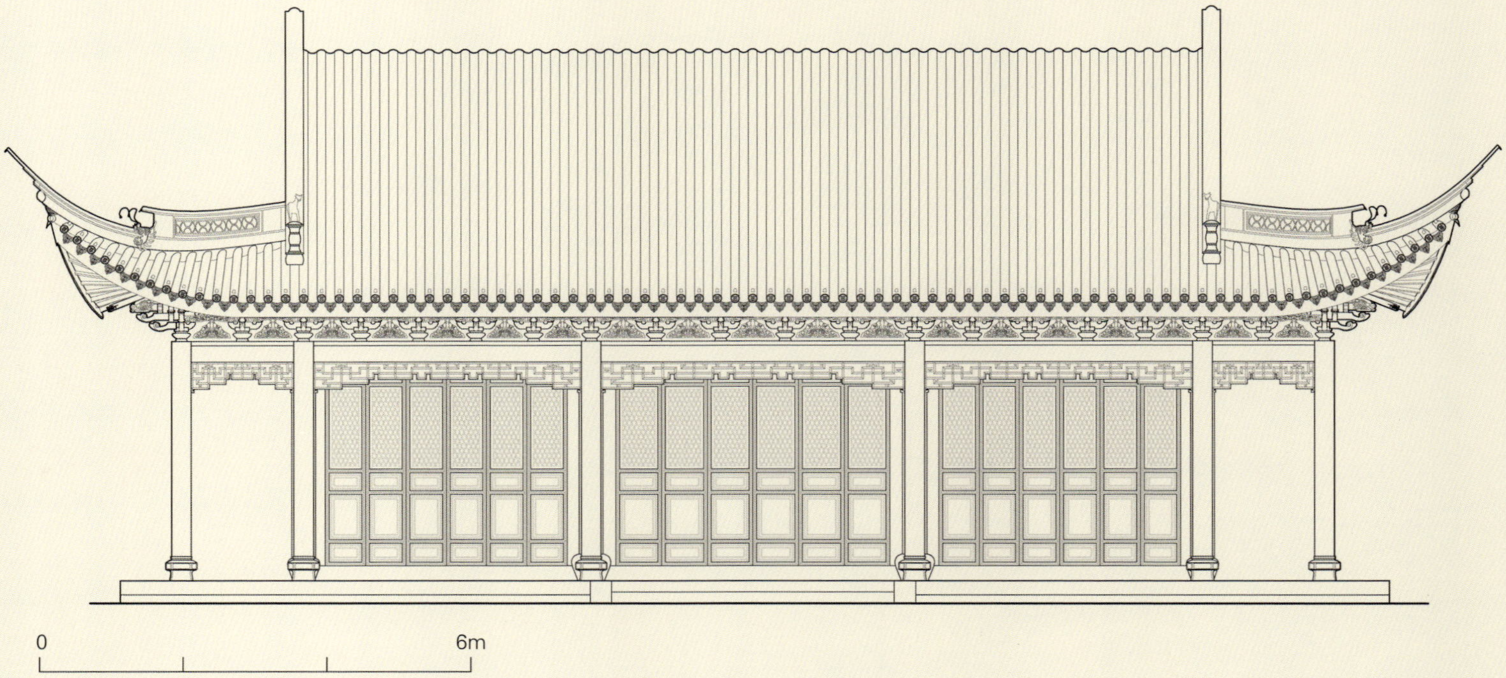

东园凝晖堂南立面

南园水北阁

水北阁，清代建筑，原坐落于花池巷 18 号，1984 年被公布为海曙区第二批区级文物保护单位，1997 年迁至天一阁南园内。

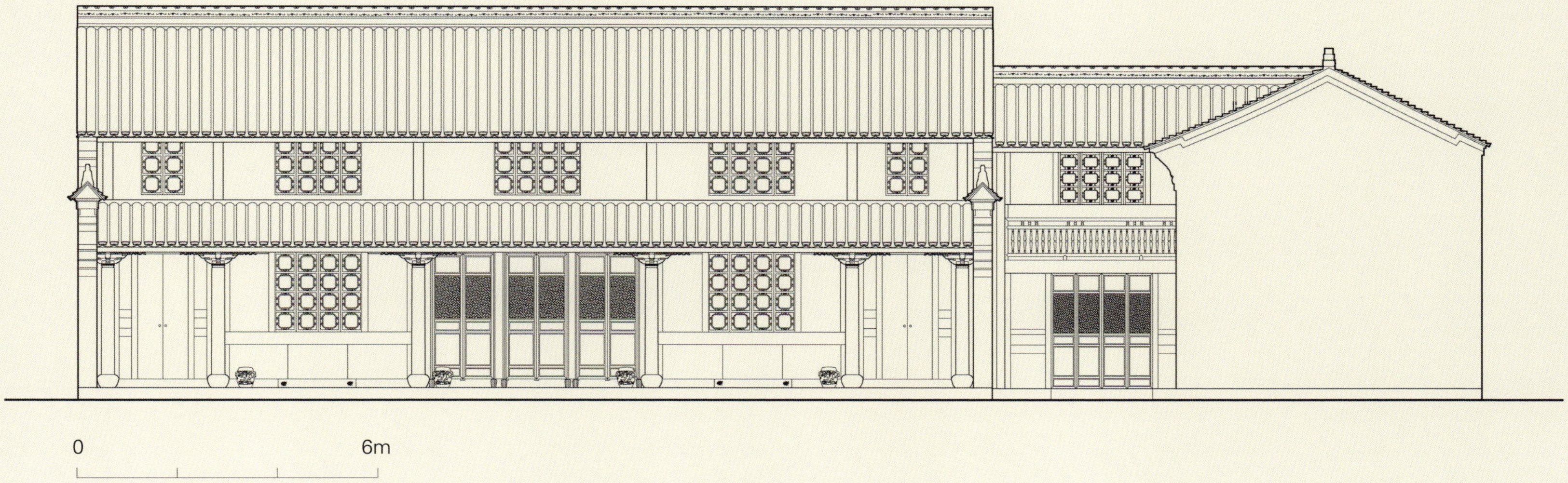

水北阁东立面

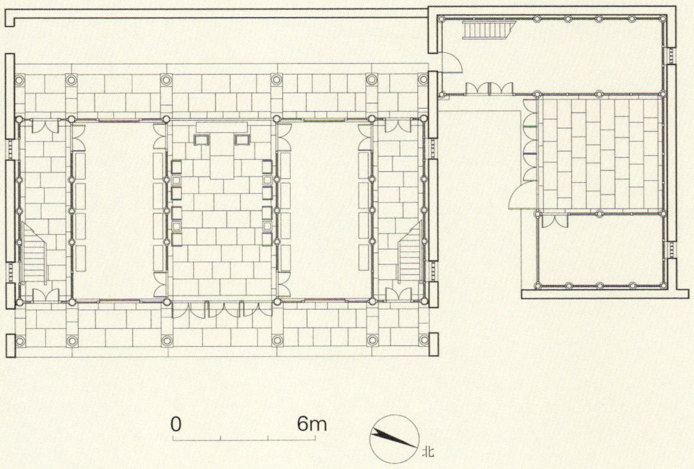

水北阁平面

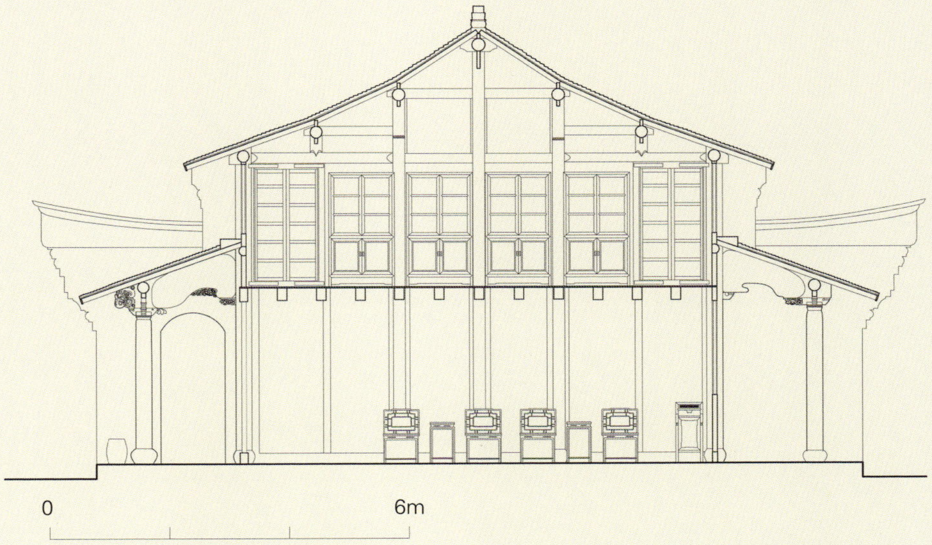

水北阁明间剖面

三、秦氏支祠与陈氏宗祠

秦氏支祠鸟瞰，右侧为闻氏家庙、陈氏宗祠，左侧为天一阁书画馆

秦氏支祠

秦氏支祠，建于民国十四年（1925），坐落于马衙街马眼漕北，2001 年被公布为第五批全国重点文物保护单位。

秦氏支祠大门前照壁（1962 年，历史所藏）

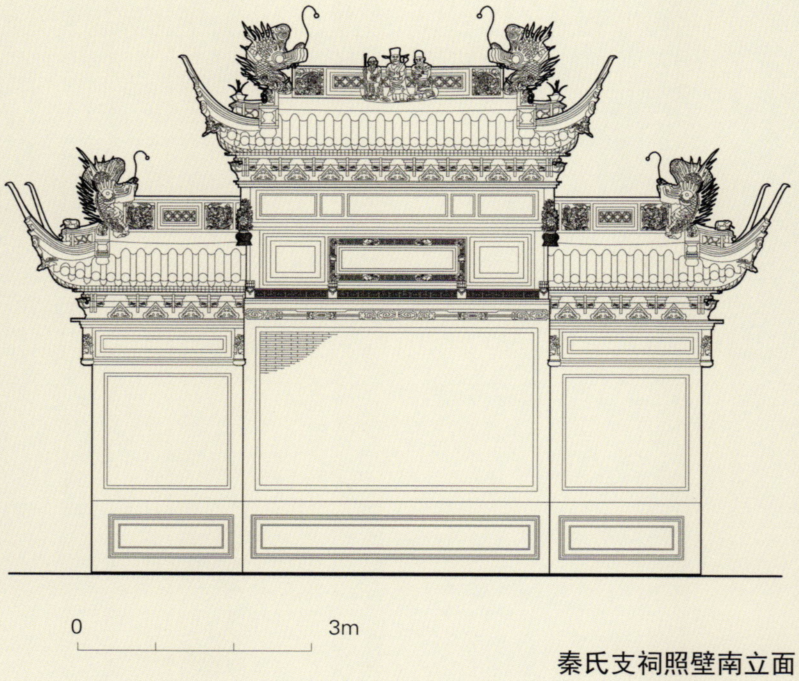

秦氏支祠照壁南立面

秦氏支祠门厅南立面

文献记载

鄞县秦氏支祠碑记

余杭褚德彝撰并书　杭县王禔篆额

鄞城之西有月湖，左连烟屿，右望柳汀，澄波一曲，平桥老树，昔为游瞩胜地。湖之尾闾，水流涟漪，注为小荡，土人名曰马眼漕，邑人秦氏支祠在焉。祠祀君安翁，崇墉爽垲，房庑周匝，屋前后凡十余楹，前祀翁，寝室祀翁妃张夫人。自翁以上皆祀宗祠。秦氏籍慈溪，明中叶有大川公者，始迁鄞，遂为鄞人。由大川公至君安翁，凡十二世，奕叶相仍，皆孝友诚信，缵承勿坠，儒林货殖，各著令望，潜德幽光，郁而不显。翁曾祖虞山公，兄静山公，昆弟二人事亲孝，辛勤营业，供甘旨，仅自给，然性仁慈，戚党贫乏，推解不吝。生子四，三即益辉公，为君安翁祖，夙秉持祖训，以光大先业勖后人。生三子，长开昌公，即翁父。兄弟三人，翁齿居季。家贫，年十一丧父，事母孝，十二学贾台州，十八在慈北习钱业，廿四丧母，毕丧葬，间关至沪，获交同乡倪翁芹香、王翁馨泉、叶翁澄衷，互相切磋，得益匪浅。是时，商场所需为英文，翁苦心练习，未及一稘，尽得其秘，与洋商交易益觉便利。时洋货麇集海上，如棉织、五金、煤油诸物品，商人咸欲订购居奇，翁以颜料需要不下棉织品，沪贾问津者尚鲜，白圭所谓“乐观时变，人弃我取”者，因设立颜料号。侨商知翁素行，皆倚以为重。翁勤以治业，俭以储财。与洋商贸易，他商多诈伪争胜，翁独以诚信楬橥，真实相与，业务亦蒸蒸日上。值欧战，市舶绝航，颜料踊贵，翁储货充牣，售出应市，故获利尤厚，其他事业亦无不所向如志，数十年中遂为浙东陶猗。光绪甲午、庚子，事变迭起，翁与在沪乡人往来侨商间，辟除谣诼，沪市获安。壬寅、丙午、辛亥，俱因时局，甬上米缺价高，翁输巨款购米办平粜，躬亲其役，不辞劳瘁，贫户均沾实惠。翁素性慷慨，得志后，振灾、恤贫、育婴诸善举，知无不为，余如海防、赈灾，均捐巨金，以中书衔赏花翎得正三品封典。天怀恬退，不蕲仕进也，年五十思古人知足之训，引退归甬，沪甬二处商业令伯仲二子经纪之。于带湖之漘构宅尚羊其中，高怀殊不可及。余读秦氏先世传，知秦氏世泽萌芽于大川公，后世子若孙，又培植之，护持之，积累经数百年，至君安翁始食其福，然后叹天之报施善人，为不爽也。每至春尝冬禴，子孙衣冠祭拜祠下，知翁之遗泽留贻后嗣者，方兴未艾。翁长子际藩以翁之行谊见告，因檃括其辞为祠记，俾秦氏子孙毋忘祖德焉。

中华民国十四年岁次乙丑十一月

吴县支慈盦刻字

秦氏支祠戏台北立面

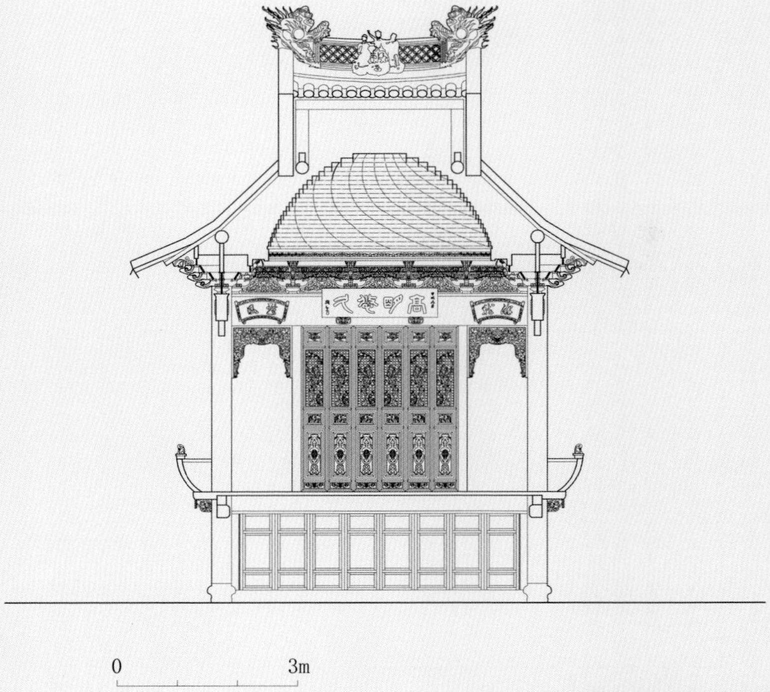

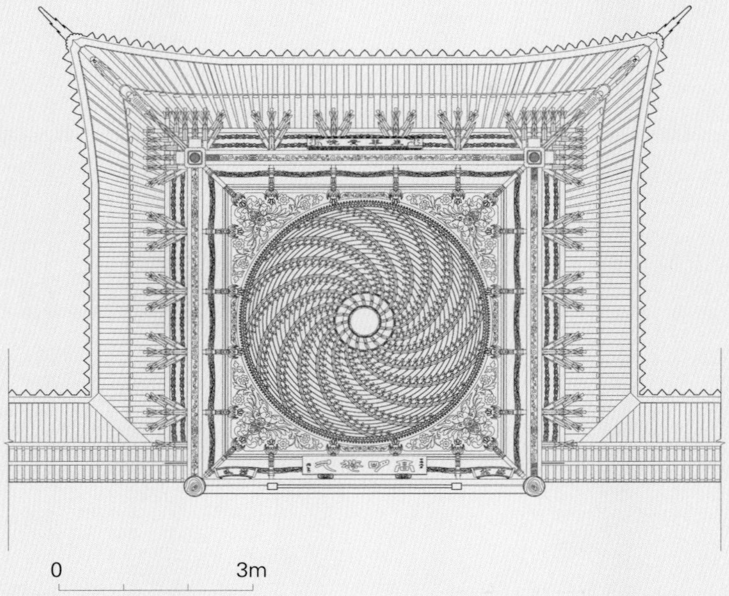

秦氏支祠戏台剖面

秦氏支祠戏台仰视图

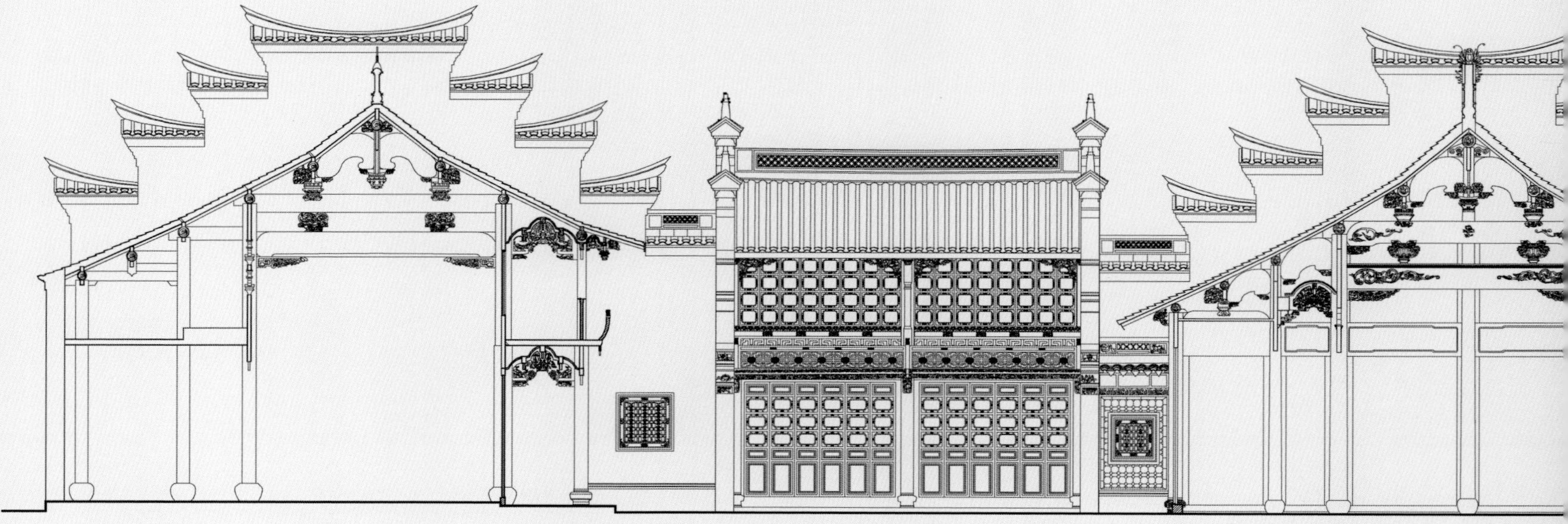

秦氏支祠戏台

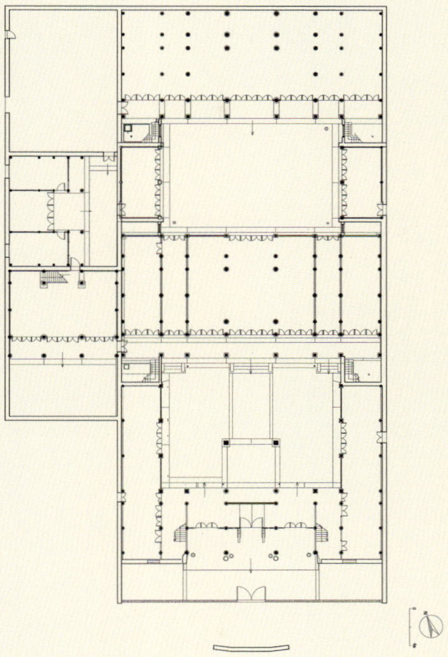

秦氏支祠平面

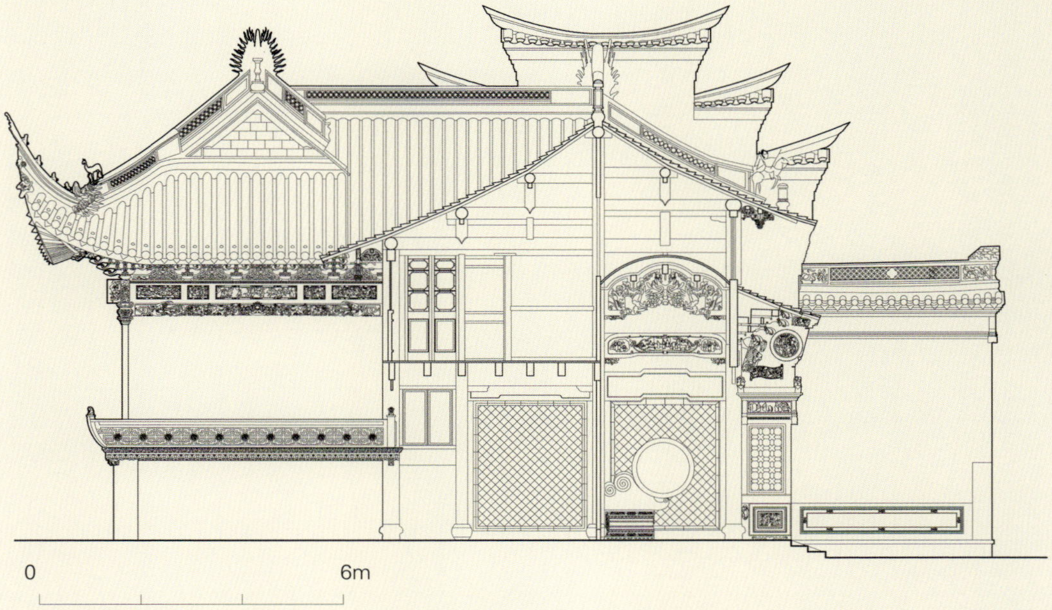

秦氏支祠第一进门厅次间剖面

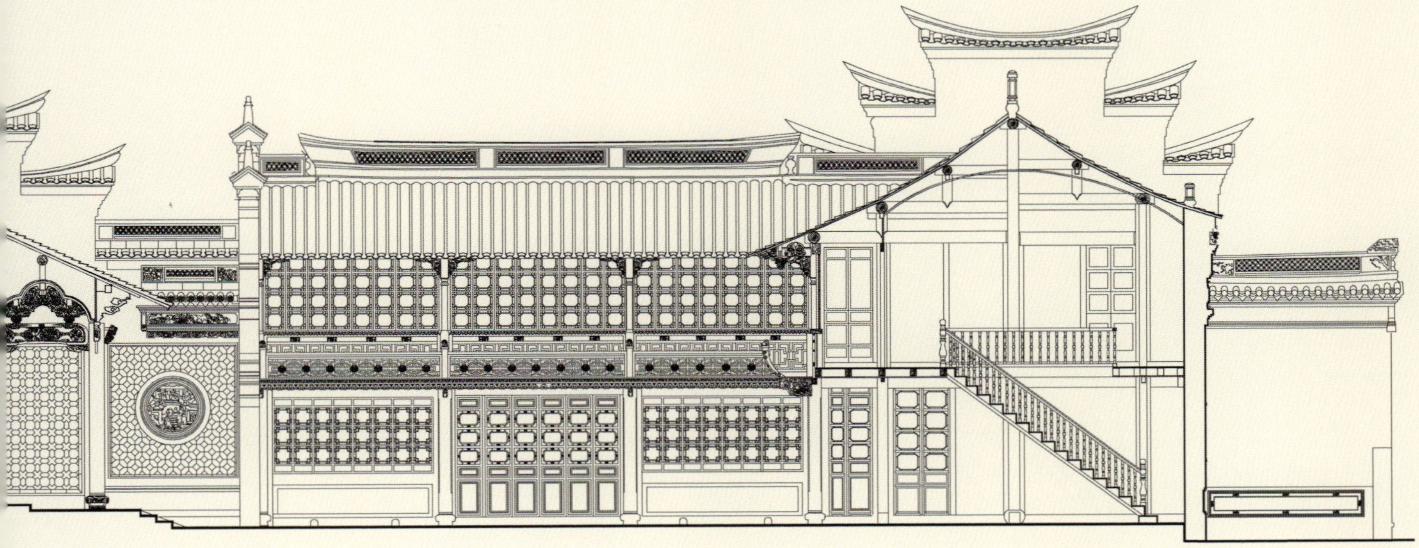

秦氏支祠总剖面

秦氏支祠穿堂南立面

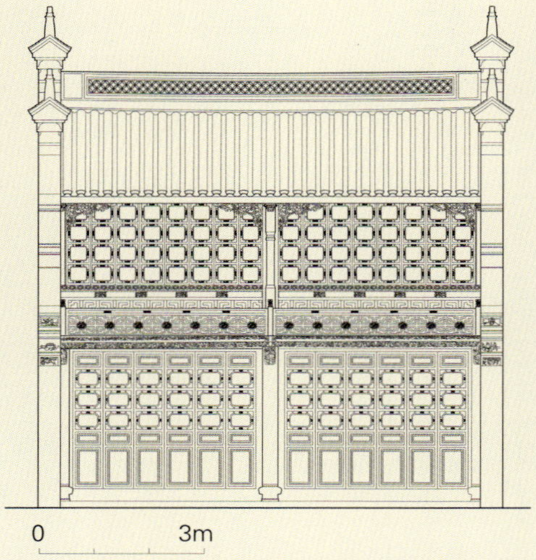

秦氏支祠第二进厢房立面

秦氏支祠第三进堂屋南立面

秦氏支祠鸟瞰

陈氏宗祠大门（原湖西小学，1962 年，历史所藏）

1959 年陈氏宗祠背面“外花园”情景

陈氏宗祠

陈氏宗祠建于清代，由前后两进组成，总占地面积约 1020 平方米，总建筑面积约为 570 平方米，入口有门屋，第一进过厅名为“平和堂”，第二进正厅名为“德和堂”。现作为麻将起源地陈列馆使用。

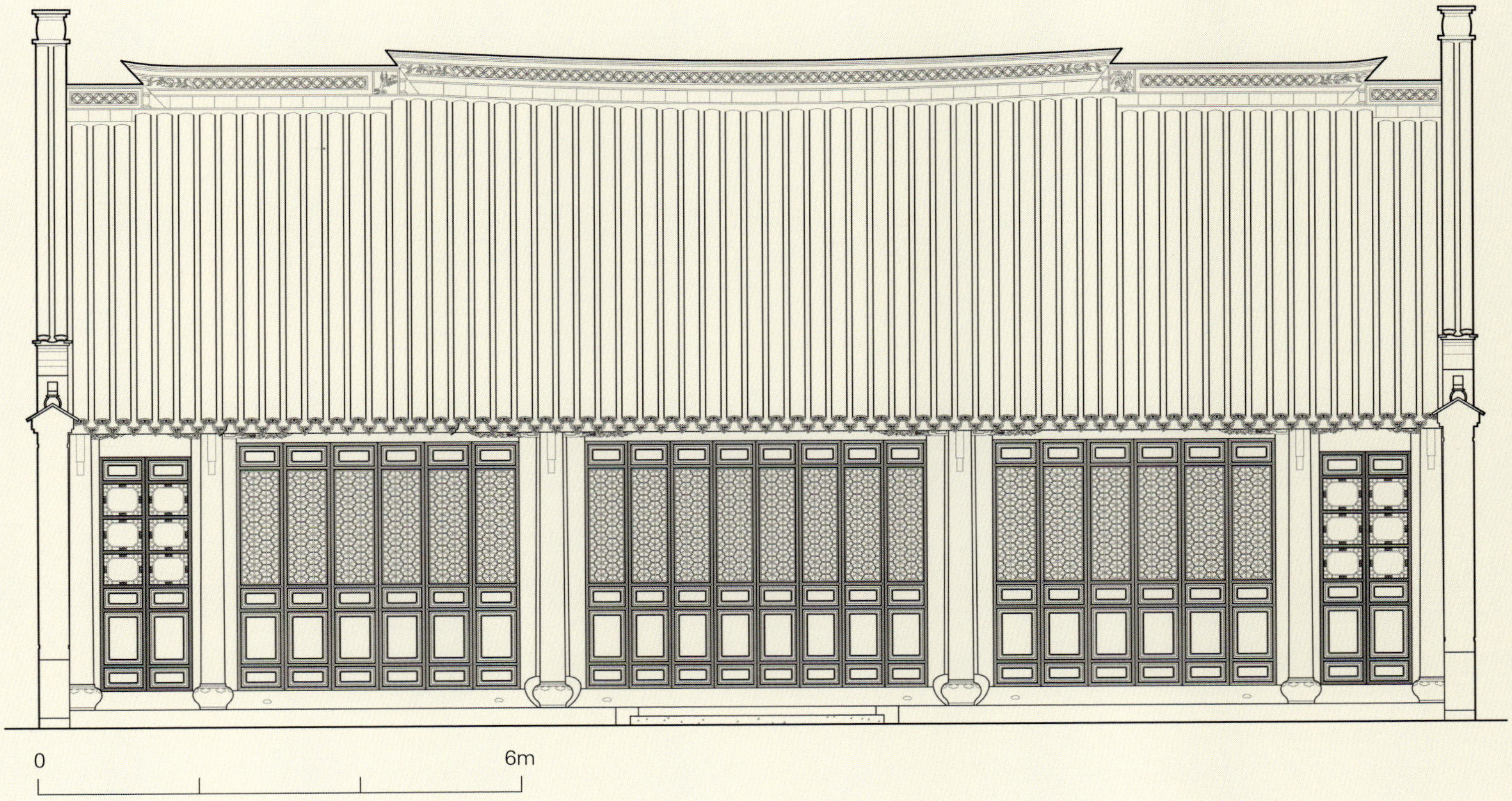

陈氏宗祠正厅南立面

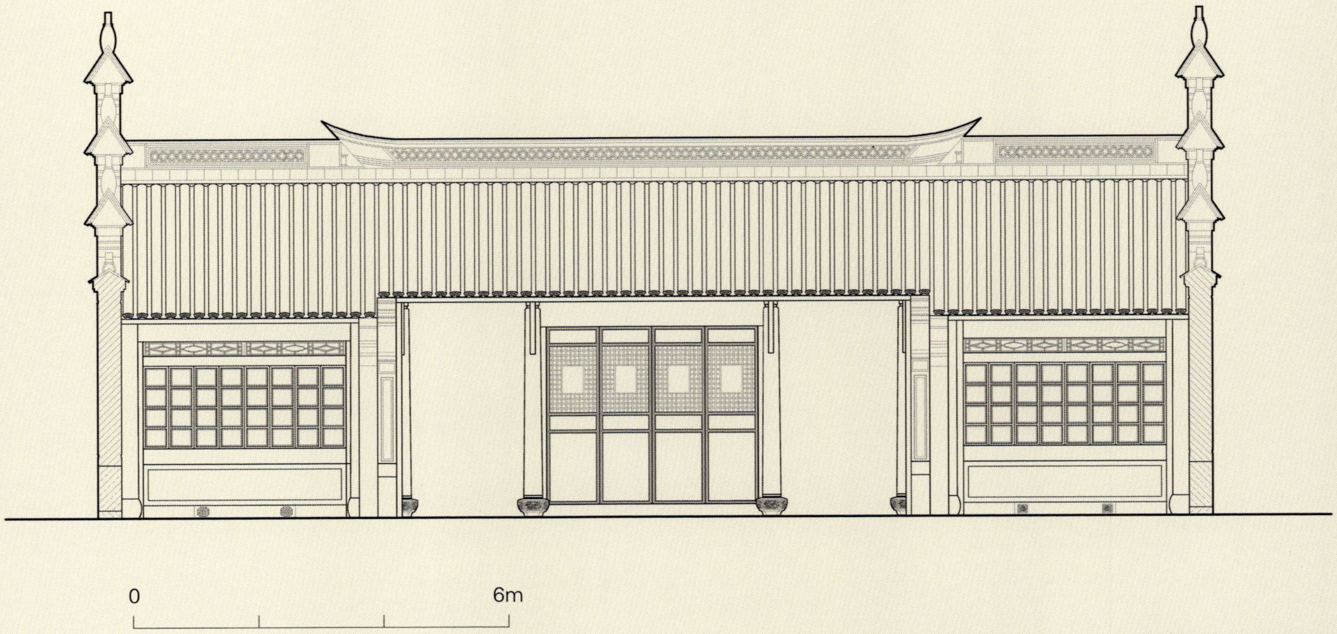

陈氏宗祠过厅南立面

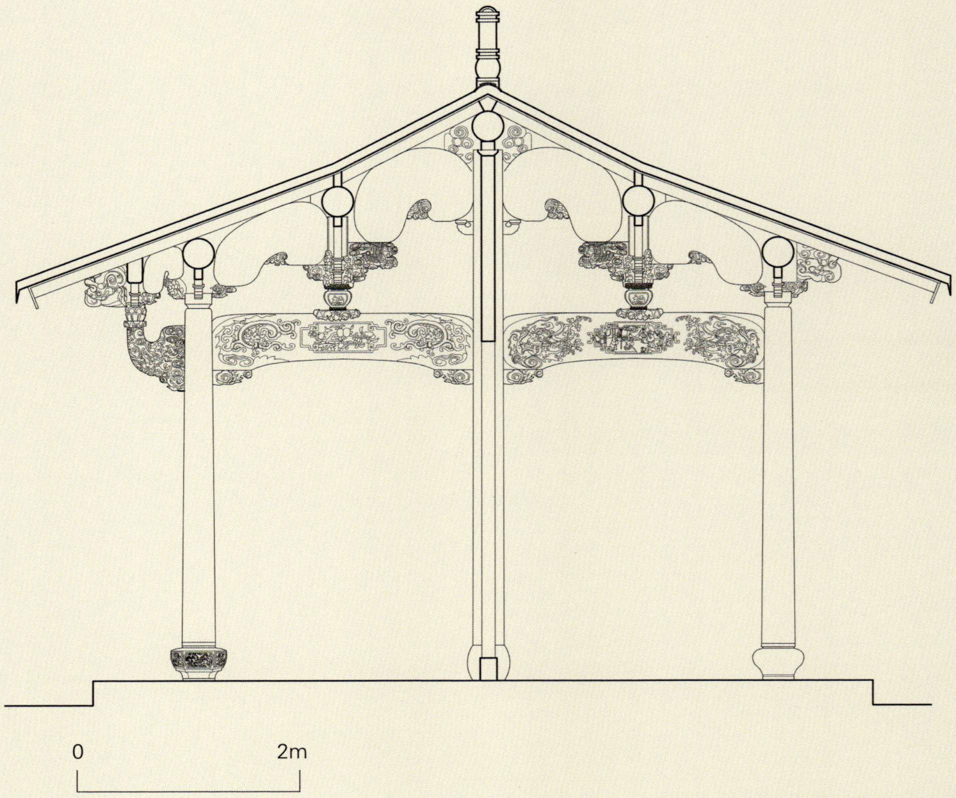

陈氏宗祠过厅明间剖面

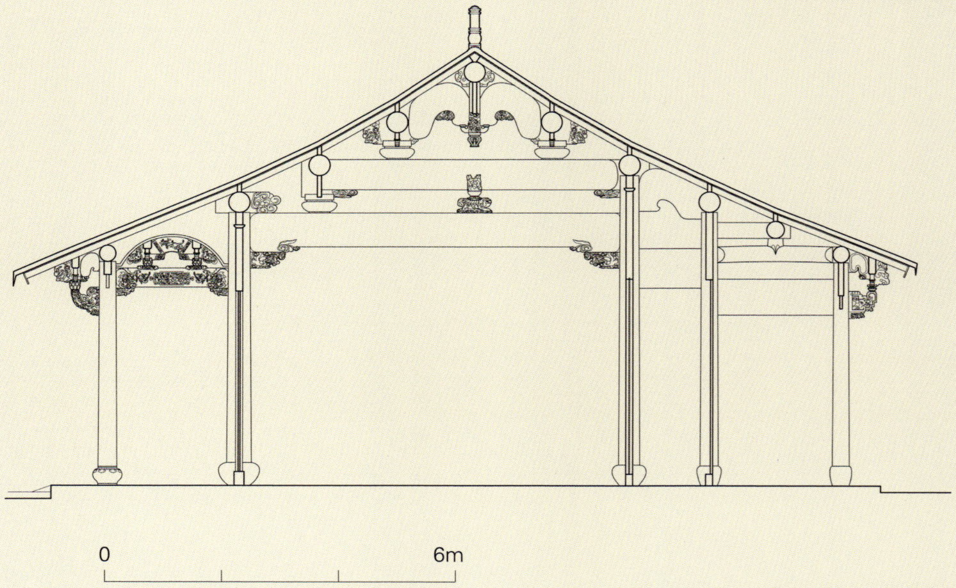

陈氏宗祠正厅明间横剖面

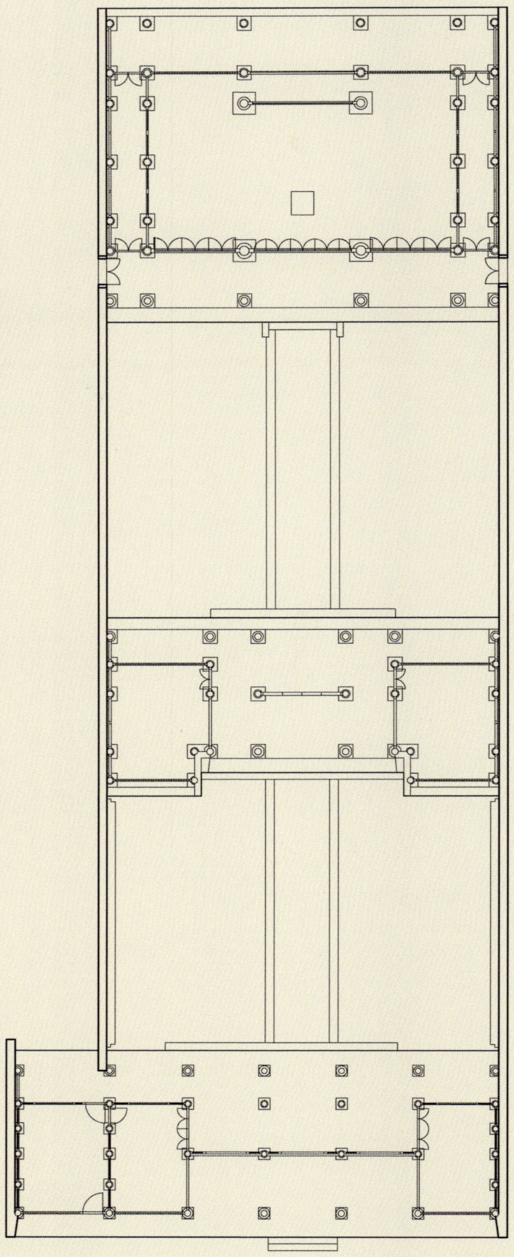

陈氏宗祠平面

1987 年《宁波城区影像图》局部 · 月湖西岸马衙街以北

四、中营巷与书院巷一带

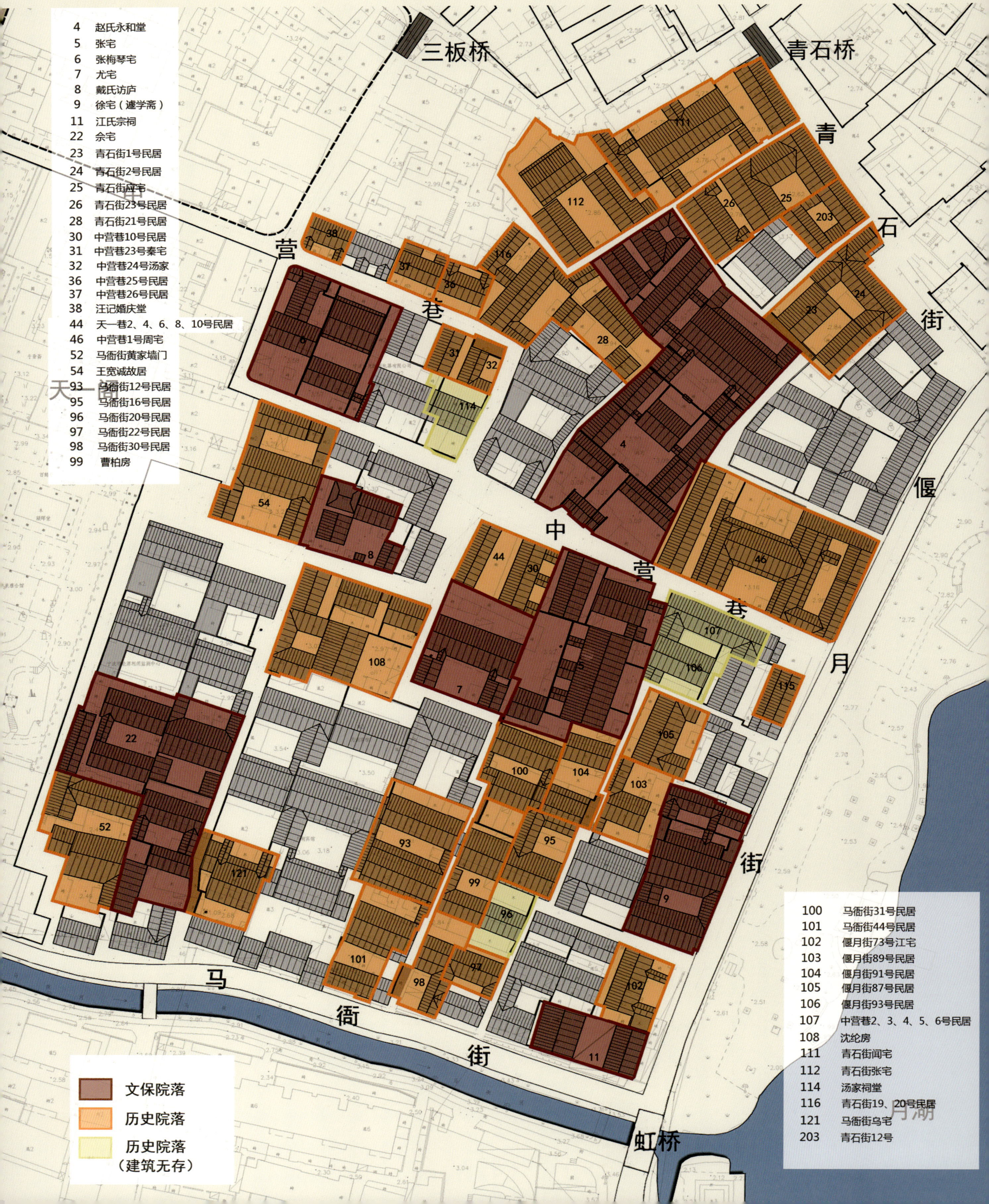

4 赵氏永和堂
5 张宅
6 张梅琴宅
7 尤宅
8 戴氏访庐
9 徐宅（遽学斋）
11 江氏宗祠
22 佘宅
23 青石街1号民居
24 青石街2号民居
25 青石街应宅
26 青石街23号民居
28 青石街21号民居
30 中营巷10号民居
31 中营巷23号秦宅
32 中营巷24号汤家
36 中营巷25号民居
37 中营巷26号民居
38 汪记婚庆堂
44 天一巷2、4、6、8、10号民居
46 中营巷1号周宅
52 马衙街黄家墙门
54 王宽诚故居
93 马衙街12号民居
95 马衙街16号民居
96 马衙街20号民居
97 马衙街22号民居
98 马衙街30号民居
99 曹柏房
三板桥
青石桥
青
石
街
偃
月
街
营
巷
中
营
巷
天一阁
马
衙
街
虹桥
月湖
100 马衙街31号民居
101 马衙街44号民居
102 偃月街73号江宅
103 偃月街89号民居
104 偃月街91号民居
105 偃月街87号民居
106 偃月街93号民居
107 中营巷2、3、4、5、6号民居
108 沈纶房
111 青石街闻宅
112 青石街张宅
114 汤家祠堂
116 青石街19、20号民居
121 马衙街乌宅
203 青石街12号
文保院落
历史院落
历史院落（建筑无存）

赵宅

赵宅，民国建筑，坐落于中营巷 8 号，1999 年被公布为宁波市市级文物保护点。

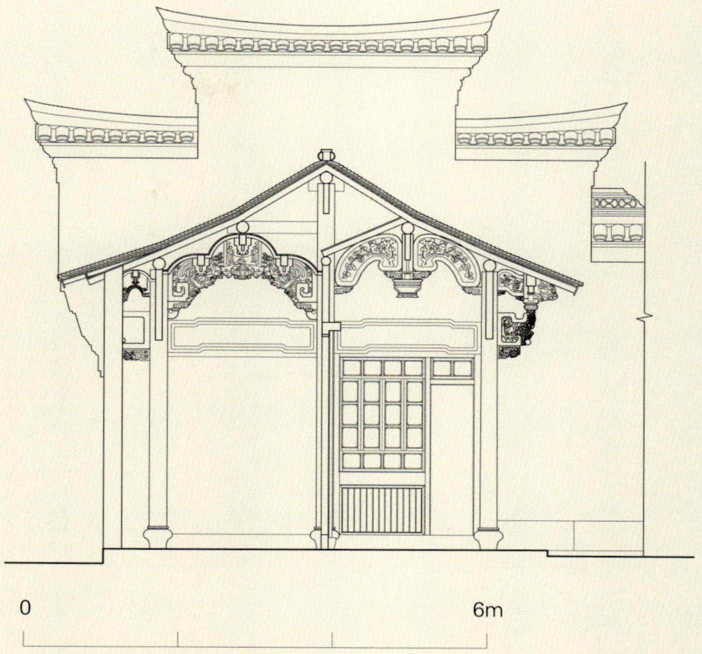

赵宅台门明间横剖面

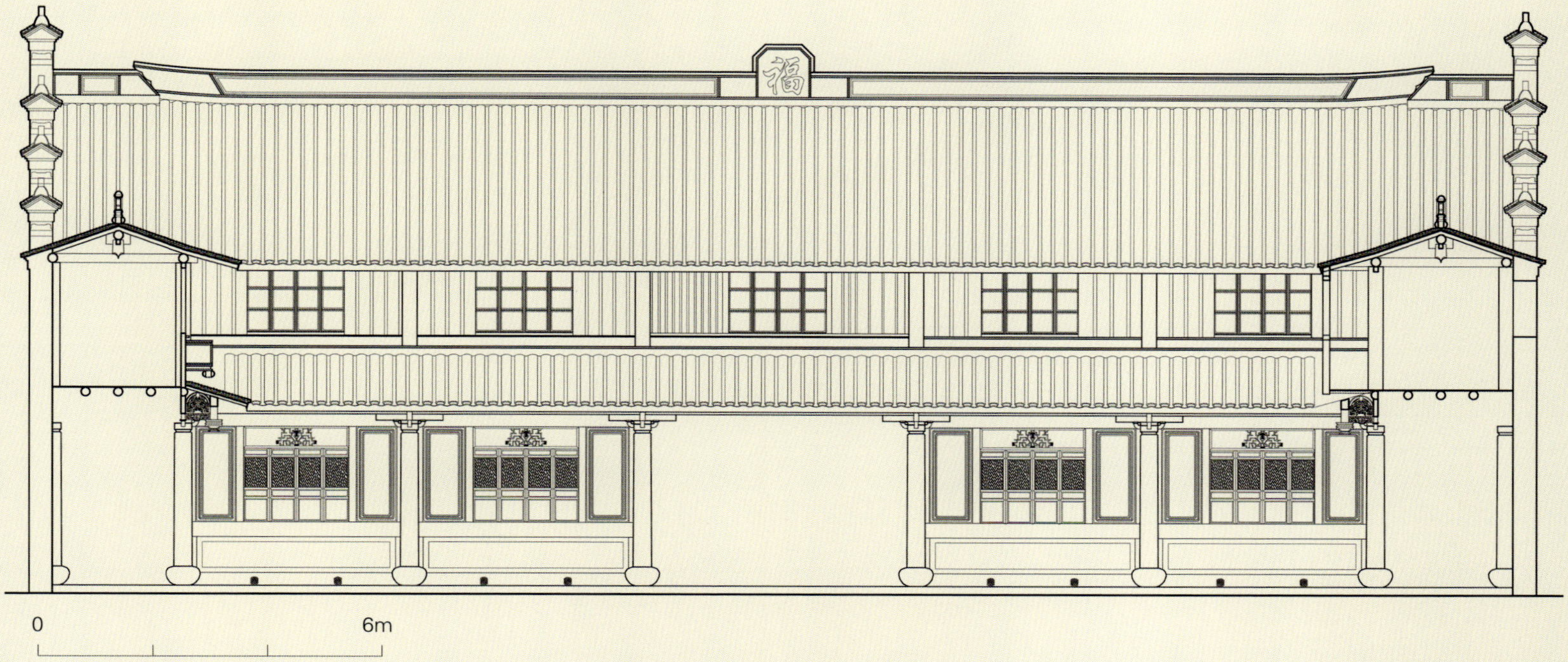

赵宅后楼南立面

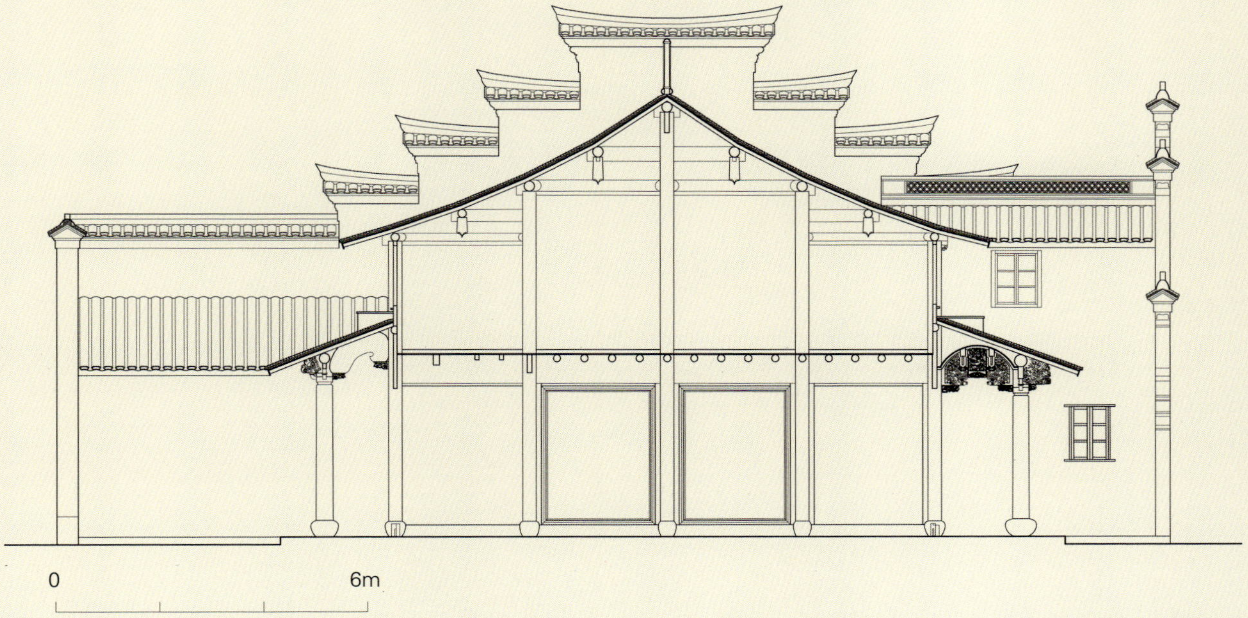

赵宅后楼明间横剖面

月湖清真寺

月湖清真寺，清代建筑，坐落于后营巷 18 号，2011 年被公布为浙江省第七批省级文物保护单位。

“古清真寺”正门（1962 年，历史所藏）

清真寺外观（1962 年，历史所藏）

清真寺大殿内神龛（1962 年，历史所藏）

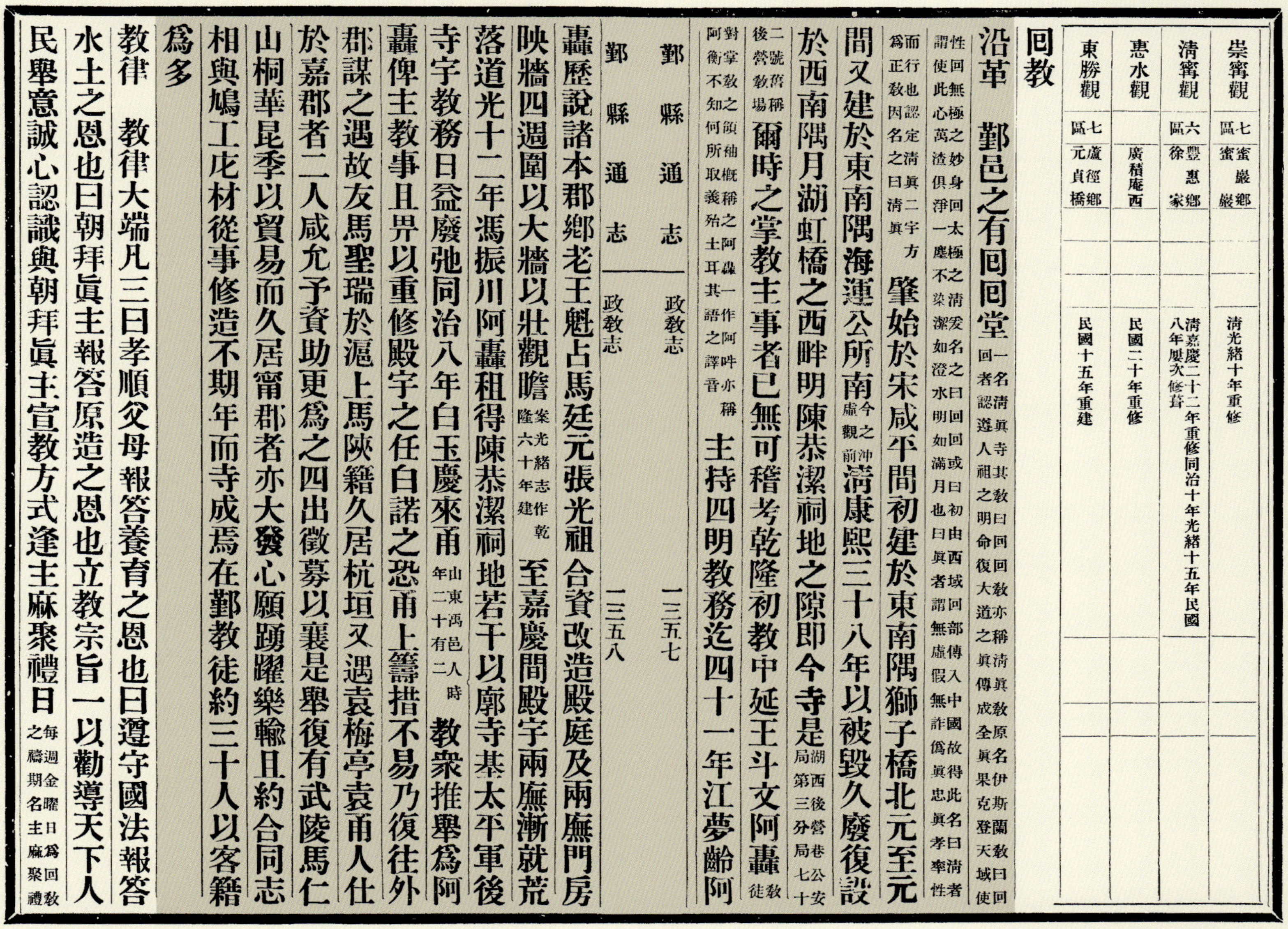

崇寧觀	七區蜜巖鄉蜜巖		清光緒十年重修
清寧觀	六區豐惠鄉徐家		清嘉慶二十二年重修同治十年光緒十五年民國八年屢次修葺
惠水觀	廣積庵西		民國二十年重修
東勝觀	七區盧徑鄉元貞橋		民國十五年重建

回教

沿革　鄞邑之有回回堂（一名清真寺其教曰回回教亦稱清真教原名伊斯蘭教曰回回者認遵人祖之明命復大道之真傳成全真果克登天域使性回無極之妙身回太極之清妥名之曰回回或曰初由西域回部傳入中國故得此名曰清者謂使此心萬渣俱淨一塵不染潔如澄水明如滿月也曰真者謂無虛假無詐偽真忠真孝率性而行也認定清真二字方為正教因名之曰清真）肇始於宋咸平間初建於東南隅獅子橋北元至元間又建於東南隅海運公所南（今沖虛觀之前）清康熙三十八年以被毀久廢復設於西南隅月湖虹橋之西畔明陳恭潔祠地之隙即今寺是（湖西後營巷公安局第三分局七十二號舊稱後營教場）爾時之掌教主事者已無可稽考乾隆初教中延王斗文阿訇（教徒對掌教之領袖概稱之阿訇一作阿吽亦稱阿衡不知何所取義殆土耳其語之譯音）主持四明教務迄四十一年江夢齡阿

鄞縣通志　政教志　一三五七

鄞縣通志　政教志　一三五八

訇歷說諸本郡鄉老王魁占馬廷元張光祖合資改造殿庭及兩廡門房映牆四週圍以大牆以壯觀瞻（案光緒志作乾隆六十年建）至嘉慶間殿宇兩廡漸就荒落道光十二年馮振川阿訇租得陳恭潔祠地若干以廓寺基太平軍後寺宇教務日益廢弛同治八年白玉慶來甬（山東禹邑人時年二十有二）教衆推舉為阿訇俾主教事且畀以重修殿宇之任白諾之恐甬上籌措不易乃復往外郡謀之遇故友馬聖瑞於滬上馬陝籍久居杭垣又遇袁梅亭袁甬人仕於嘉郡者二人咸允予資助更為之四出徵募以襄是舉復有武陵馬仁山桐華昆季以貿易而久居甯郡者亦大發心願踴躍樂輸且約合同志相與鳩工庀材從事修造不期年而寺成焉在鄞教徒約三十人以客籍為多

教律　教律大端凡三曰孝順父母報答養育之恩也曰遵守國法報答水土之恩也曰朝拜真主報答原造之恩也立教宗旨一以勸導天下人民舉意誠心認識與朝拜真主宣教方式逢主麻聚禮日（每週金曜日為回教之禱期名主麻聚禮）

1936 年民国《鄞县通志》

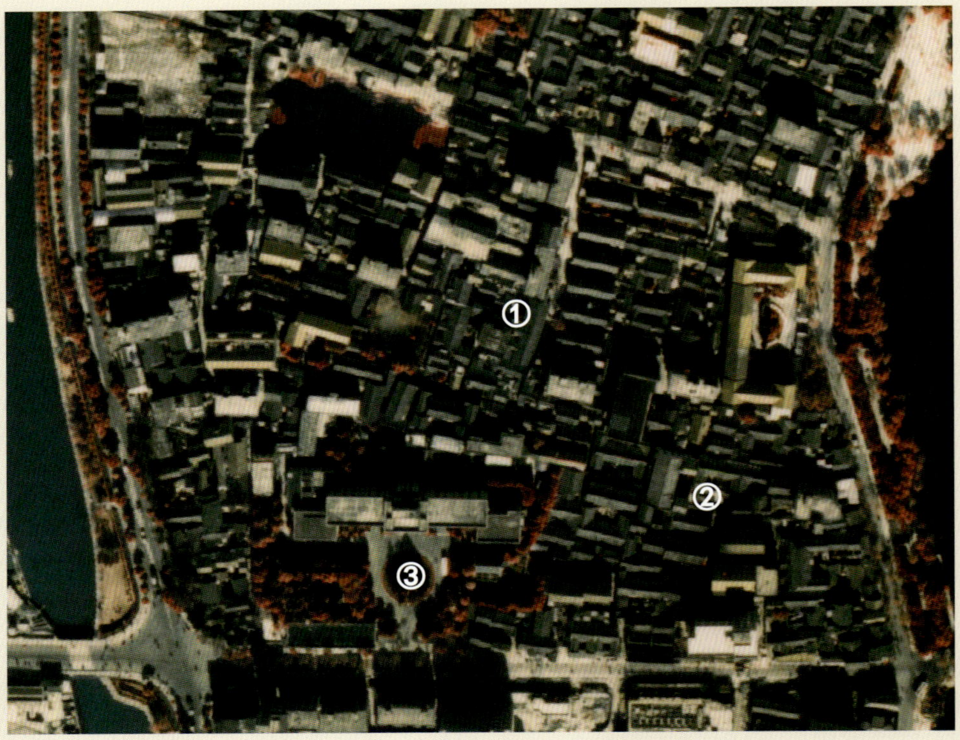

①月湖清真寺
②翁文灏故居
③原华侨饭店

翁文灏故居

翁文灏故居，民国建筑，坐落于大书院巷 11 号，2005 年被公布为浙江省第五批省级文物保护单位。

翁文灏故居小洋楼东立面

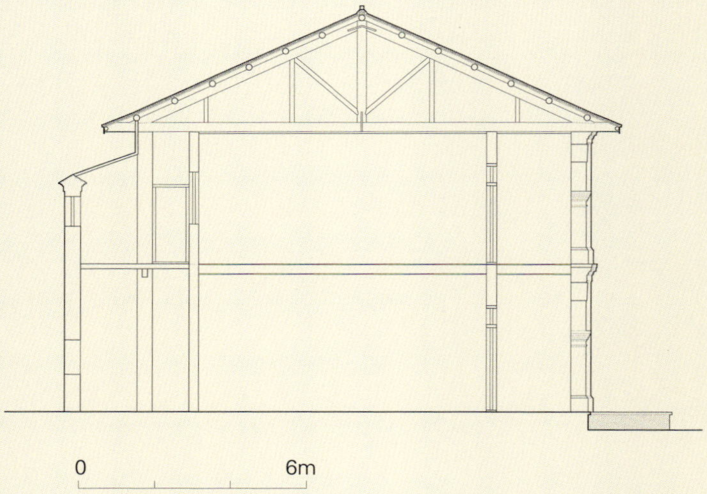

翁文灏故居小洋楼正厅横剖面

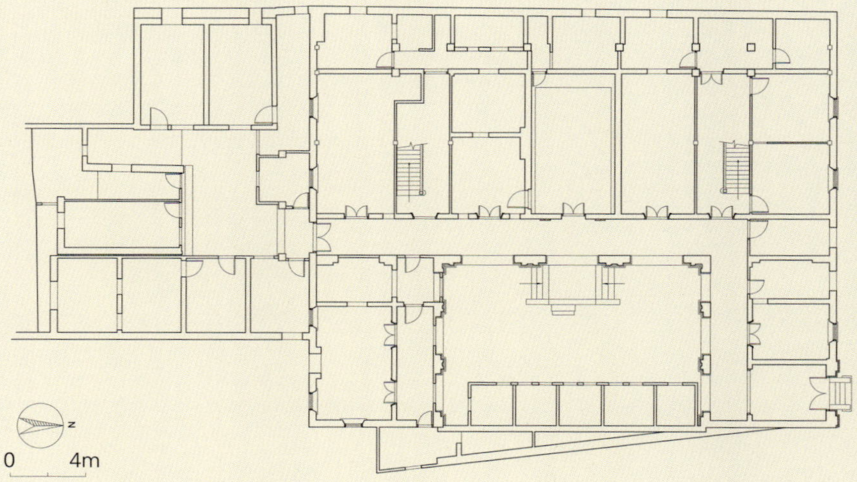

翁文灏故居平面

翁文灏故居小洋楼北厢房南立面

翁文灏故居小洋楼门头大样

宁波华侨饭店，1963 年 5 月 22 日落成

五、桂井街与徐氏烟屿楼

月湖西岸桂井街、桂井巷一带影像图

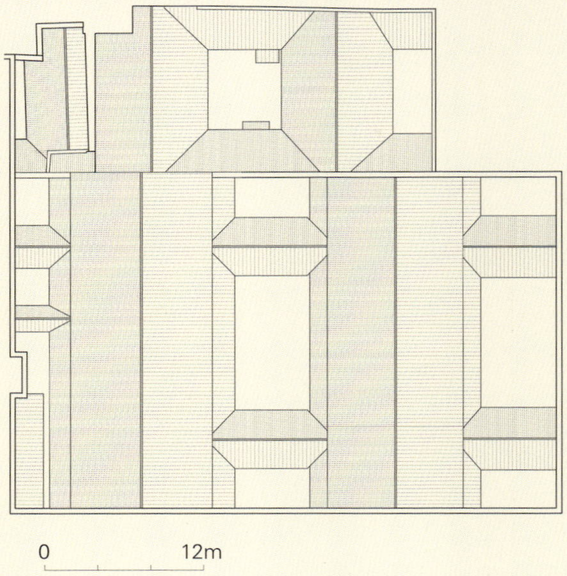

徐时栋故居屋顶平面

徐时栋故居

徐时栋故居，清代建筑，坐落于共青路79号，1999年被公布为宁波市市级文物保护点。

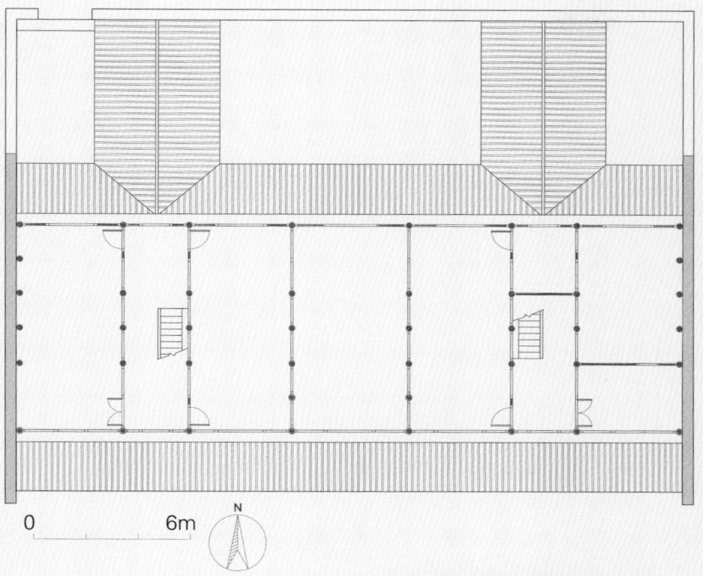

徐时栋故居藏书楼二层平面

桂井巷周边鸟瞰（从西北望东南）

徐时栋故居藏书楼西立面

徐时栋故居藏书楼明间横剖面

庆云楼

1927 年至 1931 年，宁波拆除旧城墙，仅留下庆云楼和鼓楼。1958 年庆云楼毁于台风。

庆云楼（习称“八角楼”）

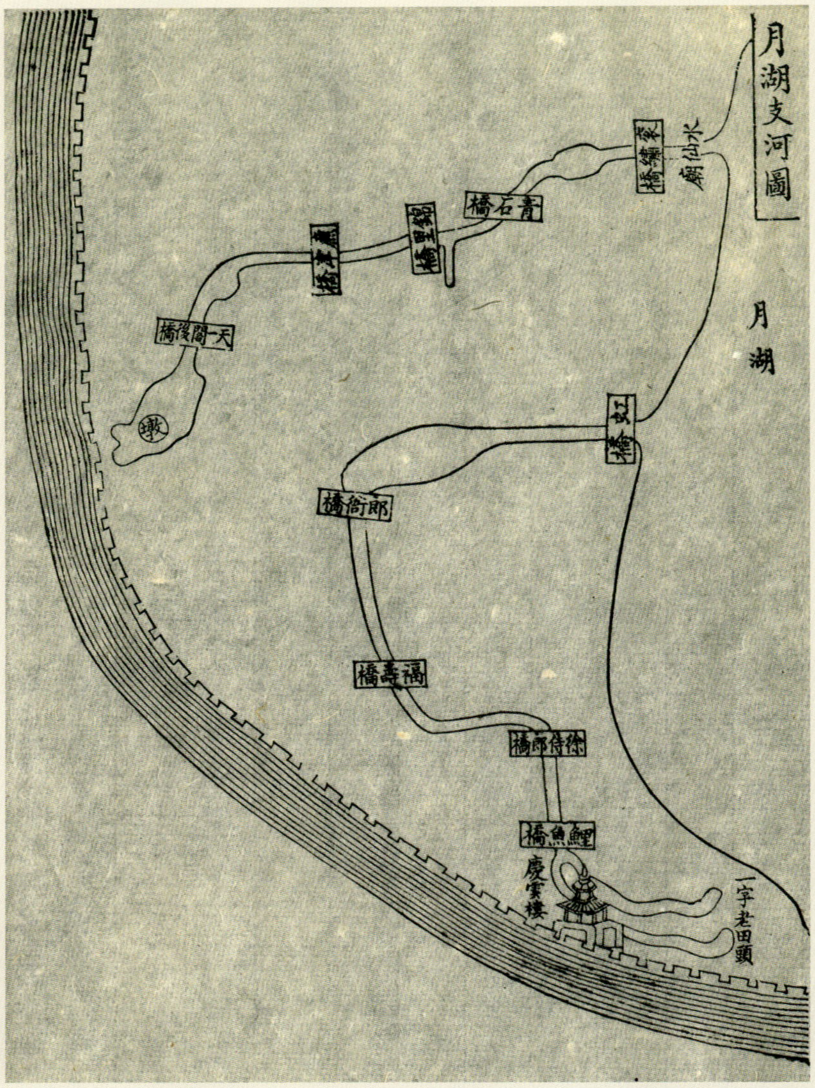

《宁郡城河丈尺图志》之《月湖支河图》

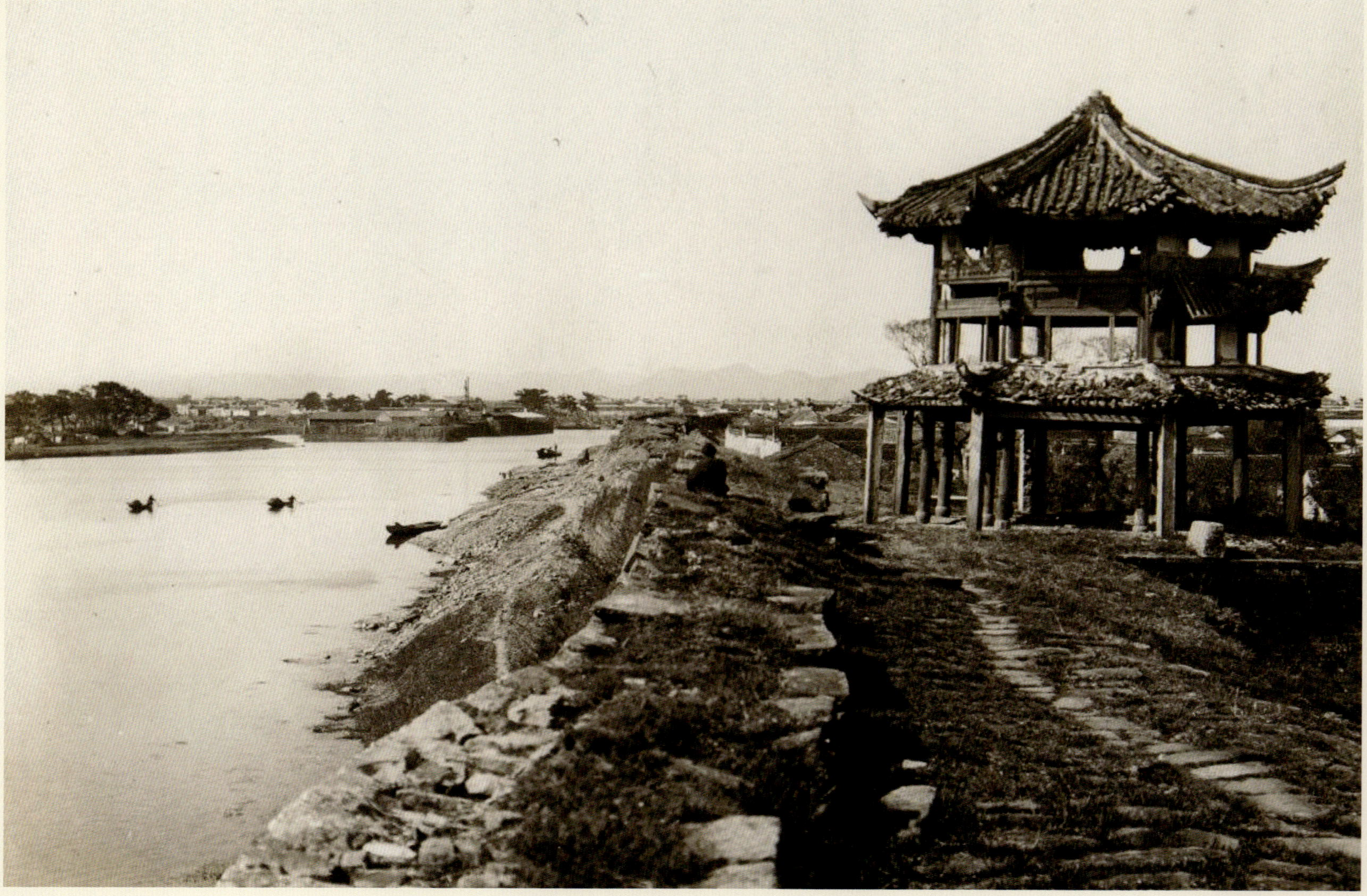
20 世纪初的庆云楼

六、竹洲与竹屿林宅

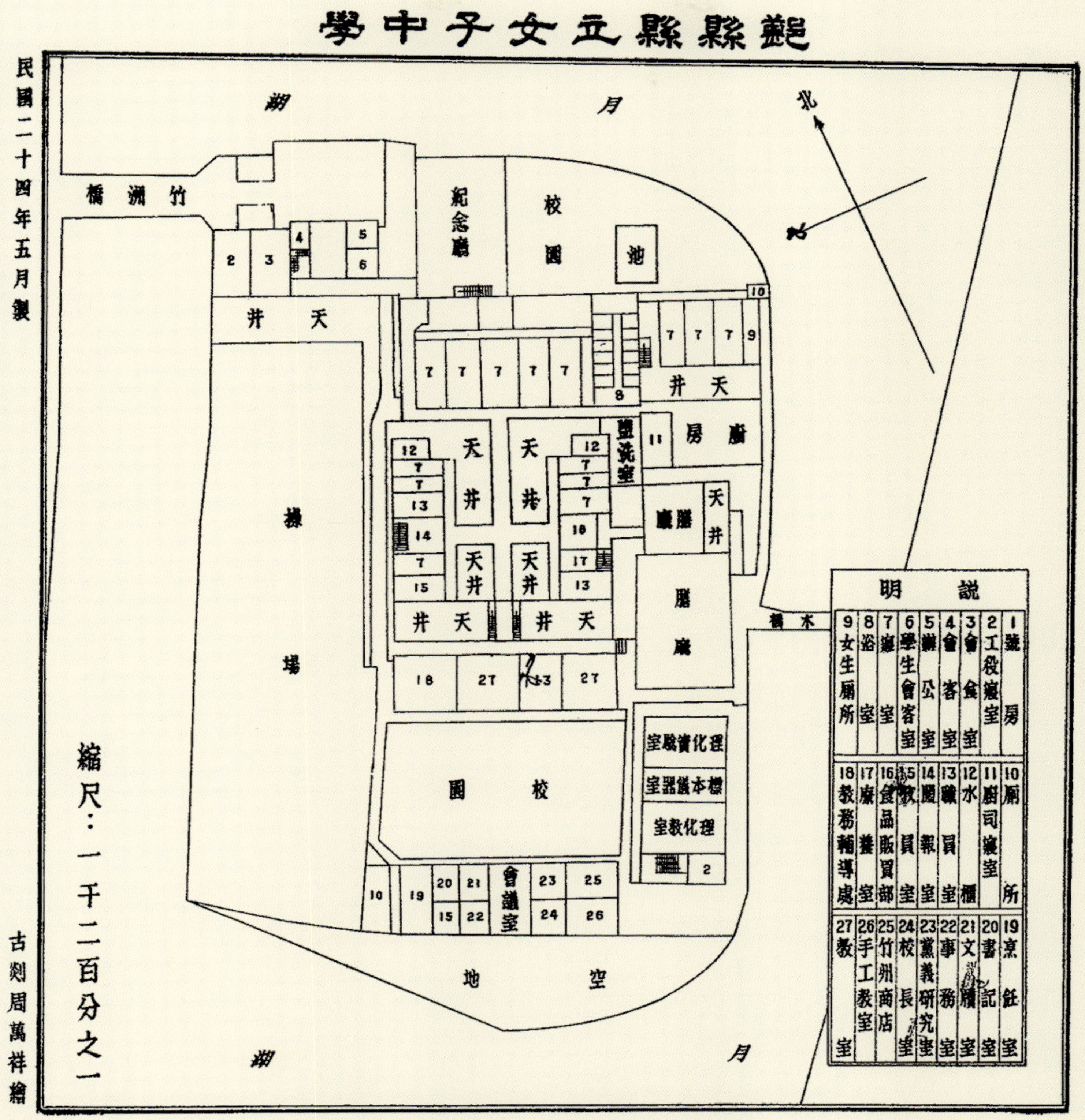

民国《鄞县通志》之鄞县县立女子中学平面图

竹洲鸟瞰

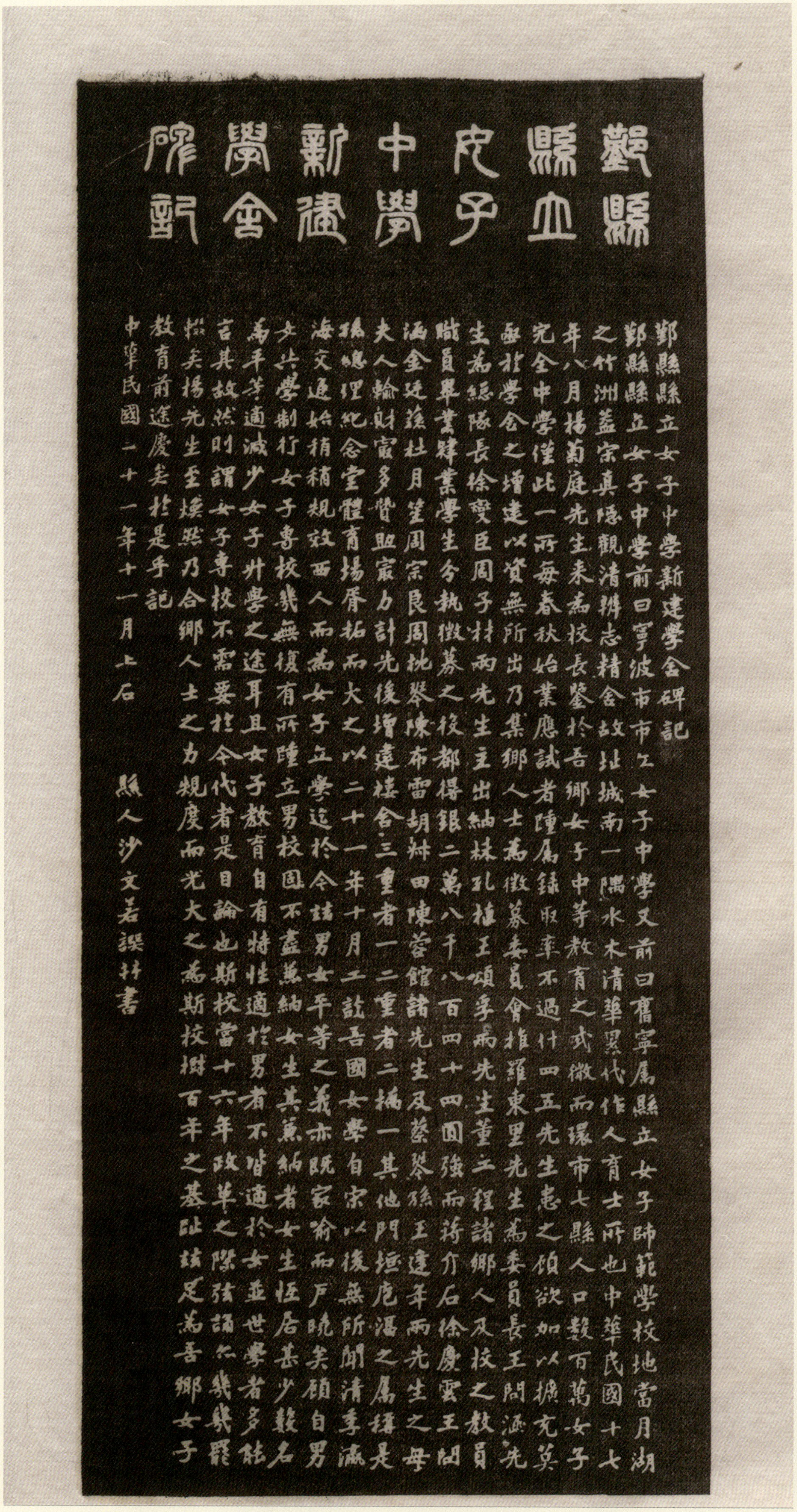

鄞縣縣立女子中學新建學舍記

鄞縣縣立女子中學新建學舍碑記

鄞縣縣立女子中學前曰寧波市市立女子中學又前曰舊寧屬縣立女子師範學校地當月湖之竹洲蓋宋真隱觀清辨志精舍故址城南一隅水木清華累代作人育士所也中華民國十七年八月楊菊庭先生來為校長鑒於吾鄉女子中等教育之式微而環市七縣人口數百萬女子完全中學僅此一所每春秋始業應試者踵属録取率不過什四五先生患之頗欲加以擴充莫亟於學舍之增建以資無所出乃集鄉人士為徵募委員會推羅東里先生為委員長王問湶先生為總隊長徐燮臣周子材兩先生主出納林孔植王頌孚兩先生董工程諸鄉人及校之教員職員畢業肄業學生分執徵募之役都得銀二萬八千八百四十四圓強而蔣介石徐慶雲王悃涵金廷蓀杜月笙周宗良周枕琴陳布雷胡炳田陳蓉館諸先生及蔡琴孫王達年兩先生之母夫人輸財富多贊助最力計先後增建樓舍三重者一二重者二橋一其他門垣庖湢之屬稱是環總理紀念堂體育場房拓而大之以二十一年十月工訖吾國女學自宋以後無所聞清季瀛海交通始稍稍規效西人而為女子立學迄於今茲男女平等之義亦既家喻而戶曉矣顧自男女共學制行女子專校幾無復有所踵立男校固不盡兼納女生其兼納者女生恆居甚少數名為平等適減少女子升學之途耳且女子教育自有特性適於男者不皆適於女並世學者多能言其故然則謂女子專校不需要於今代者是目論也斯校當十六年政革之際弦誦仁幾幾罷輟矣楊先生至煥然乃合鄉人士之力規度而光大之為斯校樹百年之基址玆足為吾鄉女子教育前途慶矣於是乎記

中華民國二十一年十一月上石　縣人沙文若撰并書

沙孟海撰并书《鄞县县立女子中学新建学舍碑记》

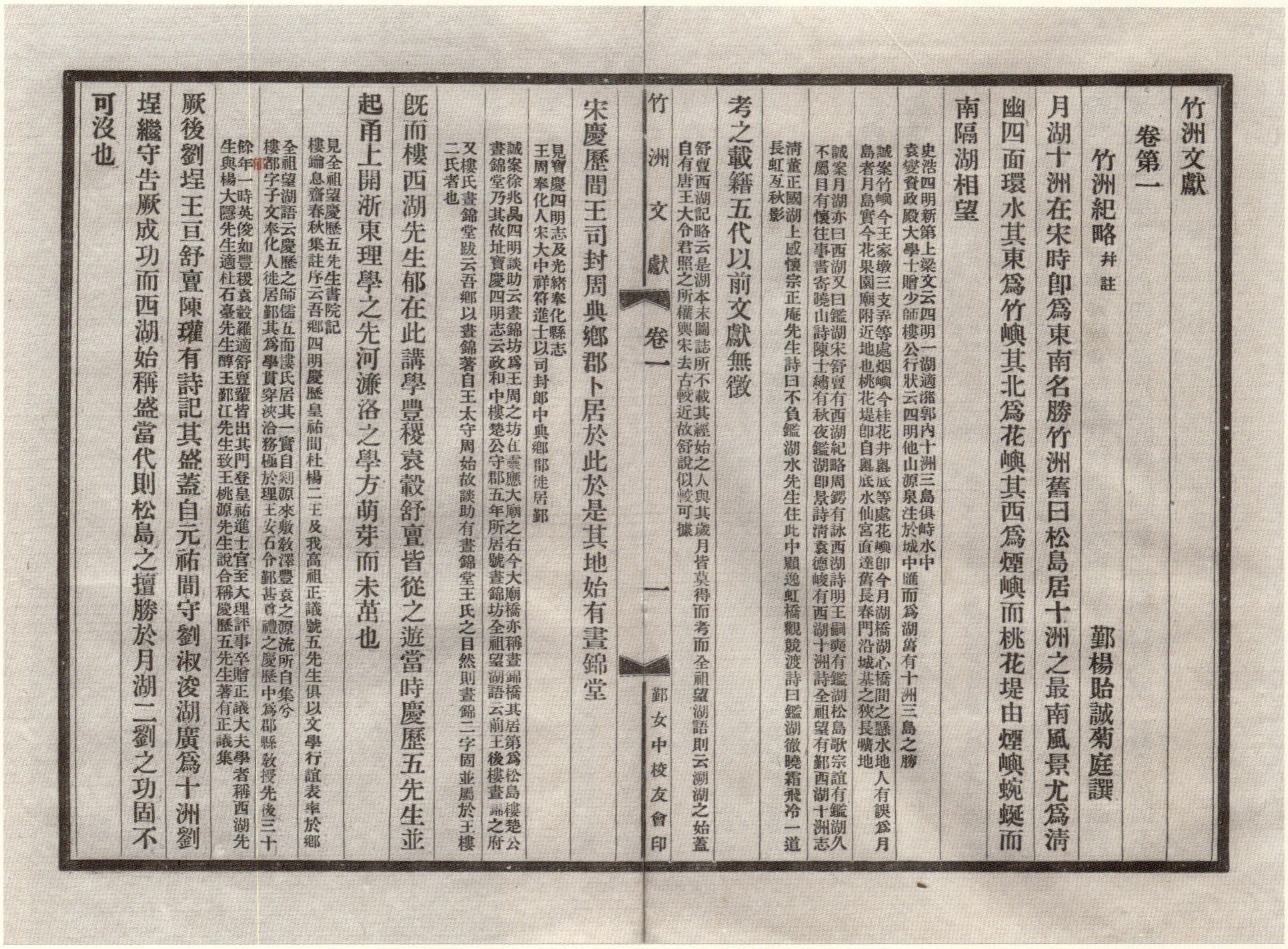

竹洲文獻

卷第一

竹洲紀略并註　鄞楊貽誠菊庭譔

月湖十洲在宋時卽爲東南名勝竹洲舊曰松島居十洲之最南風景尤爲清
幽四面環水其東爲竹嶼其北爲花嶼其西爲煙嶼而桃花堤由煙嶼蜿蜒而
南隔湖相望

史浩四明新第上梁文云四明一湖適滙郭內十洲三島俱峙水中
袁燮資政殿大學士贈少師樓公行狀云四明他山源泉注於城中匯而爲湖舊有十洲三島之勝

誠案竹嶼今王家墩三支弄等處烟嶼今桂花井谿底等處花嶼卽今月湖橋湖心橋間之懸水地人有誤爲月
島者月島實今花果園廟附近地也桃花堤卽自谿底水仙宮直達舊長春門沿城基之狹長曠地

誠案月湖亦曰西湖又曰鑑湖宋舒亶有西湖紀略周鍔有詠西湖詩明王嗣奭有鑑湖松島歌宗誼有鑑湖久
不屬目有懷往事書寄曉山詩陳士繡有秋夜鑑湖卽景詩清袁德峻有西湖十洲詩全祖望有鄞西湖十洲志

清董正國湖上感懷宗正庵先生詩曰不負鑑湖水先生住此中顯逸虹橋觀競渡詩曰鑑湖徹曉霜飛冷一道
長虹亙秋影

考之載籍五代以前文獻無徵

舒亶西湖記略云是湖本末圖誌所不載其經始之人與其歲月皆莫得而考而全祖望湖語則云湖之始蓋
自有唐王大令君照之所權輿宋去古較近故舒說似較可據

竹洲文獻　卷一　一　鄞女中校友會印

宋慶曆間王司封周典鄉郡卜居於此於是其地始有晝錦堂

見寶慶四明志及光緒奉化縣志
王周奉化人宋大中祥符進士以司封郎中典鄉郡徙居鄞

誠案徐兆昺四明談助云晝錦坊爲王周之坊在靈應大廟之右今大廟橋亦稱晝錦橋其居第爲松島樓楚公
晝錦堂乃其故址寶慶四明志云政和中樓楚公守郡五年所居號晝錦坊全祖望湖語云前王後樓晝錦之府

又樓氏晝錦堂跋云吾鄉以晝錦著自王太守周始故談助有晝錦堂王氏之目然則晝錦二字固並屬於王樓
二氏者也

既而樓西湖先生郁在此講學豐稷袁轂舒亶皆從之遊當時慶歷五先生並
起甬上開浙東理學之先河濂洛之學方萌芽而未茁也

見全祖望慶歷五先生書院記
樓鑰息齋春秋集註序云吾鄉四明慶歷皇祐間杜楊二王及我高祖正議號五先生俱以文學行誼表率於鄉

全祖望湖語云慶歷之師儒五而樓氏居其一實自剏源來敷敎澤豐袁之源流所自集分
樓郁字子文奉化人徙居鄞其爲學貫穿浹洽務極於理王安石令鄞甚尊禮之慶歷中爲郡縣敎授先後三十

餘年一時英俊如豐稷袁轂羅適舒亶輩皆出其門登皇祐進士官至大理評事卒贈正議大夫學者稱西湖先
生與楊大隱先生適杜石臺先生醇王鄞江先生致王桃源先生說合稱慶歷五先生著有正議集

厥後劉埕王亘舒亶陳瓘有詩記其盛蓋自元祐間守劉淑浚湖廣爲十洲劉
埕繼守告厥成功而西湖始稱盛當代則松島之擅勝於月湖二劉之功固不
可沒也

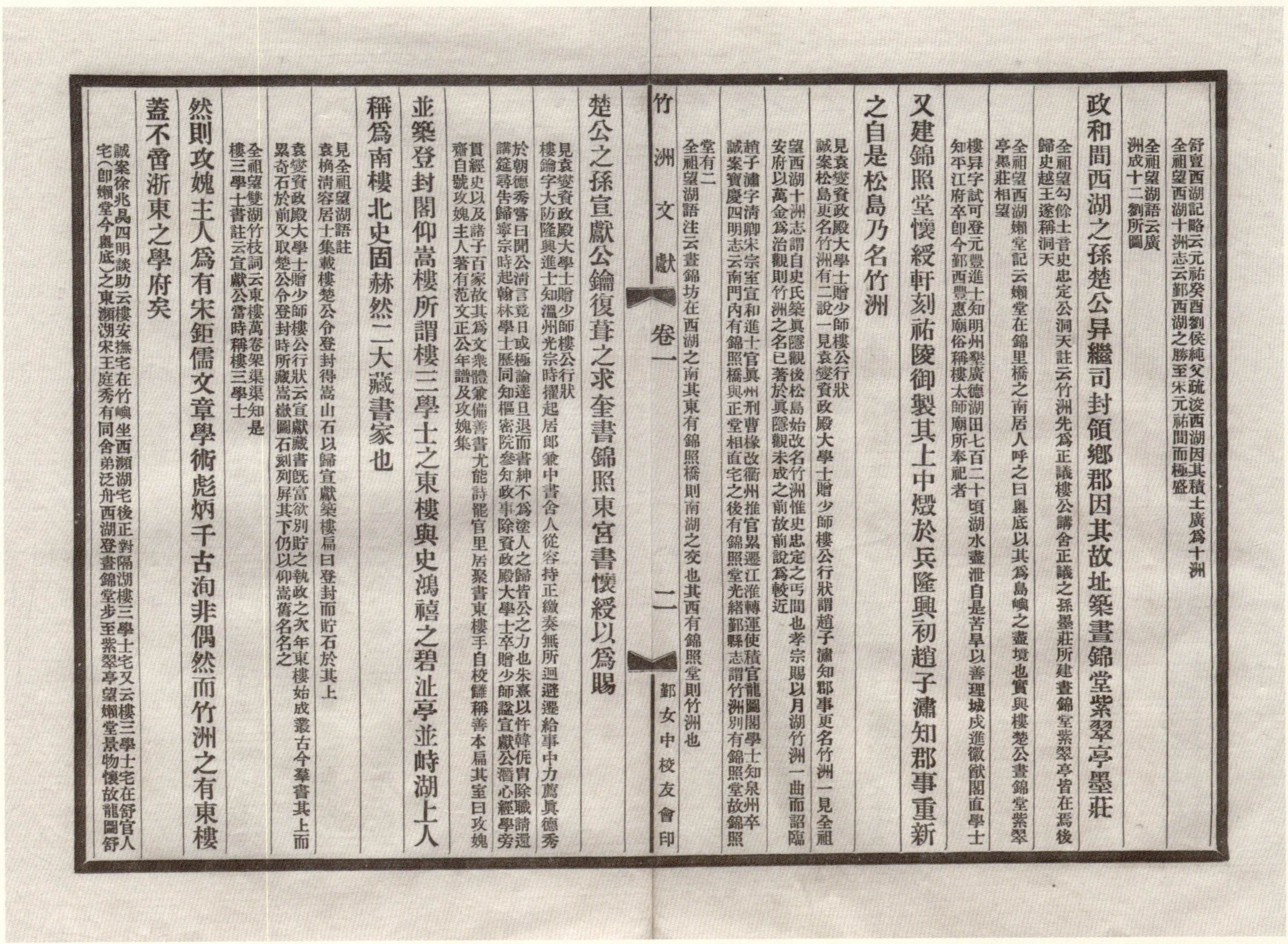

舒亶西湖記略云元祐癸酉劉侯純父疏浚西湖因其積土廣爲十洲
全祖望西湖十洲志云鄞西湖之勝至宋元祐間而極盛

全祖望湖語云廣
洲成十二劉所圖

政和間西湖之孫楚公异繼司封領鄉郡因其故址築晝錦堂紫翠亭墨莊

全祖望勾餘土音史忠定公洞天註云竹洲先爲正議樓公講舍正議之孫墨莊所建晝錦堂紫翠亭皆在焉後
歸史越王遂稱洞天

全祖望西湖孄堂記云孄堂在錦里橋之南居人呼之曰谿底以其爲島嶼之盡境也實與樓楚公晝錦堂紫翠
亭墨莊相望

樓异字試可登元豐進士知明州墾廣德湖田七百二十頃湖水盡泄自是苦旱以善理城戍進徽猷閣直學士
知平江府卒卽今鄞西豐惠廟俗稱樓太師廟所奉祀者

又建錦照堂懷綬軒刻祐陵御製其上中燬於兵隆興初趙子潚知郡事重新
之自是松島乃名竹洲

見袁燮資政殿大學士贈少師樓公行狀
誠案松島更名竹洲有二說一見袁燮資政殿大學士贈少師樓公行狀謂趙子潚知郡事更名竹洲一見全祖

望西湖十洲志謂自史氏築眞隱觀後松島始改名竹洲惟史忠定之丐閒也孝宗賜以月湖竹洲一曲而詔臨
安府以萬金爲治觀則竹洲之名已著於眞隱觀未成之前故前說爲較近

趙子潚字淸卿宋宗室宣和進士官眞州刑曹椽改衢州推官累遷江淮轉運使積官龍圖閣學士知泉州卒
誠案寶慶四明志云南門內有錦照橋與正堂相直宅之後有錦照堂光緒鄞縣志謂竹洲別有錦照堂故錦照

堂有二
全祖望湖語注云晝錦坊在西湖之南其東有錦照橋則南湖之交也其西有錦照堂則竹洲也

竹洲文獻　卷一　二　鄞女中校友會印

楚公之孫宣獻公鑰復葺之求奎書錦照東宮書懷綬以爲賜

見袁燮資政殿大學士贈少師樓公行狀
樓鑰字大防隆興進士知溫州光宗時擢起居郎兼中書舍人從容持正繳奏無所迴避遷給事中力薦眞德秀

於朝德秀嘗曰聞公淸言竟日或極論達旦退而書紳不爲塗人之歸皆公之力也朱熹以忤韓侂胄除職請還
講筵尋告歸寧宗時起翰林學士歷同知樞密院參知政事除資政殿大學士卒贈少師謚宣獻公潛心經學旁

貫經史以及諸子百家故其爲文衆體兼備善書尤能詩罷官里居聚書東樓手自校讎稱善本扁其室曰攻媿
齋自號攻媿主人著有范文正公年譜及攻媿集

並築登封閣仰嵩樓所謂樓三學士之東樓與史鴻禧之碧沚亭並峙湖上人
稱爲南樓北史固赫然二大藏書家也

見全祖望湖語註
袁桷清容居士集載樓楚公令登封得嵩山石以歸宣獻築樓扁曰登封而貯石於其上

袁燮資政殿大學士贈少師樓公行狀云宣獻藏書旣富欲別貯之執政之次年東樓始成叢古今羣書其上而
累奇石於前又取楚公令登封時所藏嵩嶽圖石刻列屛其下仍以仰嵩舊名名之

全祖望雙湖竹枝詞云東樓萬卷架渠渠知是
樓三學士書註云宣獻公當時稱樓三學士

然則攻媿主人爲有宋鉅儒文章學術彪炳千古洵非偶然而竹洲之有東樓
蓋不啻浙東之學府矣

誠案徐兆昺四明談助云樓安撫宅在竹嶼坐西瀕湖宅後正對隔湖樓三學士宅又云樓三學士宅在舒官人
宅(卽孄堂今谿底)之東瀕湖宋王庭秀有同舍弟泛舟西湖登晝錦堂步至紫翠亭望孄堂景物懷故龍圖舒

民国二十五年（1936）杨贻诚撰《竹洲文献》

先生詩則是從當日竹洲之畫錦堂紫翠亭可以望見烟嶼之孏堂是孏堂亦瀕湖也然則宣獻之宅必在竹嶼隔湖之西烟嶼隔湖之東而瀕湖故其地必在竹洲而不在竹嶼或烟嶼似無疑義而四明談助復因樓氏故居在竹嶼乃列登封閣仰嵩樓於竹嶼下又列樓三學士宅於烟嶼下實不可解

先時晏公敦復忤權貴被謫隱居於此後人追思之而立晏公廟

見全祖望竹洲晏尚書廟碑記 晏敦復字景初臨川人爲程伊川高弟登紹興進士仕至吏部侍郎除給事中時秦檜主和議爭甚力乃以寶文閣直學士出知衢州提舉亳州明道宮既退閒來寓於鄞

史忠定公浩之告歸也孝宗賜以月湖竹洲一曲而詔臨安府以萬金爲治觀忠定乃因其故址建眞隱觀以爲四明洞天累石爲山引泉爲池取皮陸四明九咏彷彿其亭榭動植之形容而肖之於是觀中亦有四明窗鹿亭樊榭過雲南北潺湲洞靑欗鞠侯諸勝又造划船於湖上以修競渡故事孝宗乃御書眞隱二字賜之時光宗在東宮賜四明洞天四字忠定乃時與魏杞張良臣朱翊柴厓王季彝葛天民輩觴詠其間陸放翁來訪爲賦四明洞天詩張良臣鄭中卿爲賦四明九題詩忠定詩云不比桃源去路迷洞天乞得在湖西又云乞得

西湖養病身小園眞隱謾頤眞攻媿樓氏詩云相家小有四明山更葺桃源渺莽間又云但說一丘藏曲折誰知更有四明山謝山全氏詩云洞天在湖不在山竹洲之水淸且漣皆指此也

見史浩次韻鄭郎中四明九題及與東湖壽老及眞隱園銘樓鑰六老圖序上史太傅詩及題史子仁碧沚全祖望眞隱觀洞天古蹟記賦史忠定公洞天第九洞天私印銘南雷九題詩勾餘土音序及至正四明續志

全祖望鄮峯眞隱漫錄題詞云忠定家居築觀於月湖之南最稱佳勝卽竹洲也誠案前辨志精舍大門有聯曰地仍眞隱觀門對讀書堂言竹洲史直翁眞隱觀與烟嶼鄮信道孏堂相隔一帶水也

全祖望寶奎廟碑記云忠定之眞隱觀雖在竹洲其實跨湖而東至今所稱花果園皆洞天之所包也

史浩字直翁學貫經史尤長詞曲自署鄮峯眞隱登紹興進士孝宗時入相持正不阿有昌明理學之功嘗力薦朱晦翁呂東萊陸象山楊慈湖皆當代人望光宗時賜太師封會稽郡王致仕卒謚文惠旣而追封越王改謚忠定著有論語口義尚書講義鄮峯眞隱漫錄

唐末謝高士遺廛嘗遯跡四明山忠定乃於洞天建祠以祀四明山王及高士之像謝山全氏謂其移洞天而招山靈蓋指實也

見全祖望湖語 寶慶四明志載唐末謝遺塵居大雷以四明九題寄陸龜蒙皮日休兩公因爲賦之

忠定以甘盤舊學致仕家居昌明理學剏觀之右以居沈定川先生煥及其弟

季文先生炳當時淳熙四先生皆環湖而居各開講院定川居竹洲而楊慈湖先生簡在碧沚袁絜齋先生燮在樓氏精舍舒廣平先生璘雖常宦遊遠出而居第在湖上故亦時相過從定川與慈湖絜齋廣平同師陸文達而季文則師陸文安兄弟分宗二陸時金華呂大愚先生祖儉監明州米苗倉常扁舟往來湖上諸講院無日不會而在竹洲切磋尤篤定川常遊明招山與呂東萊先生祖謙極辨古今以求周覽博考之益然則陸學之盛於浙東亦固其所而沈氏之學實兼得明招一派亦於此可證矣

見全祖望竹洲三先生書院記大愚呂忠公祠堂碑銘及詠沈端憲公墓 全祖望湖語云四先生之講堂俱在湖上而竹洲一曲爲端憲之幽居

四庫全書總目載永樂大典本絜齋集二十四卷謂乾道淳熙間陸九淵以心學倡一世燮初與沈煥楊簡舒璘同師事之號金谿四高弟猶程門之有游楊呂謝也簡與璘各有集傳於後煥之著述久已不傳今亦無從蒐輯

袁燮題晦翁帖云呂子約爲倉官晦翁屢遺之書未嘗不拳拳於愚不肖後子約爲大府丞表對傾切權臣惡之貶謫以死晦翁傷痛之與曾君道夫帖言之不置

沈煥字叔晦自定海徙鄞始入太學與臨川陸九臨爲友一日盡舍所學以師禮事焉務本趨實不務矜衒其教人孜孜誨誘始終不倦常曰晝觀諸妻子夜卜諸夢寐兩者無媿始可以言學登乾道進士任舒州通判卒贈朝奉大夫直華文閣特謚端憲學者稱定川先生著有定川集

沈炳字季文師陸九淵務窮性理之學趙汝愚以遺逸薦不就固窮終其身 呂忠公祖儉字子約號大愚爲呂成公祖謙之弟定居於鄞以忤權臣貶謫以死子喬年爲定川婿能守家法

誠案淸光緒十三年王仁堪辨志精舍講堂柱聯云書校六經遺籍合捜眞隱錄徑開三益扁舟應識大愚來言當時定川季文與大愚論道之實況可謂深切蓋定川季文常於眞隱觀中之三益徑候大愚之扁舟來訪也現此聯特加意保存之碧沚卽芳草洲今天一閣主人范東明司馬祠所在地樓氏精舍在竹嶼

當鴻禧之末隱碧沚也心非其叔彌遠所爲退居於此杜門講學洵不愧爲忠定之長孫慈湖攻媿之高弟矣

全祖望答九沙先生問史學士諸公遺事帖子云朝奉大夫守之字子仁文惠長孫也心非其叔同叔所爲主紹興府千秋鴻禧觀中年避勢遠嫌退居月湖之松島著升聞錄以寓規諫詔書累起之力辭不出杜門講學又學古文於樓攻媿同叔每有所爲必曰勿使十二郎知之寧宗御書碧沚二字賜之

全祖望碧沚楊文元公書院記云子仁退居湖上請文元講學終身不應召命碧沚牙籤甚富

元泰定間忠定裔孫朝甫擬重修眞隱觀淸容居士爲作募疏事不果行其地乃廢而爲道觀而觀基之名至今故老尚有能道之者忠定定川之遺澤可謂深且遠矣

誠案予少時喜靜寂常登花嶼東西之雙橋（爲湖心東橋湖心西橋卽今月湖橋大廳橋）遠眺見正南小嶼風景淸幽每思繞湖一遊輒爲同遊之年長者所阻謂觀基地僻多鬼物不宜往稍長入辨志書院內所設之南城小學讀書見書院四週皆荒塚遊人以此罕至當時竹洲之名尙無人知之松島則更無論矣

明初復爲晏公廟繼歸陸氏爲陸康僖公祠
見嘉靖寧波府志陸瑜字廷玉登宣德進士授刑部主事天順中擢刑部尚書屢辨寃獄爲名法臣第一卒謚康僖

萬曆間全宮詹天敍得之而爲別墅宮詹建淡平齋於洲東以藏書又構菘窗於洲南復於其西隔岸築桃花堤直達長春門以助竹洲之勝與周應賓吳禮嘉林祖述陳之龍丁繼嗣周應治黃景襄屠本畯趙禮仁爲林泉雅會而徐時進陸世科萬邦孚陸檠周昌晉施翰繼之飲酒吟詩緩步其間
見薛三省及全祖望桃花堤記又見李鄴嗣林泉雅會圖序及全祖望雙韭山房藏書記徐兆昺四明談助載全氏自文淦始居湖上其孫侍郎元立建第於新街翰林學士天敍復移居湖西陸尚書第
全天敍字伯興又字元洲號鐵庵侍郎元立之孫登萬歷進士官編修陞少詹事兼侍讀學士約鄉先生爲率眞會改官留都卒贈禮部右侍郎著有鐵庵集

崇禎間陸大行符嘗寓此讀書
全祖望陸大行環堵集序云先生嘗與先宗伯公子非堂先生讀書竹洲陸符字文虎號子充生負奇氣博通經史當時以爲陳同甫辛幼安復出登順天賢書魯王監國賜進士授行人謝病卒黎洲黃氏謂念終身偲偲之力左提右挈得以有所知者沈眉生與陸先生二人而已

詩人胡綖山亦隱居於此
全祖望甬上續耆舊詩傳載胡布衣奇佐字襄哉一字綖山居湖上史文惠園旁受詩法於宗正庵勵志聖賢之學有詩一卷又有綖山且筆

既而歸他氏淸乾隆間全謝山先生祖望復得其半乃重立晏尚書廟謝高士祠又建竹洲三先生書院以祀定川季文大愚三先生並與陳南登錢中盛李世法胡銘櫸董宏范核董孫籥李昌泉張甯永徐宏度董元聰董元宿史榮輩爲眞率社重舉重四之會
見全祖望竹洲晏尚書廟碑記謝高士祠堂碑記及竹洲三先生書院記董秉純勾餘土音序案語

謝山爲淸代大儒考徵文獻表章先哲著述之富近代罕覯臨川李穆堂稱爲深寧東發以後一人誠篤論也其雙韭山房雖在靑石橋胡氏適可軒後而竹洲既爲其別業則其著述必多成於此間者可無疑義
見董秉純全謝山先生年譜全祖望字紹衣侍郎元立之六世孫生有異禀讀書過目不忘少時卽務廣覽常登陸氏南軒陳氏雲在樓范氏天一閣閱書及長遊武林復就趙氏小山堂搜研其祕本乾隆初舉鴻博會成進士選庶吉士不與試嘗與方望溪論喪禮方大器之楊名時稱其博聞李穆堂曾與劇談終日出曰此深寧東發以後一人也阮芸臺稱其兼經史詞章三者之長謂百尺樓臺非積年功力不可嘗主講紹興蕺山書院粵東端溪書院士論翕然性亢直負氣忤俗有節概爲學淵博無涯涘於書靡不貫穿學者稱謝山先生成困學紀聞三箋修南雷黃氏宋元學案七校

水經註續選甬上耆舊詩撰丙辰公車徵士小錄及詞科摭言又著經史問答讀易別錄漢書地理志稽疑古今通史年表鮚埼亭內外集鮚埼亭詩集勾餘土音皆有裨文獻足啓後學

光緒間宗湘文源瀚知府事始建辨志精舍設漢學宋學史學算學輿地學詞章學六齋以課士延定海黃儆季先生以周主講其間並以其講堂之樓舍爲宋四明九先生祠以祀慶曆淳熙諸先生蓋西湖定川之講院既在竹洲則當日九先生必常在此論學可知宗公祀之所以崇實學而訓後進時科舉制度方盛士子多咿唔咕嗶於八股帖括之術儆季致力三禮以理學相倡導士風爲之一變
萬斯同鄮西竹枝詞云先賢自昔半躬耕樂道何須身後名國史但傳四君子明州尚有五先生童槐甬上雜詩云南邦文獻重明州慶歷淳熙正派留
誠案宗湘文源瀚辨志文會課藝初集序有光緒戊寅來守四明己卯創設辨志文會之語查光緒四年爲戊寅五年爲己卯則辨志精舍在光緒五年建築完成概可想見惜無碑記以資攷證耳
黃以周字玄同號儆季同治舉人父式三博綜羣經著述頗富儆季淵源家學不拘漢宋門戶詩書春秋皆條貫大義說易綜舉辭變象占不偏取鄭王尤邃三禮著有禮書通故子思子集解經訓比義古文世本黃帝內經集註儆季雜著生平篤守顧亭林經學卽禮學之說而以執一端立宗旨爲賊道蓋四明之學自萬石園全謝山以來以儆季爲最醇云光緒間曾主講南菁書院及辨志精舍官分水訓導晚還處州敎授以特薦授內閣中書卒年七十有二

是竹洲雖蕞爾小嶼自宋迄淸八百餘年代爲學術重地謝山全氏謂吾鄉自宋元來號爲鄒魯洵非虛語矣
見全祖望槎湖書院記及慶歷五先生書院記

景仰先賢心嚮往之特著是篇以誌不諼

竹洲文獻卷第一

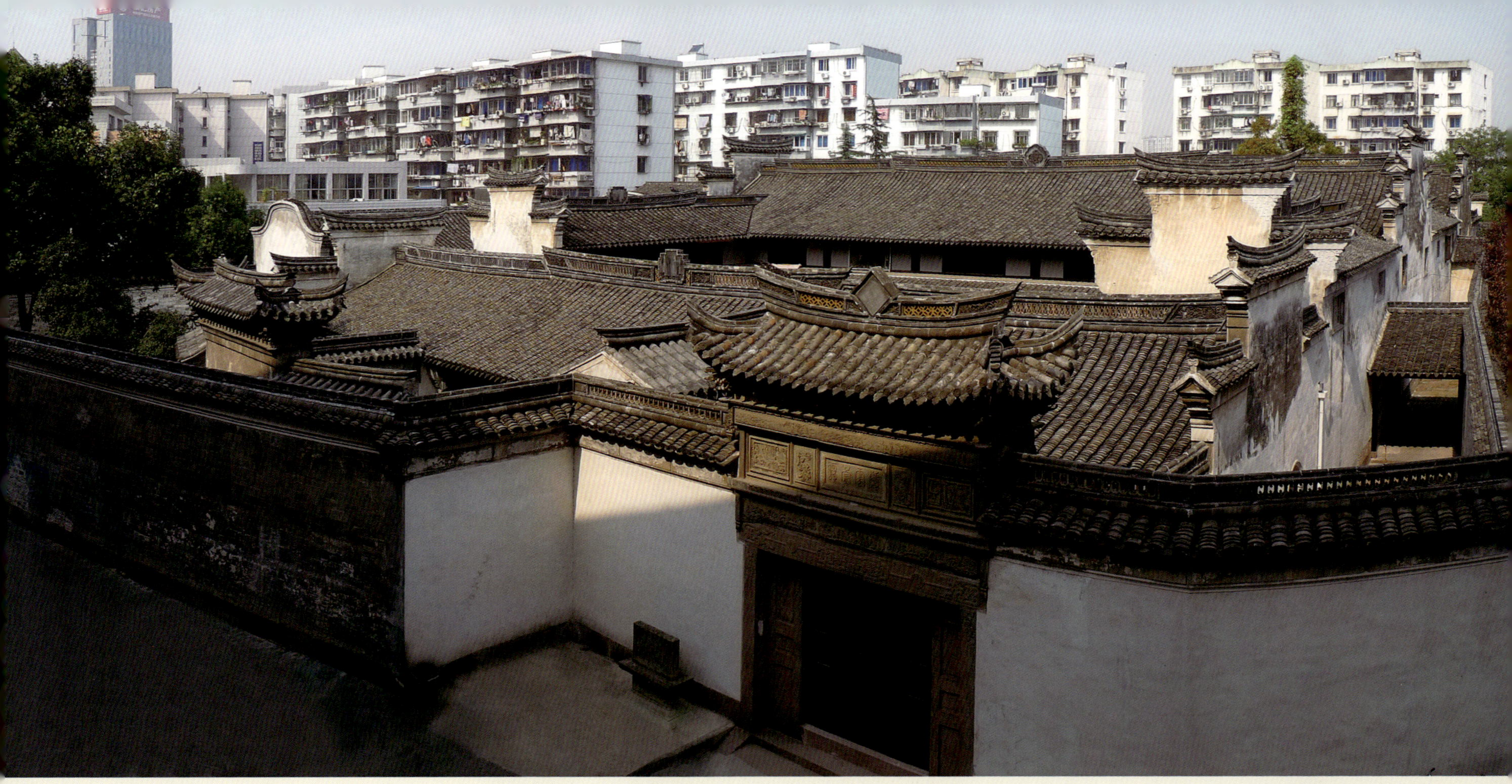

林宅东南首正门外

林宅

林宅，清代建筑，坐落于紫金街 30 号，2013 年被公布为第七批全国重点文物保护单位。林宅所在区域，历史上为月湖十洲之一的“竹屿”。

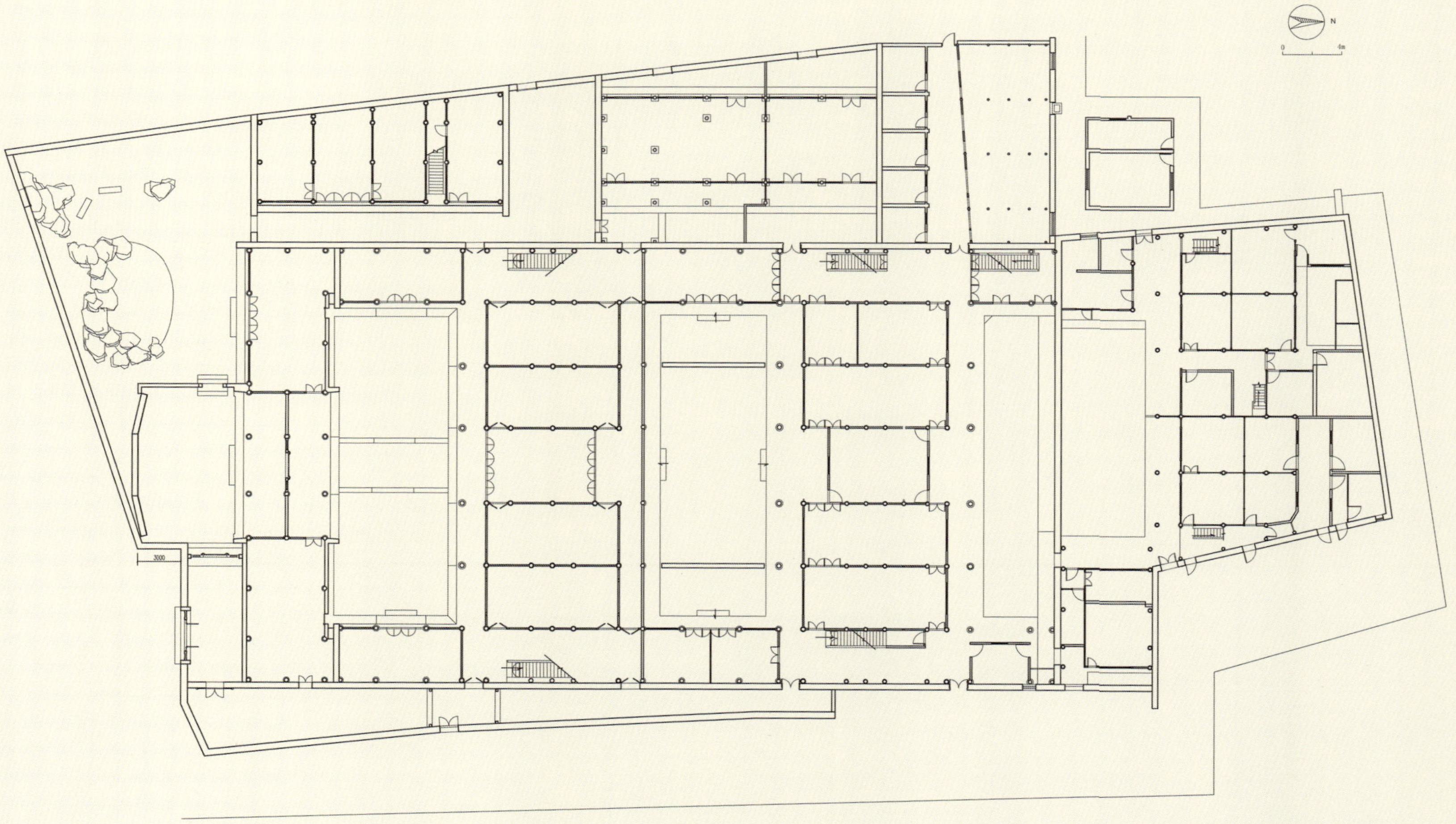

林宅平面

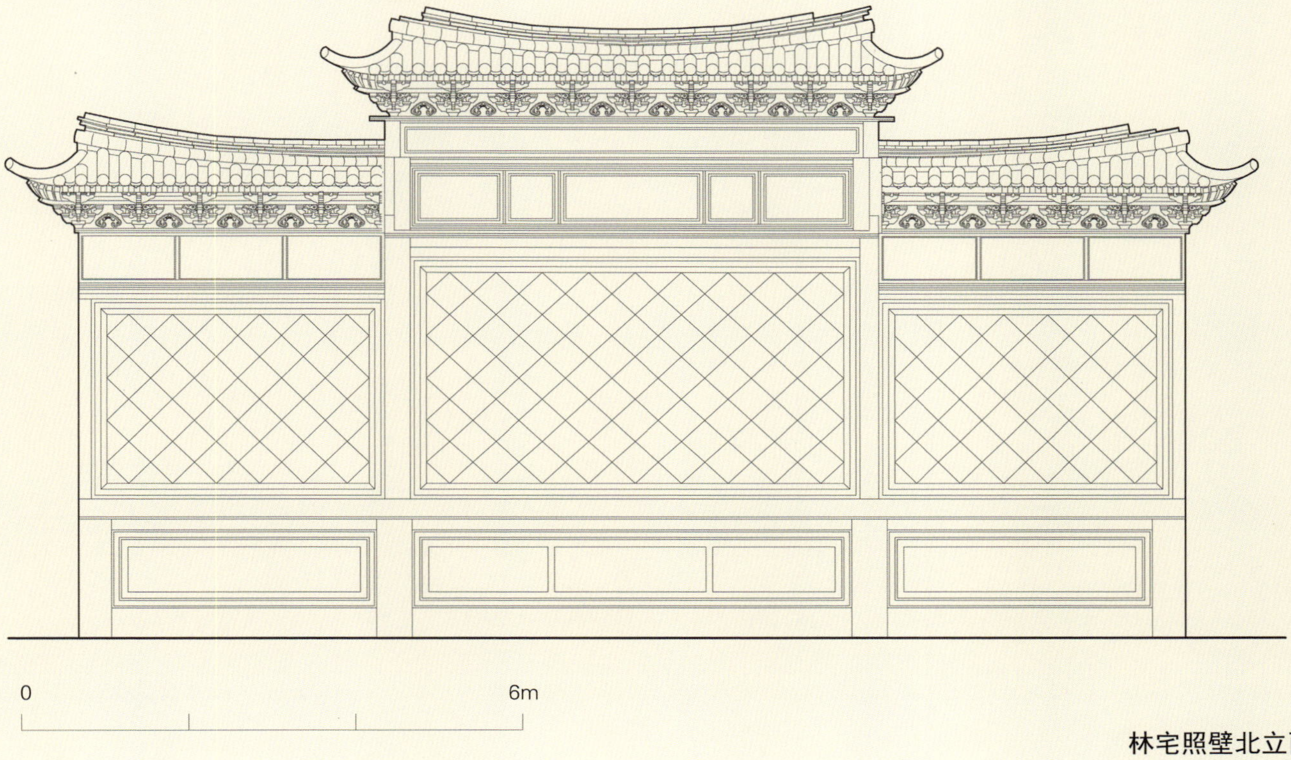

林宅照壁北立面

林宅仪门南立面

林宅仪门北立面

林宅鸟瞰

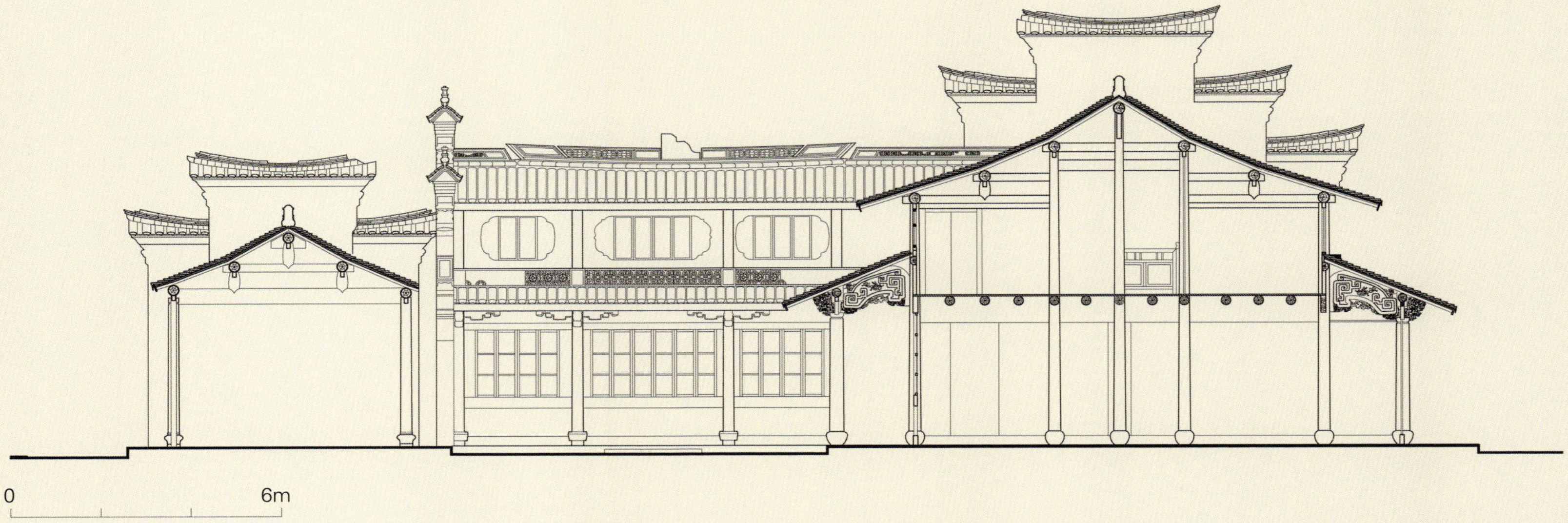

林宅第二进明间横剖面

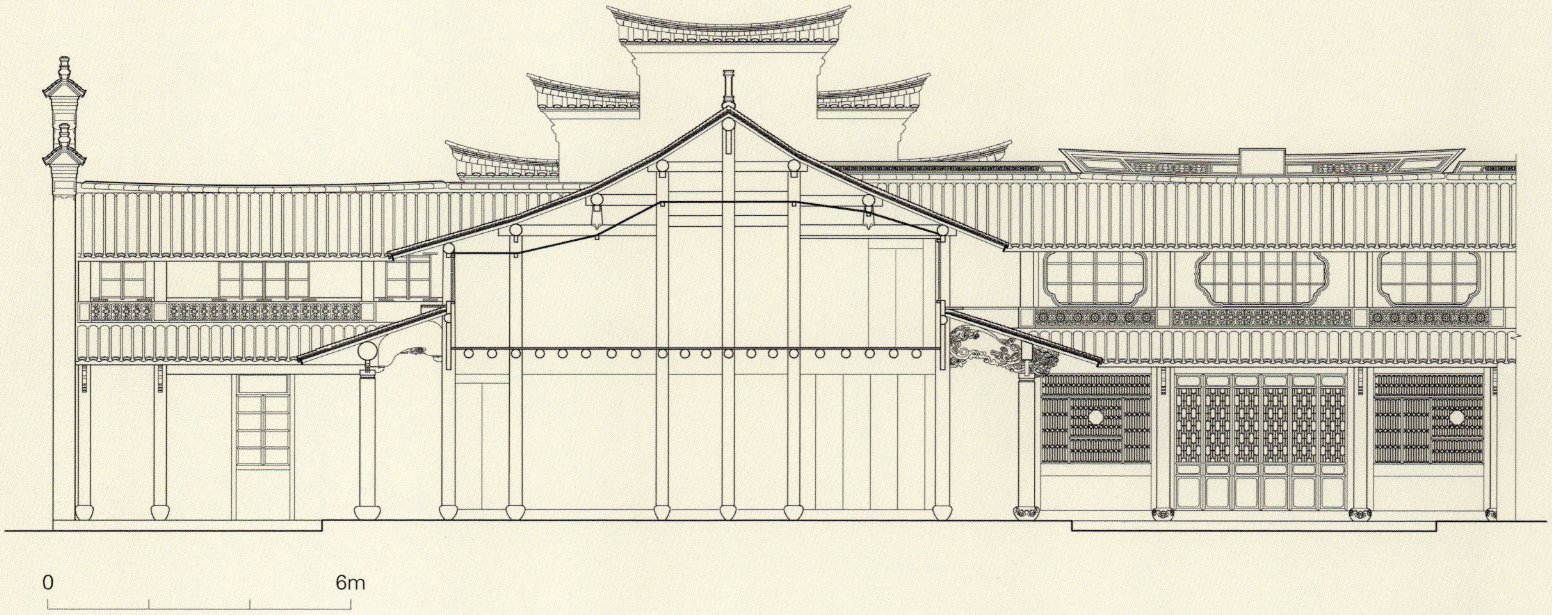

林宅中楼明间横剖面

七、花屿、月岛与柳汀

清末花果园庙与隔河戏台

花果园庙

花果园庙，清代建筑，坐落于月湖桥东，1999年被公布为宁波市市级文物保护点。

清末月湖桥

月湖桥

月湖桥（又名湖心东桥），清代建筑，坐落于月湖花屿东南首，1981年被公布为海曙区第一批区级文物保护单位。

花屿鸟瞰

月湖柳汀（出自 1906 年《东亚杂志》，为英国传教士慕雅德所撰《太平天国时期的宁波》一文之配图）

文献记载

众乐亭记

邵亢

嘉祐六年七月壬寅，诏以四明太守钱君入直左右。使至之日，抵书其友丹阳邵亢，曰："我虽治明之日浅，然于明人为无恨矣。岁和谷穰，愁叹息而欢豫行。我乐与众人之乐而申之，为之亭于城西南偏之湖中，而以众乐名焉，吾友为我纪之。"既辞，不获命矣。其词曰：

明治故鄮，濒海之都。厥初导江，源于南山，酾为漕河，以入于城。吴越肇国，兹为辅州，率常近亲，以守以谋。湖枝于河，盖数百亩，中为亭观、卉木、洲屿，于今百年，下下高高，颓圮坏隳，存者一豪。维时钱君，来守此邦，此邦之人，曰维政刑，毋枉于直，曰维教化，日迁于良。山樵水耘，济之阜安，陶然太和，岁以有年，邦人怡怡，并寻于娱。君曰从事，与是同好，近而胜者，莫湖先焉。闲者辟之，洼者隆之。昔赋租吏，削而捐之。周为飞梁，于以往来；合为大屋，鳞舒翼开。远岩近峰，烟矗雨青，水流庭阶，激激有声。君曰从事，曷往落之。荷房芰盘，凫飞鸨翻，飘浮满前。凡州之人，月维莫春，联航接舻，肴酒管弦，来游其间。环堤彷徉，风于柳杨，夕以忘还。明人之忧，惟使君是求；明人之乐，惟使君是度。乐乎乐，而不与人同乐，安在其为乐哉！它山之石，以镵以刻，以告后人，尚识其略。熙宁二年闰十一月戊戌，谨记。

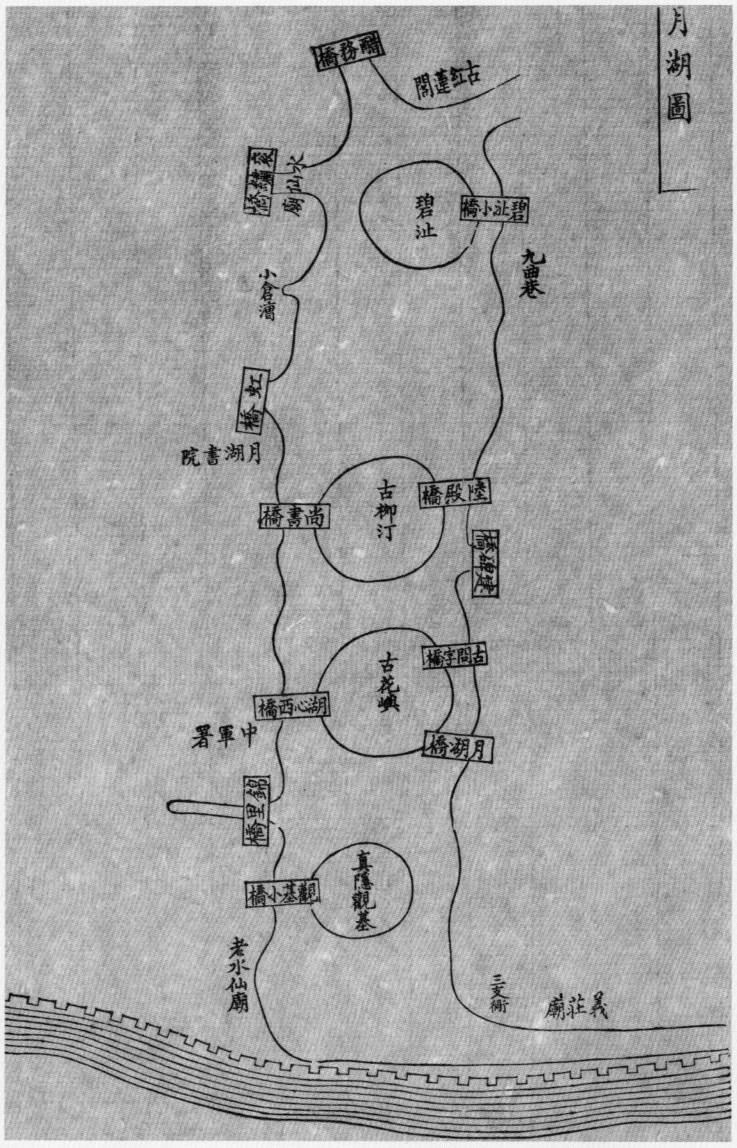

《宁郡城河丈尺图志》之《月湖图》

尚书桥

尚书桥，明代建筑，坐落于月湖柳汀西南首，2010年被公布为海曙区第四批区级文物保护单位。

20世纪60年代，月湖尚书桥南侧（市文化馆藏）

1930年前的尚书桥东堍

1939年前的尚书桥

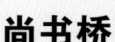

柳汀路关岳庙门楼（1962 年，历史所藏）

关帝庙

关帝庙，清代建筑，坐落于月湖柳汀内，2001 年被公布为海曙区第四批区级文物保护单位。

湖桥头（柳汀街与镇明路交界处西首，戴德生摄于 1912 年）

贺秘监祠

贺秘监祠，清代建筑，坐落于柳汀街98号，1981年被公布为海曙区第一批区级文物保护单位。

贺秘监祠

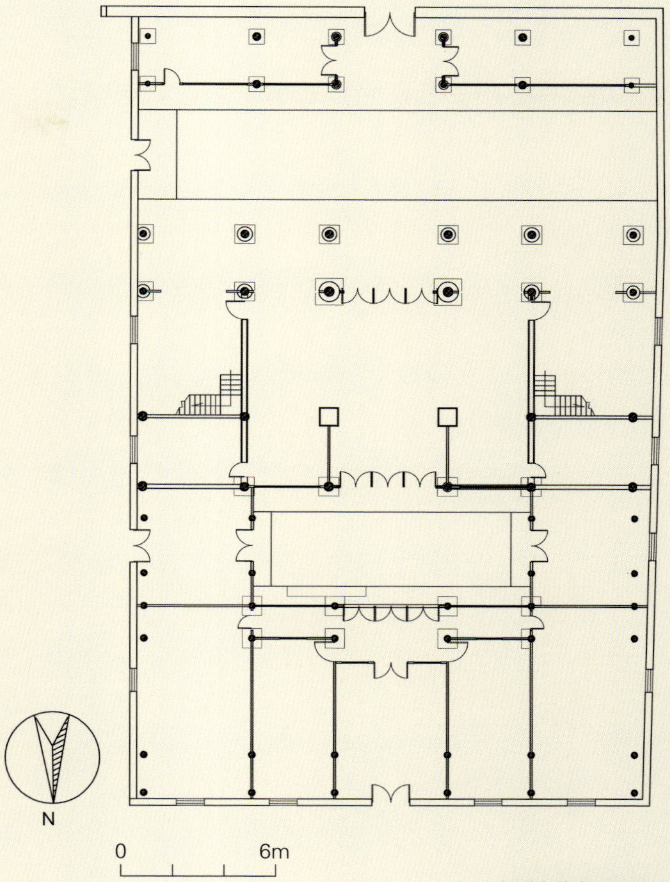

贺秘监祠平面

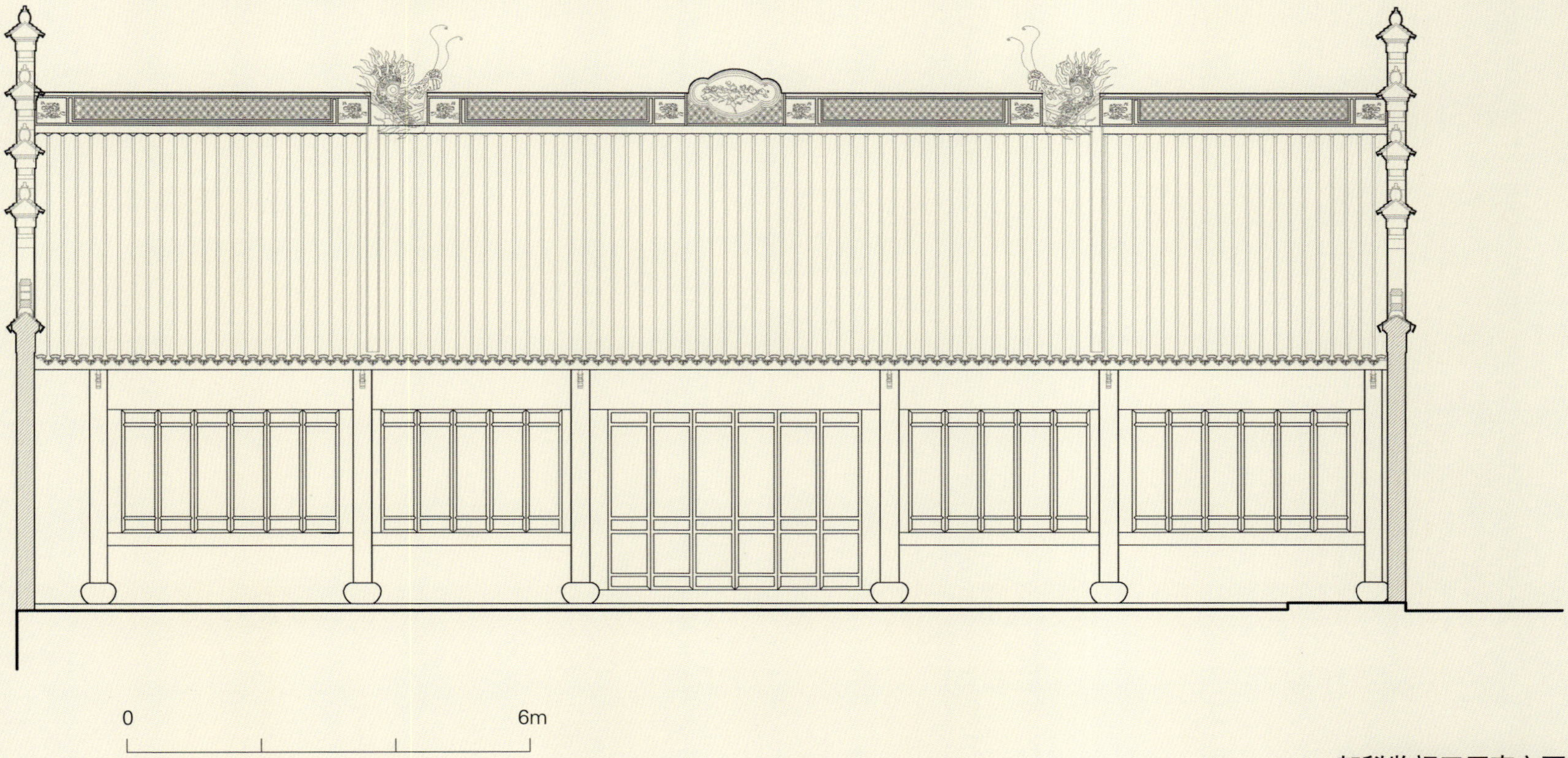

贺秘监祠正厅南立面

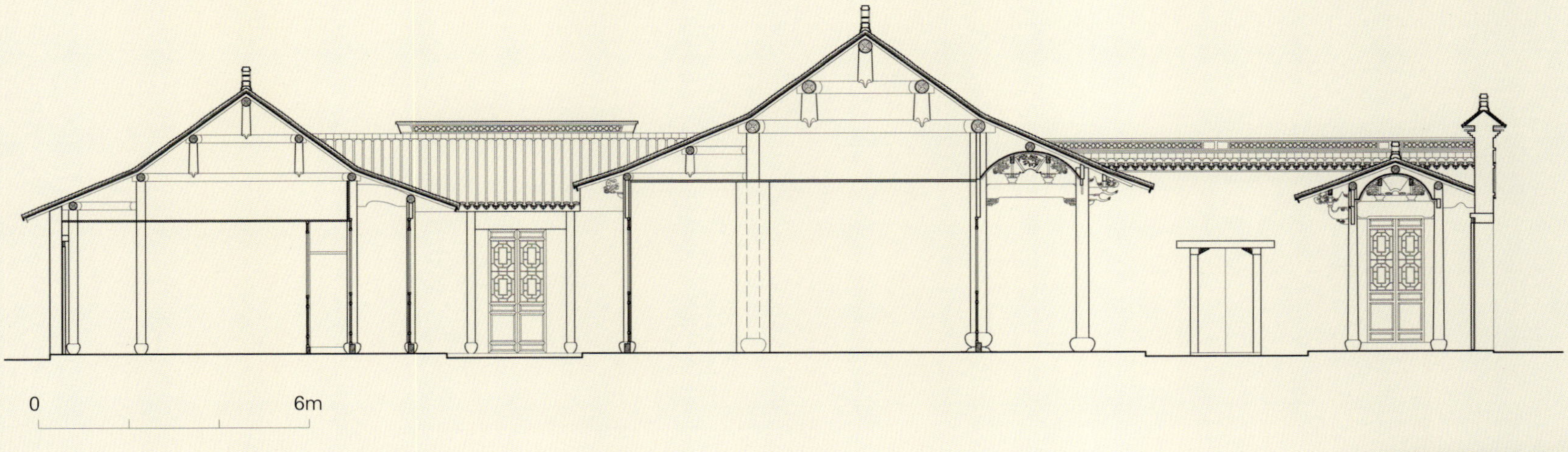

贺秘监祠总剖面

八、菊花洲、芳草洲与水则亭

芳草洲原范氏宗祠旧照（1934 年）

菊花洲、芳草洲一带湖畔

菊花洲西岸（2003 年）

银台第鸟瞰

银台第

银台第，清代建筑，坐落于月湖景区北侧，1999 年被公布为宁波市市级文物保护点。

水则碑

水则碑，始立于南宋开庆元年（1259），坐落于镇明路、迎凤街交叉口西南侧，2013 年被公布为第七批全国重点文物保护单位。

月湖水则碑亭修复前

今水则碑亭

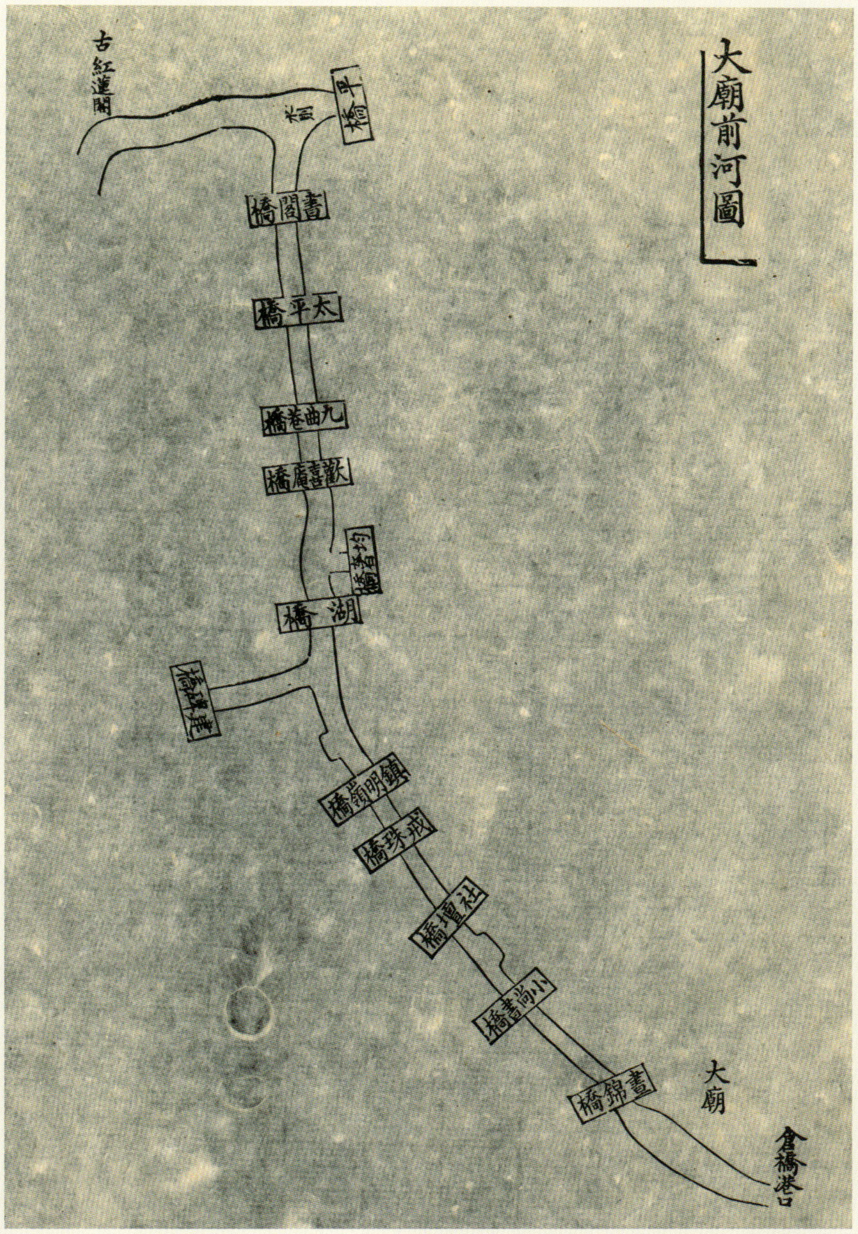

《宁郡城河丈尺图志》之《大庙前河图》

月湖水则碑亭旧影

1987年8月《宁波城区影像图》局部

第四部分

宁波古城东南隅

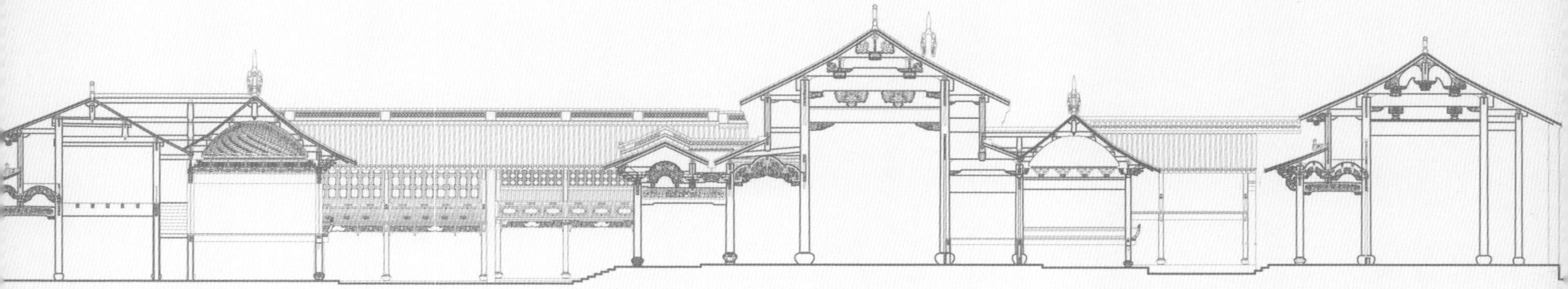

一、长春门内外

二、郁家巷历史文化街区等

三、日湖与毛衙街一带

四、宁波府郡庙与天封塔

宁波古城东南隅

本区域东、南至灵桥路，西至镇明路，北至中山路。日湖、天封塔、郡庙、鄞县孔庙与县学、灵应庙等重要历史地段与文化遗存，都在这一区域。

日湖位于古城南部偏东位置，原来与月湖之间有水道相连。湖中为莲心岛，有留存至今的宁波市市级文物保护单位延庆寺和观宗寺，是天台宗的中兴道场。湖之北有莲桥街与毛衙街等历史地段，历史上是世家大族聚居之所，著名的有南湖黄氏、南湖袁氏、牌楼巷杨氏等。相传南宋理宗皇帝赵与莒曾“就学湖上”。宋元时期著名学者胡三省曾寓居南湖袁家，完成《资治通鉴音注》及《释文辩误》等宏富著述。清代全祖望为之撰《胡梅磵藏书窖记》盛赞其事。

塔影巷南端完整保存了我国第一位邮票设计大师孙传哲的故居，西侧就是我国著名医药科学家、诺贝尔奖获得者屠呦呦少年时代寓居的外祖父家“姚宅”。

郡庙天封塔历史街区位于开明街南段东西两侧，主要文化遗存有宁波市市级文物保护单位天封塔和郡庙。西南侧为郁家巷历史街区，主要文化遗存包括：海曙区区级文物保护单位盛氏花厅、灵应庙（大庙）、李氏宗祠，宁波市市级文物保护点云石街杨宅、陈鱼门故居等。

本区域西南角原有宁波城的南门——长春门，大致位于今灵桥路与长春路交接处。城门外即南塘河，水道连通世界灌溉工程遗产、全国重点文物保护单位——它山堰。

今长春门外有南塘河历史文化街区，主要文化遗存包括：海曙区区级文物保护单位甬水桥、宁波市市级文物保护点澄怀学堂，以及余氏宗祠、惠庆医院、启文桥、著名电影艺术家袁牧之故居等。

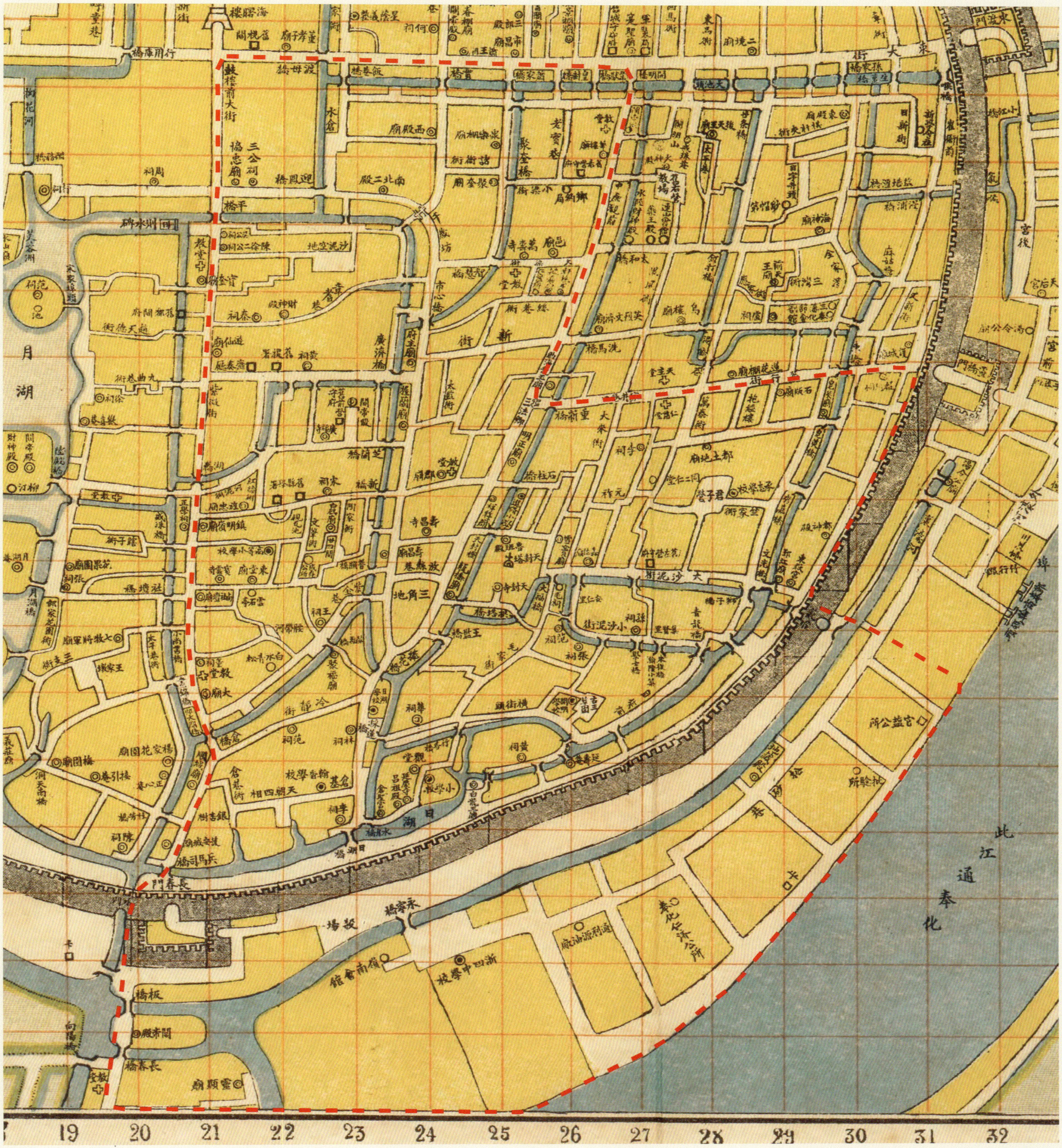

民国三年（1914）《最新宁波城厢图》局部·宁波古城东南隅

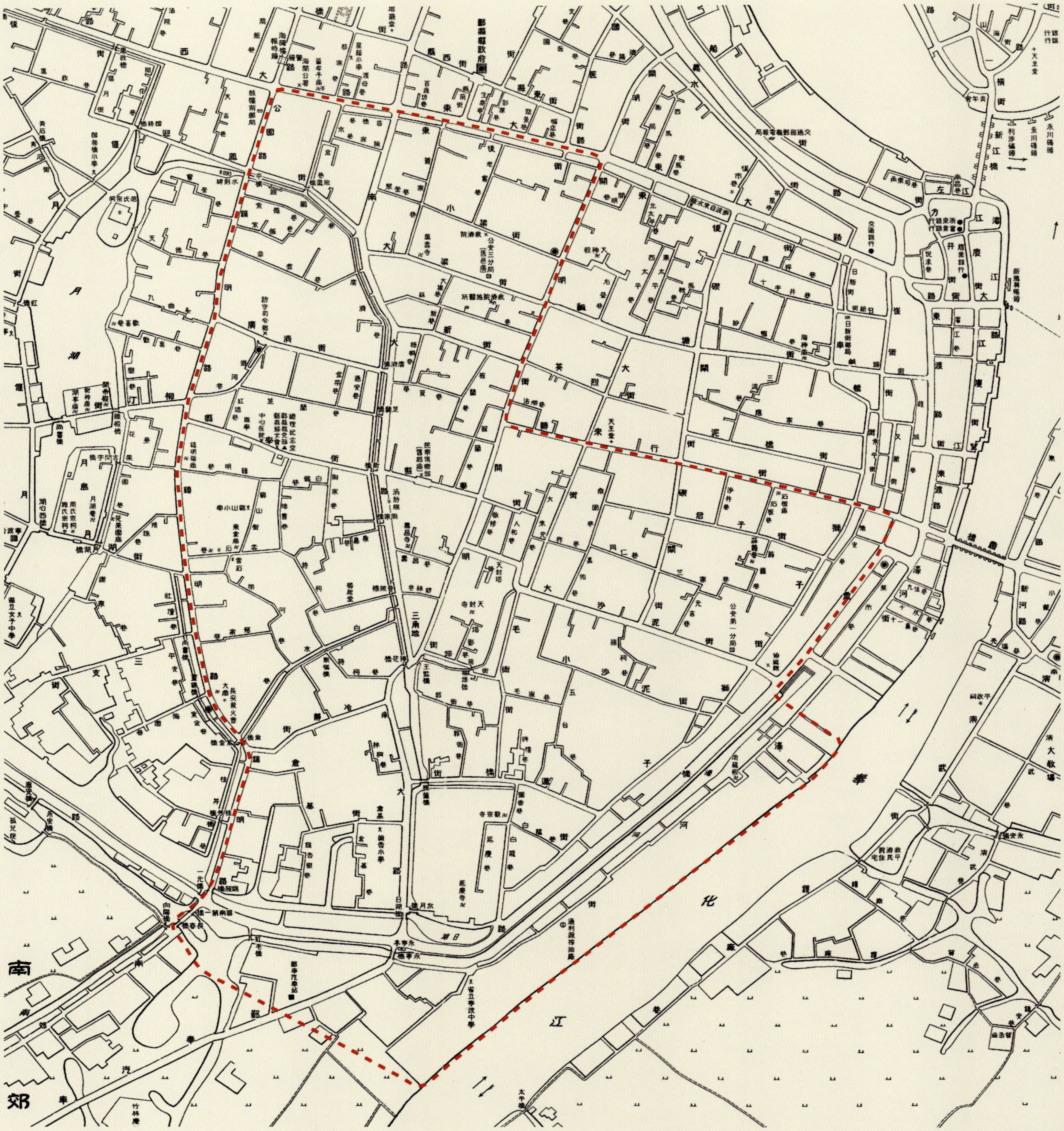

民国二十五年（1936）《鄞县城厢图》局部·宁波古城东南隅

1.郡庙	4.孙传哲故居	7.观宗寺	10. 灵应庙	13. 云石街杨宅	16.盛宅
2.天封塔	5.大夫第	8.延庆寺	11. 盛氏花厅	14.李氏宗祠	17.镇明岭庙
3.卢氏支祠	6.南湖袁宅	9.翰香学塾旧址	12. 陈鱼门故居	15.金宅	18.大革命时期中共宁波地委旧址

2002 年《宁波城市影像图》局部 · 宁波古城东南隅

一、长春门内外

长春门外南塘河起始段（近景为向阳桥）

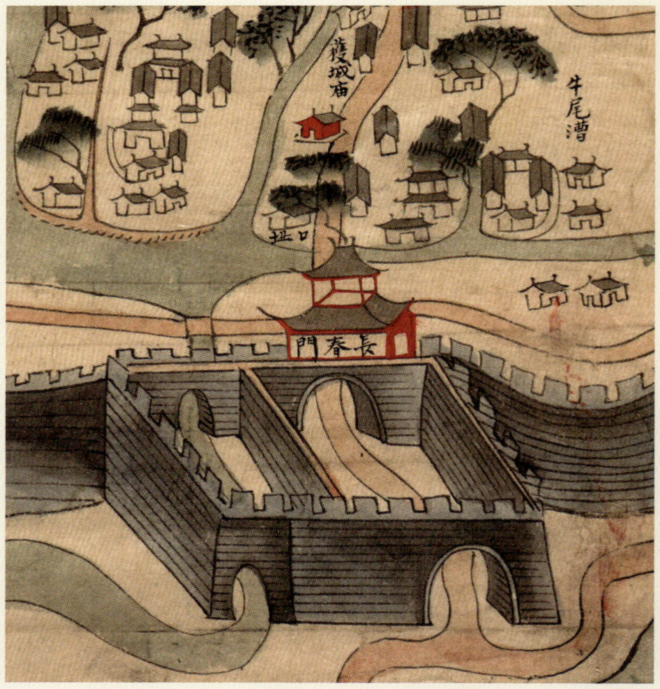

清《宁郡地舆图》局部・长春门及周边

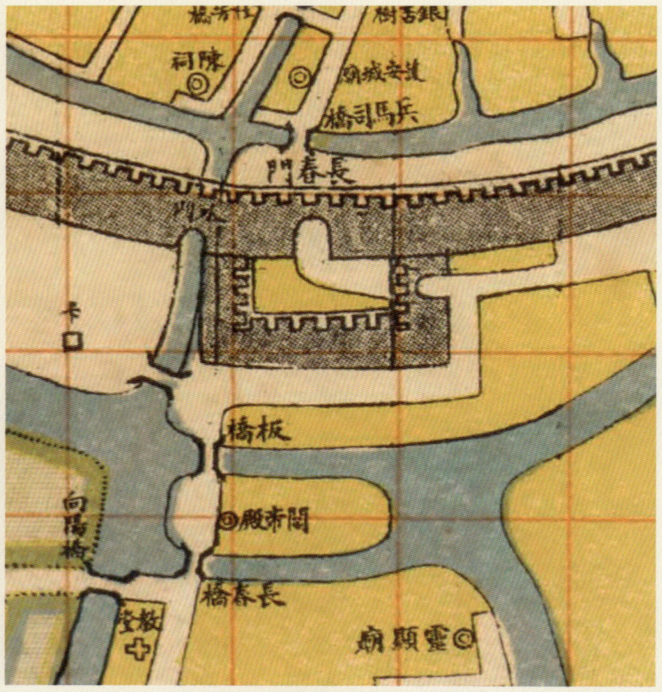

1914 年《最新宁波城厢图》局部・长春门及周边

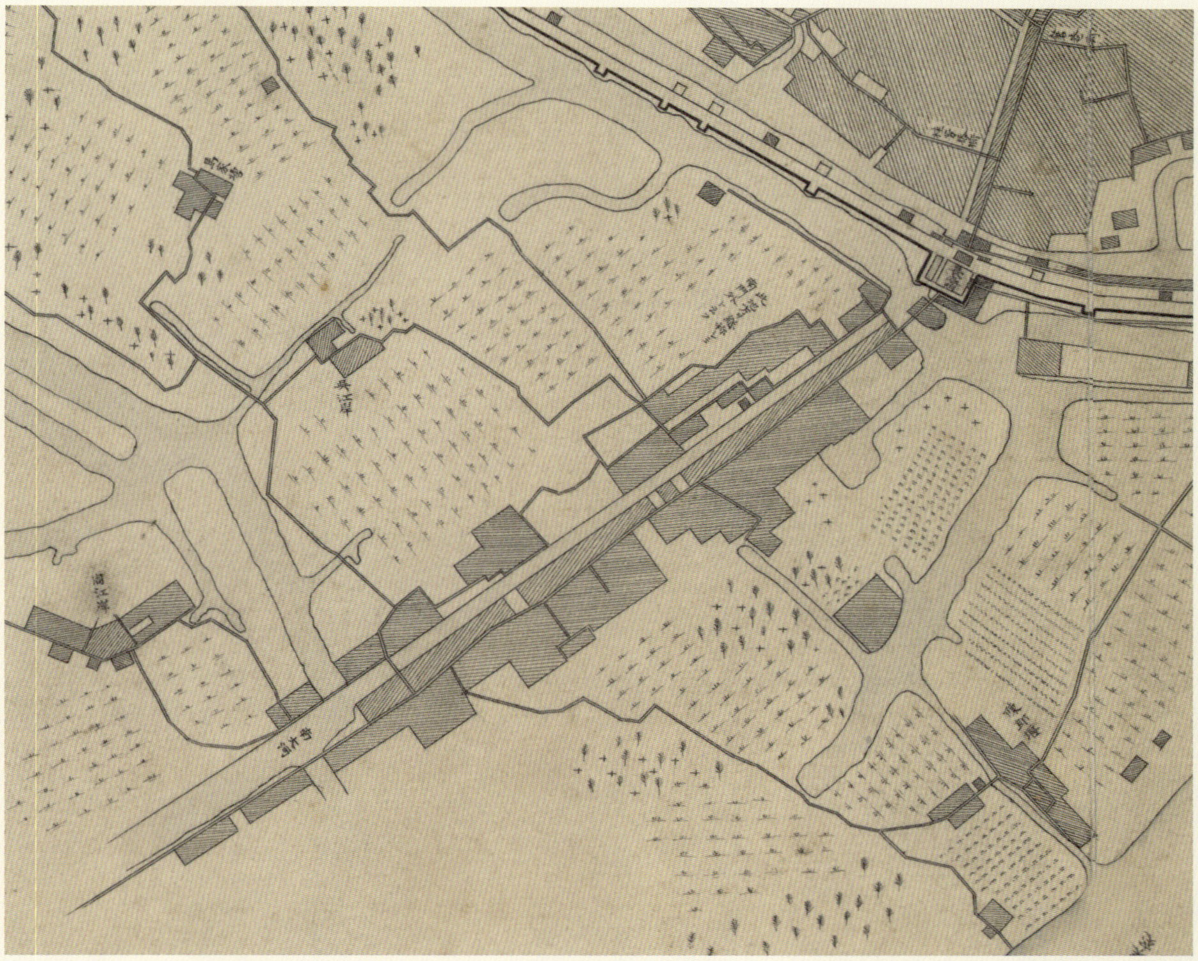

1883 年《浙江省宁波府城图》局部 · 长春门外南塘河一带

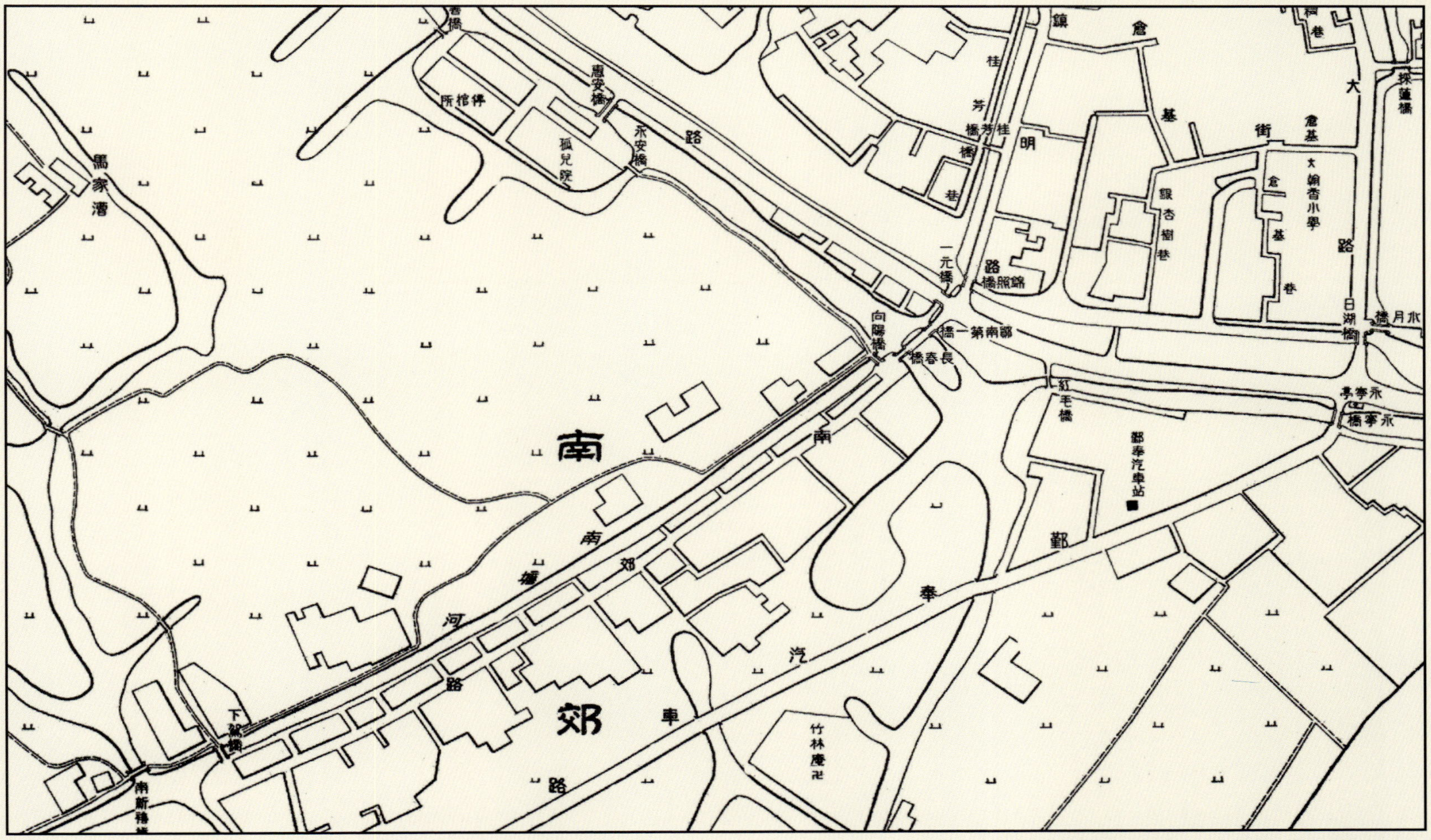

1936 年《鄞县城厢图》局部 · 长春门外南塘河一带

南郊路街景（袁牧之故居北，摄于 2003 年）

澄怀学堂

澄怀学堂，清代建筑，坐落于南郊路 60 号，2005 年被公布为宁波市市级文物保护点。

澄怀学堂外景（2003 年）

袁牧之故居

袁牧之故居，清代建筑，坐落于南郊路杨家桥巷 1 号，2003 年被公布为宁波市市级文物保护点。

袁氏崇志小学门头（2003 年）

袁牧之故居内景（2003 年）

袁牧之故居外墙（2003 年）

南塘河（南郊路段，2003 年）

启文桥

启文桥，清代建筑，坐落于甬水桥南侧的南塘河上，1992 年被公布为宁波市市级文物保护点。

启文桥（2003 年）

甬水桥

甬水桥，清代建筑，坐落于南郊路中段的南塘河上，1981 年被公布为海曙区第一批区级文物保护单位。

甬水桥（2003 年）

司公油榨源利通

民國二十四年七月製　鄞縣通志地圖七十六　古剡周萬祥繪

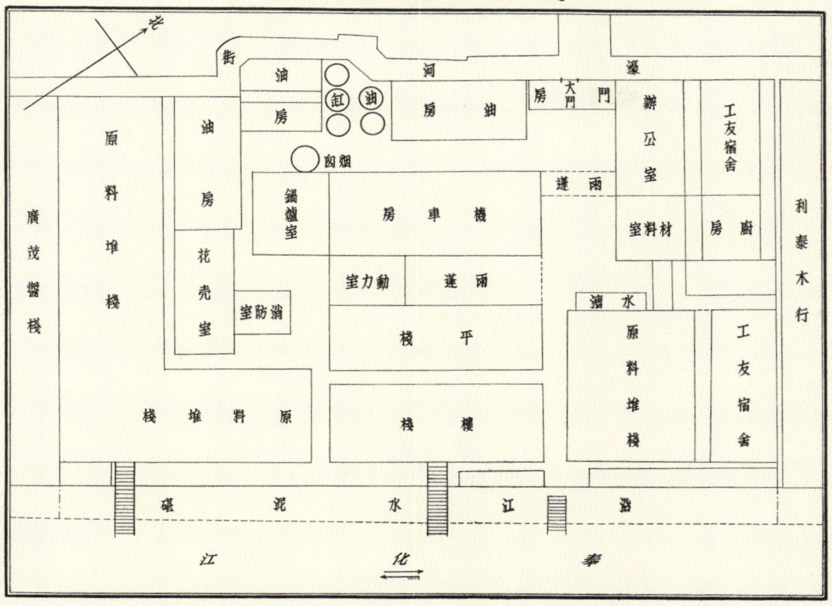

站車波寧司公路奉鄞

民國二十四年九月製　鄞縣通志地圖五十二　象山林景元測　古剡周萬祥繪

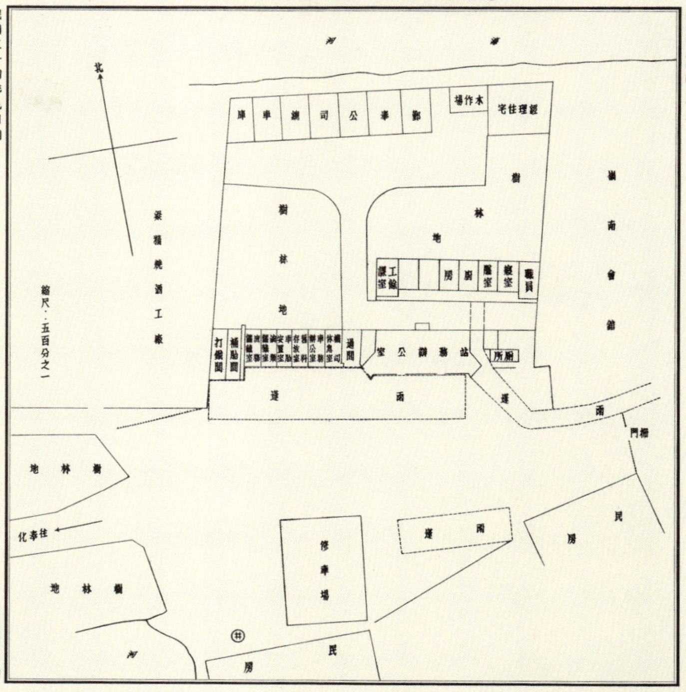

學中波寧立省江浙

民國二十四年五月製　鄞縣通志地圖五十五　縮尺：一千五百分之一　古剡周萬祥繪

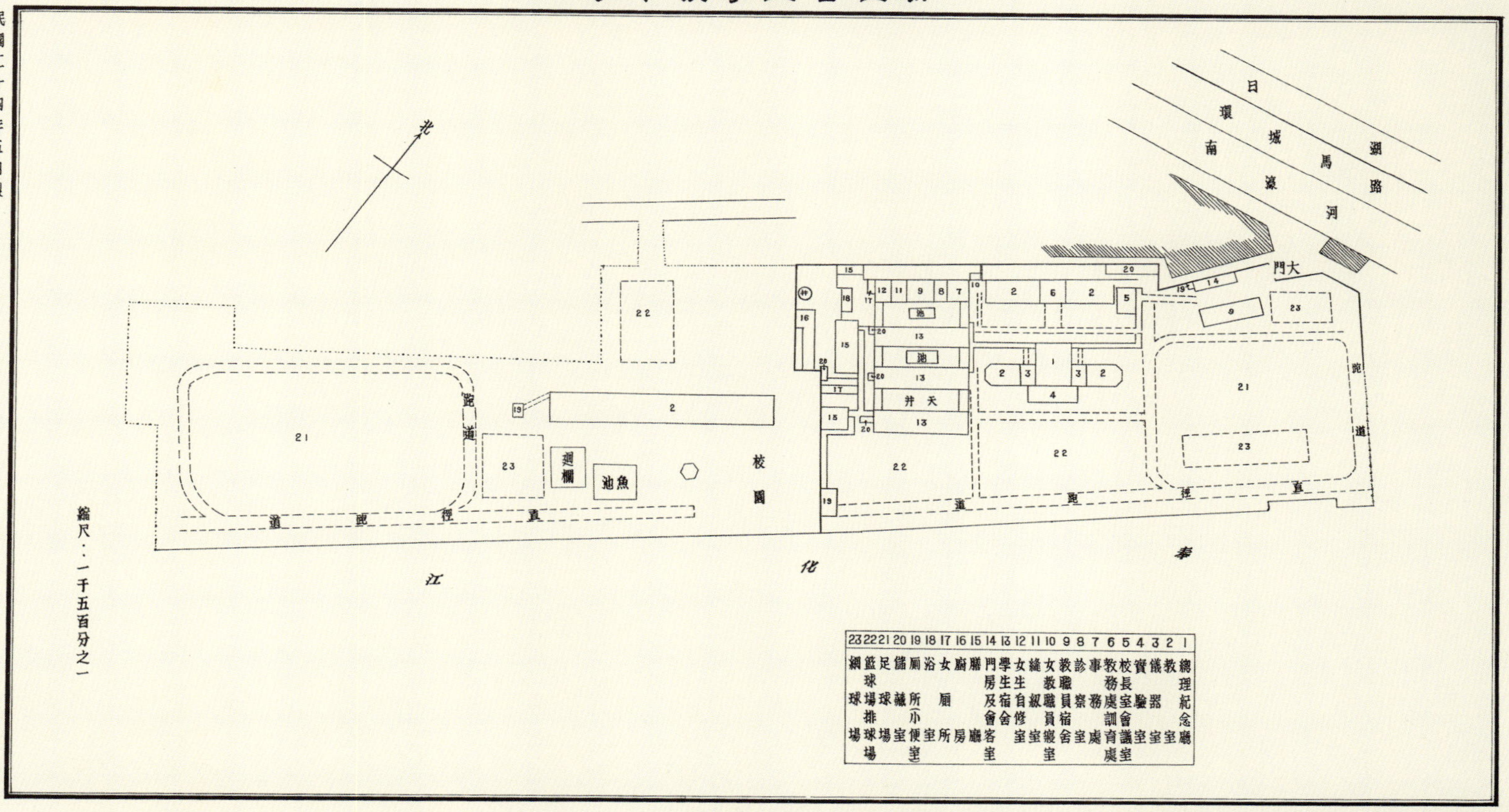

通利源榨油公司、鄞奉路公司宁波车站、浙江省立宁波中学建筑平面图

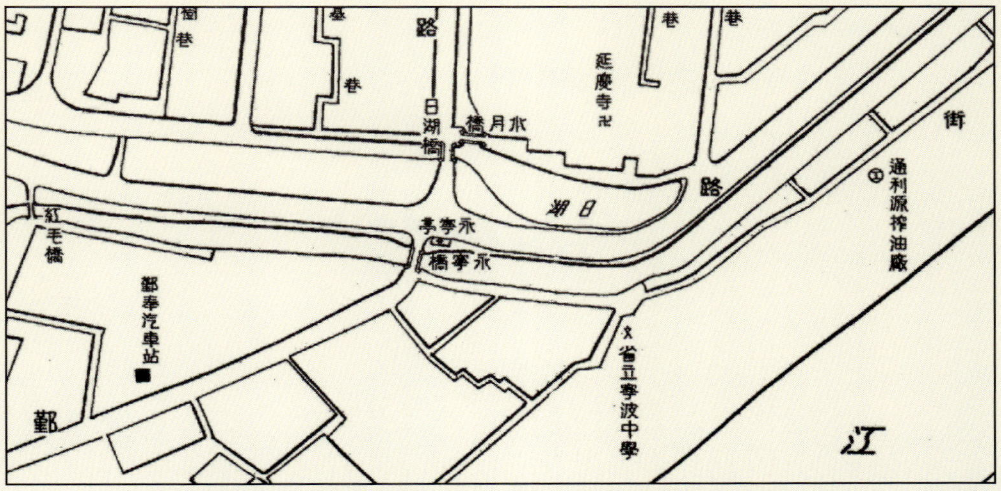

1936 年《鄞县城厢图》局部・今南大路南端及周围学校、车站、公司位置

19 世纪 60 年代南门直街（今镇明路南段）上的四辅崇阶三台峻秩坊，远处为长春门城楼

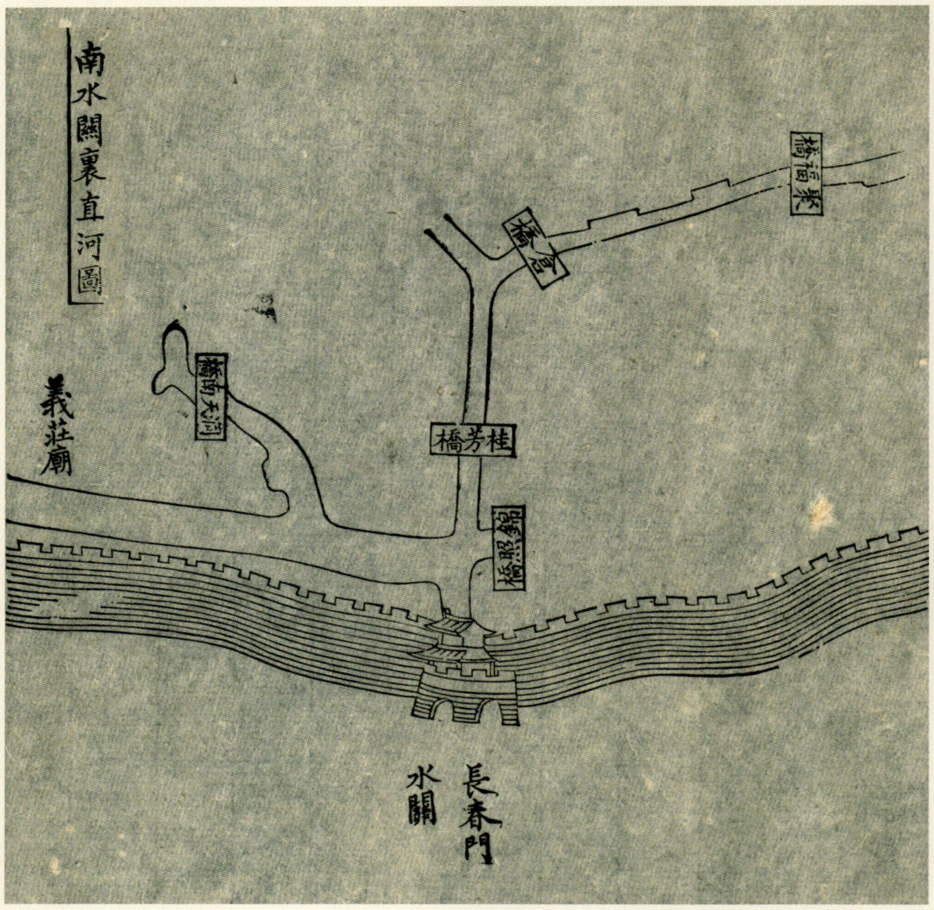

《宁郡城河丈尺图志》之《南水关里直河图》

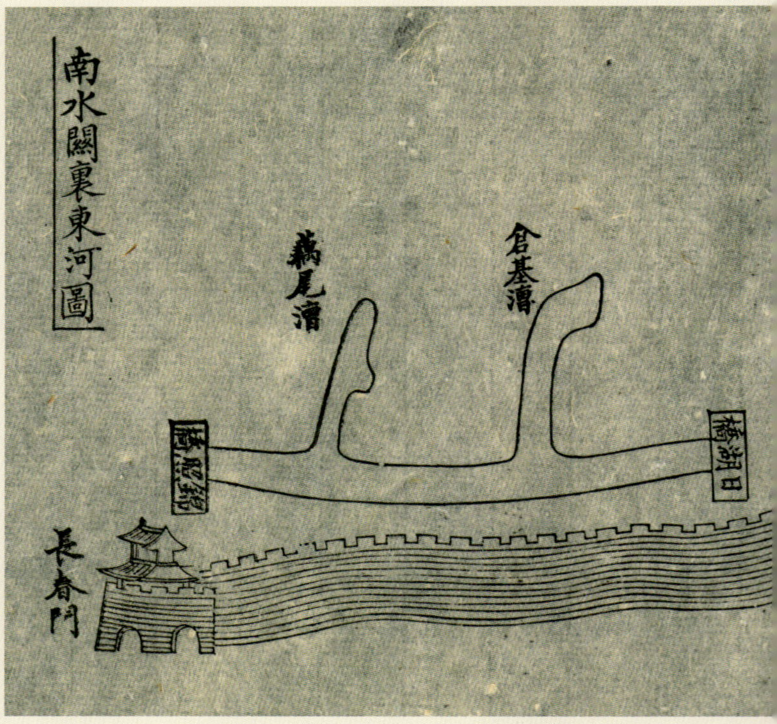

《宁郡城河丈尺图志》之《南水关里东河图》

二、郁家巷历史文化街区等

19 世纪 70 年代，白水巷一带（包腊相册）

云石街南段（旧名杨憩棠弄，2003 年）

白水巷中段（2003 年）

仓桥头（镇明路与冷静街交叉处，2003 年）

爲宋尚書學士猷之後自丹陽遷鄞其一爲宋元祐黨人之奇諸子之裔今慈水鳴鶴場之蔣也卷二十二

第宅

［嘉靖寧波府志］蔣家花園　府治東南蔣曉建今廢王亘有詩　採蓮橋下路皂蓋拂雲來塵壓隨軒雨風生避暑臺酒緣佳客盡花爲使君開共話西溪舊相忘此日杯卷十九古蹟

［全祖望南湖蔣金紫公園詩］自記云詩話金紫本籍奉化遷居鄞湖上七世清德不知乾道開慶延祐至正四志何以不立傳　元祐遺臣傳碩學金鑠遺二子師事丁翁並成進士丁翁手書連桂二字以表其坊咸淳故老重清門謂蔣堯臣作雖然連桂崇坊杳尚有聯珠舊徑存蔣氏有三徑聯珠集樓宣獻公爲之序續集黃晉卿爲序流澤未湮衣帶水誰人妄改謝公墩蔣園神廟今譌爲茹園神廟　拂雲皂蓋經過地指點荒祠細討論懶堂遊園句　句餘土音

［徐兆昺四明談助］蔣園　王亘和太守遊園之作　採蓮橋下路皂蓋拂雲來塵壓隨軒雨風生避暑臺酒緣佳客盡花爲使君開共話西溪舊相忘此日杯自注滑州西溪常陪尊俎　湖上有蔣園卽金紫所築在採蓮橋王亘陪明州戸部遊蔣園詩云採蓮橋下路皂蓋拂雲來是也成化志以爲將作所築蓋考之未詳卷二十一

［又］聚福廟　縣治南二里蔣金紫巷傳稱茹家花園之神嘉志增舊傳爲殳家花園廟闡志有傳神爲范少伯侯考敬止錄　今在冷靜街北左瀕河右達採蓮橋大街前對日湖世家廟左過河卽蔣金紫巷道光三年修造殿宇祠下林君廷鰲新建後殿供奉金紫大夫蔣公牌位將全太史祖望所撰蔣園廟碑記錄于懸額以存古蹟有傳神爲范少伯者乩壇語也卷二十一

案全太史撰蔣金紫園廟碑已載事狀志一玆不重錄聚福廟今改題蔣公祠有額曰

古金紫園又曰連桂流芳又曰日湖福主乾隆五年周宗啓立又曰福庇南湖道光戊申張誠立又曰澤被竹湖民國十三年林本盛本華立有楹聯曰作廟當湖茹園誤矣開門見塔蔣徑依然庚辰洪廖祥撰又曰德星聚蔣氏園中金紫著賢聲永賴威靈有赫福澤溥竹湖境上丹青留古蹟重瞻色相如新上章執徐洪燗奎立又曰茹園革故聚福鼎新當日暖風和觀塔影共湖光對峙俎豆馨香神靈顯赫慶老安少懷藉蔣公保林族長存民國第一乙丑林光潤立又曰福澤緜長腰帶雙湖環左右文光燦爛天封兩塔映高卑無款又曰寶塔聳高峯天挺其秀地效其靈廟貌森嚴百世馨香陳俎豆細湖迎曲水日拱於南月泛於西神威赫弈一方保障固金湯無款又戲臺楹聯曰繚繞歌聲數闋漫停蓮島月蹁躚舞袖幾回快趁竹湖風無款後殿牌位曰宋尚書金部員外郎累贈金紫光祿大夫蔣公諱浚明神位懸額節錄全太史碑文具存

［又］曹居士授徒蔣園　曹居士説字習之定海人贈侍講粹忠四世孫以父孝先死李全之難絶葷酒婚宦終歲寓居僧舍後學問難亹亹不倦酬答生平無喜慍嘗曰絶人我則天理自著學者尊爲泰宇居士戴帥初寓鄞有同曹泰宇倡和詩　湖語侍講有孫講經不窮註云曹侍講放齋曾孫泰宇授徒蔣園　蔣氏園在河南宅在河北是書既以山川古蹟爲經緯故園宅分列兩處卷二十一

［楊貽誠連桂坊蔣氏第宅考］吾鄞蔣氏著於唐盛於宋元袁桷蔣曉墓志云吾鄞士族之先莫如樓袁楊蔣蓋唐時已居鄞蔣氏科第之盛在宋時亞於樓史諸家

清全祖望蔣金紫園廟碑云蔣氏自唐時實由天台來居奉化已而還湖上光緒鄞縣志神宗時蔣公浚明爲豐清敏公稷所薦士官尚書金部員外郎抗疏排新法被斥累贈金紫光祿大夫璿琉琚璿琉爲陳忠肅公瓘高弟成進士忠肅書連桂二字以表其坊因號連桂坊蔣氏璿仕至中奉大夫琉仕至宣奉大夫琚子存誠太學生爲楊慈湖先生簡講學友公五世孫峴諫議大夫嶠貴溪縣丞嶠子曉朝奉大夫宋亡杜門不出

見宋楊簡蔣存誠墓志清全祖望蔣金紫園廟碑湖語自註及奉化縣志

誠案連桂坊今已廢

有宋三百年蔣氏蓋與相終始云

見元黄溍蔣氏聯珠續集序

其居第在竹湖故又稱竹湖蔣氏竹湖卽今城西南腰帶湖其東南有河爲細湖之支流曰蔣家帶二橋架其上在東北者曰聚福橋卽蔣家橋在西南者曰金紫橋帶之北塘曰蔣家塘塘之北爲蔣氏之園其南隔帶水爲蔣氏之宅聚福橋南址有廟曰聚福以祀園神初名茹園廟茹園者或當時蔣氏所以署其園未可知也清道光間里人林廷鰲於廟後闢地建宇以祀蔣公距今數年前廟名因更蔣公祠

清全祖望湖語云腰圍如蜂帶垂如繡潺潺湲湲折旋還就自注云卽今所謂腰帶湖蓋古竹湖之地也又蔣金紫廟碑云城內競渡湖之支流爲小湖其西爲竹湖有廟焉蓋宋金紫光祿大夫蔣公浚明之廟神而後遂以爲里社之祀故其巷曰蔣金紫巷其水曰蔣家帶其橋曰蔣家橋其東有坊曰連桂亦蔣氏物也蔣園訛爲茹園茹園又訛爲殳園於是橋名改爲殳家橋而廟名則曰殳園廟自明中葉以後始稱曰聚福

清徐兆昺四明談助云蔣氏園在河北宅在河南又云故寶雲寺在均奢橋東明弘治中徙於竹湖坊戒香庵廢址以其地建明倫堂又云連桂坊蔣氏世居小湖之西其地在大廟後今猶稱蔣家塘

誠案均奢橋又名湖橋今廢竹湖坊今亦廢蔣家塘卽今白水巷又名曰白水青松以民居門額得名蔣家帶卽蔣園廟河今呼白水青松小河

考鄞城之勝在日月二湖月湖在城西南日湖在城南卽南湖亦名競渡湖有支流二其一北行經採蓮橋至捧花橋北而達蔣家帶之北口是曰細湖亦曰小湖

清全祖望湖語云何來細湖別成遙澥自注南湖中有細湖又稱小湖蓋採蓮橋一帶也

清宋商英湖語注云日湖又名競渡湖

其一西行至錦照橋蔣家帶之水南流過金紫橋來會合流而西注於月湖故蔣家帶者實日月二湖之通脉而橫貫蔣氏之園宅者也細湖之水經蔣家帶而瀦爲竹湖後淤爲小池因名帶水池然則竹湖在當日其或茹園之最勝乎

清徐兆昺四明談助云今蔣家巷之腰帶湖卽竹湖舊有竹湖坊在湖南深處與細湖接今淤爲小池腰帶湖今稱腰帶河通蔣園廟河清全祖望勾餘土音詠帶水池云門前帶水得名金紫七葉清芬猶落人齒引入名園曲沼紆餘陳銘海注云帶水一名蔣家帶今人不知竹湖之更名腰帶多指廟側帶水以當之實數典忘其祖而竹湖之所以名腰帶其或以蔣家帶之名狀湖形而類及之亦未可知也余徜徉帶水竹湖間緬懷先哲心焉嚮往低徊留之而不能去云采訪

附圖

《武岭蒋氏宗谱》

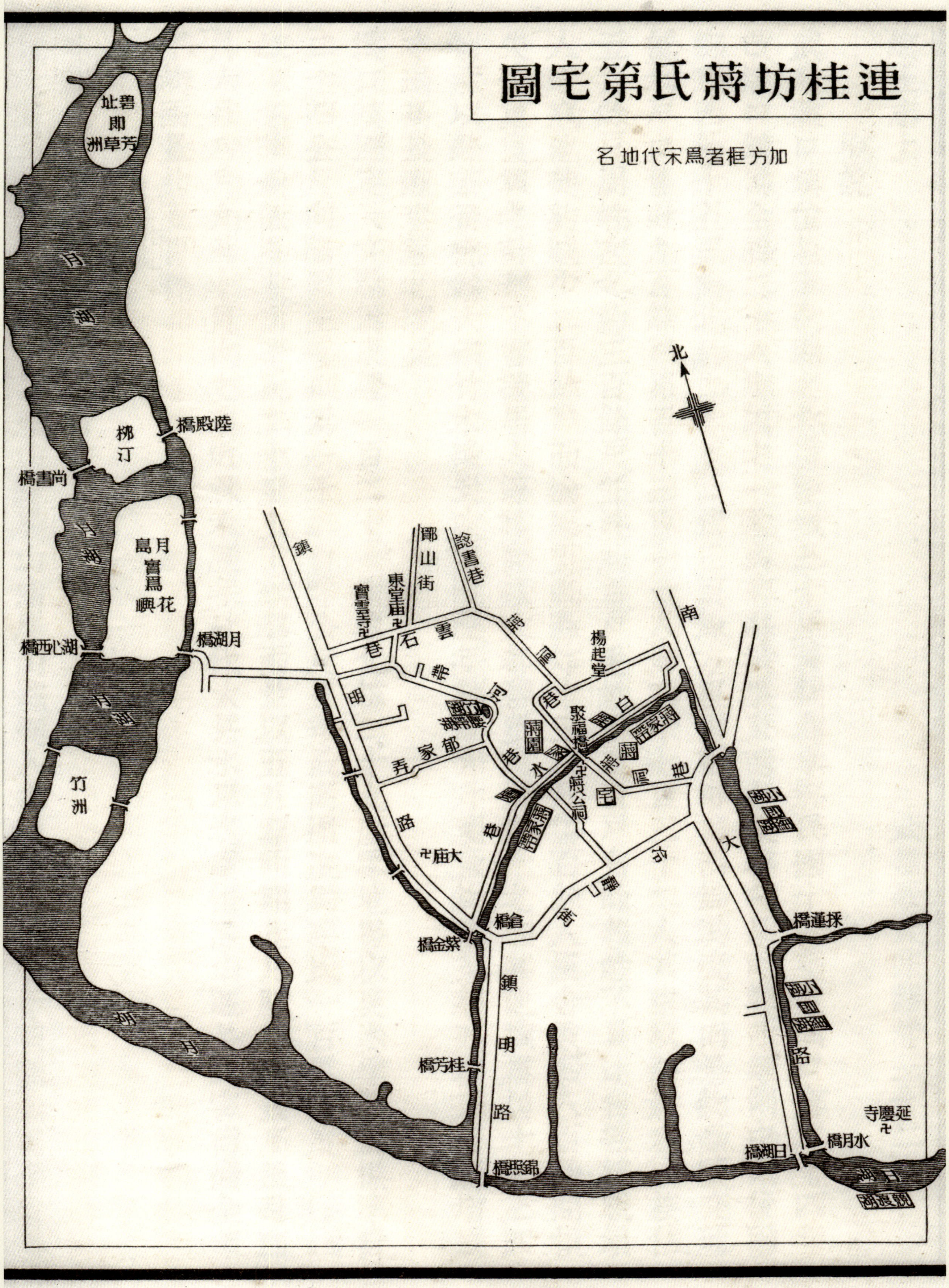

《武岭蒋氏宗谱》之《连桂坊蒋氏第宅图》

灵应庙

灵应庙，民国建筑，坐落于郁家巷历史街区南端，2001 年被公布为海曙区第四批区级文物保护单位。

灵应庙大门前（王之祥摄于 20 世纪 30 年代）

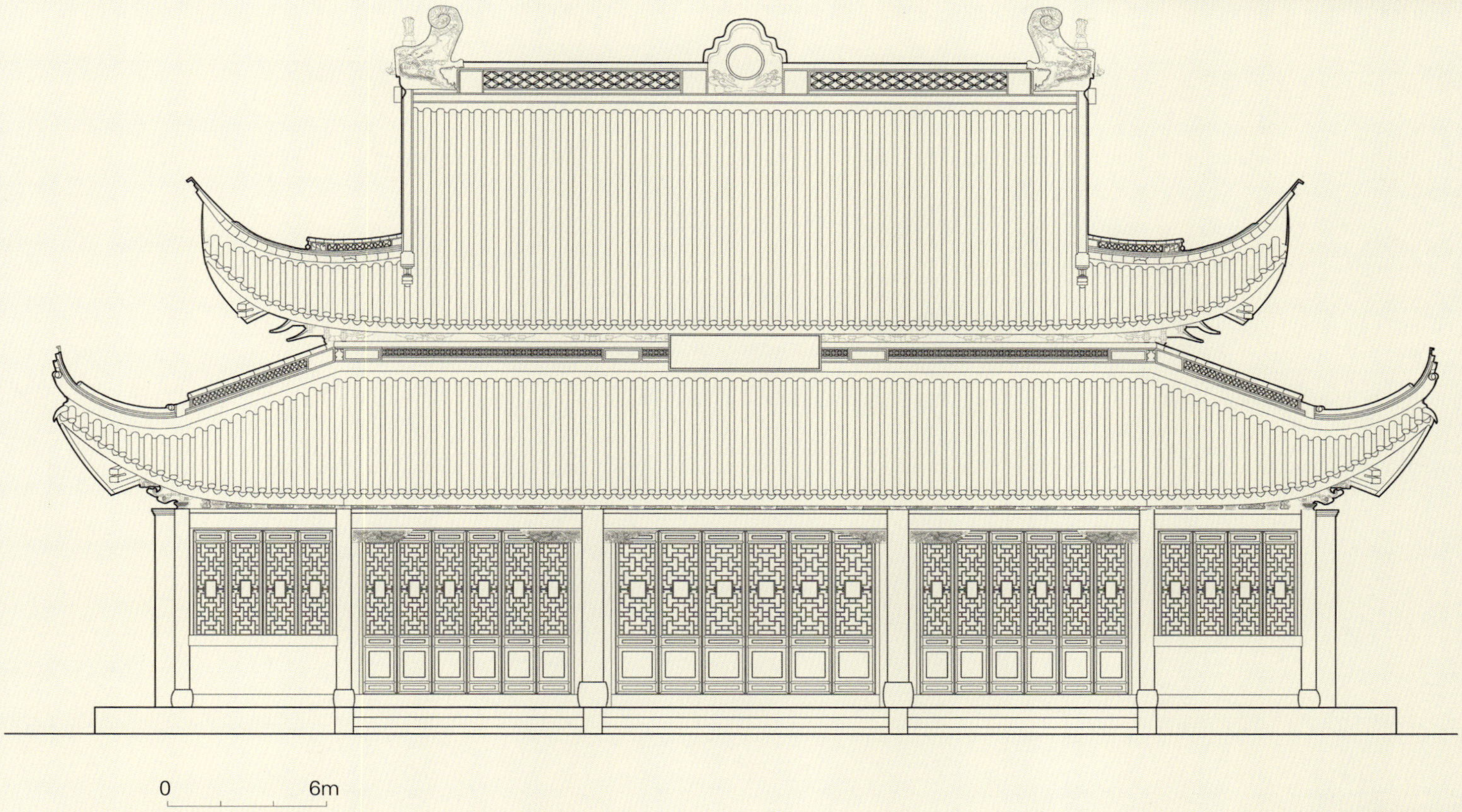

灵应庙南立面

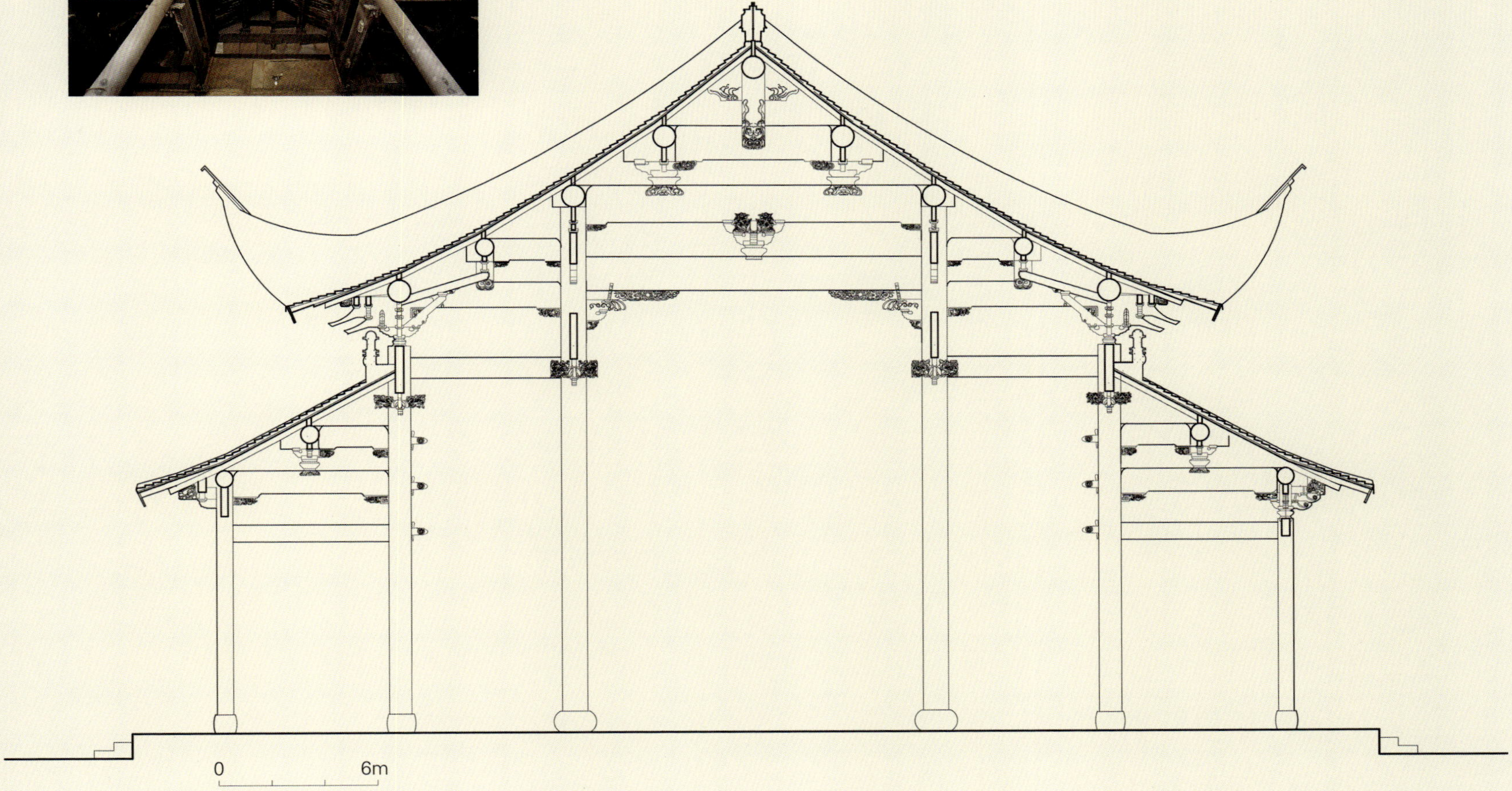

灵应庙横剖面

带河巷（2003 年）

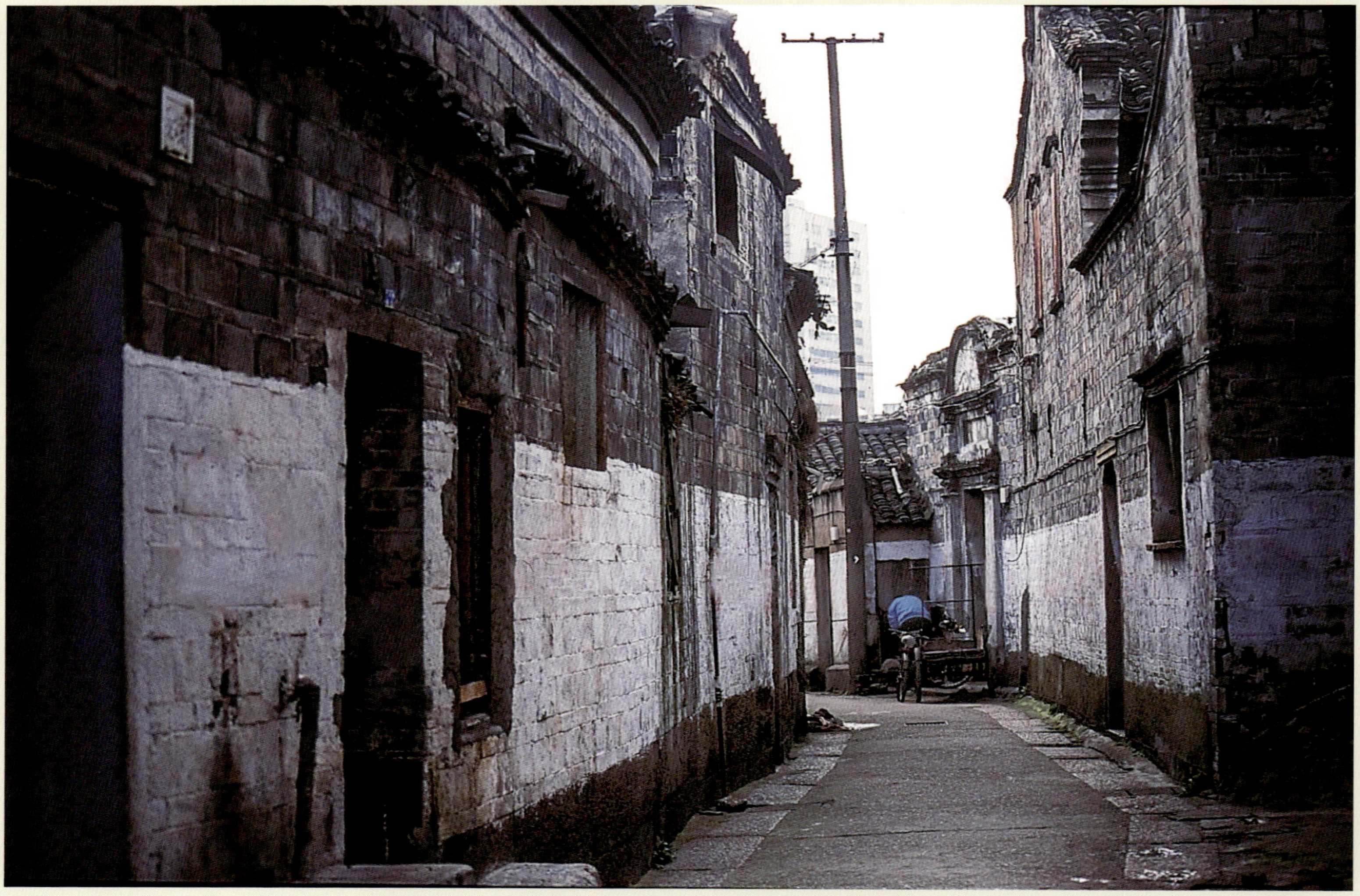

带河巷 76 号（2003 年）

盛氏花厅鸟瞰（2003 年）

盛世花厅

盛世花厅，清代建筑，坐落于郁家巷 1 号、5 号，1981 年被公布为海曙区第一批区级文物保护单位。

郁家巷陈炳恒故居（2003 年）

陈炳恒故居

陈炳恒故居建于民国，原主人为民国时期邮电局局长陈炳恒。主体建筑为二层楼屋传统三合院，占地面积 1500 平方米，建筑面积 724 平方米，廊柱等建筑构件结合西方建筑元素，具有中西合璧风格。

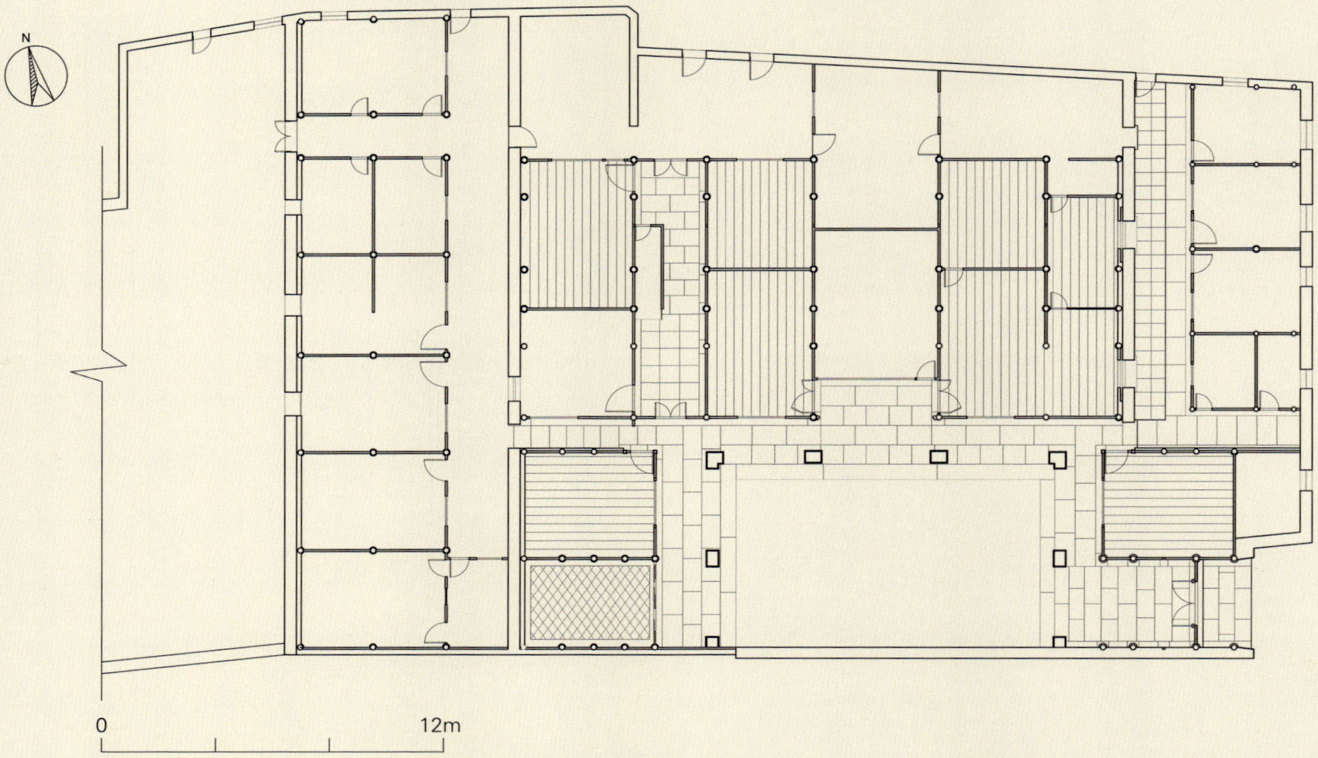

陈炳恒故居平面

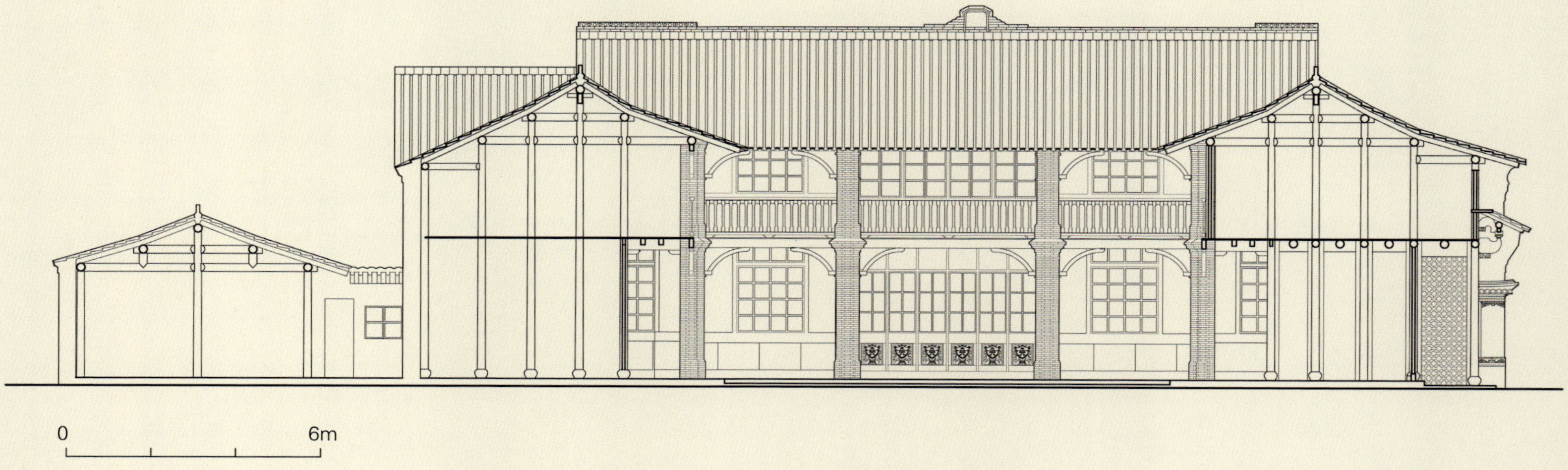

陈炳恒故居正厅立面

带河巷、白水巷、云石街一带（2003 年）

李氏宗祠

李氏宗祠，民国建筑，坐落于海曙区云石街 27 号，2010 年被公布为海曙区第五批区级文物保护单位。

李氏宗祠（2003 年）

杨坊故居（2003 年）

云石街杨宅（近代名人杨坊故居）

云石街杨宅，清代建筑，坐落于云石街 29 号，2003 年被公布为宁波市市级文物保护点。

杨坊故居（2003 年）

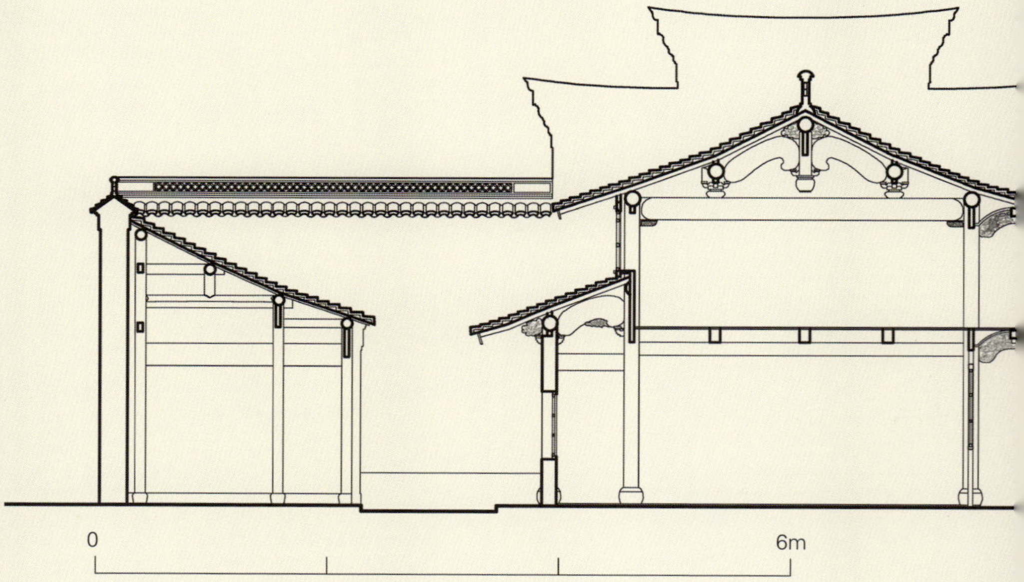

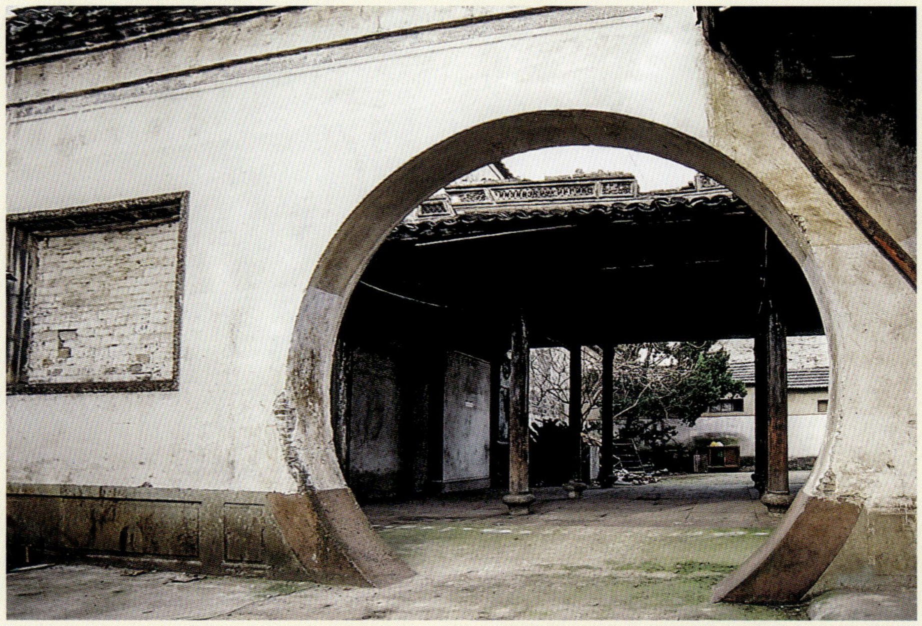

杨坊故居（2003 年）

杨坊故居内部（2003 年）

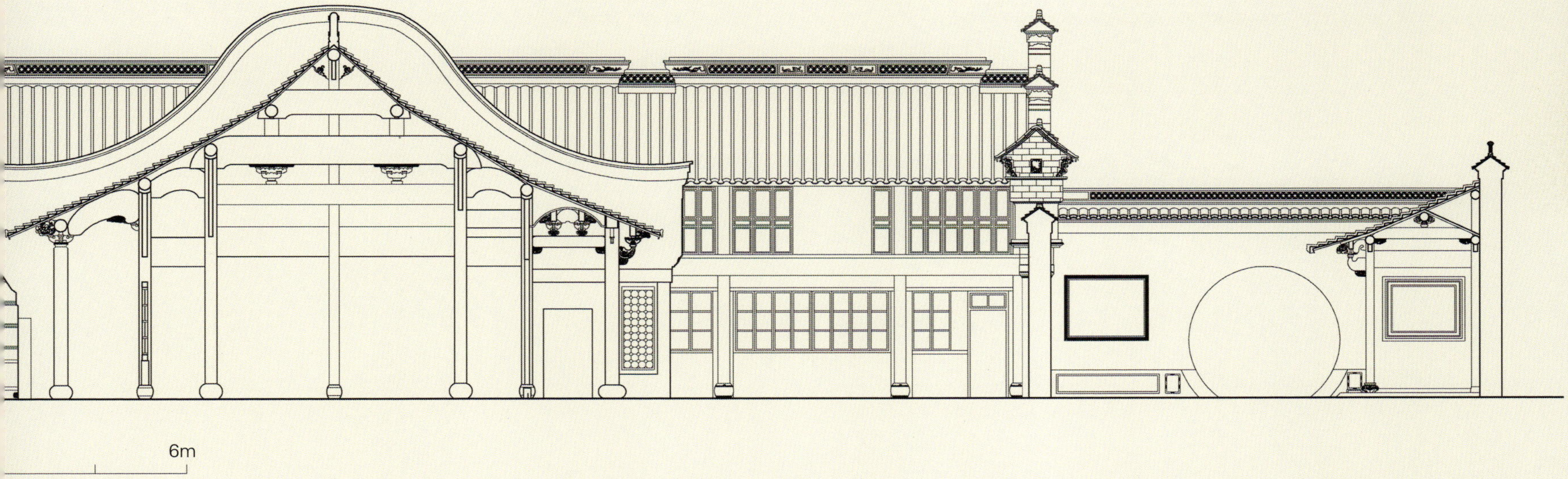

杨坊故居正厅横剖面

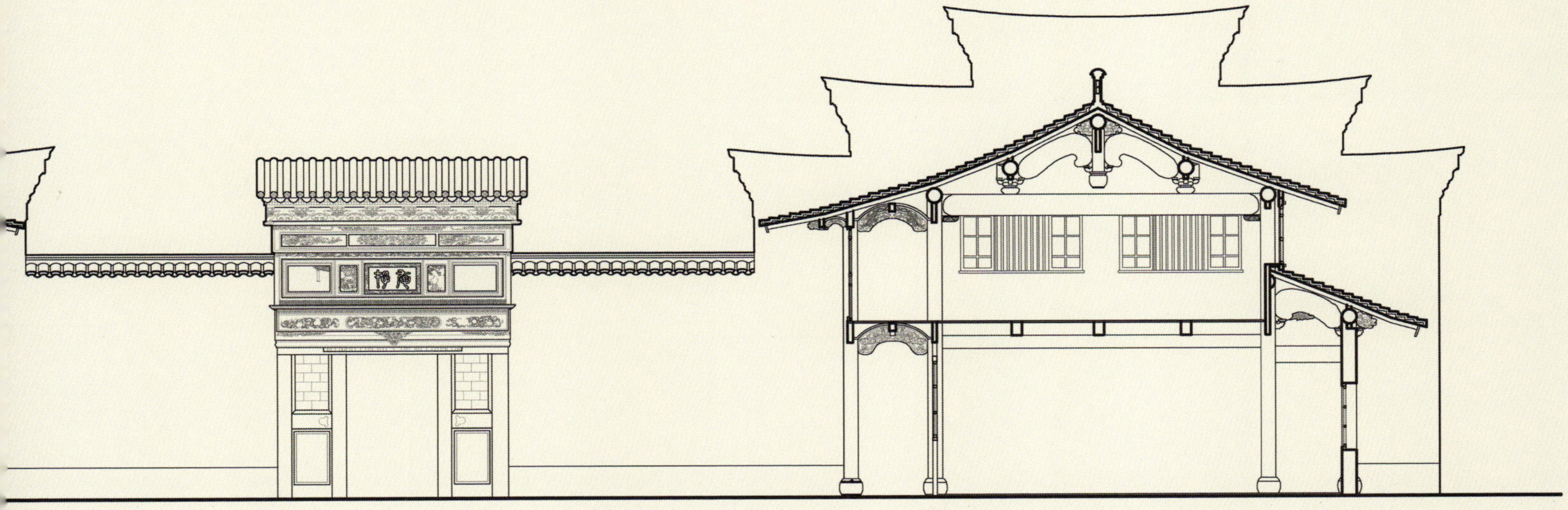

杨坊故居总剖面

陈鱼门故居

陈鱼门故居，清代建筑，坐落于蒋祠巷3号，2005年被公布为宁波市市级文物保护点。

林宅

林宅，清代建筑，坐落于镇明路紫金街30号，2013年被公布为全国重点文物保护单位。

郭宅（2003 年）

郭宅（2003 年）

冷静街东首向西鸟瞰（洋瓦顶即郭宅，2003 年）

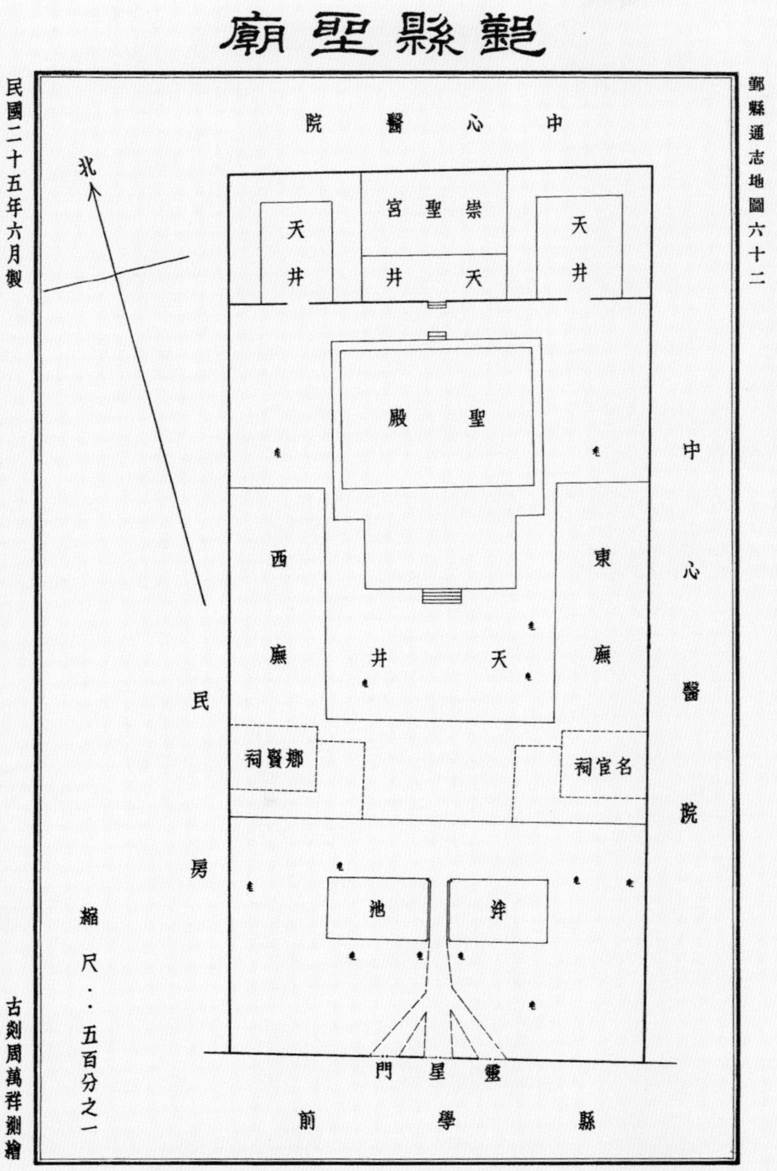

民国《鄞县通志》之鄞县圣庙平面图

1934 年县学街

文献记载

鄞县县学记

鄞在汉为鄮，属会稽郡。唐属明州，建夫子庙于县东。五代改鄮曰鄞。宋始立学。王文公安石宰县，因庙为学，教养县之子弟，风以《诗》《书》，衣冠鼎盛。后迁县西南，兵毁，久未复。主簿吕康年请于郡，相旧址，创礼殿，设跪像。堂曰“养正”，为斋者四。至元十九年，增二斋。二十六年，郡城灾，兹学岿然若鲁灵光。斯文未坠，道其泰乎？

二十八年，济南陈公祥为肃政廉访副使，分治于明，崇庠序之教。明年，新郡学，顾邑校风摧雨圮，榱楹将压，殿虽更坐像，庳陋未合古制，爰命撤旧宇而新是图。夏六月，鸠工经始，规模崇闳，视昔增焕。县尹张君孝安提其纲，丞王君闰捐禄米以助，主簿任君谦亦赞画焉。多士竞劝佐厥费。事巨，用不给，檄县以义役租续之。揭石为门，六扇有伉，抡材为殿，隆栋翚飞，清池泱泱，芹藻春意。自堂及序，以次缮修，实惟礼乐之使，居德善俗，启迪化原，以恢宫墙之壮观。逢掖来游，诵公教泽，永永无斁。始，教谕赵必夔庀役，未克就，严得桂继之，出私橐帅先，吴应酉联事协力。既成，请识石章。应麟居是邦，不敢以耄疾辞。

惟古者百里有师，教以道艺孝弟仁义。斯民也，三代所与共学也。闾为左右塾，党以正齿位，时会于州序。去民愈近，施教愈密。自武城弦歌弗闻，急茧丝而缓教化，先政刑而后诗礼，若密令举善而教，新城长延聚生徒，何其寂寥哉！无以表倡之也。我思古人有行部，先即学宫见诸生试论，有行县，学官处士执经对讲。谁其嗣之？贤使者新斯学也，岂徒美宫室云尔，将新士以新民也。

昔鄞有杜先生醇，学行望一乡，县大夫再书然后起。其书谓“斯道我先得之，必推余于人，愿赐临以为之师”，其自重难致如此。师道立，善人多，渊源有自，为师者盍以为法乎？鄮士汉世仅一见，虞仲翔之言可考也。陆士龙称鄮之俗，礼节恭谨，盖素履行，愿修其天爵，是为人德之基、进道之阶。自学校之建，俊彦兴起，乡先生前后九人，其四出于鄞，皆以忠信为本，践履笃实。仰高蹈景，其人若存，为士者不自勉乎？师知所以教，士知所以学，朝而受业，昼而讲贯，夕而复习，思无愧于儒之名。前哲有云，学所以学为人，学为君子，学为忠与孝也。服膺三言，是训是行，化海濒为洙泗，以一邑为天下式，将自吾鄞始。谨书其事，诒夫教学者，式克用劝。

三十年秋八月壬寅前进士王应麟

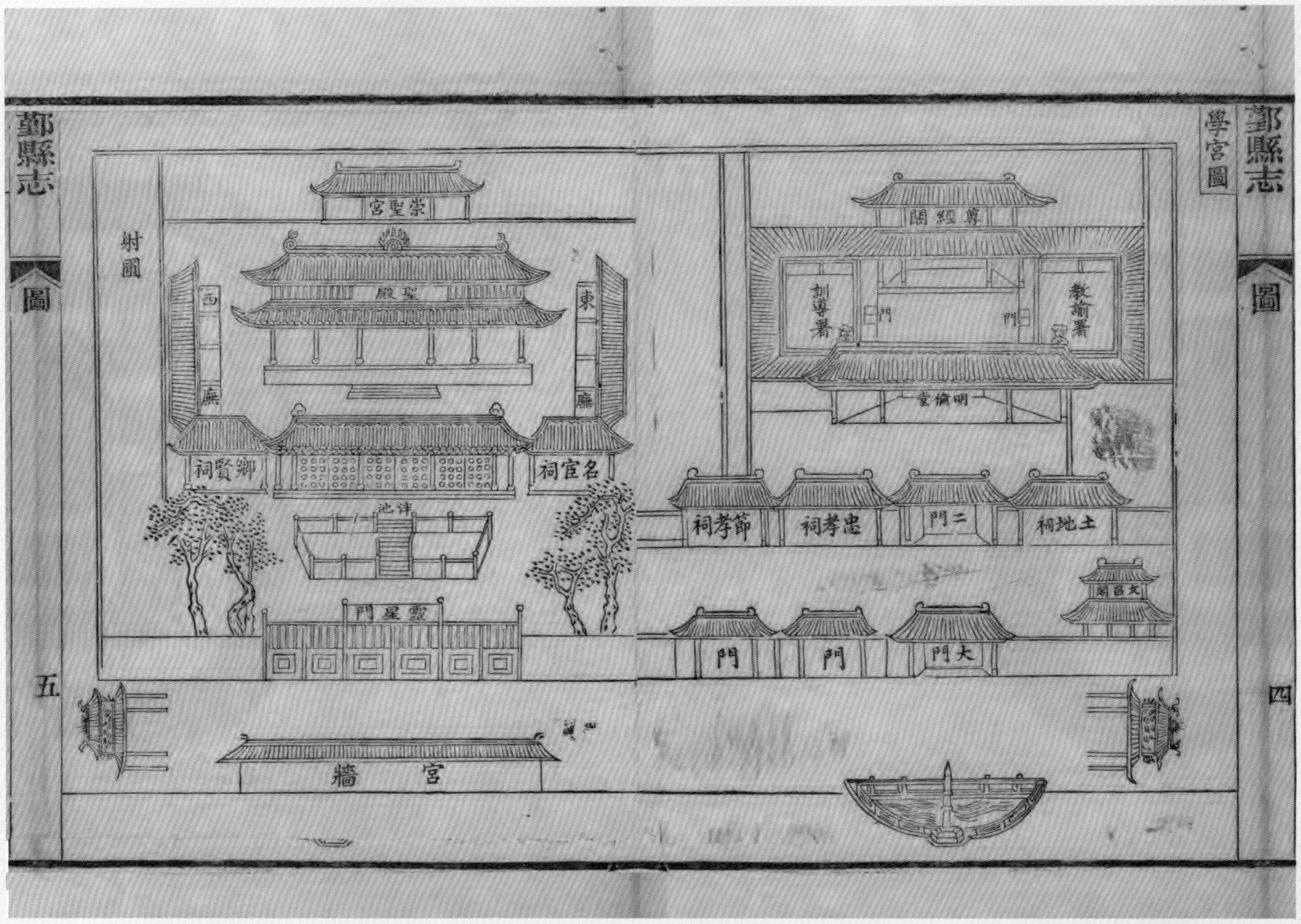

光绪《鄞县志》之《学宫图》

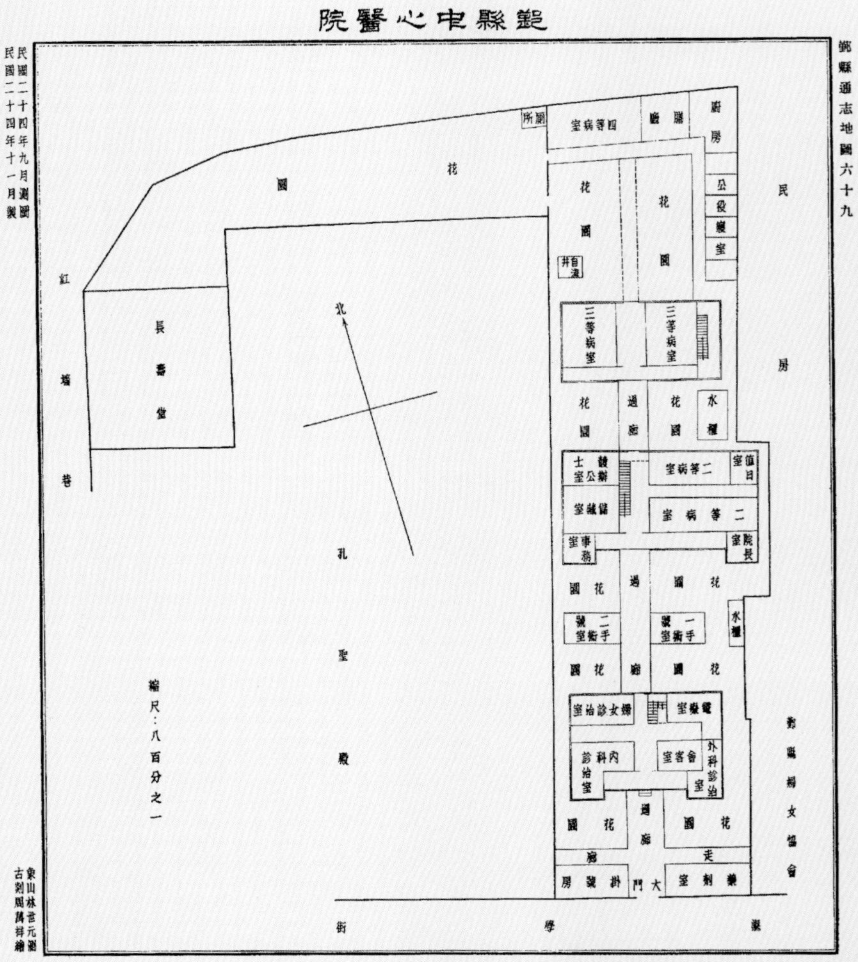

民国《鄞县通志》之鄞县中心医院平面图

20 世纪 60 年代宁波市第一医院大门

20 世纪 60 年代宁波市第一医院门诊楼

鄞县县学门楼

宁波第一医院门诊楼，建于 1954 年，坐落于县学街 90 号，2003 年被公布为宁波市市级文物保护点。

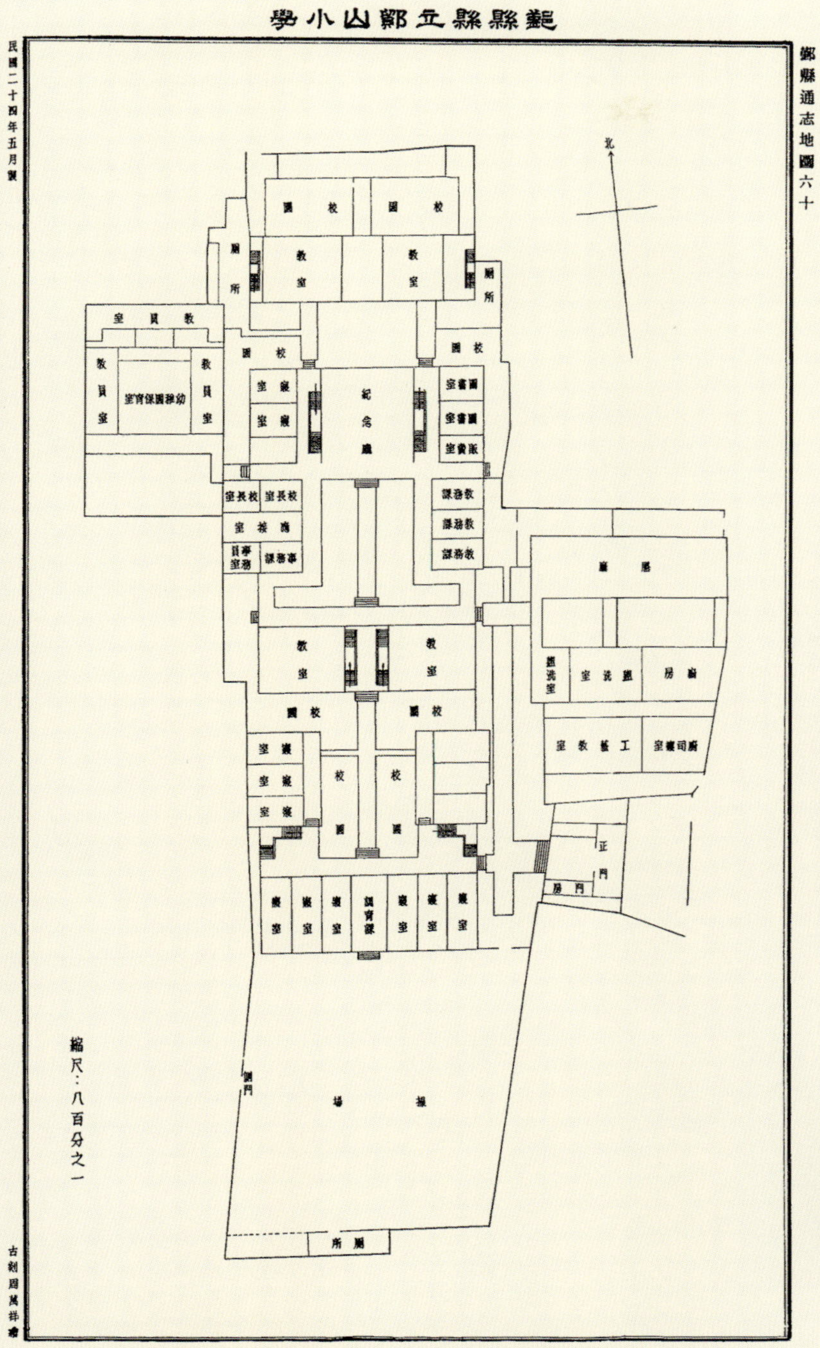

民国《鄞县通志》之鄞县县立鄮山小学平面图

镇明路金宅外景（1962 年，历史所藏）

游河巷 10 号俞宅花园（1962 年，历史所藏）

金宅入口处（1962 年，历史所藏）

三、日湖与毛衙街一带

文献记载

日湖，郡治东南，一名细湖，一名竞渡湖。纵一百二十丈，衡二十丈，周回二百五十丈有奇。宋已渐废。至清代，其水西至日湖桥，东至明州桥。其支二：一自水月桥北流抵采莲桥，东流为渠达塔儿桥；一自白龙王庙侧蜿蜒北流，达行香桥，合塔儿桥之水。

19 世纪 70 年代，日湖东端，南门城墙跟（包腊相册）

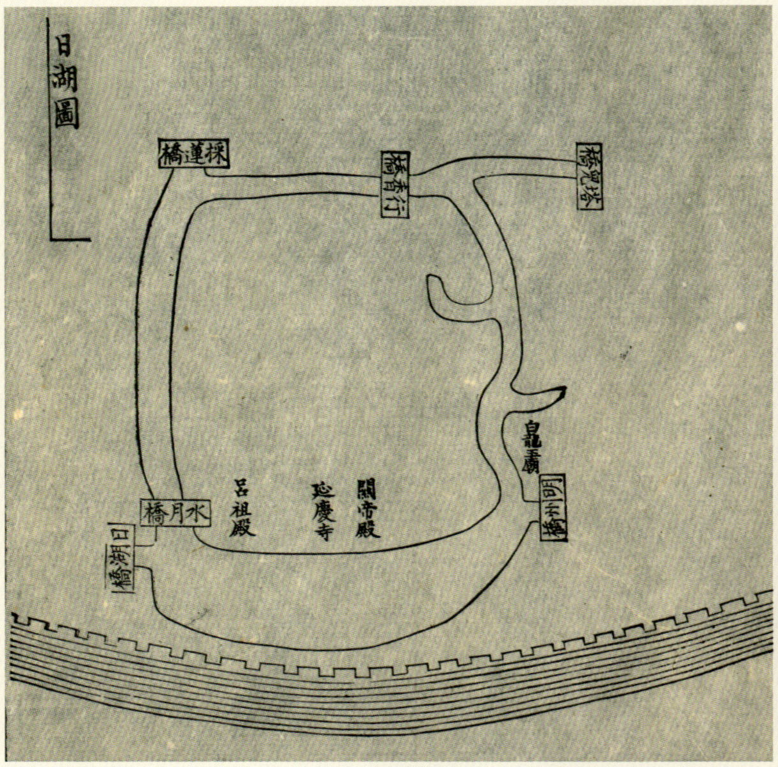

《宁郡城河丈尺图志》之《日湖图》

从南门城墙上俯视日湖（1900 年）

日湖南部景观（摄于 1906—1909 年之间）

19 世纪 70 年代的水月桥和余相国祠

20 世纪 20 年代的延庆寺大殿

20 世纪 20 年代的延庆寺天王殿

延庆寺佛龛（1962 年，历史所藏）

延庆寺方丈客厅（1962 年，历史所藏）

延庆寺起信阁（1962 年，历史所藏）

延庆寺

延庆寺，始建于五代后周广顺三年（953），现为清代建筑，坐落于灵桥路延庆巷 1 号，1961 年被公布为宁波市第一批市级文物保护单位。

观宗寺

观宗寺，始建于宋元丰年间（1078—1085），现为民国建筑，1961年被公布为宁波市第一批市级文物保护单位。

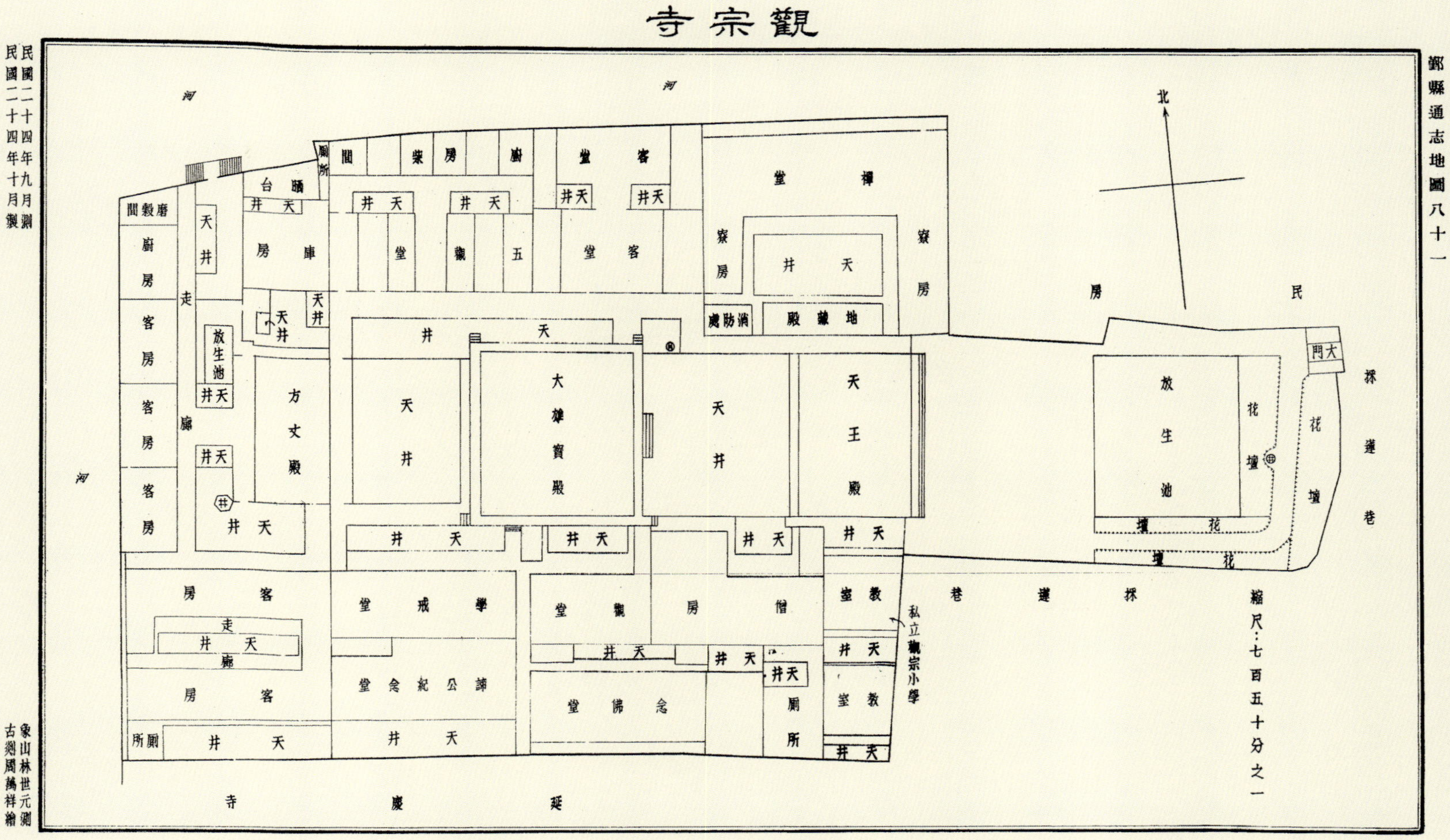

民国《鄞县通志》之观宗寺平面图

日湖自采莲桥取捧花桥一带五十八丈为小湖，又称细湖（杜德维相册，约 1878—1880 年）

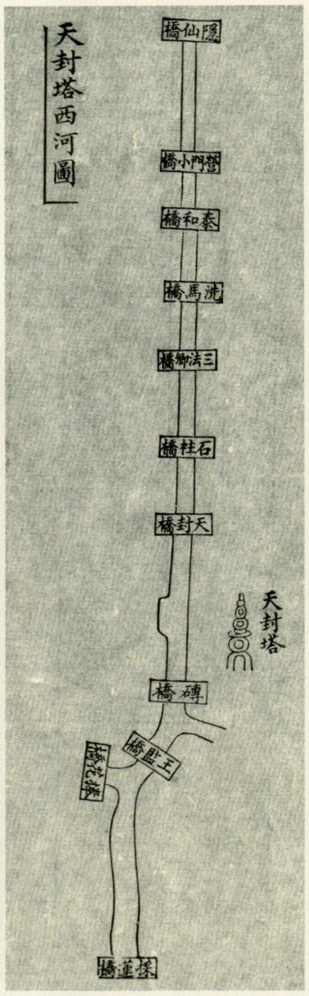

《宁郡城河丈尺图志》之《天封塔西河图》

采莲桥（《亚东印画辑》1939 年 3 月号）

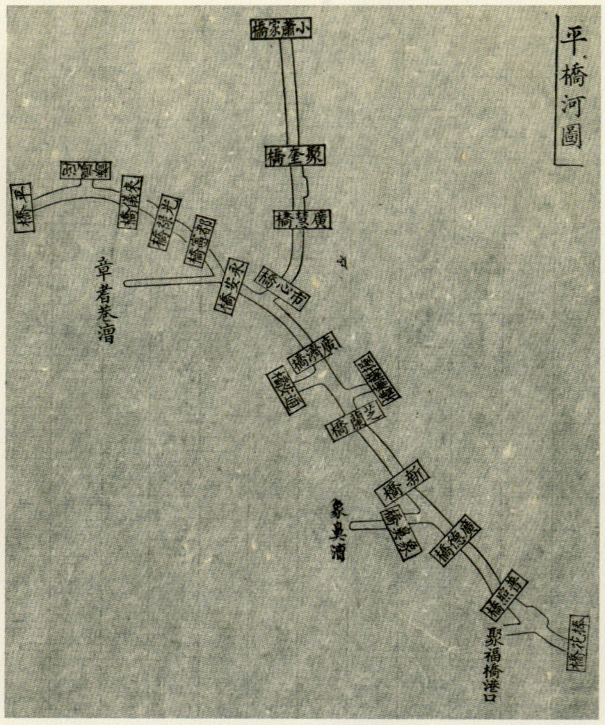

《宁郡城河丈尺图志》之《平桥河图》

毛衙街、毛家巷、塔前街一带建筑群（2003 年）

毛衙街毛宅（2003 年）

郭衙巷街景（2003 年）

毛衙巷民宅（2003 年）

南湖袁宅

南湖袁宅，清代建筑，坐落于毛家巷6号，2005年被公布为宁波市市级文物保护点。

南湖袁宅（2003 年）

袁宅东北角（2003 年）

毛衙街北段街景（2003 年）

毛衙街北段街景（2003 年）

塔影巷一带建筑群（2003 年）

卢氏支祠

卢氏支祠，坐落于塔影巷 9 号，2001 年被公布为海曙区第四批区级文物保护单位。

卢氏支祠（2003 年）

塔影巷街景（2003 年）

李宅（2003 年）

四、宁波府郡庙与天封塔

宁波城隍庙大殿外观（1962 年，历史所藏）

郡　庙

郡庙（城隍庙），全称宁波府城隍庙，清代建筑，坐落于县学街 22 号，1981 年被公布为宁波市市级文物保护单位。

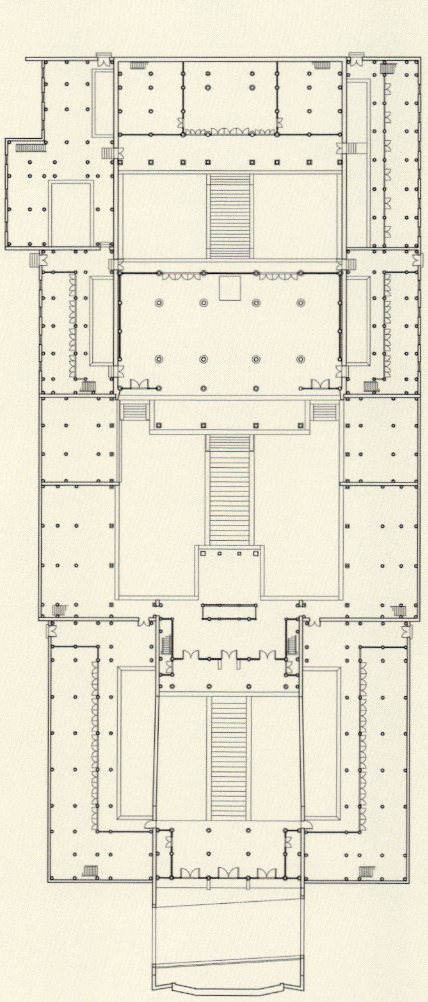

郡庙平面

宁波郡庙旗杆（1962 年，历史所藏）

20 世纪 80 年代末从城隍庙西北侧鸟瞰

20 世纪 70 年代城隍庙西侧民乐剧场前

文献记载

宁波府城隍神庙之碑记

黄润玉

明之为州，本春秋于越甬东也。山川包络，有金汤之固；土壤衍沃，无灾厉之虞。加之民俗淳庞，虽中原丧乱，恬然绝草窃狼烽之警，故天下衣冠之避乱者多归焉。

初，秦郡会稽，分县甬东，曰句章，治在它山；曰鄮，治在鄮山；曰鄞，治在奉川。汉、晋、宋、齐、梁、陈因之。隋平陈，并鄞、鄮入句章。唐武德中，以句章为鄞州，寻革为鄮县。开元末，始置明州，城句章之墟。天宝初，改为余姚郡。至至德中，复为明州。大历六年，鄮县被寇，移治过鄞江，即今之附郭鄞县也。时未有郡城隍神祠。长庆改元，州刺史韩察上言：明州北临鄞江，地形卑隘，请移置鄮县。乃撤旧城，立子城于今治。唐末天下大乱，刺史黄公晟率乡兵增筑外罗城十八里以大之。梁贞明二年，郡守沈承业始建城隍神祠州治西南。宋嘉定九年，摄守程覃奏赐庙额曰“灵佑”。宁宗即位，升州为庆元府。元初易府为路，隳天下城池，庙因弗葺。皇明大一统，复明州，置府而大其治。

凡天下城隍之神皆封爵曰“监察使司民城隍显佑伯”，惟时庙祀隘陋莫称。洪武四年春正月庙灾，郡守张公琪以郡治南握兰坊故元帝师殿为庙以祀神，期八百年于兹矣。先是，洪武二年五月日诏命，依古定制，凡岳、镇、海、渎并去其前代所封名号，止以山水本名称其神，郡县城隍神号一体改正。至十四年，易明州为宁波，乃正神号曰“宁波府城隍之神”，礼也。旧制，凡命官亲民于兹者，视印之日必先期斋宿牲祭，以与神誓曰：“予倘怠政奸贪，陷害僚属，凌虐下民，神其降殃。”至三载奏绩去任而复官，皆祭于神如初。岁祀郡厉则又迎神以主之，其享祀之盛，非第社稷群祀山川，春秋岁遍而已。祀典既盛，神灵丕著，祷即应，感即通。岁或雨旸愆期，民必戚于神，而神休于民者多矣。今郡守陆公下车之明年，岁旱，公祷于神而天雨。又明年，岁旱，复祷于神而天雨。

公光州人也。由进士官户部主事。尝有德于人，立生祠于三河。而鄞之父老感公之德者，亦何敢一日而忘之？惟公治民以仁，事神以诚，故神格而民信。于是，阖郡之民复请位城隍神之像于庙，进衣冠而事之。庙貌聿新，威灵烜赫，文武交贺，士庶具瞻。时正统乙丑十一月十日也。载期丙寅，公将献绩于朝，知鄞县事杨侯寿率士民请镌文丽牲之碑，以记庙貌所始。公诺之，属笔于予。予谨著其实而系之颂祷神词，俾明之人歌以祀神于无穷焉。辞曰：

神之司兮城与隍，民所恃兮保而防。朝有命兮官斯邦，神与誓兮阴鉴阳。廉而明兮神降祥，贪而暗兮神斯殃。祀典昭昭兮与国无疆。

右颂神辞

牲奠俎兮醪奠觞，神来歆兮神来尝。时雨旸兮岁丰穰，驱疫疠兮人寿康。官斯邦兮禄位昌，兵司卫兮威武扬。神岁岁兮其乐无央。

右祷神辞

正统十一年岁在丙寅十二月上澣立

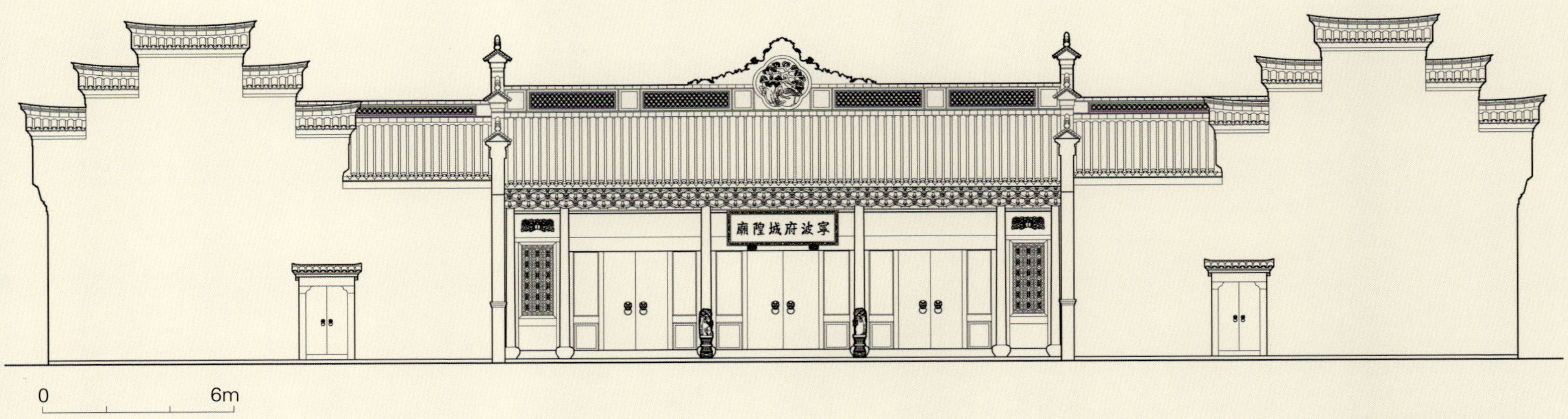

郡庙南侧外立面

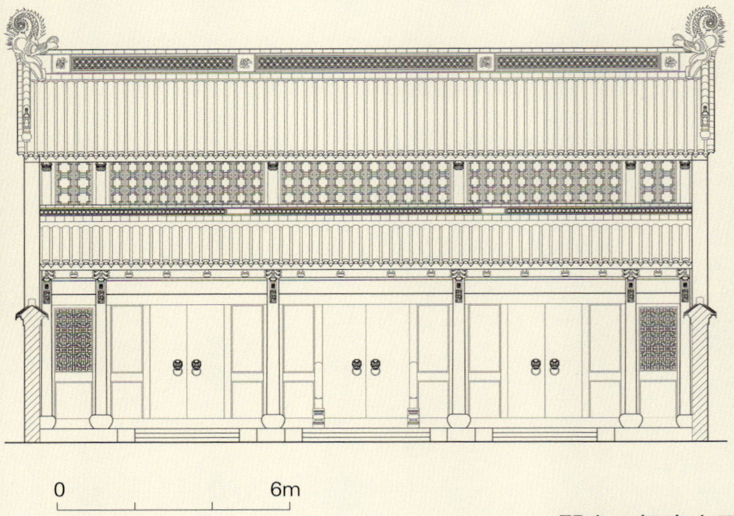

郡庙二门南立面

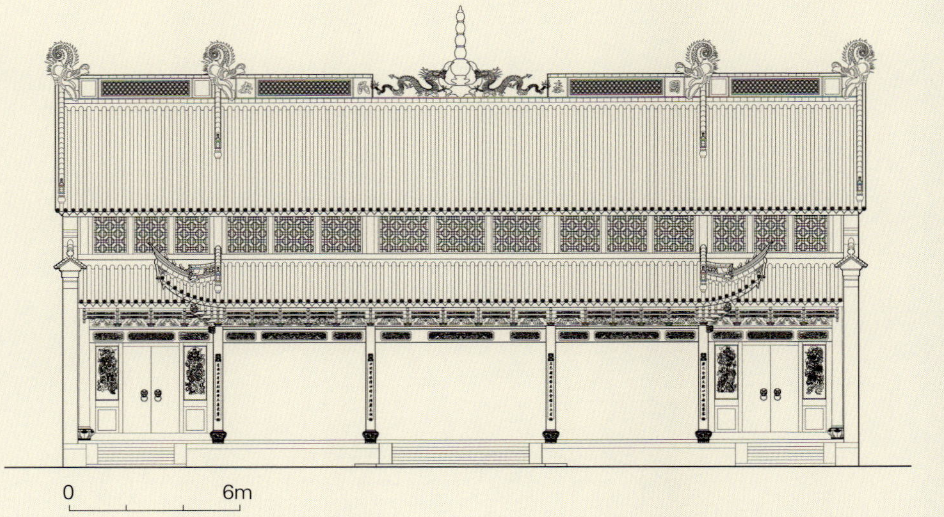

郡庙正殿南立面

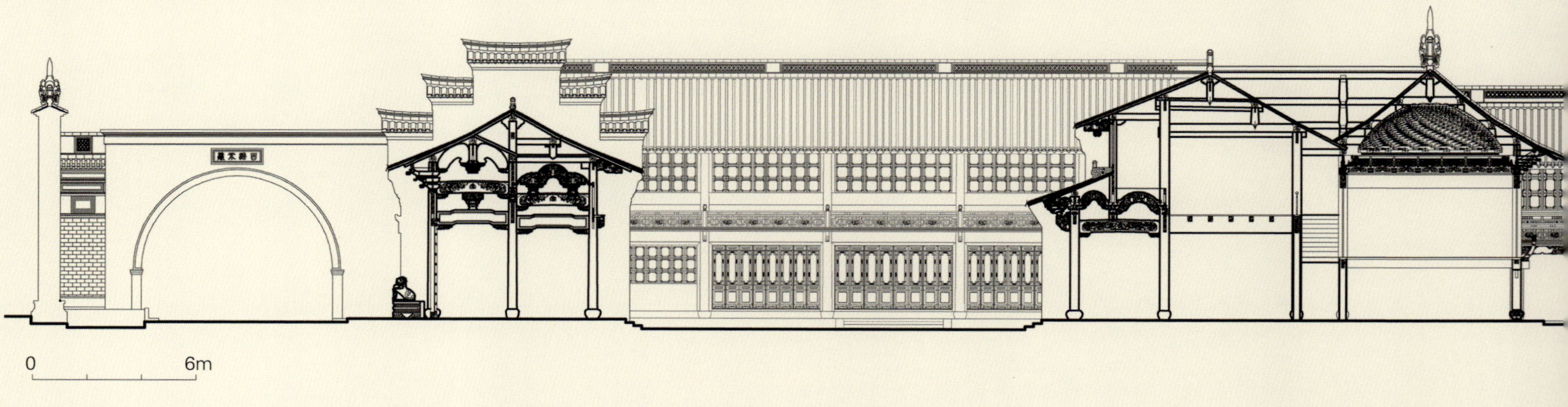

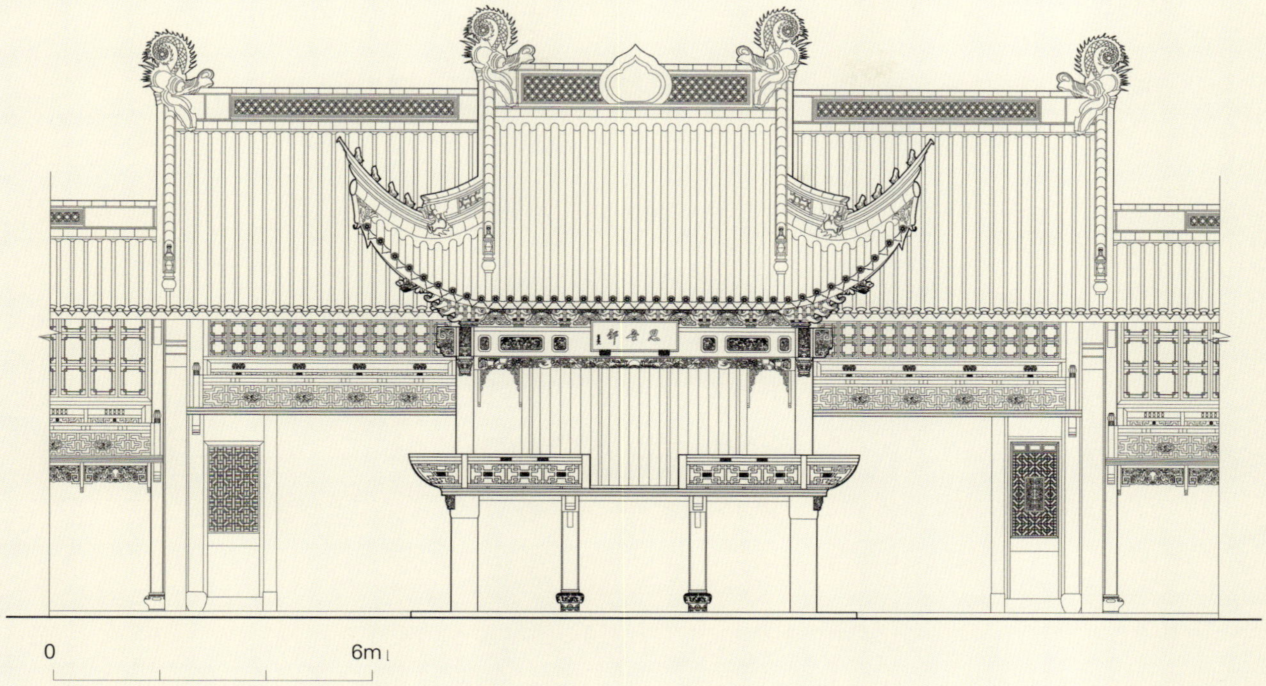

郡庙戏台北立面

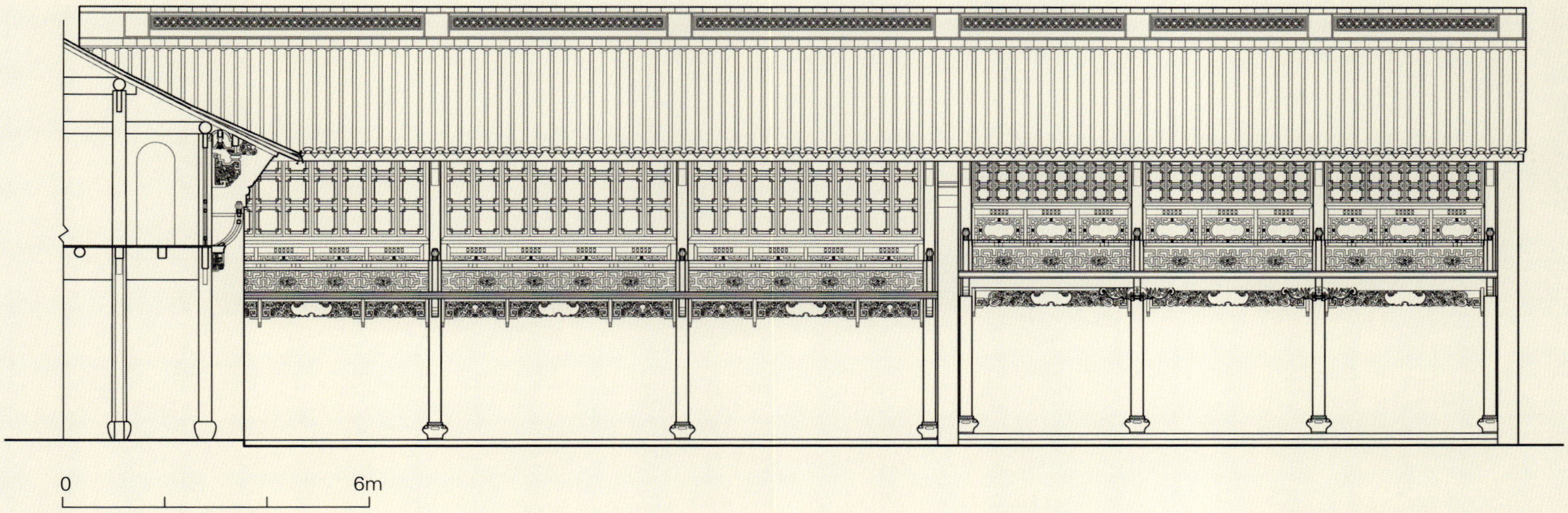

郡庙第二进西厢房东立面

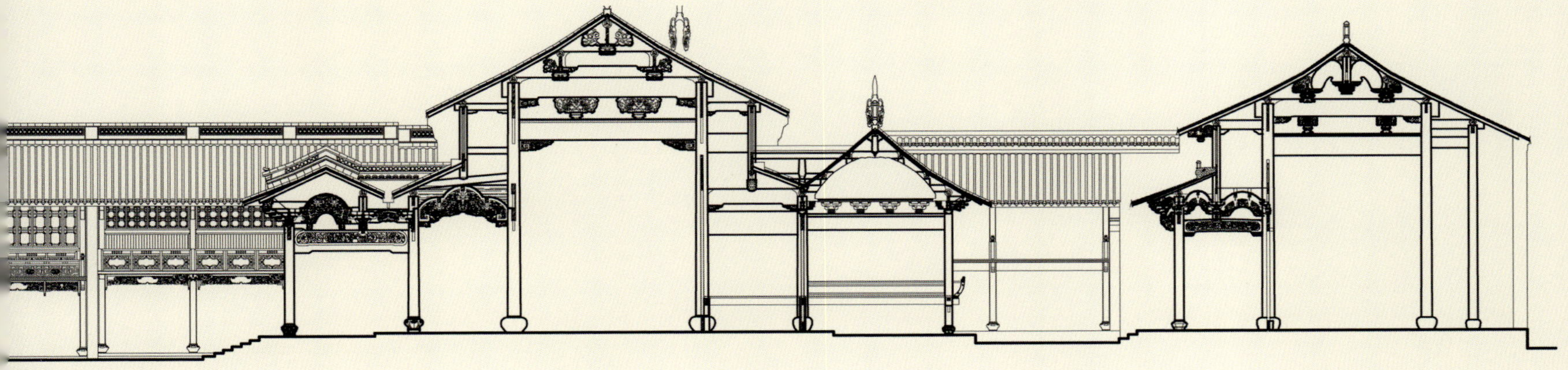

郡庙总剖面

天封塔

天封塔，始建于唐武后天册万岁至万岁登封年间（695—696），坐落于今天封公园内，1961 年公布为宁波市第一批市级文物保护单位。

1878—1880 年间的天封塔（杜德维相册）

20 世纪 30 年代的大沙泥街

20 世纪 60 年代的天封塔

1911 年的天封塔与塔东河，图片选自［英］慕雅德著《在华五十年》

天封塔南立面

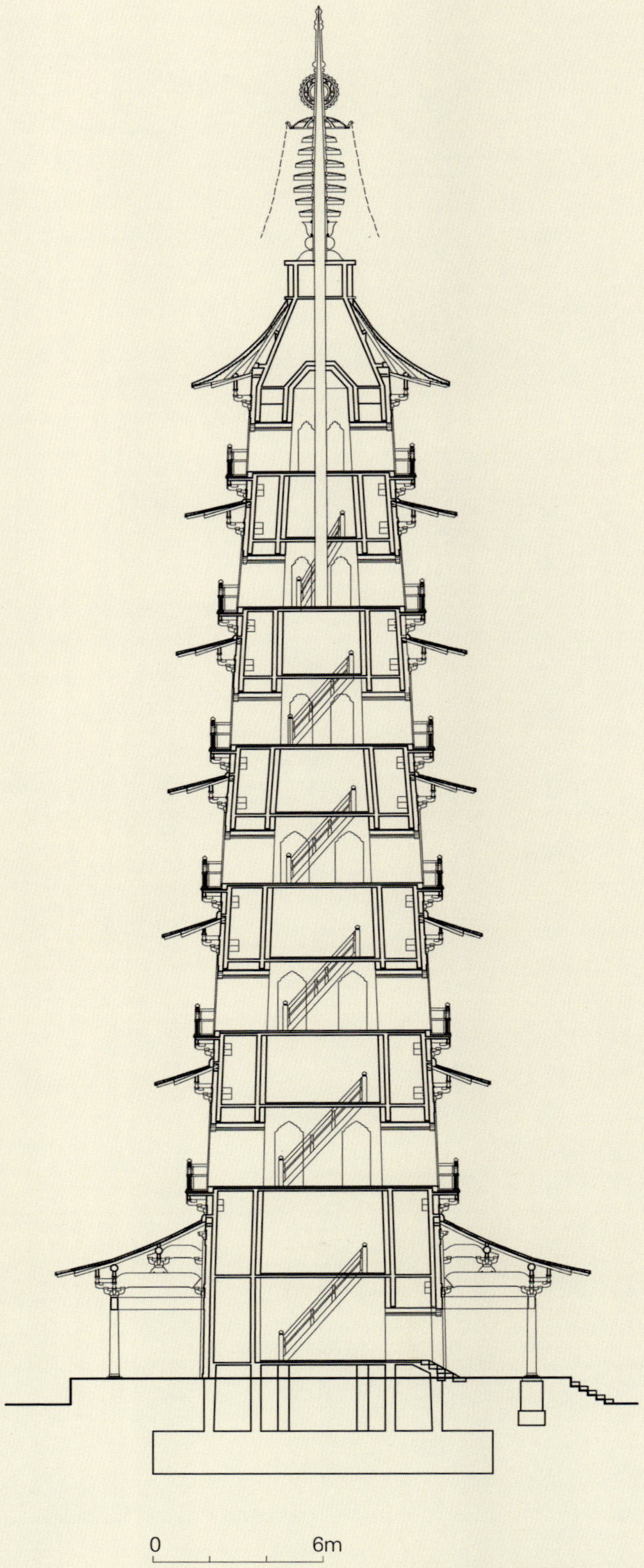

天封塔剖面

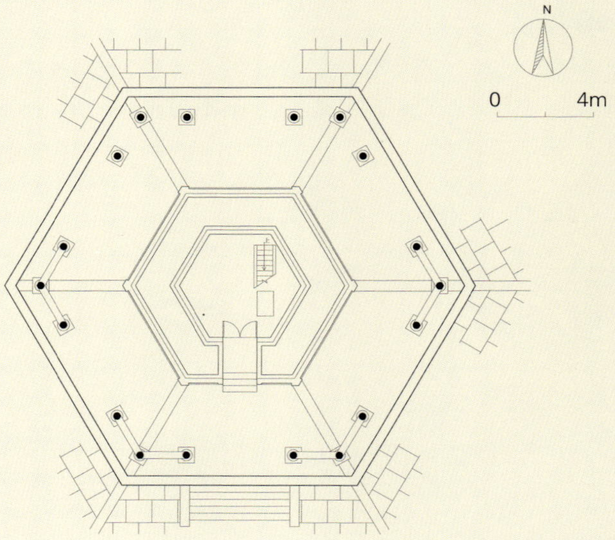

天封塔底层平面

1984 年 6 月天封塔塔基考古现场照片及测绘图

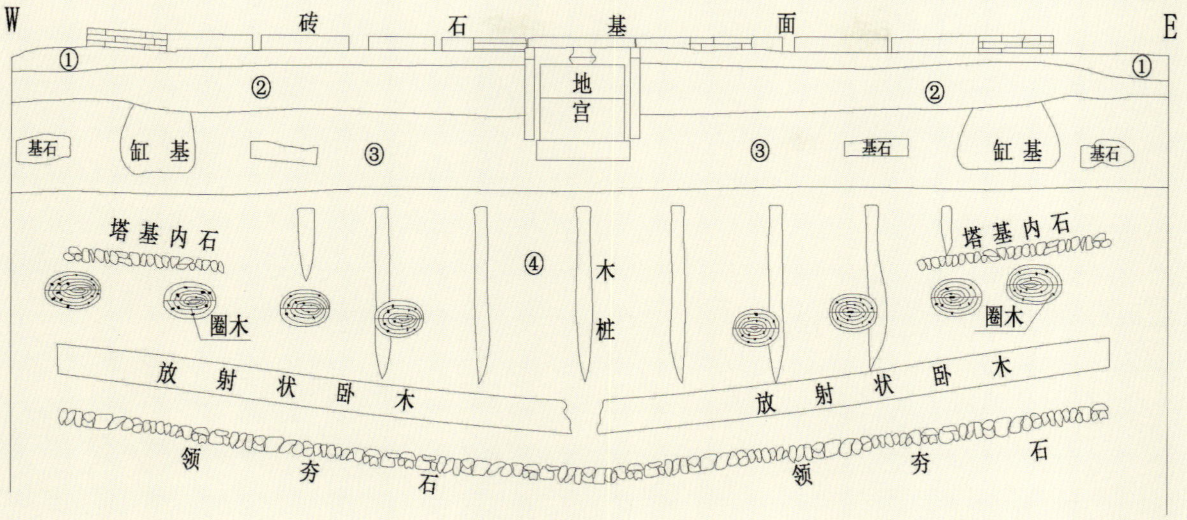

塔基横剖面

天封塔塔基考古现场

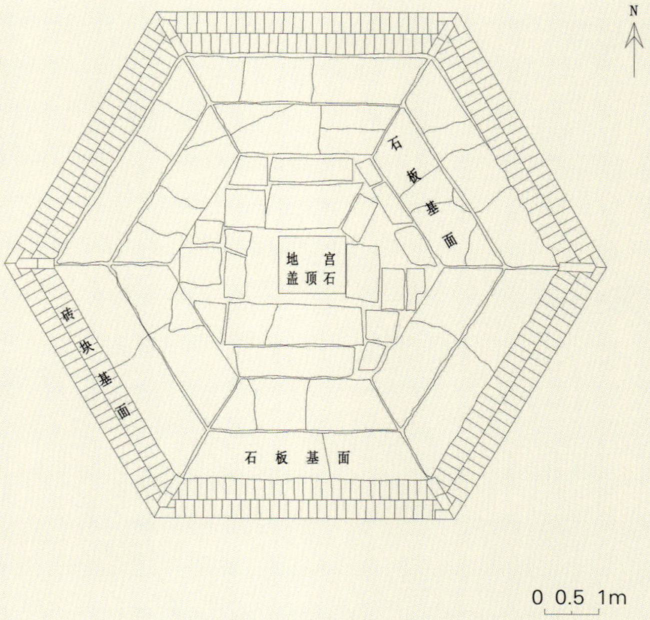

砖石基面平面

天封塔塔基考古现场

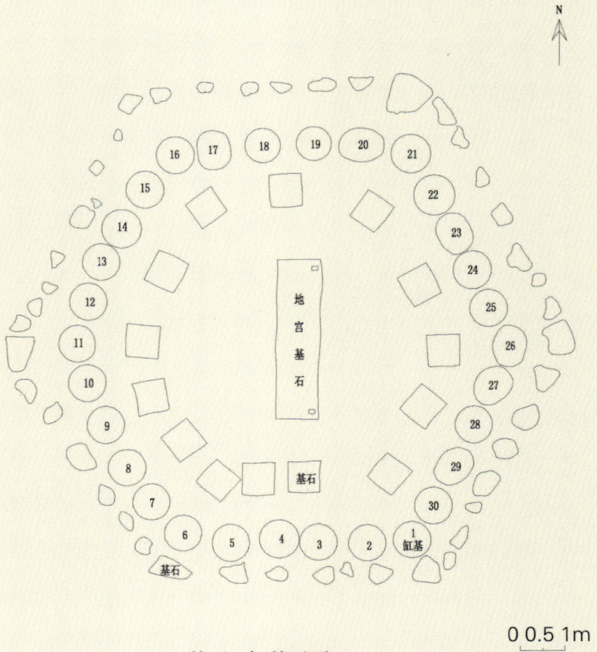

基石、缸基平面

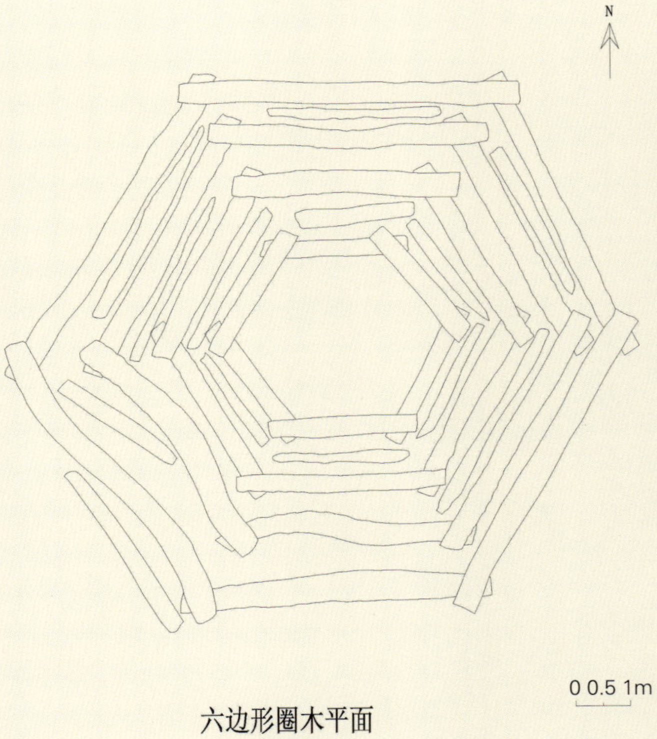

六边形圈木平面

天封塔塔基考古现场

天封塔塔基考古现场

天封塔塔基考古现场

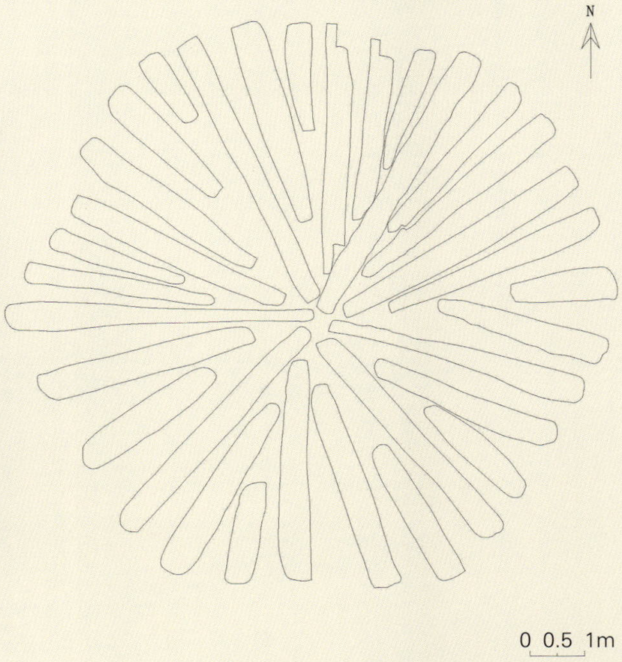

放射状卧木平面

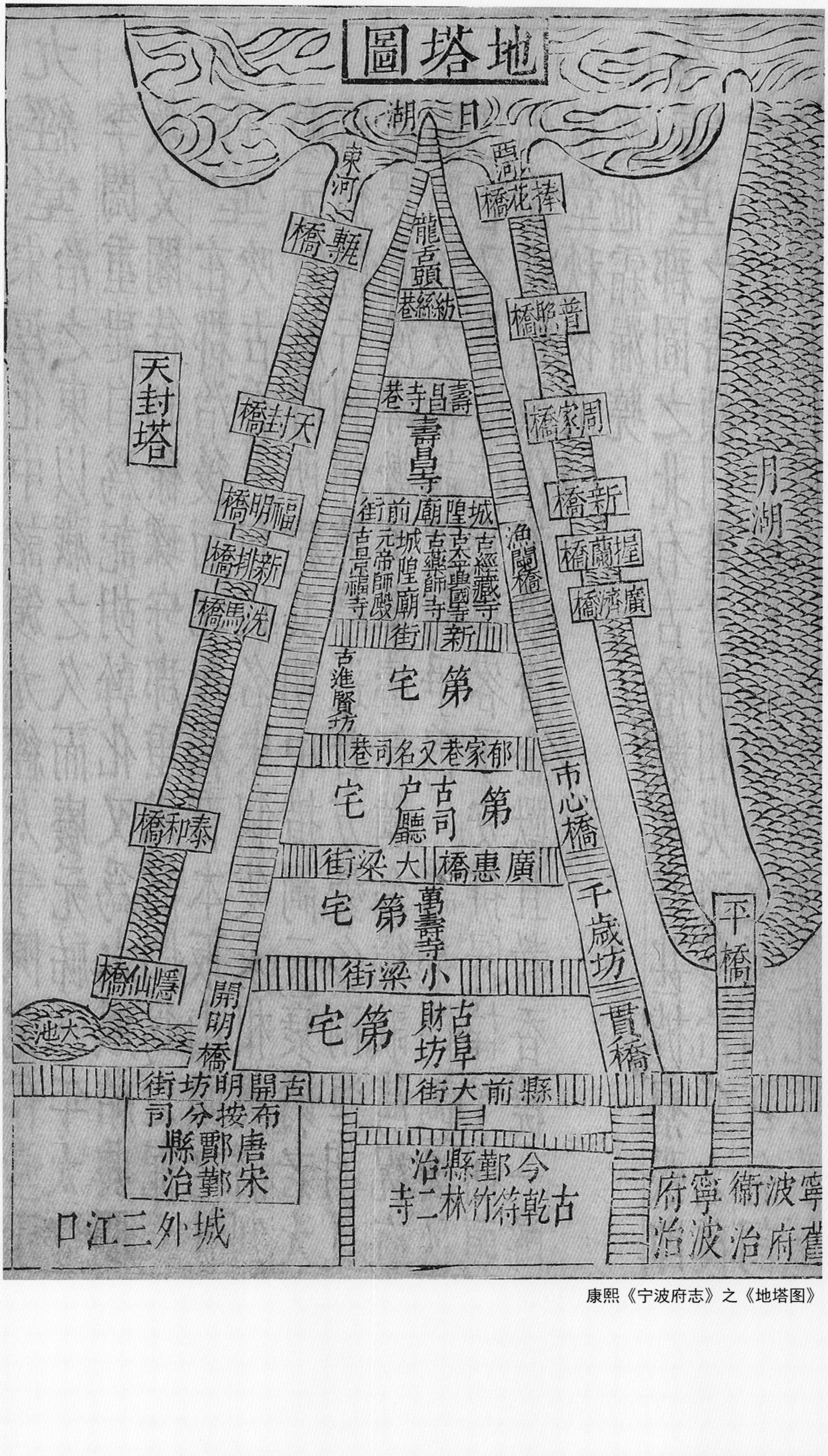
地塔圖
日湖
東河
西河
捧花橋
天封塔
紡絲巷
壽昌寺巷
壽昌寺
天封橋
周家橋
福明橋
新橋
新排橋
廣濟橋
洗馬橋
城隍廟前街
新街
第宅
郁家巷又名司巷
泰和橋
市心橋
廣惠橋
大梁街
千歲坊
平橋
隱仙橋
小梁街
開明橋
貫橋
大池
古開明坊街
縣前大街
布按分司
今鄞縣治
古乾符竹林二寺
寧波衛舊府治
寧波府治
城外三江口
月湖

康熙《宁波府志》之《地塔图》

1987 年 8 月《宁波城区影像图》局部

第五部分

宁波古城东北隅

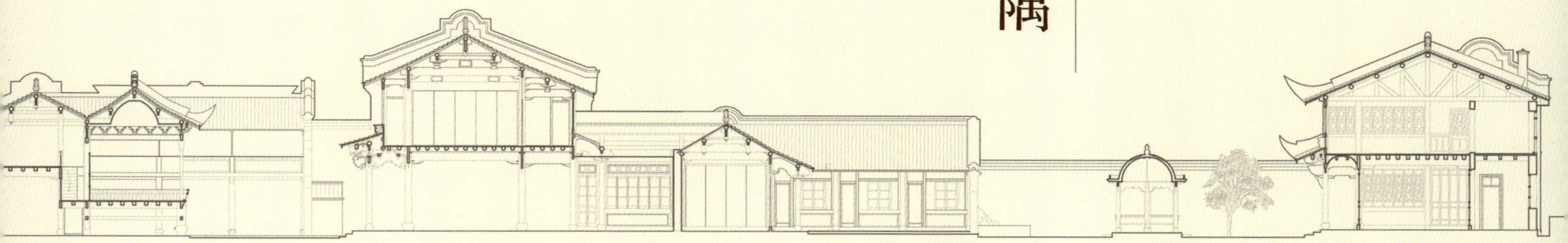

一、东北隅历史影像与景观

（开明街、药行街、咸塘街、中山路）

二、江厦一带——古代宁波的港埠区

（灵桥门、东渡门、和义门等）

宁波古城东北隅

本区域东至奉化江，南至药行街，西至开明街，北至姚江。历史上沿江一带属于宁波古代的港埠区，东渡门和灵桥门内外商贾云集。

东北隅老城厢内是古代宁波府城的金融商业区，东有崔衙街、又新街、日新街、车桥街等；南有药行街、泥桥街、英烈街等；西有开明街、右营巷、法卿巷等；北有东大路（今中山路）、东后街、旗杆巷等；中间有南北向的碶闸街和东西向的咸塘街十字交叉，形成田字形的道路格局，范围基本与现在的天一广场重合。

民国《鄞县通志·食货志》记载：1931 年全县钱庄 160 家，绝大部分都在这一区域的东部，地址注明为“江厦”的多达 60 余家。19 世纪后半叶，宁波商埠药业繁荣，府城灵桥门内砌街一带药肆聚集，久而皆称之为药行街。药业与钱庄业瞬息相通，鼎盛时期在外埠“信用极著”。1932 年，药行街内所开的近百家商铺中，仍有四成为中药店铺。

古代宁波府城在三江口一带设置三座城门，自南而北分别是灵桥门、东渡门、和义门。唐宋以来，城门外沿江滩地成为明州港的重要区域，习称江厦码头。沿江一带自北而南曾有和义渡、桃花渡、战船厂、天后宫、汤令公庙等，商铺栉比、百业云集。民谚云“走遍天下，不如宁波江厦”，即指此地。

区域内主要文化遗存包括：全国重点文物保护单位钱业会馆，浙江省省级文物保护单位灵桥、甬江女中旧址，海曙区区级文物保护单位鼠疫场遗址、药王殿、义门瓮城遗址等，是宁波三江文化长廊的重要组成部分。

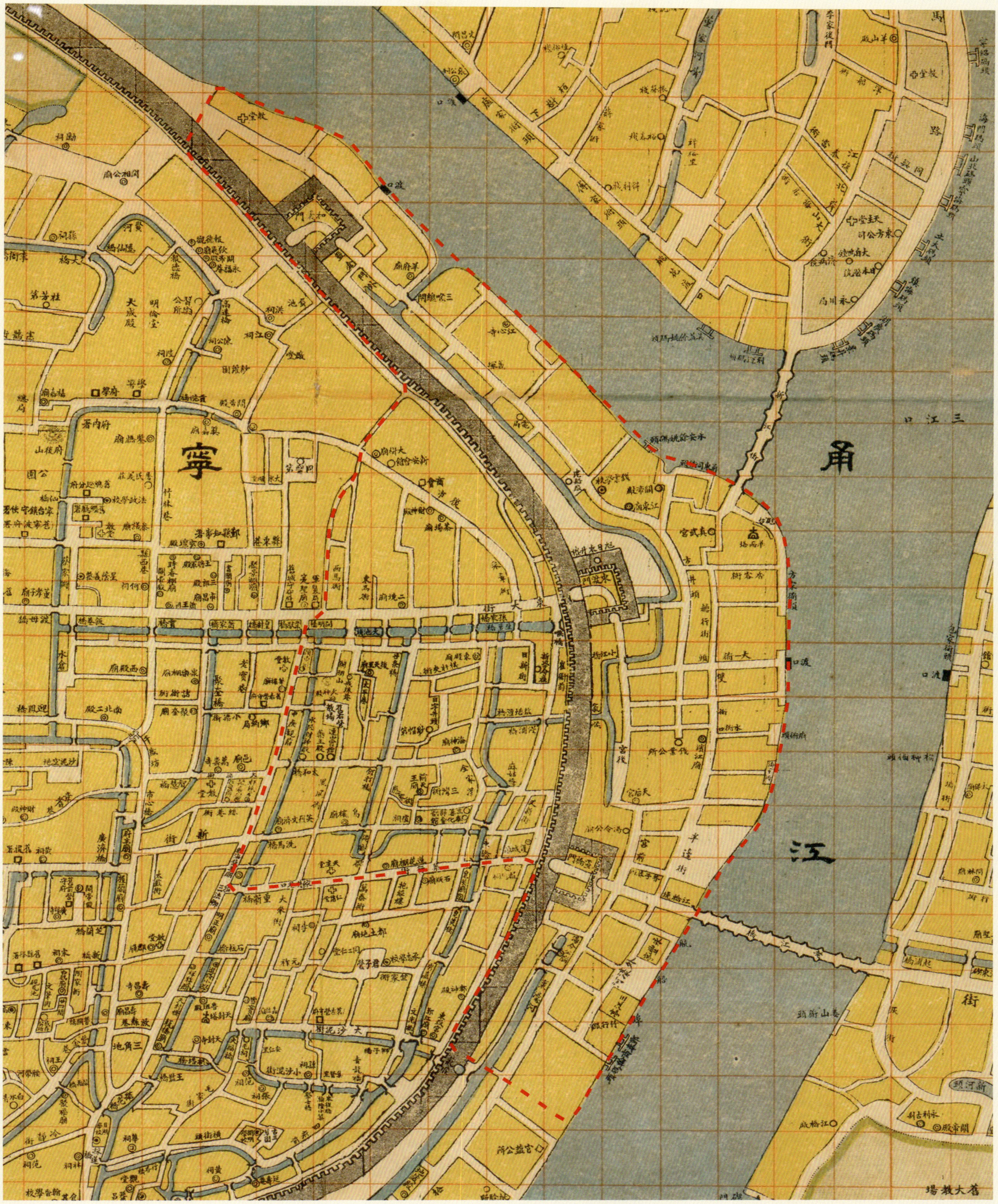

民国三年（1914）《最新宁波城厢图》局部 · 宁波古城东北隅

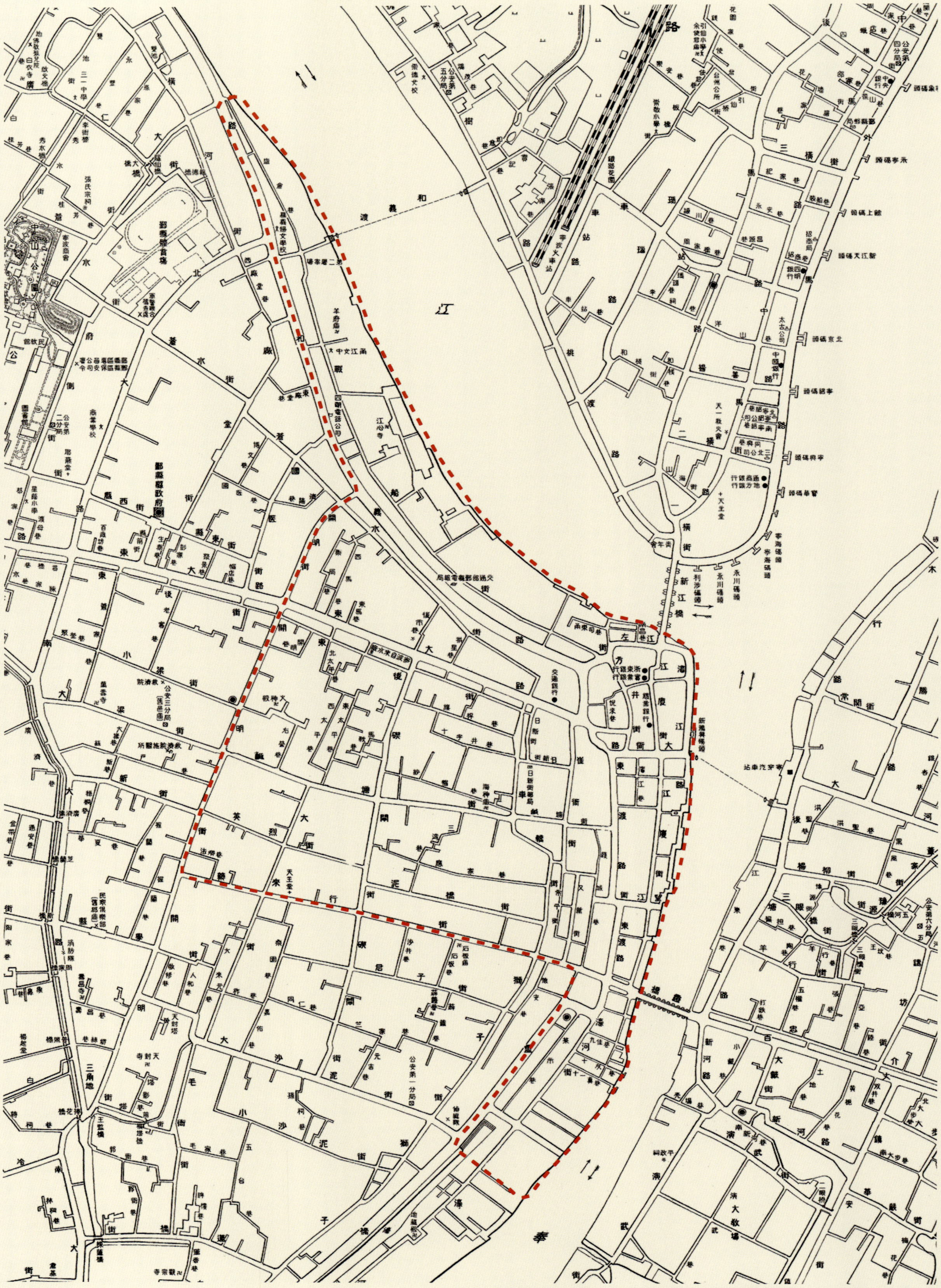

民国二十五年（1936）《鄞县城厢图》局部·宁波古城东北隅

2002 年《宁波城市影像图》局部 · 宁波古城东北隅

一、东北隅历史影像与景观

20 世纪 50 年代末，药行街以南、大来街一带旧景

20 世纪 30 年代开明街教堂

20 世纪 30 年代开明街口

20 世纪 30 年代开明街

1939 年城区（天封塔以北）

20 世纪 40 年代药行街

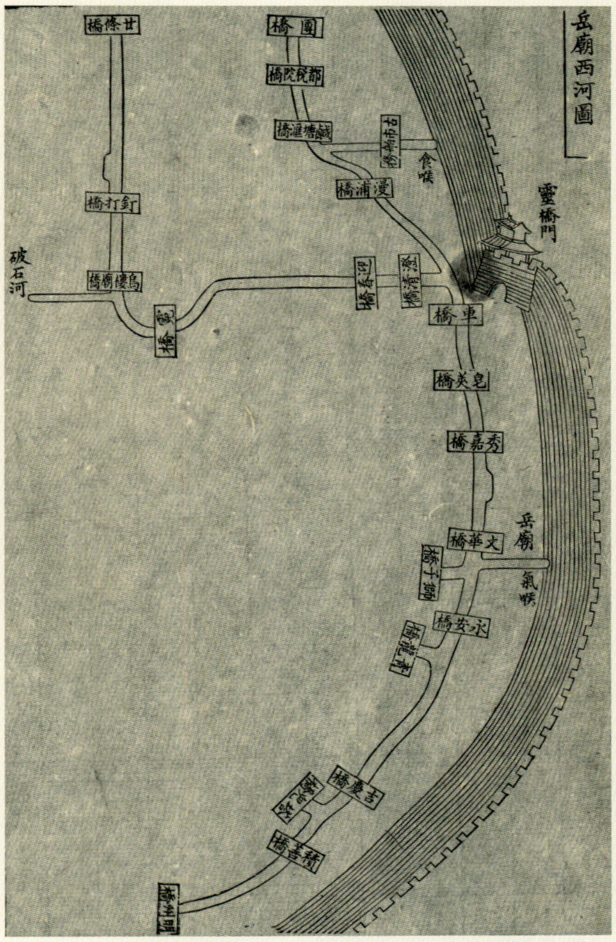

《宁郡城河丈尺图志》之《岳庙西河街》

药皇殿（1962 年，历史所藏）

咸塘街一建筑照壁（1962 年，历史所藏）

药皇殿

药皇殿，清代建筑，坐落于华楼巷 98 号，2001 年被公布为海曙区第四批区级文物保护单位。

天一广场拆建中保留下来的药皇殿原貌

中山路

中山路东门口到解放路段，历史上曾称鼓楼大街、东大街、东大路等。从江厦一带繁华的航运商贸码头，到宁波府治与鄞县县治核心地带，这条路是宁波历史上最早、最重要的城市干道之一。

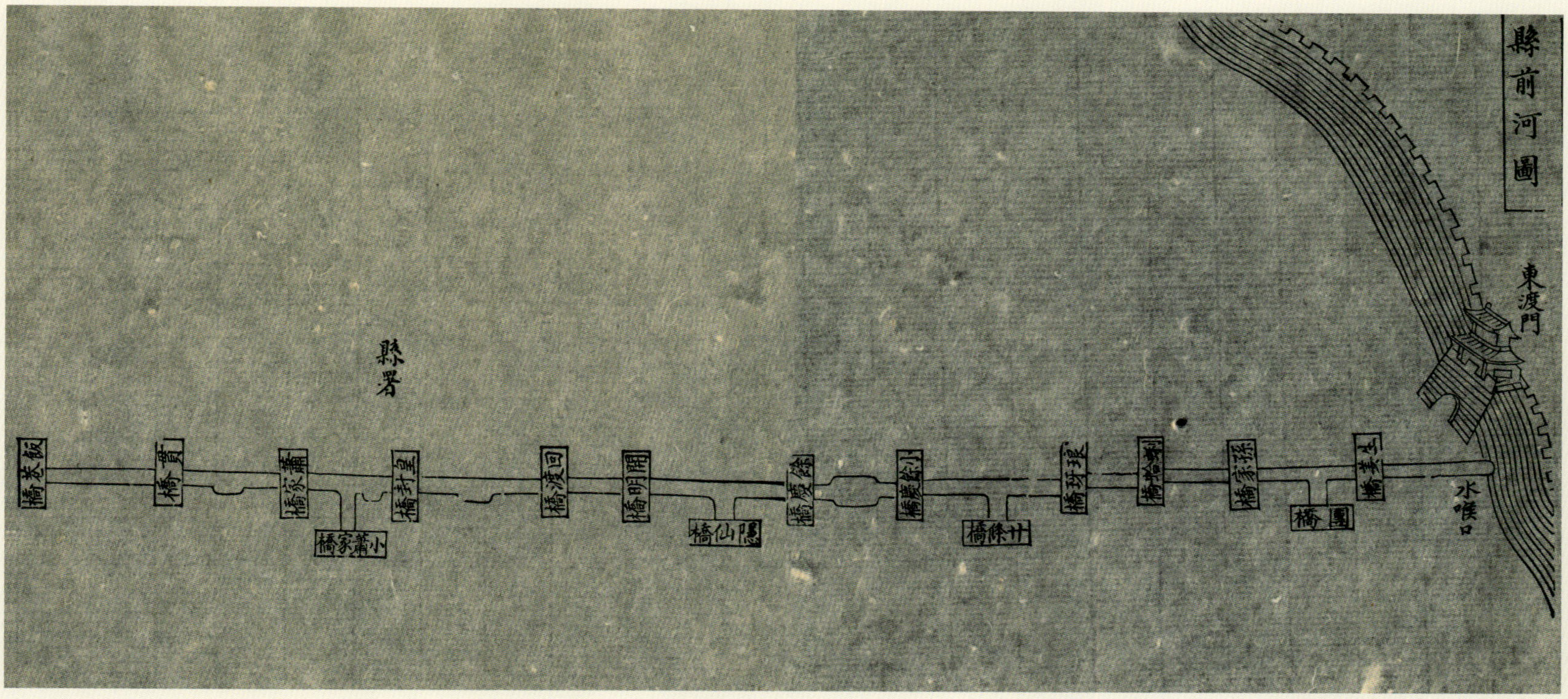

《宁郡城河丈尺图志》之《县前河图》

清《宁郡地舆图》局部 · 东大路

20 世纪 30 年代东大街

20 世纪 30 年代东门口

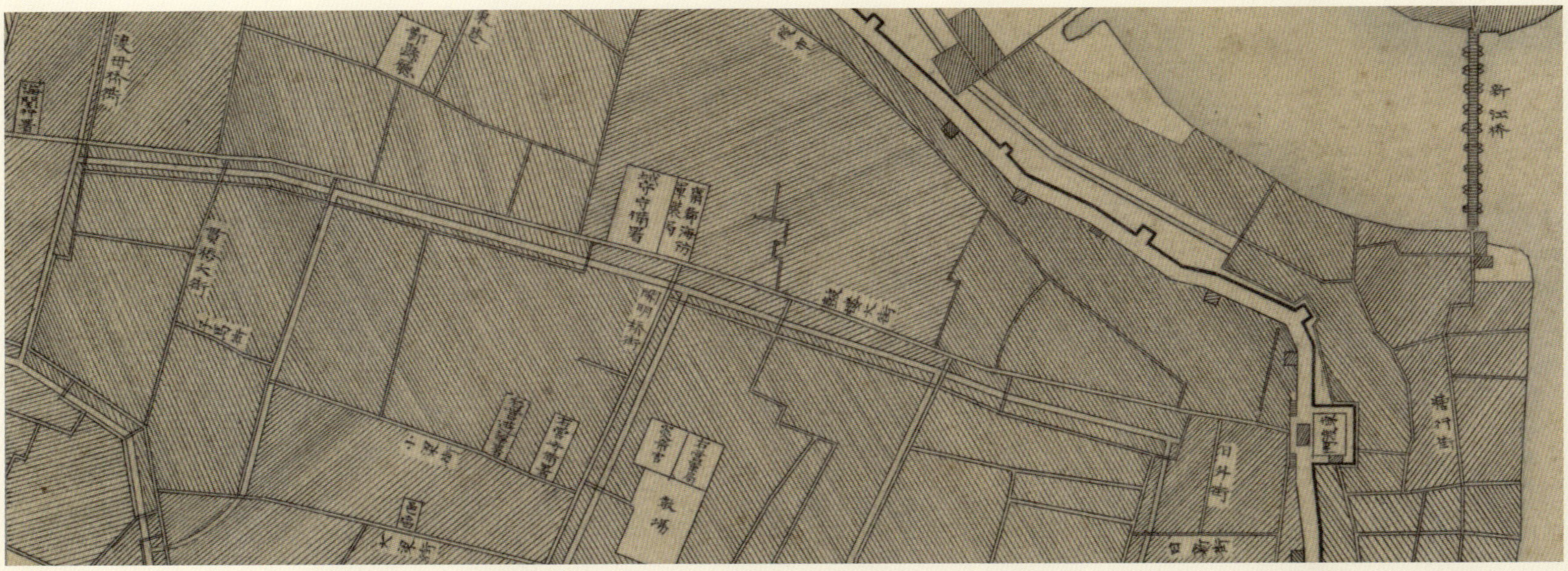

1883 年《浙江省宁波府城图》局部 · 鼓楼大街

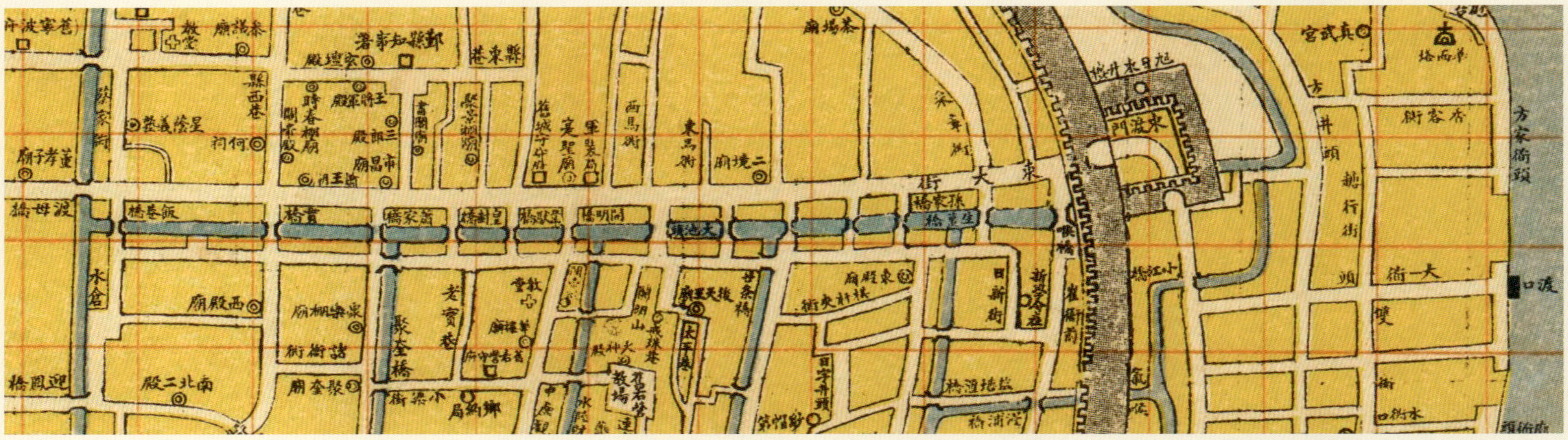

1914 年《最新宁波城厢图》局部 · 东大街

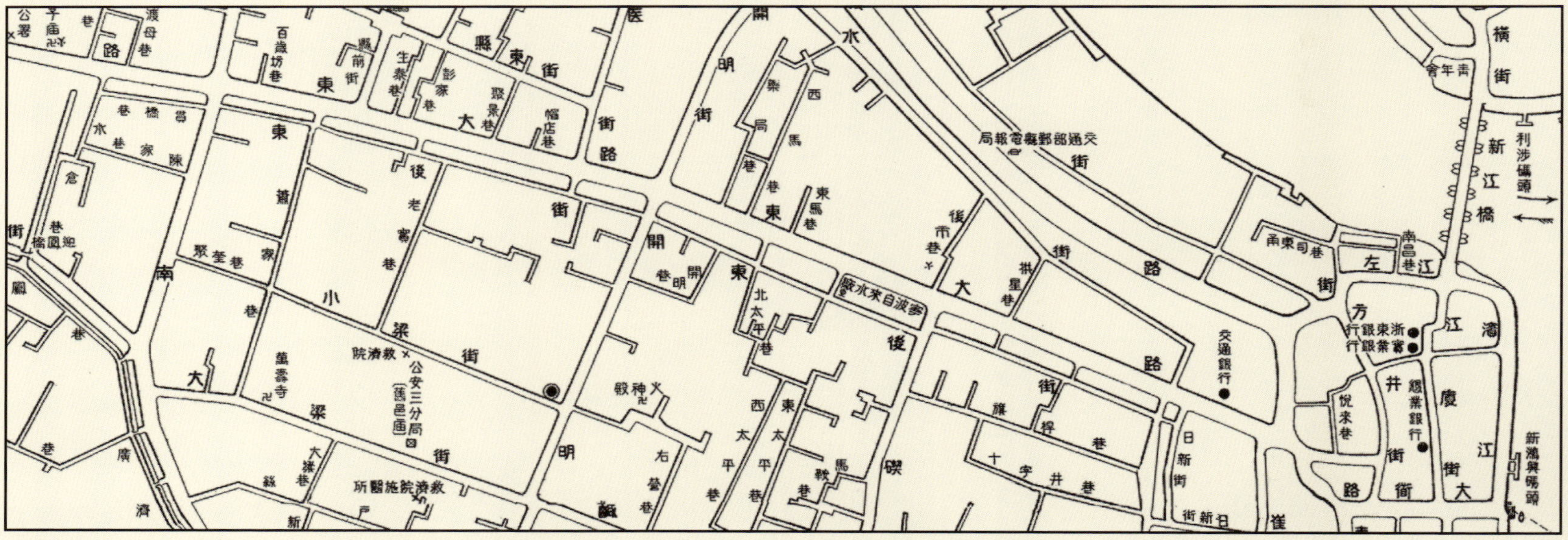

民国二十五年（1936 年）《鄞县城厢图》局部 · 东大街

20 世纪 30 年代东大路县前街口

20 世纪 50 年代东门口

东门口国庆 10 周年大游行

20 世纪 30 年代东门口

1983 年的东门口

1963 年的中山路（东大街）

20 世纪 70 年代的东门口

二、江厦一带——古代宁波的港埠区

灵桥门

1900 年的灵桥（右上角为灵桥门）

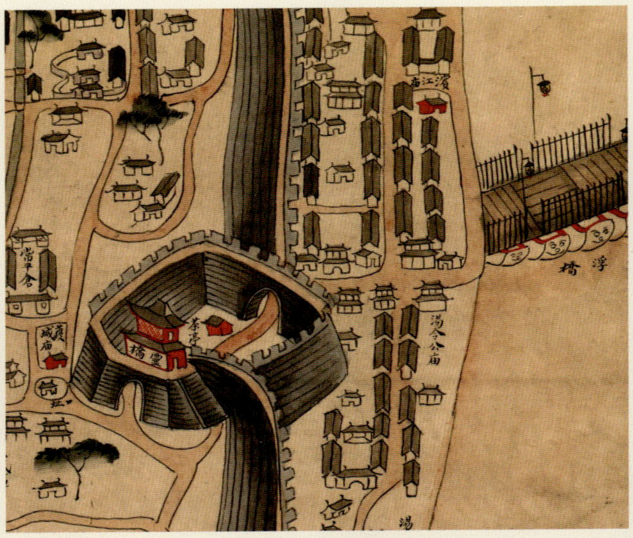
清《宁郡地舆图》局部 · 灵桥

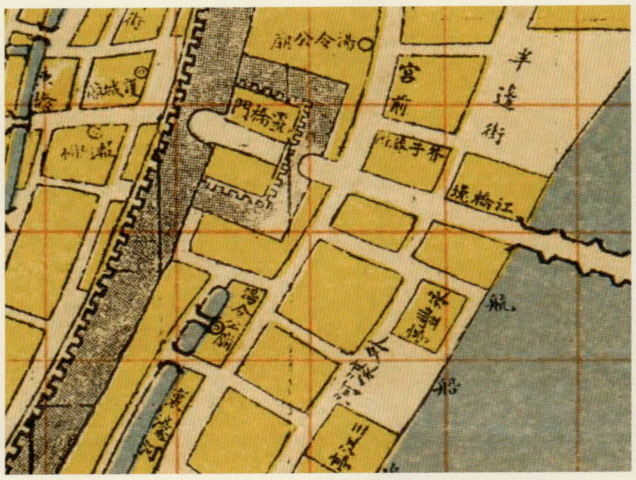
1914 年《最新宁波城厢图》局部 · 灵桥

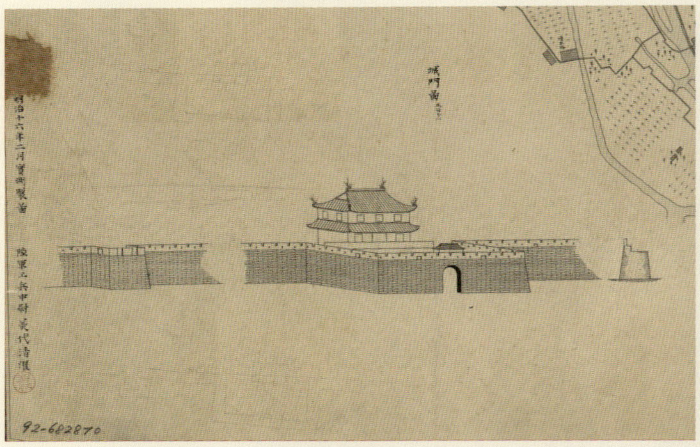
1883 年《浙江省宁波府城图》局部之《城门图》

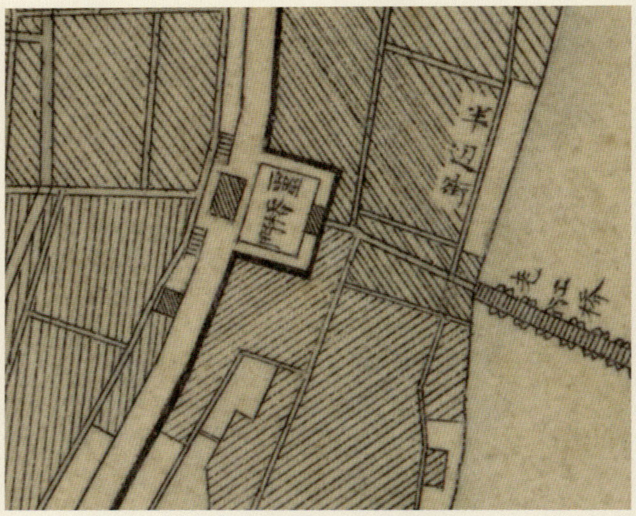
1883 年《浙江省宁波府城图》局部 · 灵桥

灵桥

灵桥，民国建筑，坐落于奉化江下游三江口上，连接今百丈路与药行街，2005年被公布为浙江省第五批省级文物保护单位。

1935年，灵桥建造中（王之祥摄）

1936 年 6 月 27 日，改建灵桥落成

灵桥（摄于 1936 年）

20 世纪 60 年代的灵桥（市文化馆藏）

1981 年，灵桥街心花圃（市文化馆藏）

1964 年，国庆游行队伍行经灵桥（市文化馆藏）

东渡门

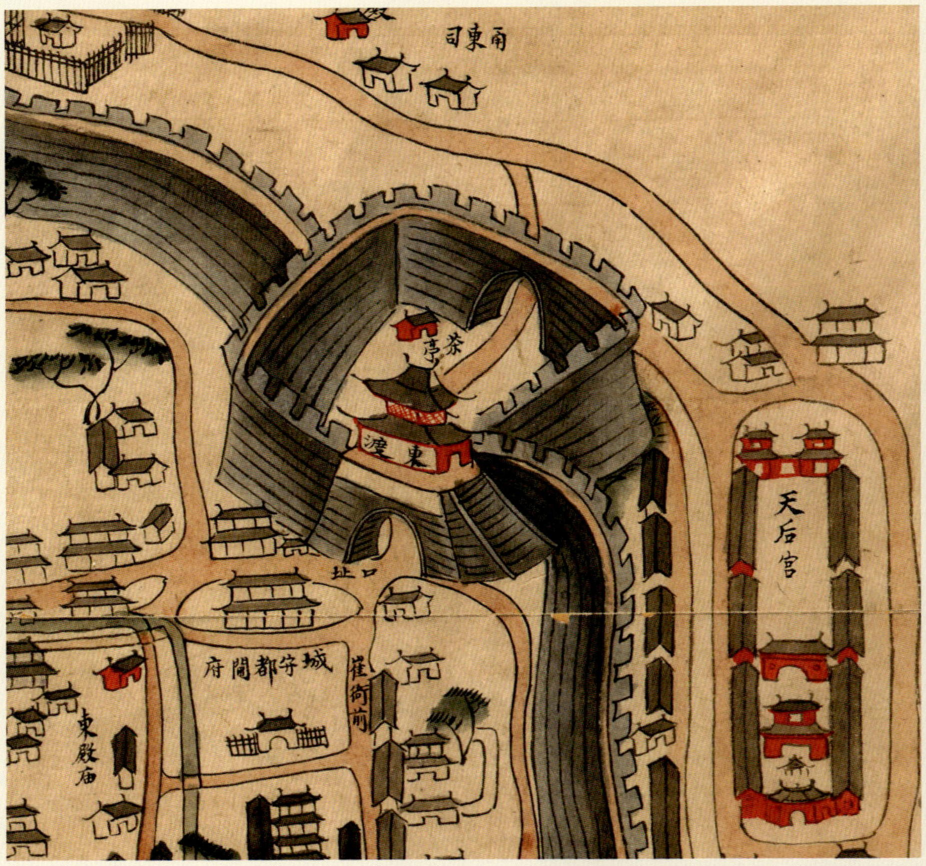

清《宁郡地舆图》局部·东渡门

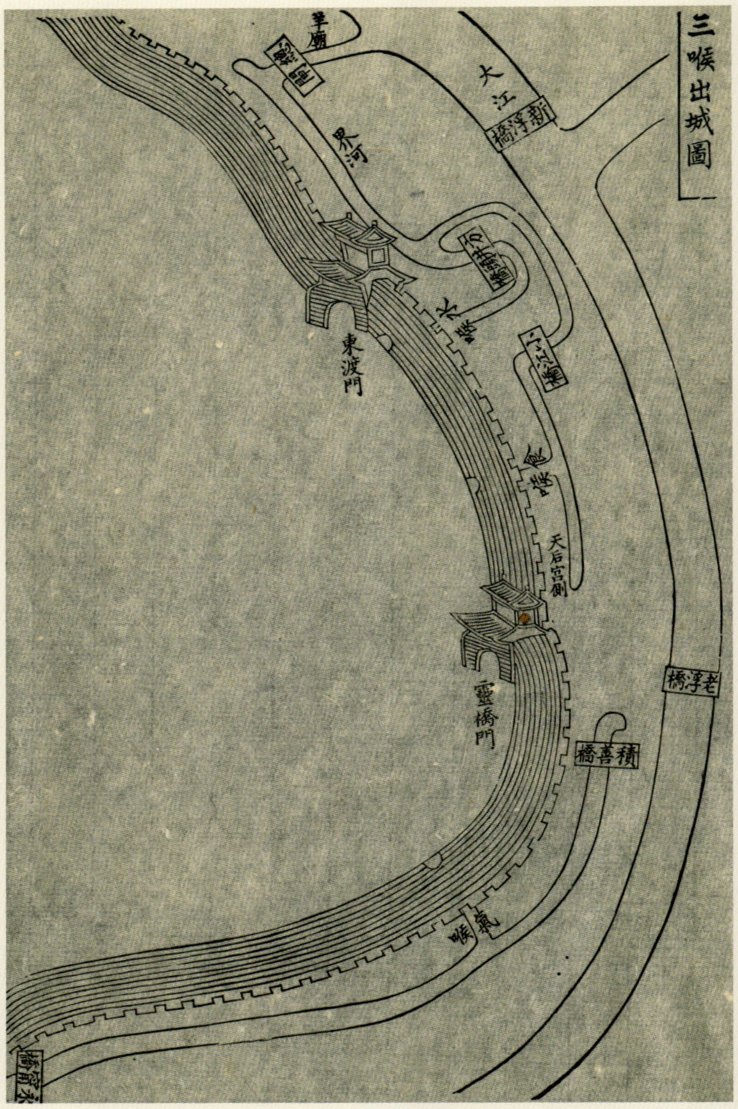

《宁郡城河丈尺图志》之《三喉出城图》

20 世纪 20 年代江厦码头

1930 年的江厦街（出自《格雷戈里的中国摄影集》）

1903—1927 年间东门外街景（美国俄勒冈大学图书馆网站）

1911 年前的江厦桥西块店铺

1939 年的钱行街

1906—1909 年间的东渡门凤苞店（柏石曼相册）

19 世纪 70 年代的宁波天后宫

天后宫戏台

天后宫正殿廊庑之石雕蟠龙柱

1933 年前的新江桥（华尔塔尚未搬迁）

1983 年的东门口街头、新江桥

興商輪公司

滨江路（王之祥摄于 20 世纪 30 年代）

文献记载

宁波钱业会馆碑记

《记》曰："大信不约。"说者谓："约，约剂也。"《周礼·地官·司市》："以质剂结信而止讼。"凡市易必有剂，自古然已。钱币，市易之券也。圜法变迁，人趋偃利，若唐之飞钱，宋之交子、会子。今之纸币，以轻赍称便，风行海内，其为信亦约剂类也,此所谓市道也。市道而几于大信者有之乎?曰有之。今宁波钱肆通行之法，殆庶几焉。

海通以来，宁波为中外互市之一，地当海口，外货之转输，邻竟（境）物产之销雠，率取道于是。廛肆星罗，轮舶日月至，俨然称都会矣。顾去闭关时不远，市中行用以钱不以银，问富数钱以对。自墨西哥银币流入内地，始稍变其习，然不用银如故。即有需，则准他路银，虚立一名，以钱若银币易之。日有市，市有赢缩，通行省内外以为常。吾闻之故老，距今百年前，俗纤俭，工废著，拥巨资者率起家于商人，习踔远营，运遍诸路。钱重不可赍，有钱肆以为周转。钱肆必仍世富厚者主之，气力达于诸路，郡中称是者可一二数。而其行于市，匪直无银，乃亦不专用钱，盖有以计簿流转之一法焉。大抵内力充诸肆，互相为用，则信于人人，故一登簿录，即视为左券，不翅也。其始数肆比而为之，要会有时。既乃著为程序，行于全市。其法，钱肆凡若干，互通声气，掌银钱出入之成。群商各以计簿书所出入，出畀某肆，入由某肆，就肆中汇记之。明日，诸肆出一纸，互为简稽，数符即准以行，应输应纳，如亲授受。都一日中所输纳之数为日成，彼此赢绌相通，转而计息焉。次日复如之。或用券掣取，曰畀某肆。司计者以墨围之，则为承诺，如所期不爽。无运输之劳，无要约之烦，行之百余年，未闻有用此为欺绐者。虽深目高准之俦，居是邦与吾人为市，亦不虞其有他，傥所谓"大信"者非邪。顾吾又闻之，咸丰之季，滇铜道阻，东南患钱荒，吾郡尤甚。市中流转之钱直大减，当见钱之半。乡民病之，汹汹谋为乱，数月乃平。夫钱币之为用，载信而行，虚实必相辅，直必相准，如权之在衡，如契之同而别之，使民不疑。循是则理，不则乱。今纸币充斥，帑藏盖寡，罔利者或外输不已，虚车无实，后将有受其敝者。夫患每中于所习，而法必期于相维。吾愿当事者毋变其俗，而有以善其后也。

钱肆旧有公所，湫隘不足治事。比年期会益繁，乃度地江湄，别为会馆。鸠工于甲子二月，期而蒇事。既成，来请为记。因著其事之有系于风俗者，且揭其利病所在，冀后之议市政者有省焉。至是馆之成，捐输之姓氏，及在事有劳之人，凡金石例得书者，别具于碑阴，兹不著。

乙丑夏四月鄞县忻江明记

钱业会馆门厅正立面

钱业会馆

钱业会馆，民国建筑，坐落于战船街 10 号，2006 年被公布为第六批全国重点文物保护单位。

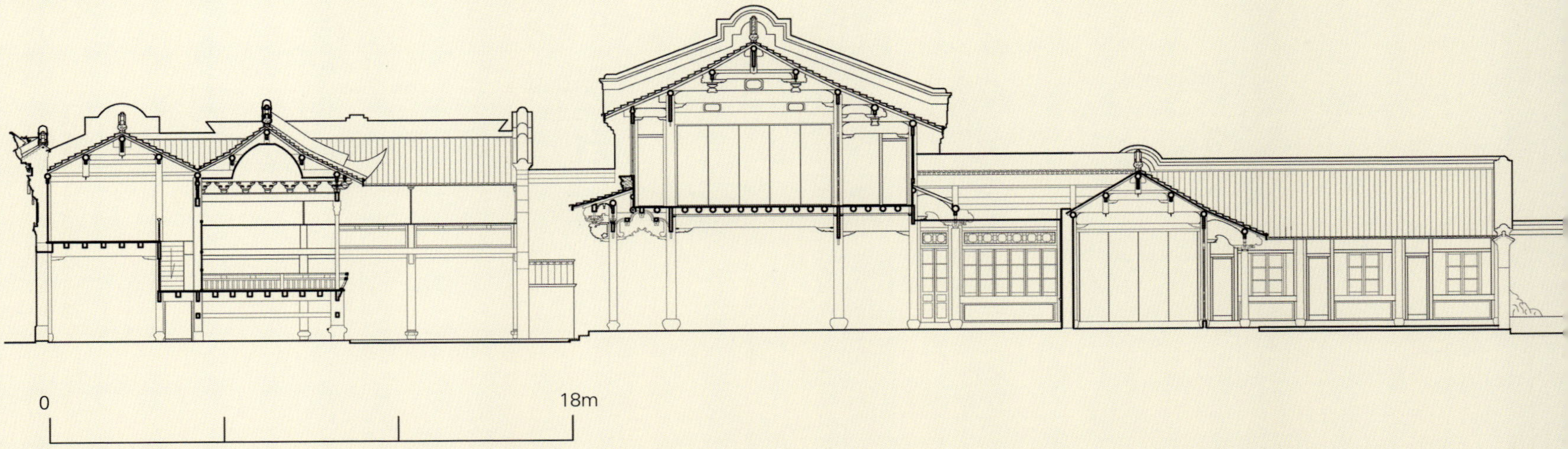
0
18m

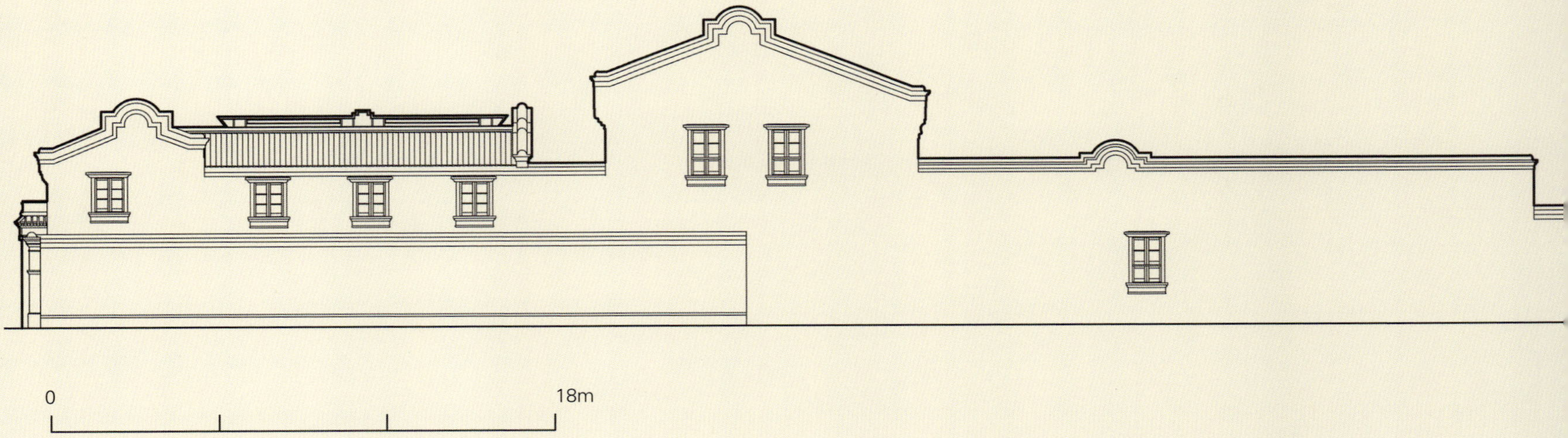
0
18m

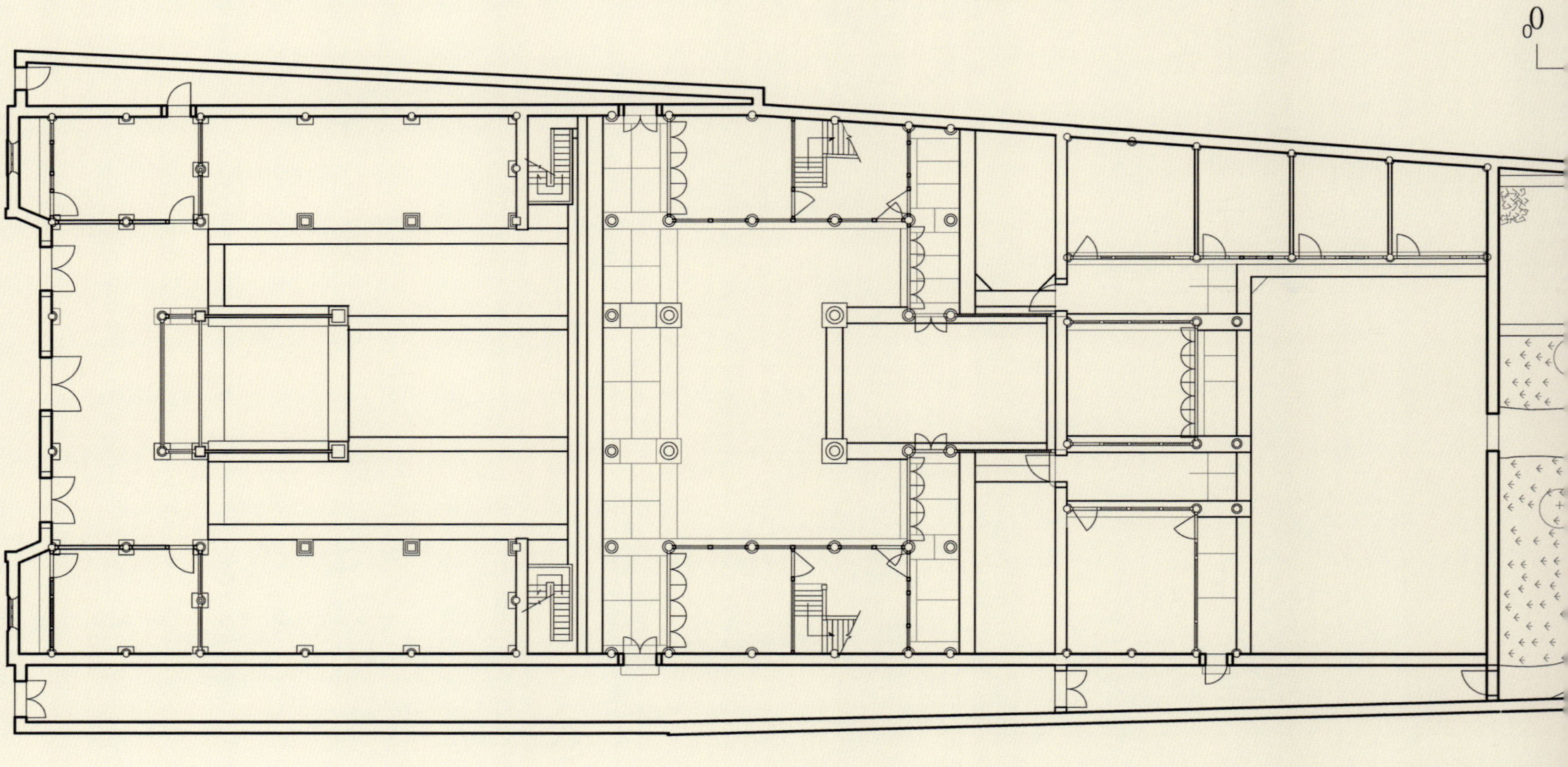

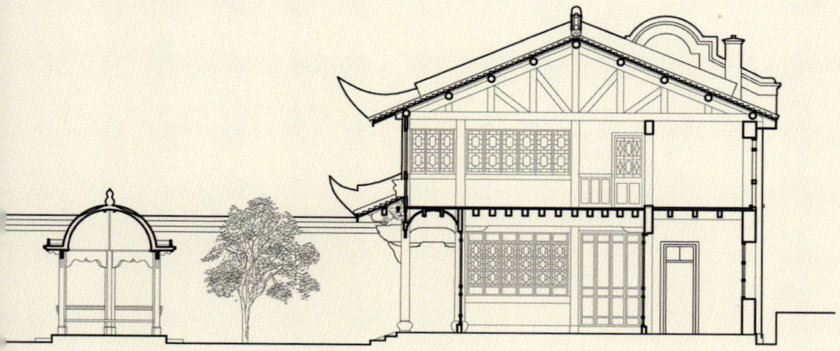

钱业会馆总剖面

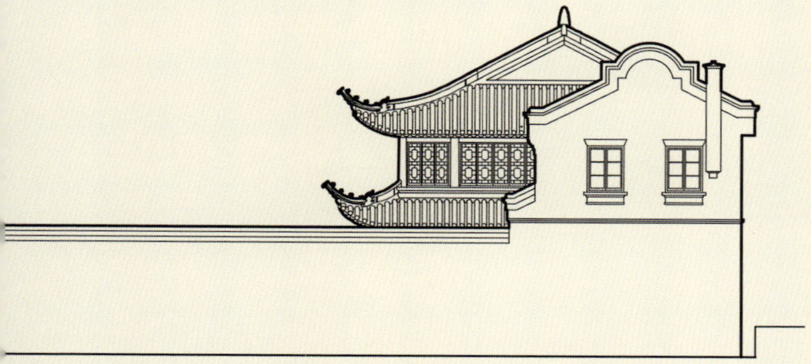

钱业会馆东侧外立面

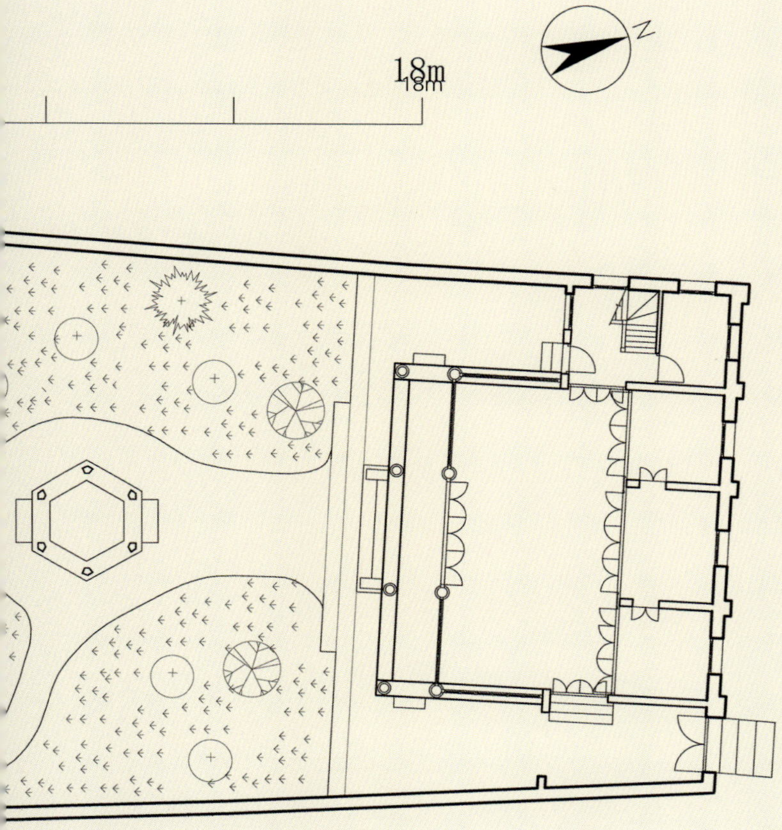

钱业会馆平面

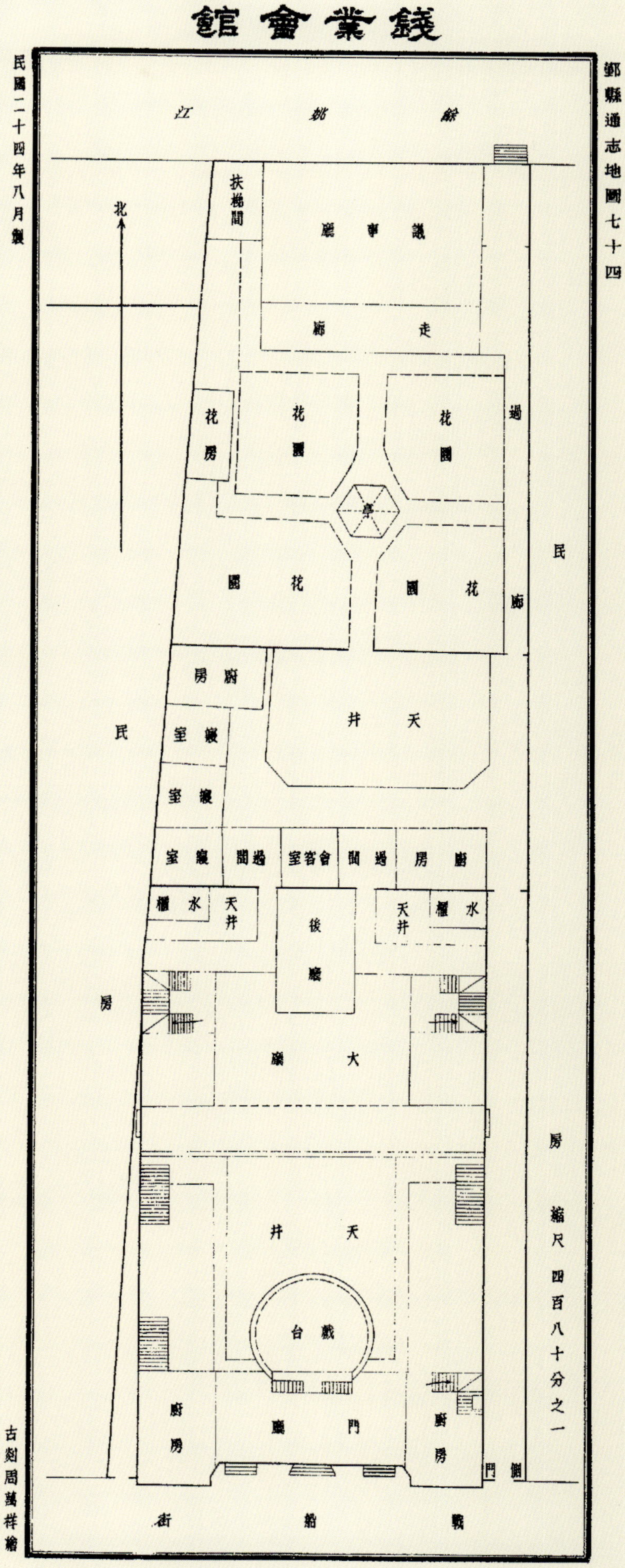

民国《鄞县通志》之钱业会馆平面图

渔浦门码头遗址

渔浦门码头遗址，推测为南宋时期庆元府城外渔浦门码头遗迹，位于姚江南岸和义路东段，为海上丝绸之路宁波遗产点之一。

甬江女中

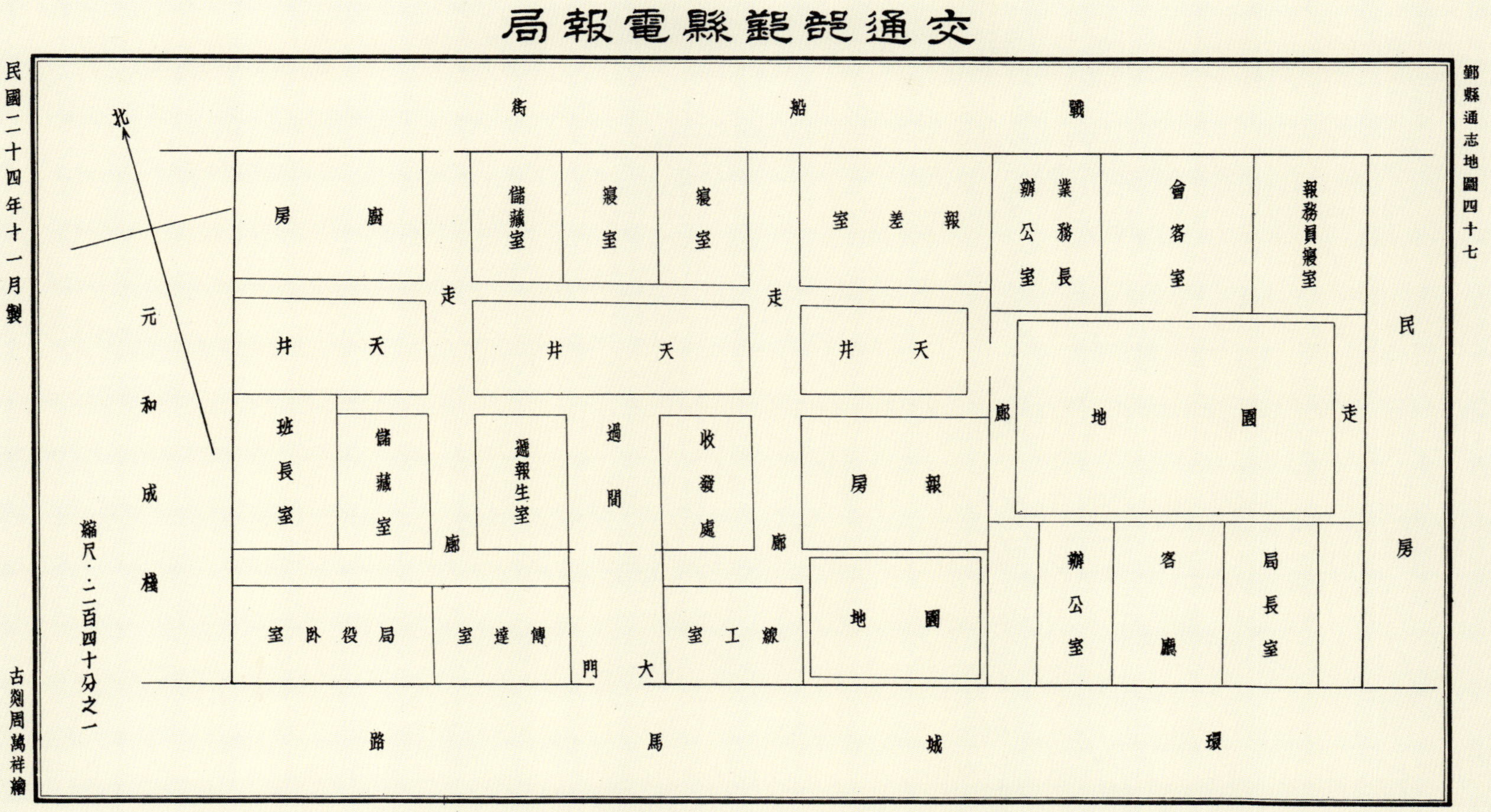

民国《鄞县通志》中的交通部鄞县电报局平面图，民国鄞县电报局原位于钱业会馆西侧

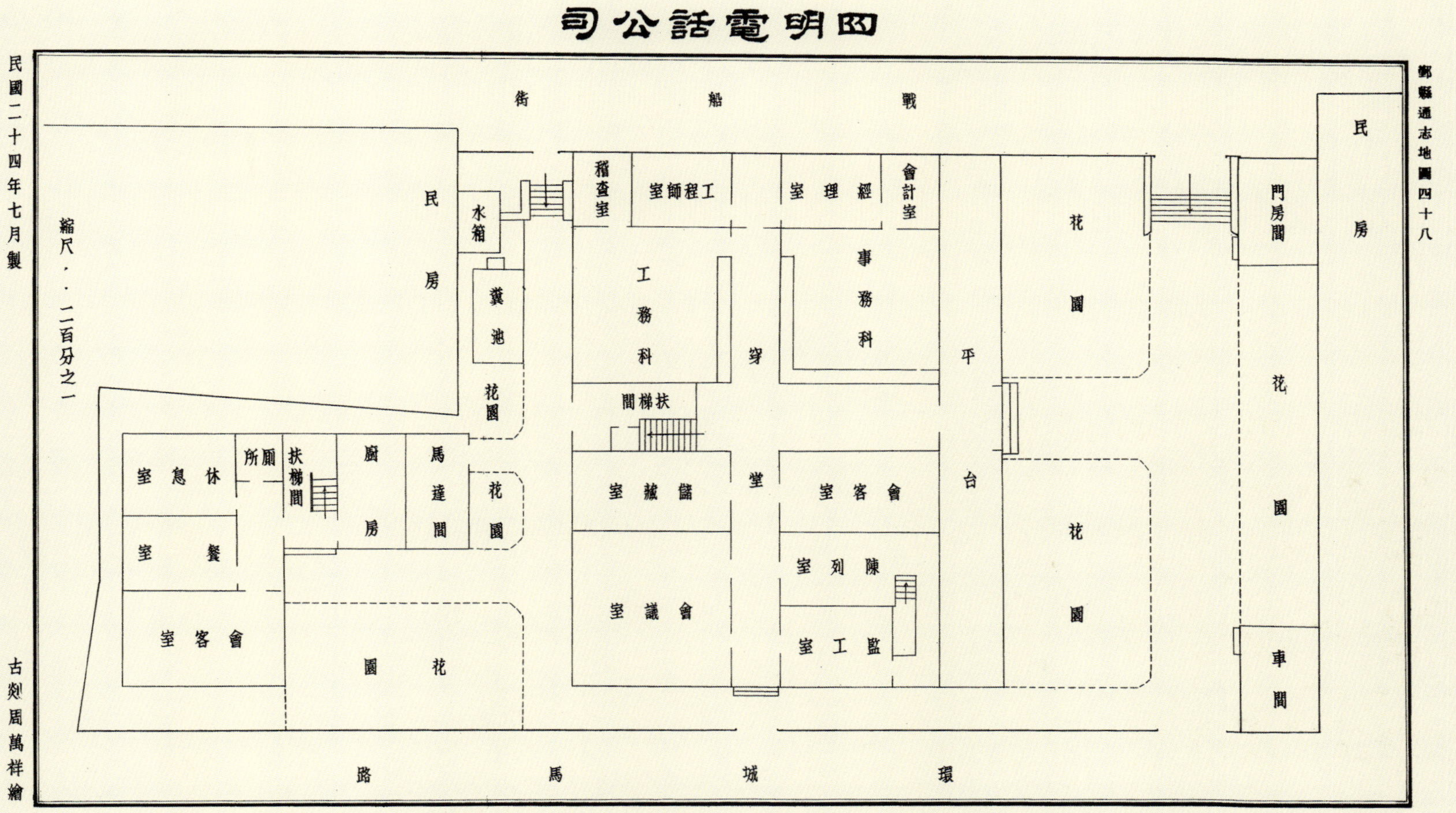

民国《鄞县通志》中的四明电话公司平面图，四明电话公司原位于甬江女中的东侧

19 世纪 70 年代的和义门（包腊相册）

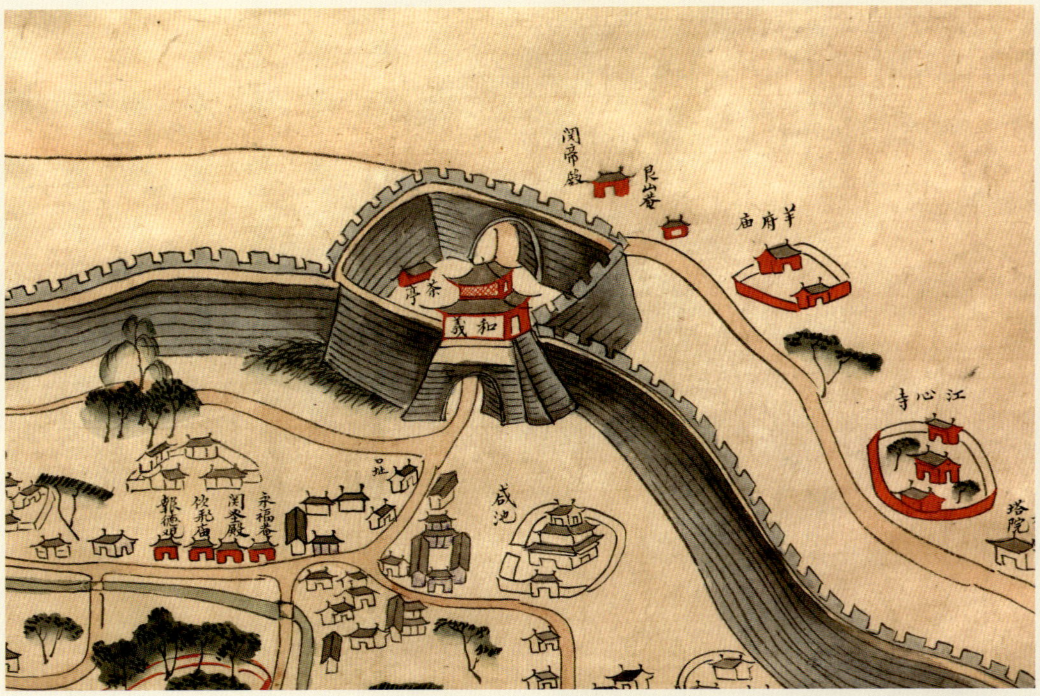

清《宁郡地舆图》局部·和义门

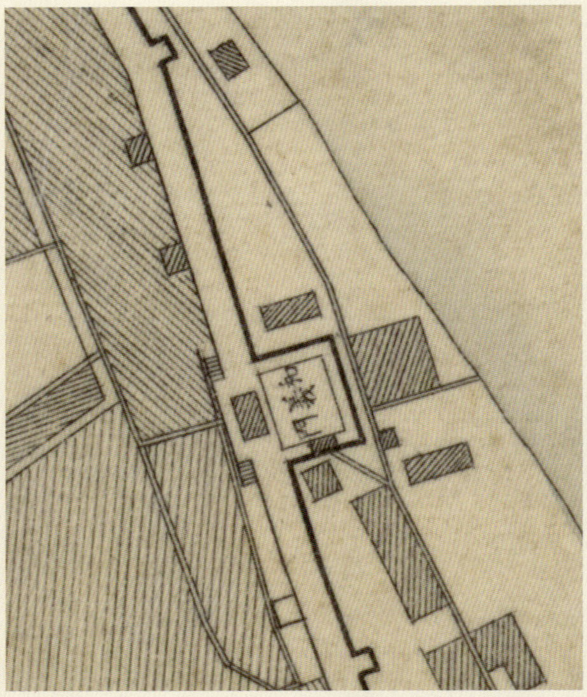

1883 年《浙江省宁波府城图》局部·和义门

19 世纪 70 年代的和义门（华生摄）

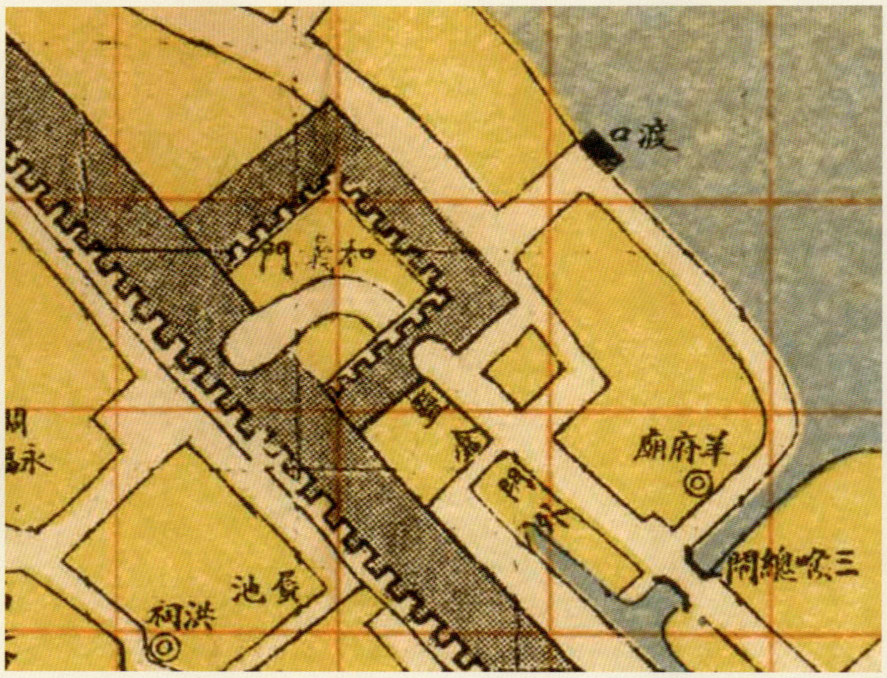

1914 年《最新宁波城厢图》局部·和义门

和义门瓮城遗址

和义门瓮城遗址，元代城墙遗址，位于姚江南岸，解放桥东侧，万豪大酒店西侧，2010 年被公布为海曙区第五批区级文物保护单位。

古船出土

瓮城遗址局部

古船出土

瓮城遗址局部

修筑和义路场景，中后景建筑即甬江女中校舍（王之祥摄于 20 世纪 30 年代）

20 世纪 80 年代江滨公园（市文化馆藏）

1877 年的和义门外（英国藏中国历史照片）

1878—1880 年间的和义门外（杜德维相册）

1878—1880 年间隔江远望和义门（杜德维相册）

1987 年 8 月《宁波城区影像图》局部

第六部分

宁波江北岸

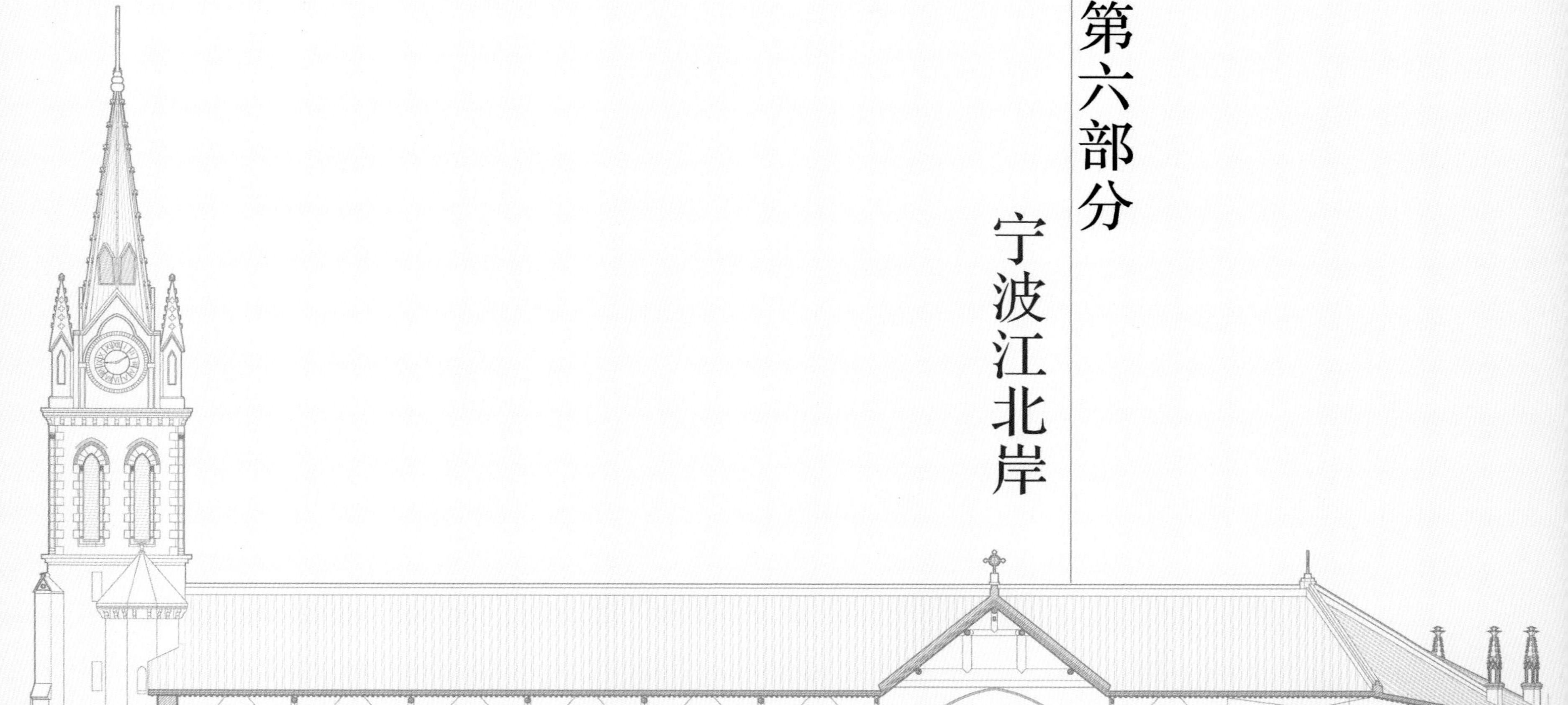

一、姚江北岸与新江桥附近

二、天主教堂与外马路一带

三、新马路、生宝路、戴祠巷、德记巷历史地段

宁波江北岸

江北岸区域原属鄞县，东北端蜂腰部（原宁波火车北站南侧、庆丰桥北堍至日湖公园）与原镇海县、慈溪县交界。在1958年因姚江大闸建设而改变湾头一带的水道前，江北岸是被甬江和姚江包围着的三角形区域。

近代开埠后，宁波成为五口通商的港口城市之一，江北岸地区成为外国人的“居留地”（与上海等地的租界不同），并逐步沿岸线发展，形成宁波近代以后重要的海运码头和对外贸易商埠区。领事馆、教堂、码头、栈房、海关、洋行、银行、商铺、旅店以及众多的商贾宅第等，是江北岸一带的基本建筑类型。

东南侧甬江沿岸近代开发较快，航运码头密集。外马路、中马路、后马路（今人民路）一带，相继形成繁华的商贸区，现为天主教堂外马路历史文化街区，主要文化遗存包括：全国重点文物保护单位江北天主教堂，浙江省省级文物保护单位江北岸近代建筑群（包括宁波邮政局旧址、英国领事馆、浙海关旧址、谢氏旧宅）、中国通商银行宁波分行旧址，江北区区级文物保护单位江北巡捕房旧址等。

新马路历史地段和德记巷、戴祠巷历史地段，位于人民路与大庆南路之间，是具有宁波本地特色的近代民居建筑集中区域。主要文化遗存包括：江北区区级文物保护单位颍川巷近代石库门民宅、新马弄近代建筑群、新马巷5号鲍氏民居等，宁波市市级文物保护点江北耶稣堂、戴祠巷近代建筑群、德记巷建筑群、生宝路近代建筑、德记巷严宅等。

西南侧姚江沿岸曾经有不少近代建筑，现尚存宁波市市级文物保护点槐树路近代建筑群、槐树路87号徐氏民居等。

靠近姚江的江北公园，是建成于民国初年的宁波最早铁路——“沪杭甬铁路”宁波火车站原址。

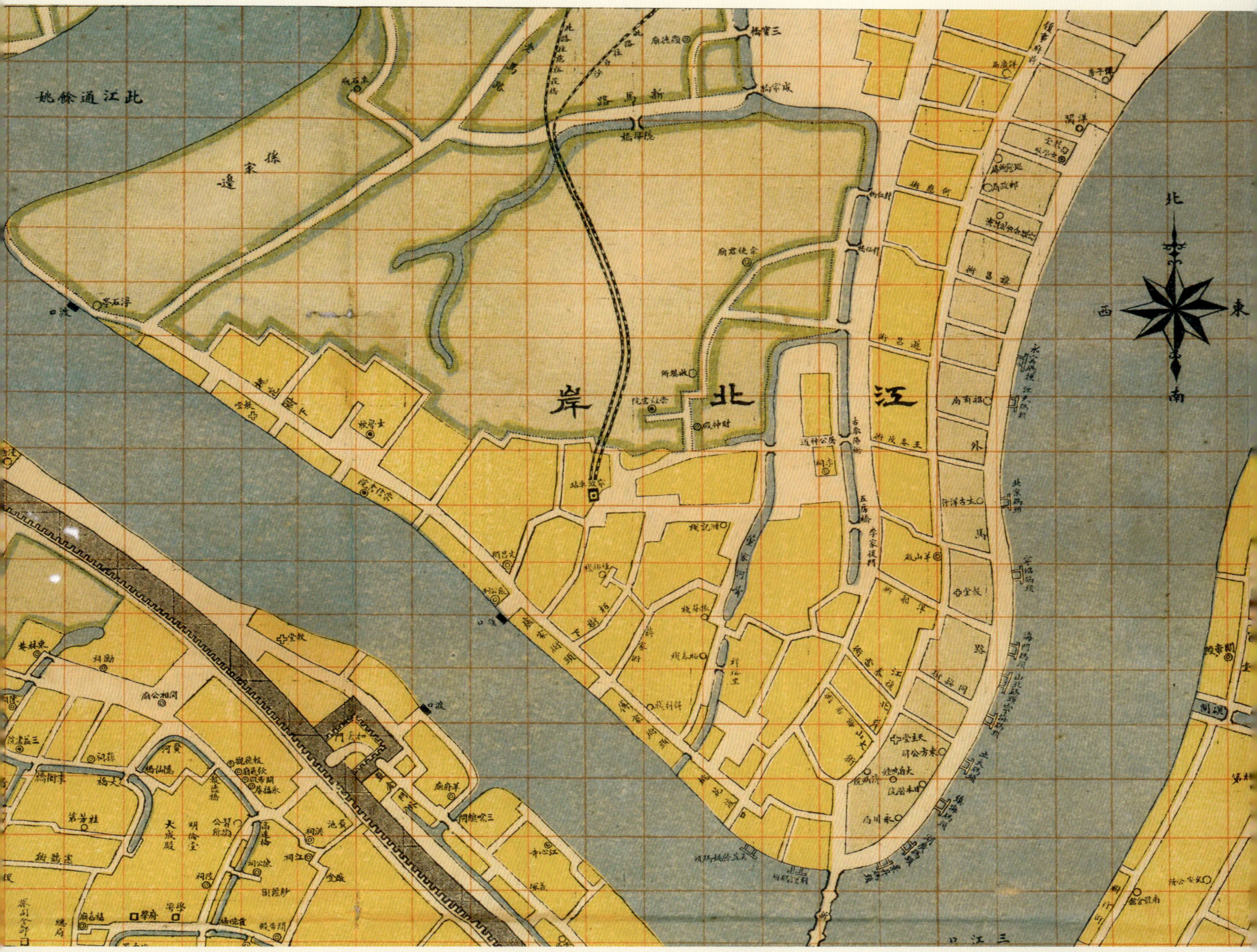

民国三年（1914）《最新宁波城厢图》局部 · 宁波江北岸

民国二十五年（1936）《鄞县城厢图》局部 · 宁波江北岸

德记巷戴祠巷历史地段

新马路历史地段

天主教堂外马路历史文化街区

1.江北天主教堂	7.颖川巷石库门建筑群	13.英国领事馆旧址	19.严氏民居	25.槐树路临江建筑群
2.通商银行旧址	8.宁波邮政局旧址	14.谢宅	20.德记巷建筑群	26.槐树路87号徐氏民居
3.宏昌源号旧址	9.中马路近代建筑群	15.人民路343号民居	21.周家祠堂	
4.巡捕房旧址	10.江北耶稣堂	16.戴祠巷近代建筑群	22.鲍宅	
5.外滩严氏民居	11.浙海关旧址	17.生宝路20弄24号民居	23.王氏民居	
6.扬善路12号朱氏民居	12.屠氏牌坊	18.德记巷董宅	24.新马路36弄11号、13号	

2002 年《宁波城市影像图》局部 · 宁波江北岸

一、姚江北岸与新江桥附近

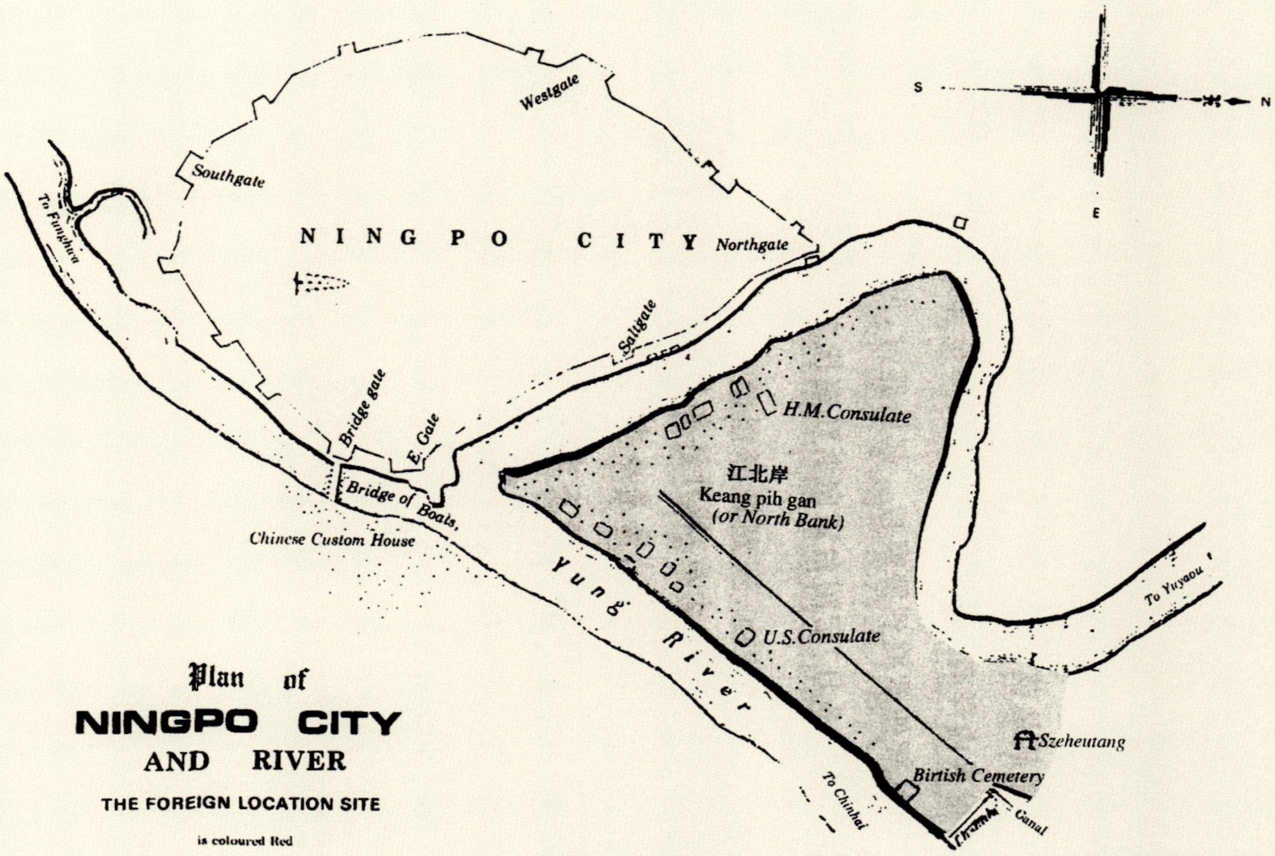

1862 年英美两国驻宁波领事私下绘制的江北岸外人居留地（现存大英博物馆）

1878—1880 年间的槐树路和姚江沿岸（杜德维相册）

20 世纪 50 年代的姚江、桃花渡，可见天主教堂和新江桥（陆锋藏）

新江桥

1878—1880 年间的新江桥

20 世纪 50 年代的新江桥（局部）

1981 年的新江桥全景（市文化馆藏）

二、天主教堂与外马路一带

1932—1934年间，外马路拓宽工程（王之祥摄于20世纪30年代）

天主教堂大堂西立面

江北天主教堂

江北天主教堂，清代建筑，坐落于中马路 2 号，2006 年被公布为第六批全国重点文物保护单位。

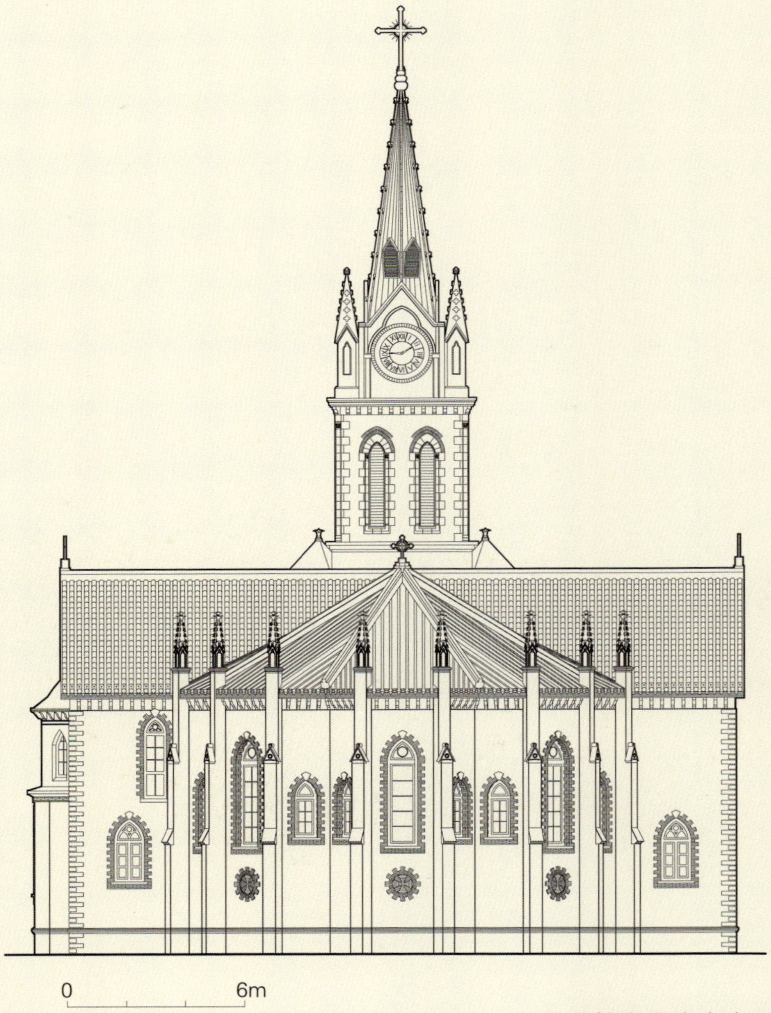

天主教堂大堂东立面

天主教堂大堂袖厅剖面

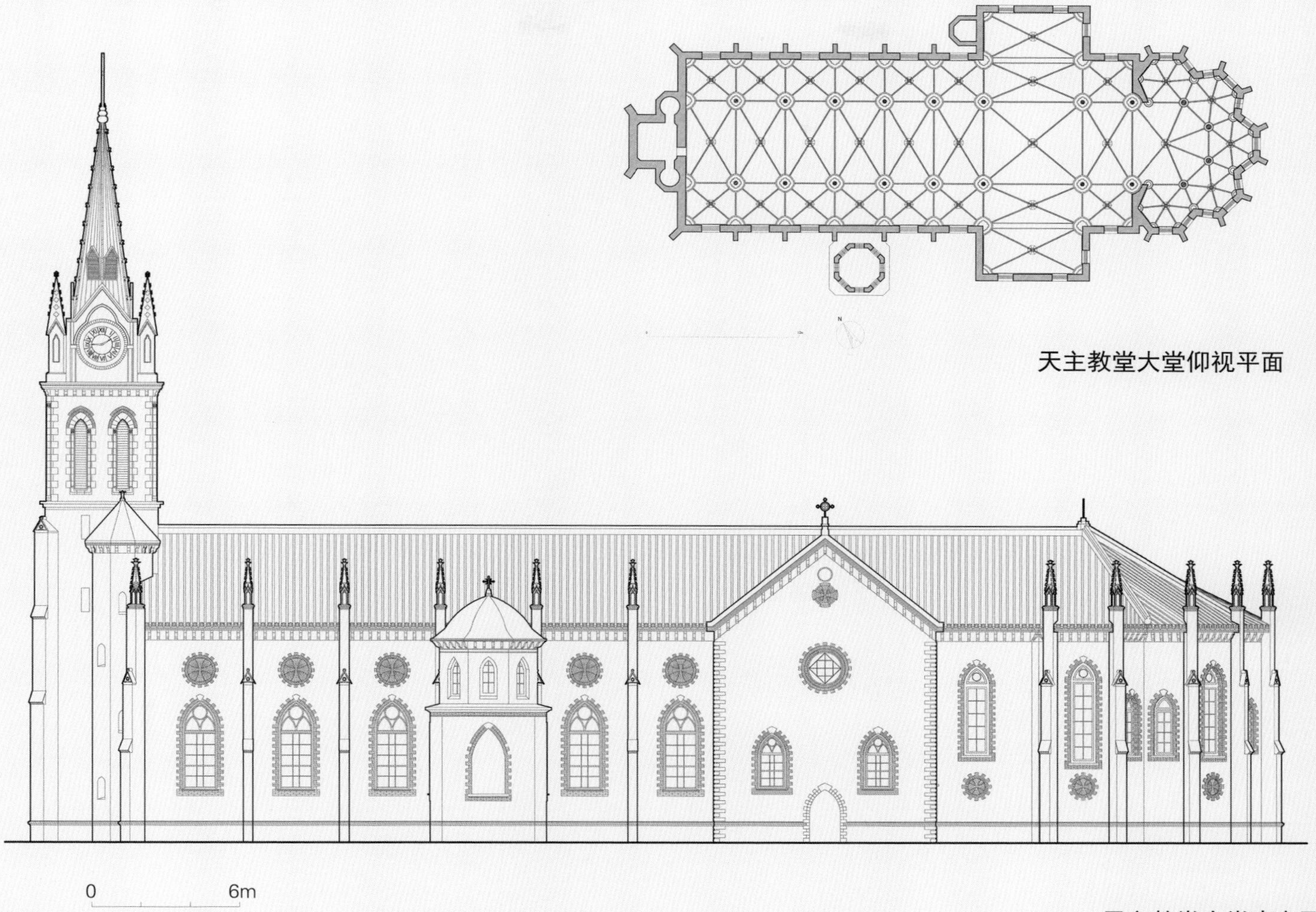

天主教堂大堂仰视平面

天主教堂大堂南立面

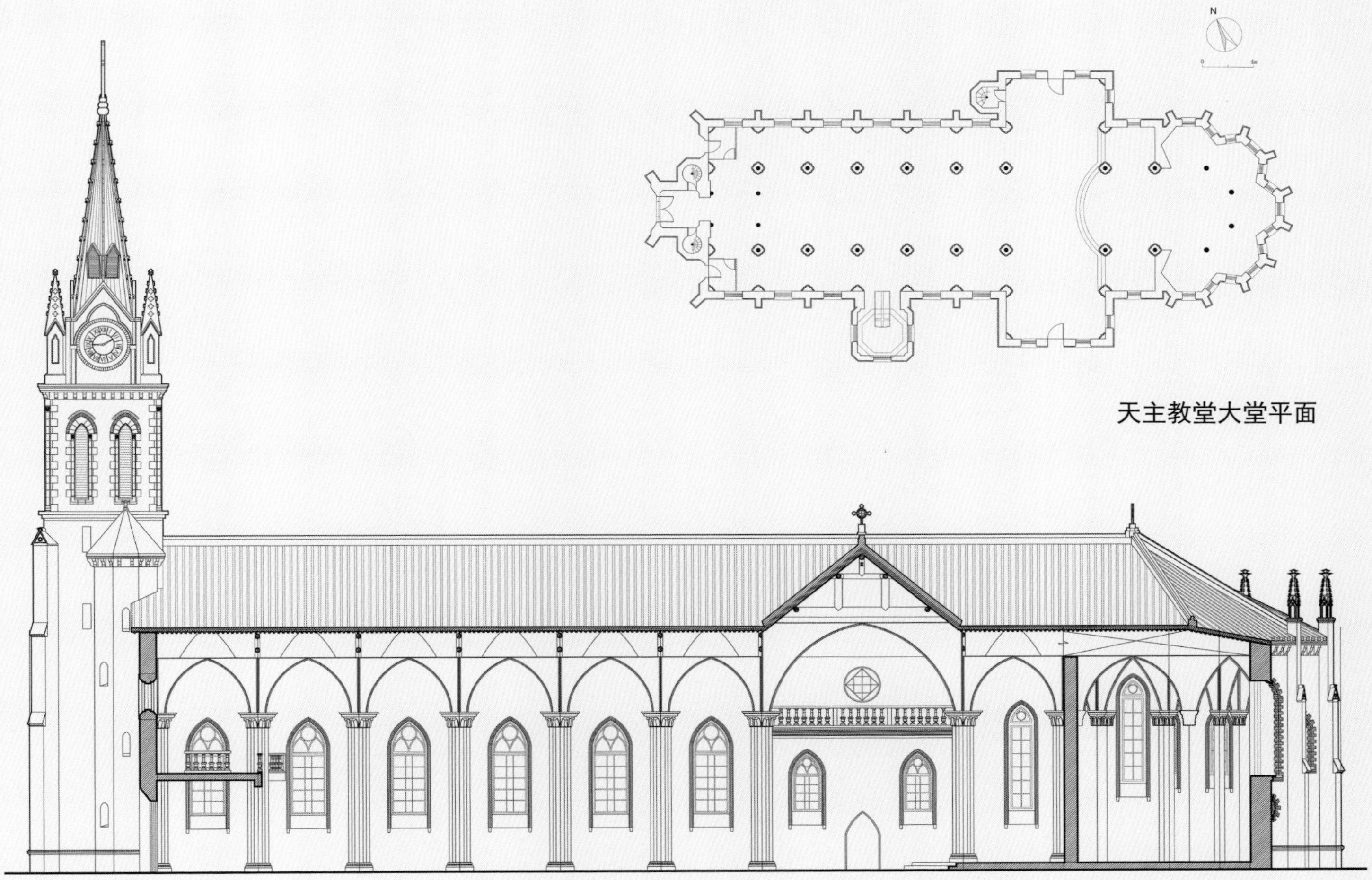

天主教堂大堂平面

天主教堂大堂总剖面

1936 年中国通商银行宁波分行

改建前的外马路（王之祥摄于 20 世纪 30 年代）

改建后的外马路（王之祥摄于 20 世纪 30 年代）

1900—1907 年间的江北岸甬江沿岸码头

1939 年江北岸外马路一带的甬江沿岸码头

1906—1907 年间的英商太古洋行全景

1906—1920 年间的新新旅馆，太古公司办公楼、北京码头、仓库、临时堆栈（斯威尔影集）

1875 年前后江北岸甬江沿岸旗昌码头及舟山轮

从海关监管区房顶眺望三江口和东渡门城楼

江北岸英国领事馆外

外滩海关监管区

招商局码头

1878—1880 年间的旗昌洋行（杜德维相册）

宁波邮政局大楼

宁波邮政局旧址

宁波邮政局旧址，民国建筑，坐落于中马路 172 号，2005 年被公布为浙江省第五批省级文物保护单位。

宁波邮政局东立面

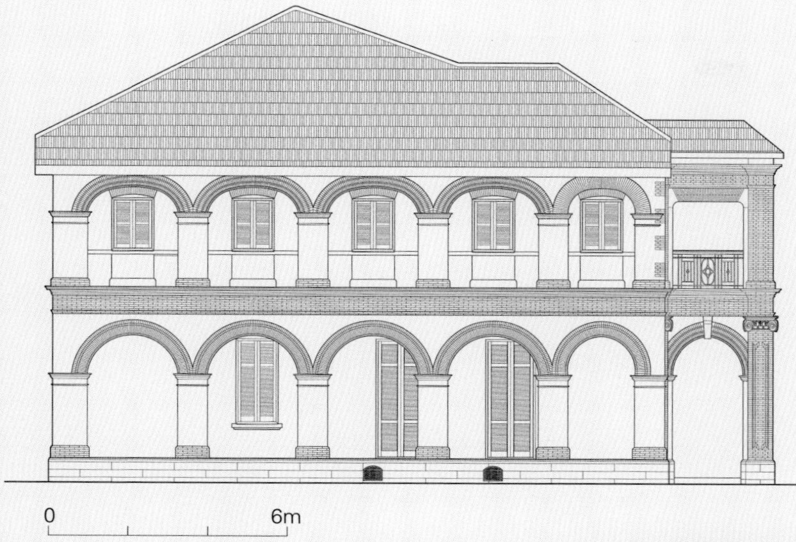

宁波邮政局南立面

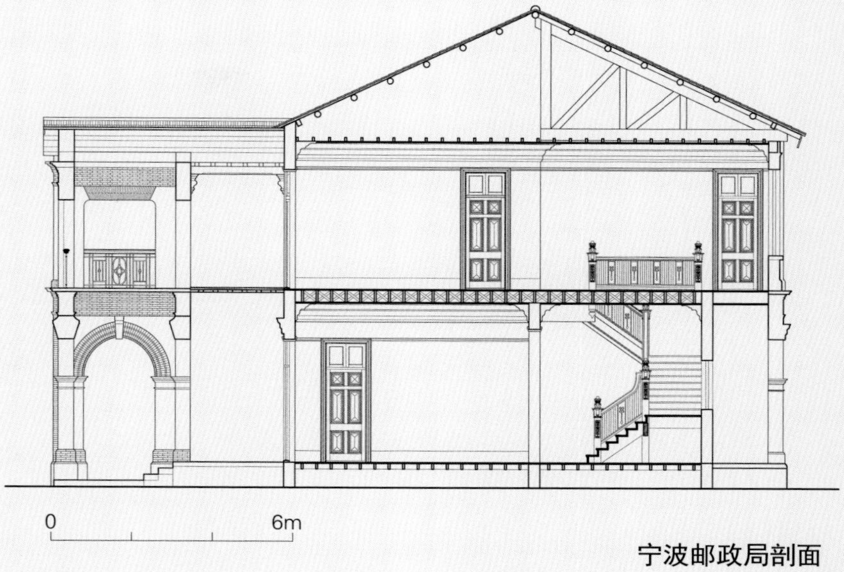

宁波邮政局剖面

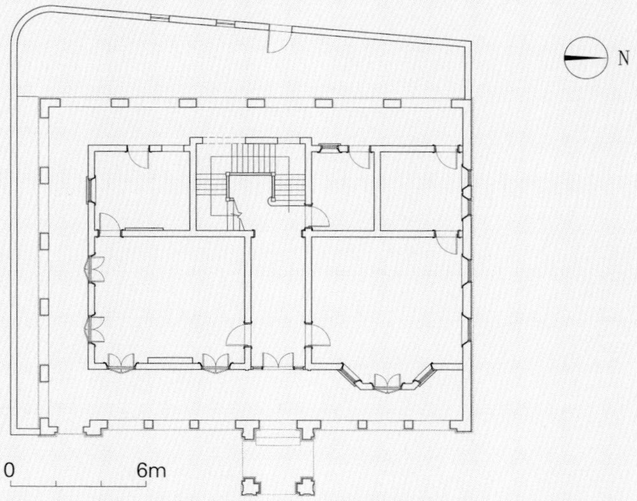

宁波邮政局平面

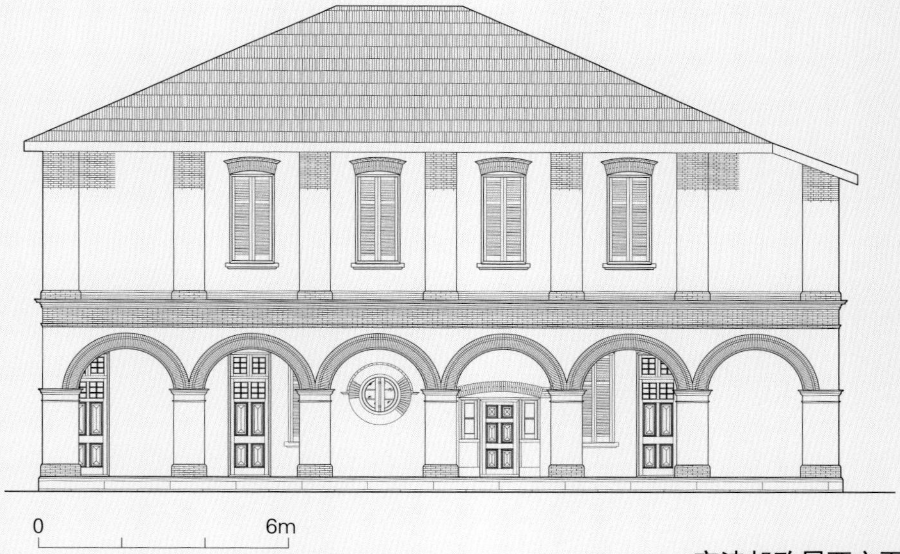

宁波邮政局西立面

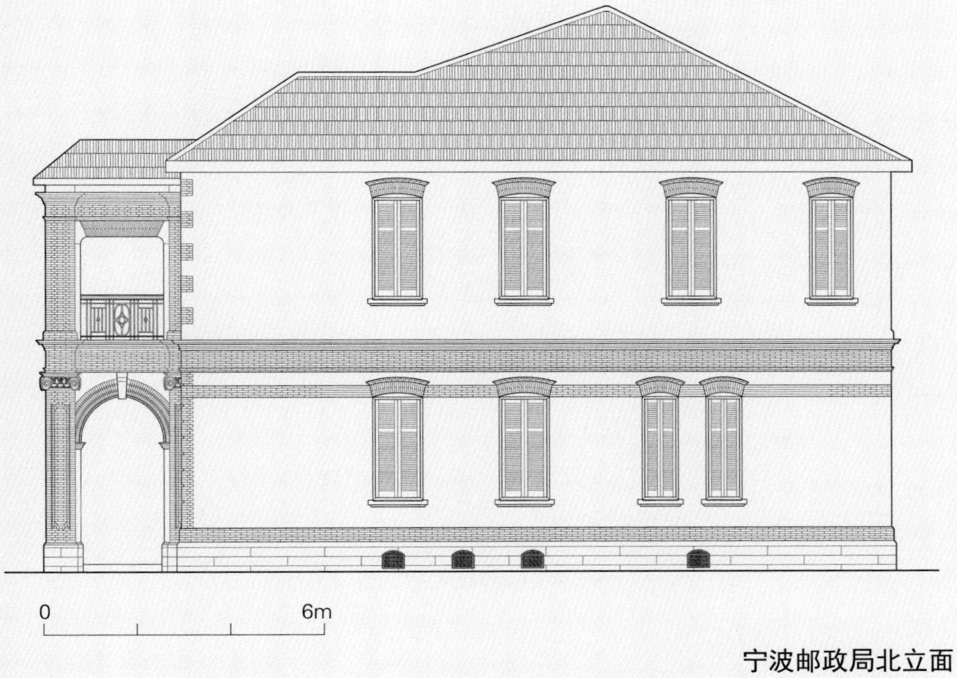

宁波邮政局北立面

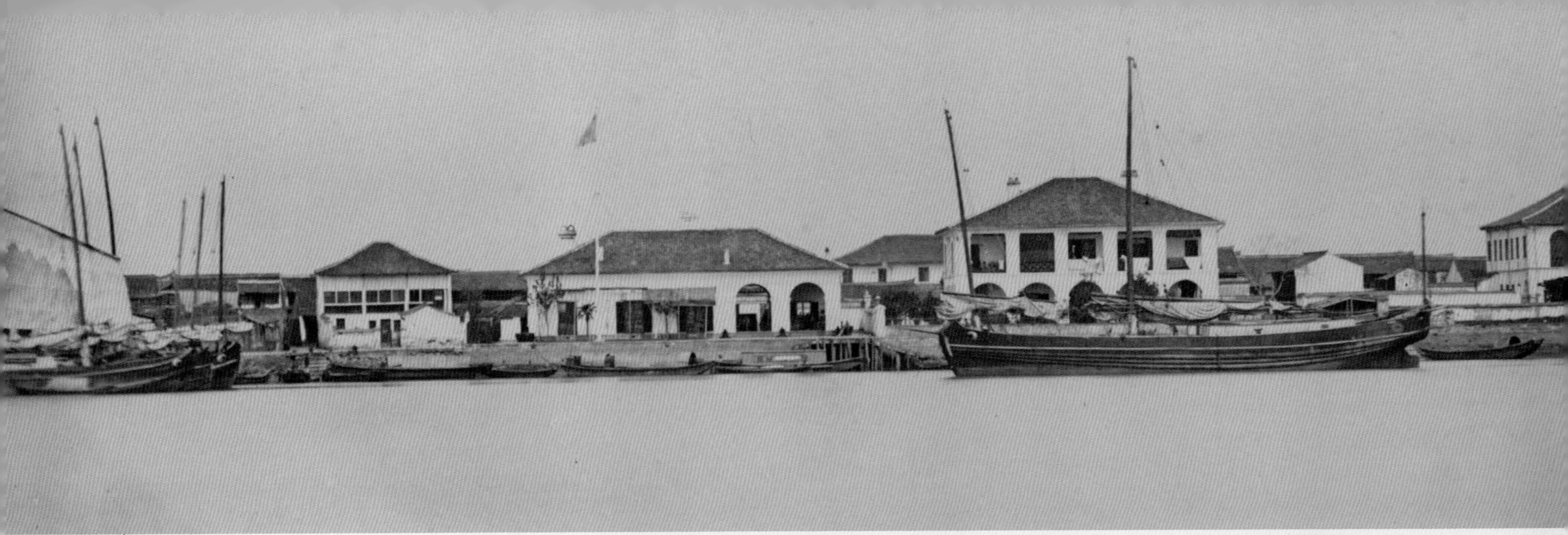

1878—1880 年间的浙海关（杜德维相册）

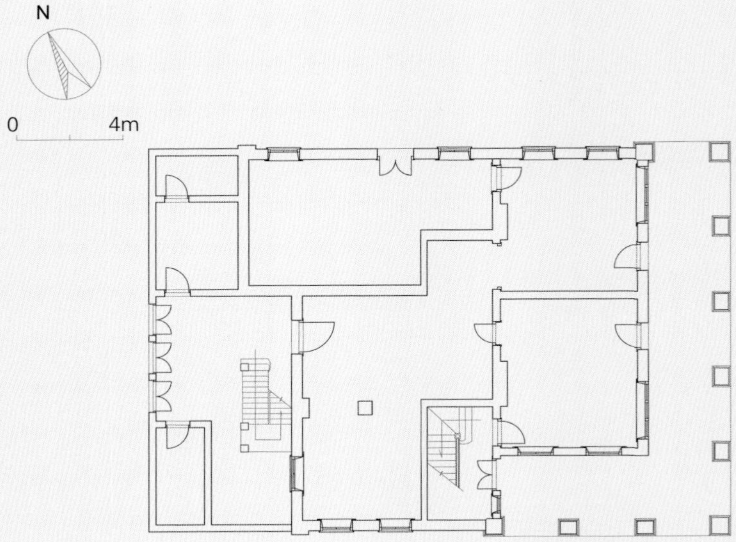

浙海关旧址平面

浙海关旧址

浙海关旧址，民国建筑，坐落于中马路 198 号，2005 年被公布为浙江省第五批省级文物保护单位。

浙海关旧址南立面

浙海关旧址东立面

浙海关旧址西立面

1878—1880 年间的英国领事馆（杜德维相册）

英国领事馆旧址

英国领事馆旧址，民国建筑，坐落于白沙路 56 号，2005 年被公布为浙江省第五批省级文物保护单位。

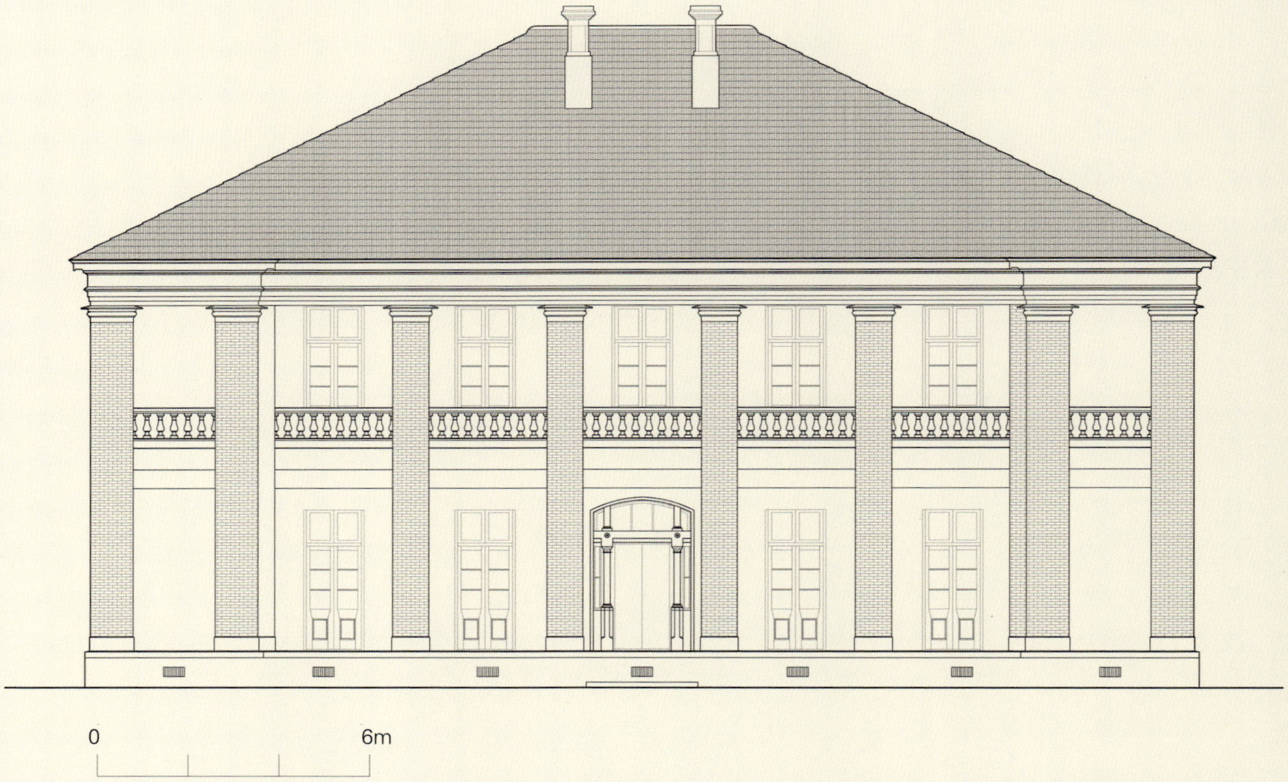

英国领事馆东立面

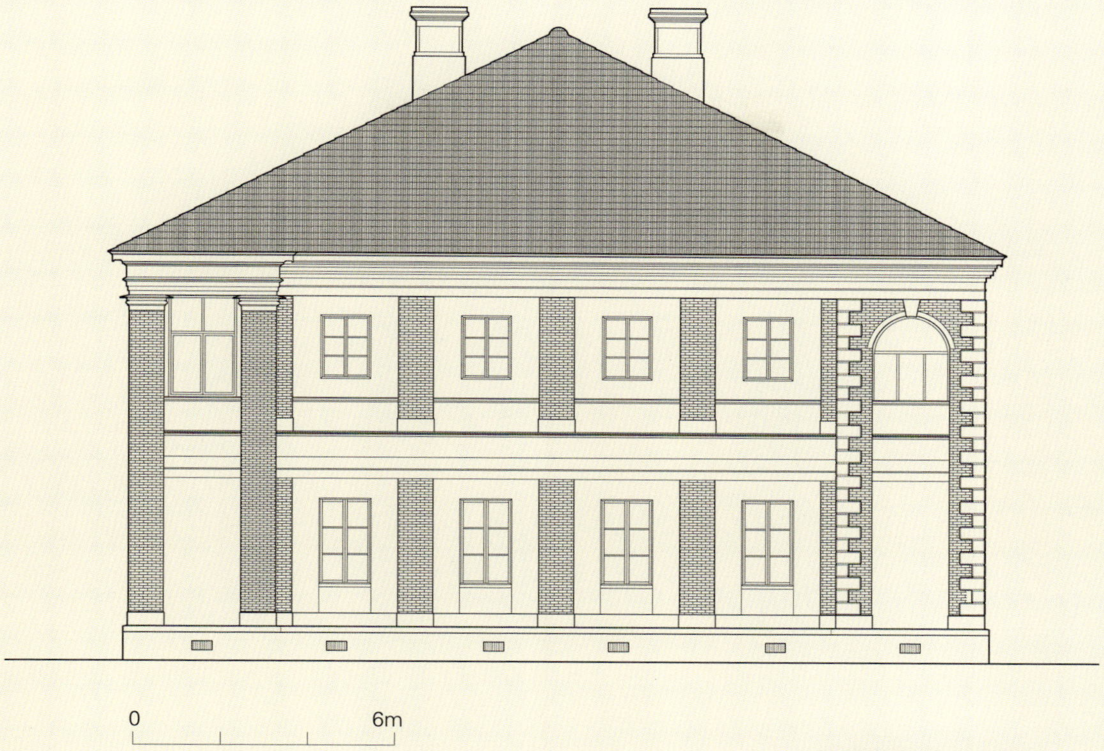

英国领事馆北立面

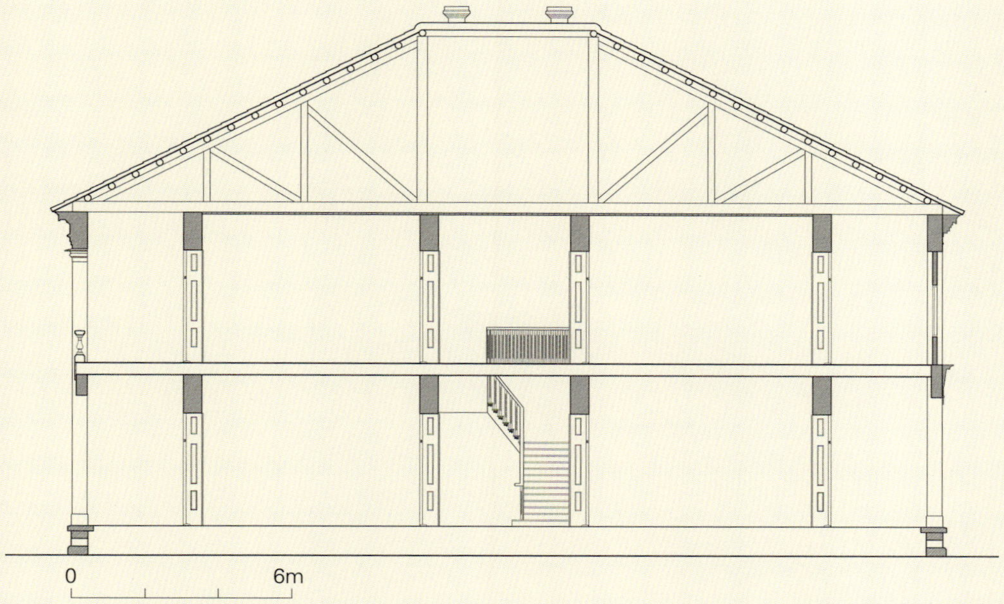

英国领事馆剖面

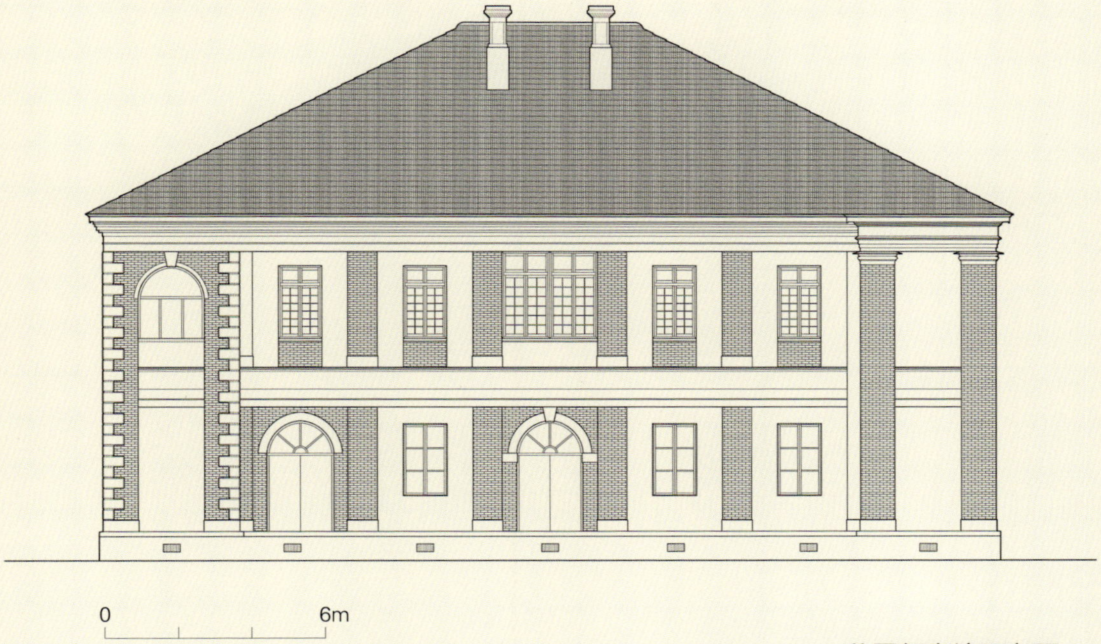

英国领事馆西立面

谢氏旧宅

谢氏旧宅，民国建筑，坐落于白沙路 56 号，2005 年被公布为浙江省第五批省级文物保护单位。

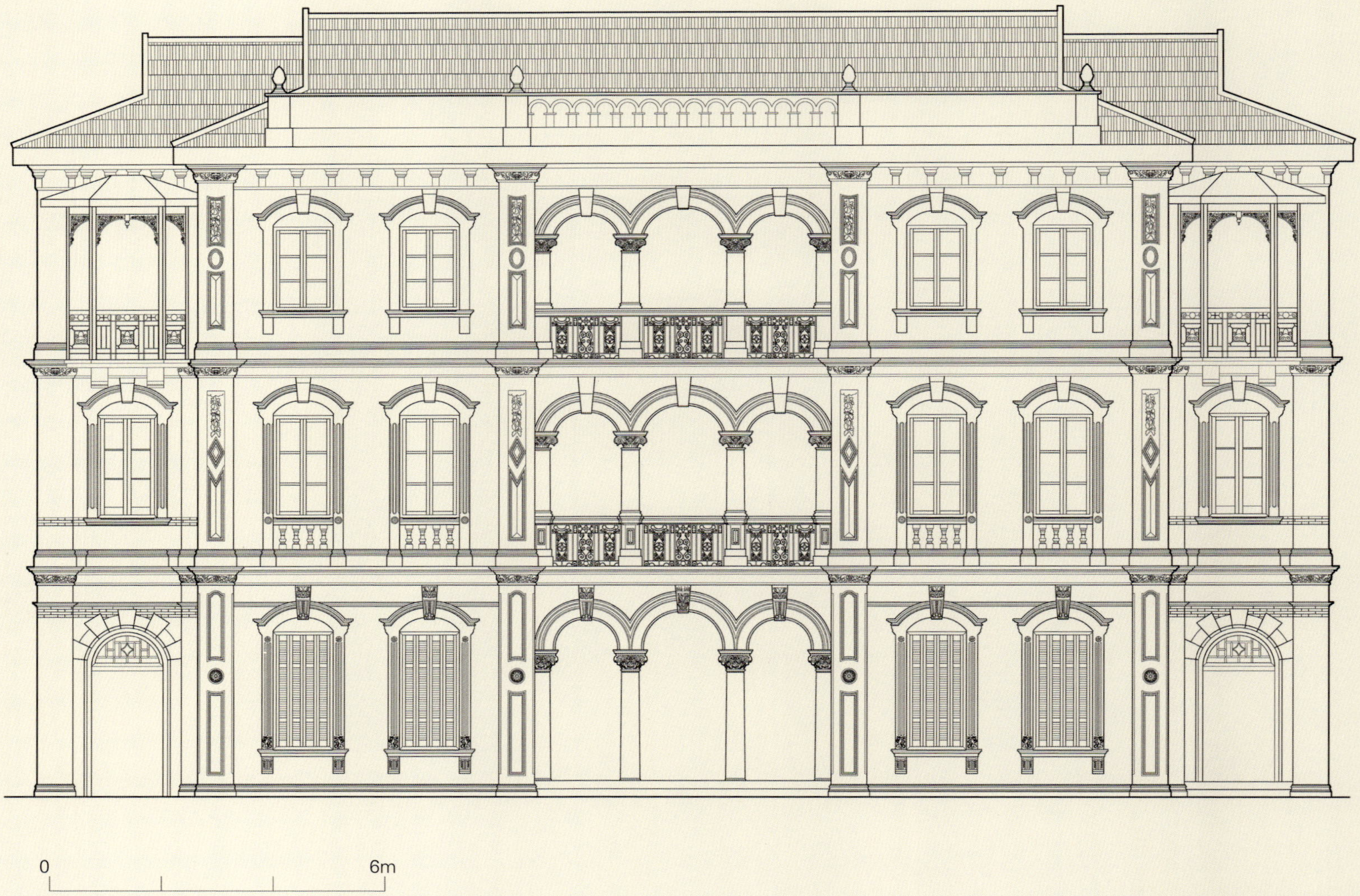

谢氏旧宅主楼东立面

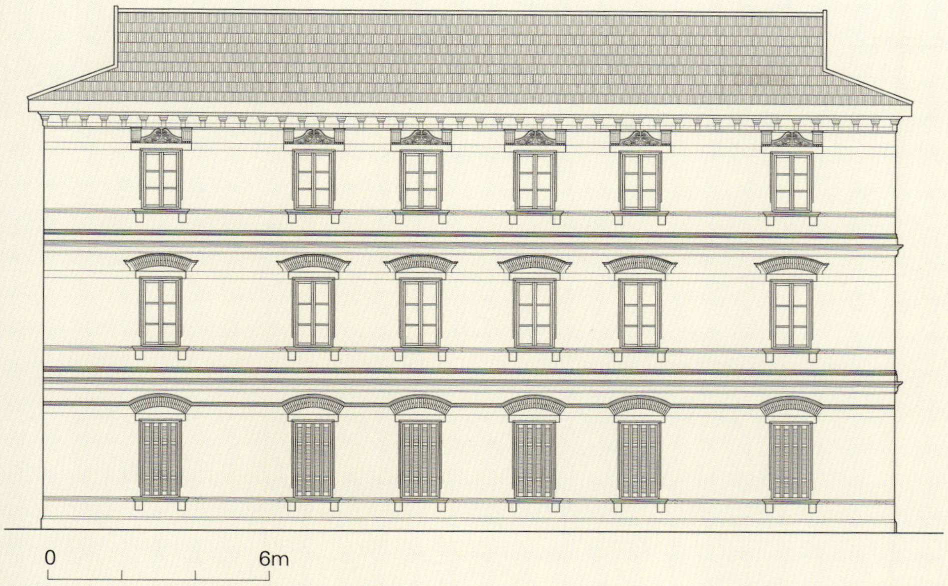

谢氏旧宅主楼西立面

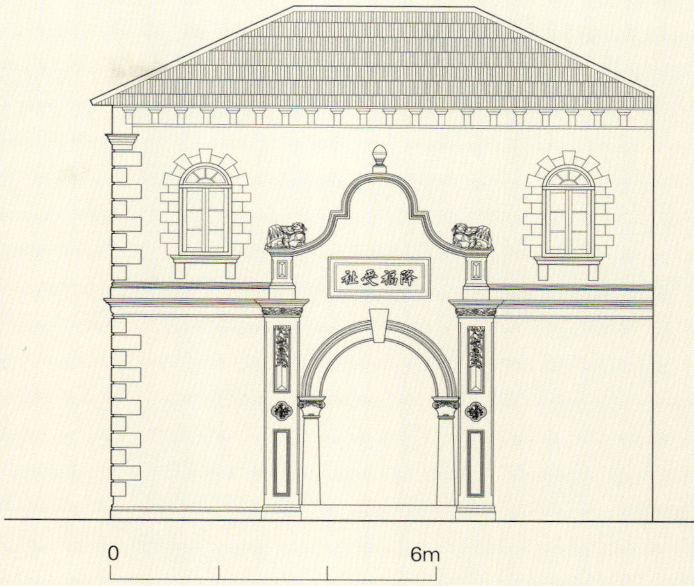

谢氏旧宅辅楼西立面

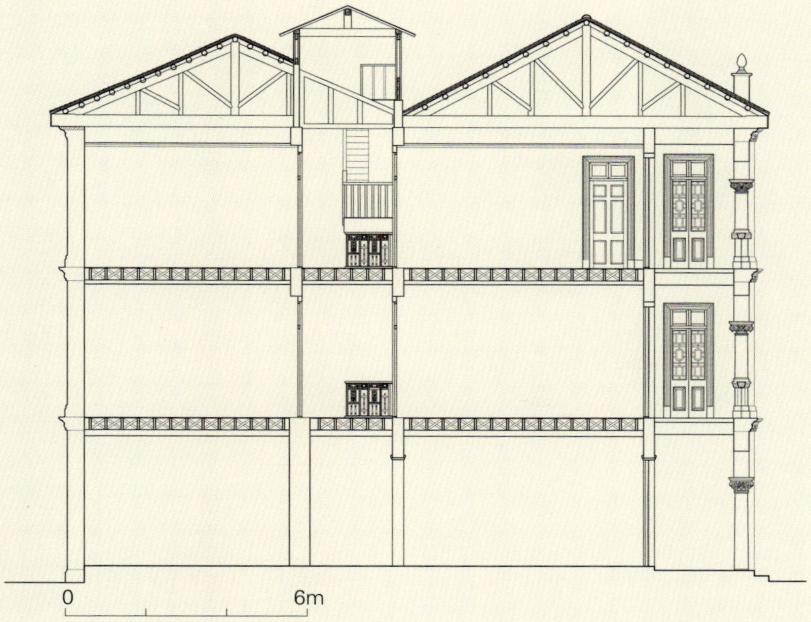

谢氏旧宅主楼剖面

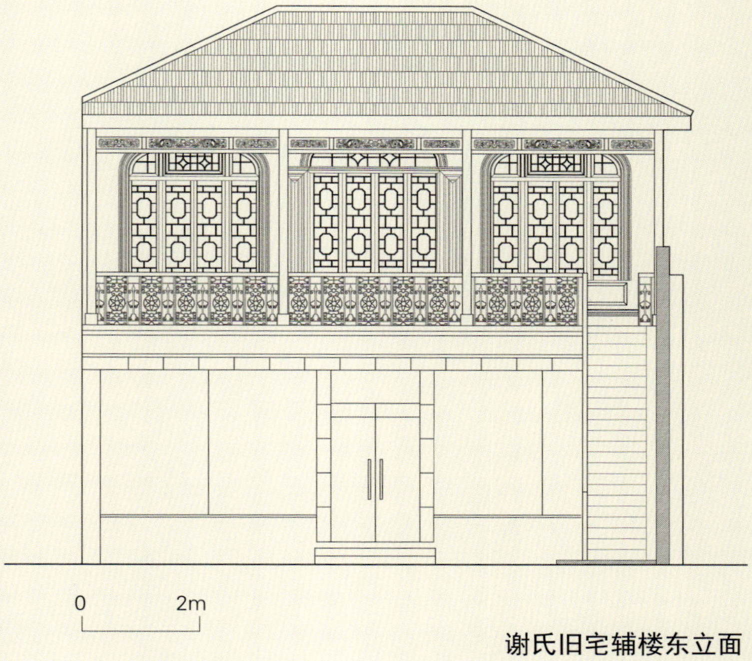

谢氏旧宅辅楼东立面

20 世纪 80 年代初的中马卫生所（市文化馆藏）

江北人民公社日用品封仁桥综合商店（市文化馆藏）

三、新马路、生宝路、戴祠巷、德记巷历史地段

1.人民路419弄民宅
2.福兴巷15号民宅
3.德记巷建筑群
4.德记巷15号民宅
5.德记巷14号民宅
6.德记巷13号民宅
7.德记巷2号、8号民居
8.德记巷1-1号民居
9.德记巷董宅
10.大吉巷民居
11.大吉巷裘宅
12.大吉巷董宅
13.大吉巷陈宅
14.生宝路民居
15.戴祠巷近代建筑群
16.新马弄近代建筑群
17.新马路36弄9号
18.鲍宅
19.新马路民居
20.贝家巷杜宅
21.新马路孙宅
22.新马路孙宅
23.贝家巷王宅
24.新马路范宅
25.仁济医院旧址
26.新马路徐宅
27.新马路赵宅
28.新马路姚宅
29.新马路民居
30.鄞慈镇路民居
31.鄞慈镇路徐宅
32.新马路王宅

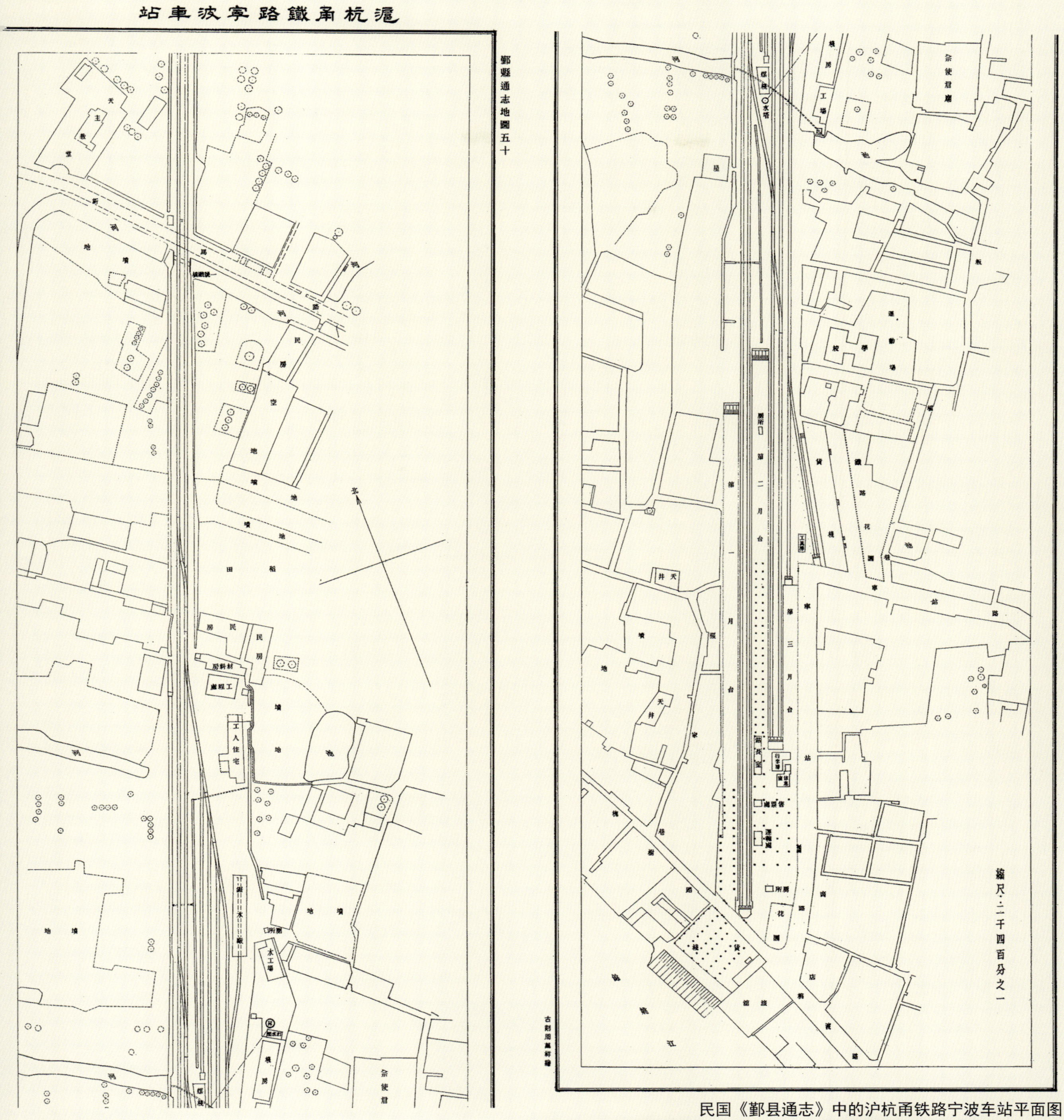

民国《鄞县通志》中的沪杭甬铁路宁波车站平面图

沪杭甬宁波车站工程处旧址（2003 年）

现迁至新马路与大庆南路交界处重建的沪杭甬宁波车站工程处旧址（2003 年）

新马路一带

孙宅（江北区新马路 22 号，2003 年）

江北区新马路 36 弄街景（2003 年）

江北区新马路 38、40、42 号，新马路 36 弄 1—5 号（2003 年）

江北区新马路 38、40、42 号，新马路 36 弄 1—5 号（2003 年）

鲍宅（江北区新马巷 5 号、新马路 36 弄 9 号，2003 年）

李宅（江北区新马路 18 号，2003 年）

李宅（2003 年）

鲍宅（江北区新马巷 5 号、新马路 36 弄 9 号，2003 年）

鲍宅（2003 年）

王宅（江北区新马路 36 弄 15 号，2003 年）

徐宅（江北区鄞慈镇路 17 号，新马路南侧，2003 年）

生宝路、戴祠巷一带

金宅（江北区生宝路 6 弄 1—3 号，2003 年）

金宅

金宅，清末民国时期建筑，坐落于生宝路 6 弄 1—3 号，属戴祠巷近代建筑群，2003 年被公布为宁波市市级文物保护点。

生宝路戴祠巷建筑群（2003 年）

生宝路 20 弄 24 号民居（2003 年）

生宝路民居建筑群

钟宅（江北区生宝路 10 弄 1—5 号，2003 年）

生宝路戴祠巷建筑群鸟瞰（2003 年）

戴祠巷民居建筑群

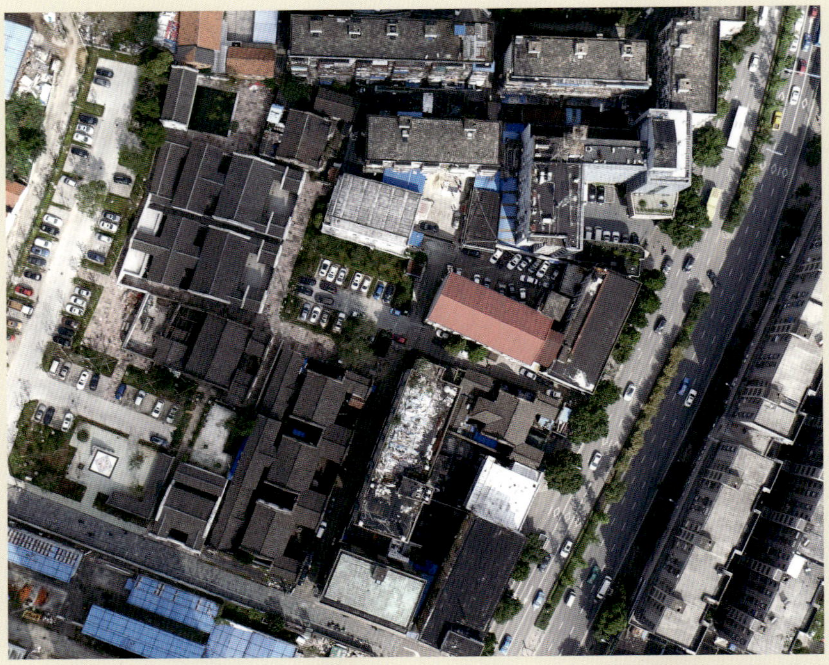

生宝路与戴祠巷影像图

刘宅（江北区戴祠巷 5—7 号，2003 年）

刘宅（2003 年）

刘宅（2003 年）

戴祠巷 4 号民宅（2003 年）

德记巷、泗洲街一带

德记巷从东往西鸟瞰

德记巷、泗洲街民居建筑群

方宅（江北区德记巷 18—20 号，2003 年）

严宅（江北区德记巷 2、12、13、14 号，2003 年）

章宅（江北区泗州街 9 号，2003 年）

章宅大门（2003 年）

1987 年 8 月《宁波城区影像图》局部

第七部分

宁波江东与三江口

一、庆安会馆

二、七塔寺

三、彩虹坊、后塘街与大河路

四、沿岸景观与产业遗迹

五、中国大运河·宁波三江口

宁波江东与三江口

本区域历史上主要建成区在沿江及百丈路、大河路、彩虹路一带，是古代宁波府城“东扩”的桥头堡。沿江区域原来码头林立，是三江口宁波港埠区的组成部分。因此，这一区域与宁波府城南郊、西郊、北郊的称呼不同，去“郊”而直称“江东”。

江东发展和形成的格局，与西岸宁波府城东部及沿岸港埠地区呈对应和互补状态。如西岸有江厦街，东岸有后塘街（今江东北路），两街隔江相望；西岸有东大路（今中山路），东岸有大河路（今中山东路），其间有“东渡”可摆；西岸有药行街，东岸有百丈街，江上有灵桥相通。

民国《鄞县通志·文献志（礼俗、乡风）》记载：“江东与东南诸乡水陆交通，乡人来甬者率出是道。新河头、大河桥各乡之航船、汽油船朝往夕返，络绎不绝。故若后塘街、百丈街、灰街市肆殷阗，甚嚣尘上。北曰和丰镇，以和丰纱厂而名，多男女工人。东曰潜龙漕、张斌桥，史、钱诸旧家骈列于其间，居民习俗较诸江北岸犹为近古。”

区域内主要文化遗存包括：全国重点文物保护单位庆安会馆，浙江省省级文物保护单位演武巷总工会旧址、七塔禅寺、和丰纱厂旧址、宁波水利航运遗址碑（清代甬东天后宫碑铭），宁波市市级文物保护单位钱肃乐故居，江东区区级文物保护单位彩虹牌坊，宁波市市级文物保护点安澜会馆等。

“宁波三江口”（包括庆安会馆）现为世界文化遗产——“中国大运河”的重要组成部分。

民国三年（1914）《最新宁波城厢图》局部・宁波江东与三江口

民国二十五年（1936）《鄞县城厢图》局部·宁波江东与三江口

2002 年《宁波城市影像图》局部 · 宁波江东与三江口

一、庆安会馆

庆安会馆，清代建筑，坐落于江东北路156号，2001年被公布为第五批全国重点文物保护单位。

庆安会馆外观（1962年，历史所藏）

宁波庆安会馆接水亭（1962 年，历史所藏）

庆安会馆鸟瞰

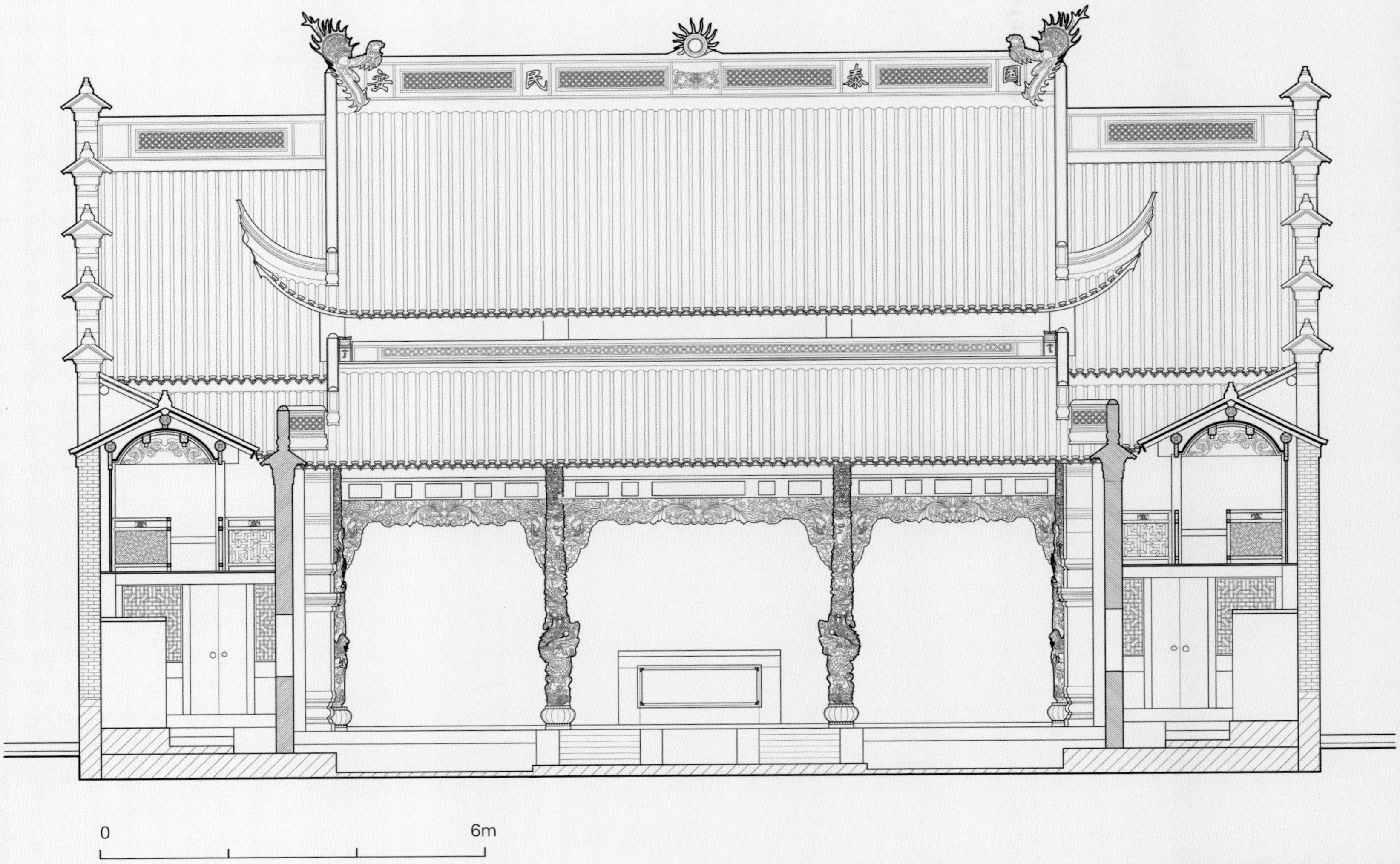

庆安会馆大殿西立面

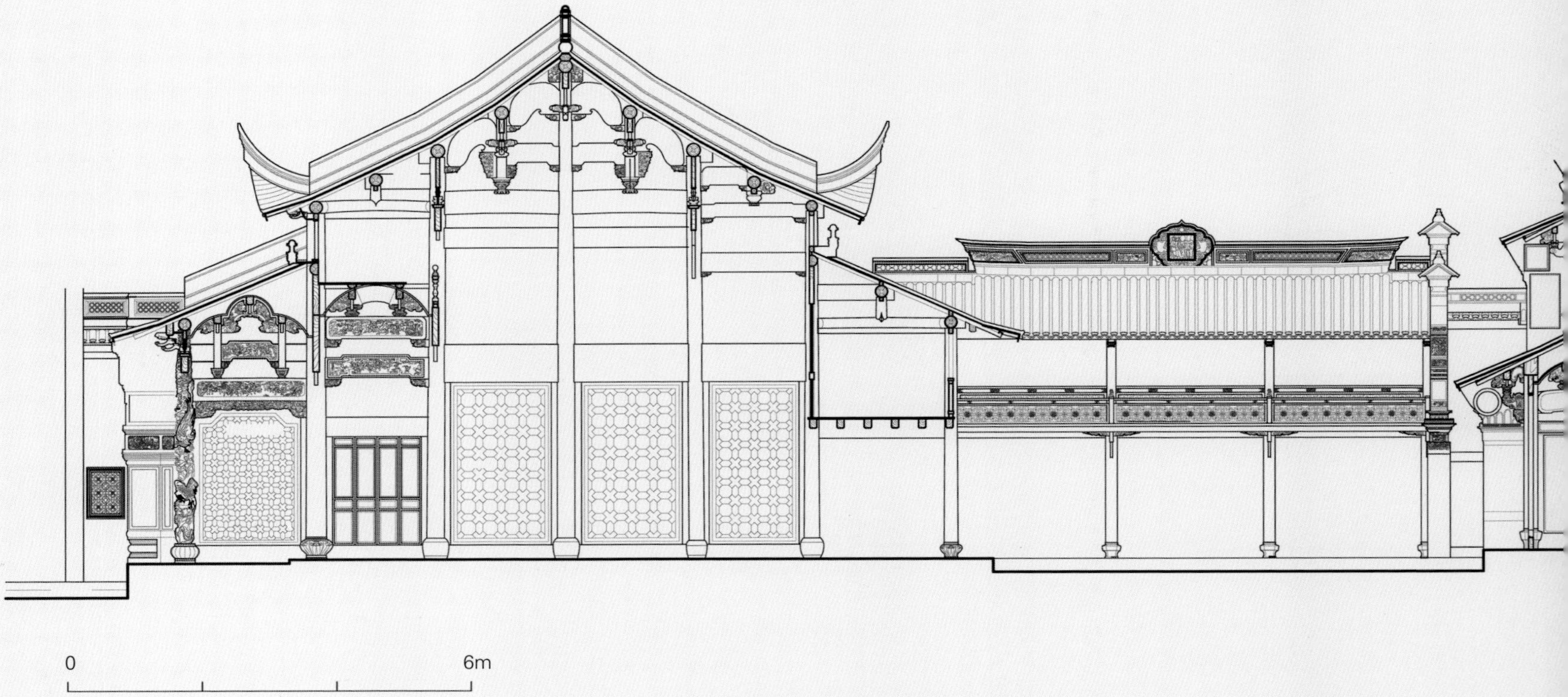

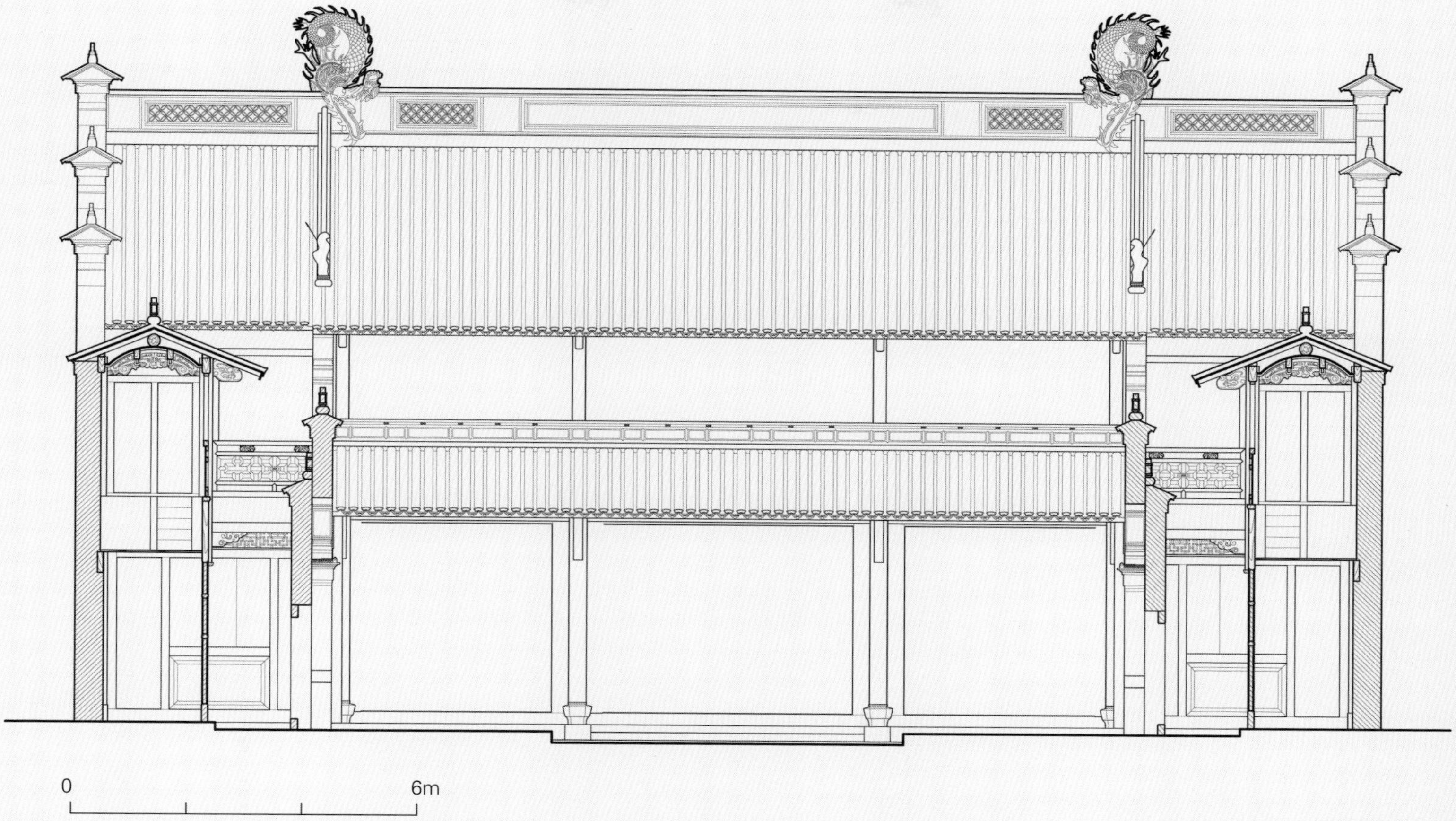

庆安会馆后殿正立面

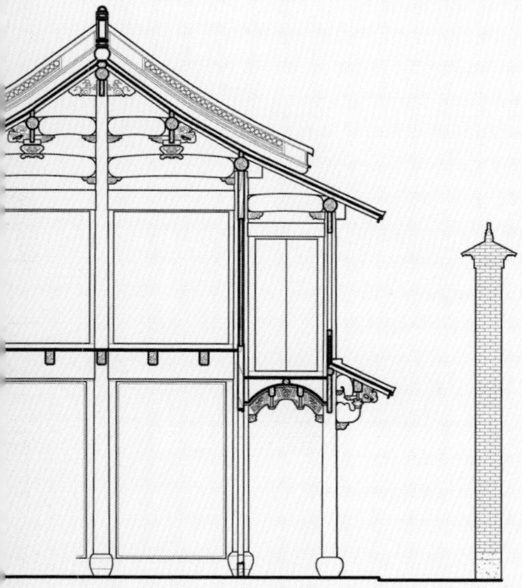

庆安会馆第一进次间总横剖面

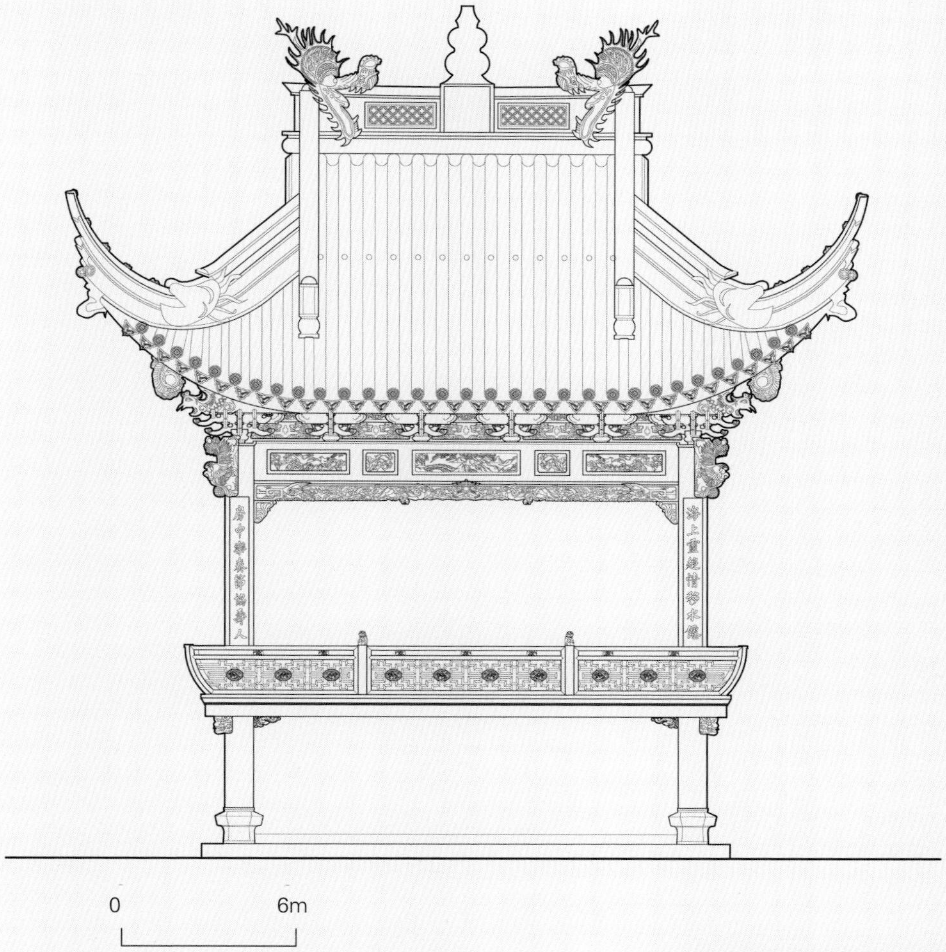

庆安会馆后戏台东立面

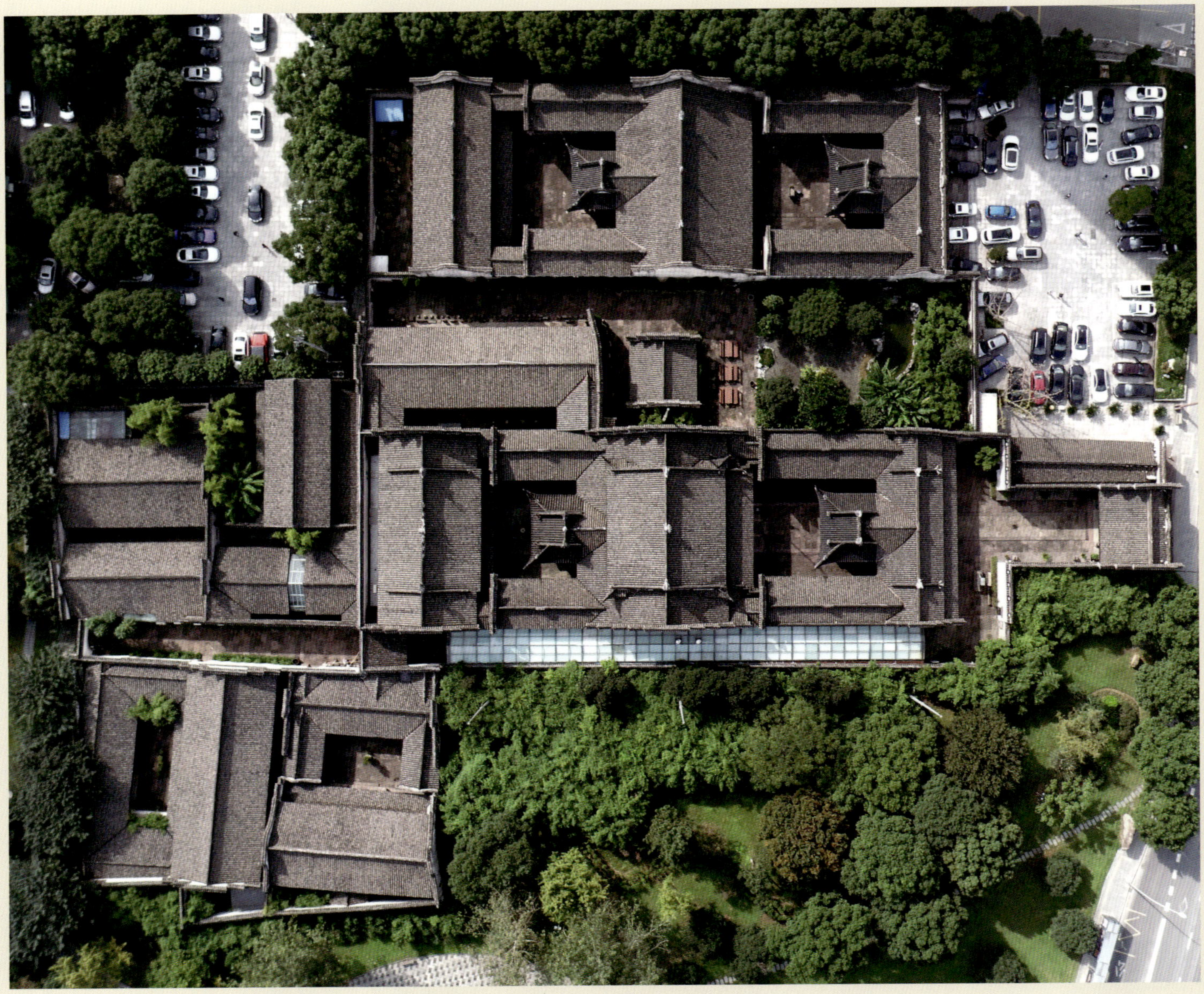

庆安会馆鸟瞰图

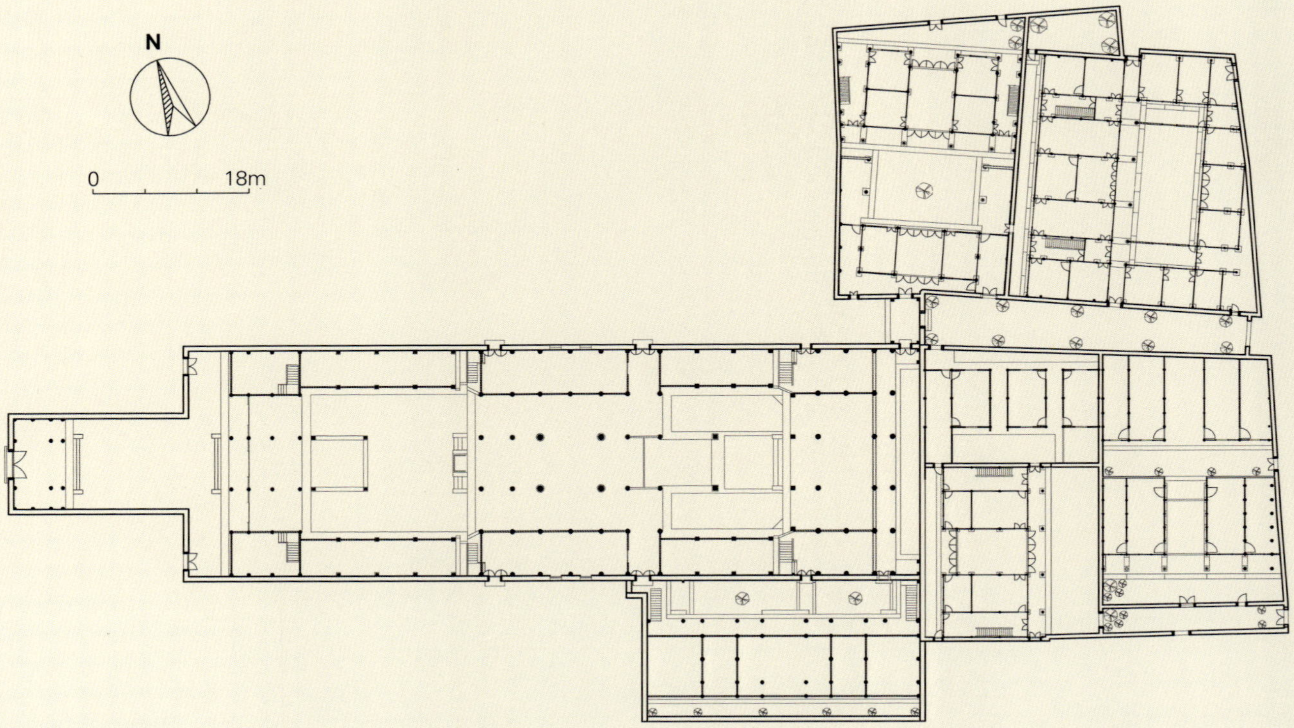

庆安会馆平面

甬东天后宫碑铭

董　沛

吾郡回图之利，以北洋商舶为最巨。其往也，转浙西之粟，达之于津门；其来也，运辽、燕、齐、莒之产，贸之于甬东。航天万里，上下交资，鲸鲵不波，蜃鳄无警，系惟天后之神是赖。后姓林氏，宋初莆田人也，生具灵异，里党神之。既辞世，庙于湄洲。宣和中，赐额“顺济”。高宗绍兴二十五年，锡为“夫人”。光宗绍熙元年进为“妃”。元初尊为“天妃”。明季改为“元君”。祠宇之广，殆遍海甸。我圣祖仁皇帝平定台湾，俞靖海侯施琅之请，特封天后，春秋祀典，岁支帑金，文武官行礼与岳渎等。此前事之大略也。说者谓，地祇之礼与人鬼有别，岳渎视公侯，施以人爵尊之，非以人鬼例之也。天后而称海神，是以人鬼易地祇。前乎此未有天后，孰为主之？明人会稽唐氏，乡人谢山全氏，皆有斯辨。要之亦偏见也。夫自有天地即有海，亦自有天地即有江湖。英、皇殉死而为湖神，胥、种冤死而为江神。岂虞周以前，江湖无地祇，必待四人者之死而后神之耶？如谓英、皇之烈，胥、种之忠孝，礼本宜祀，非天后所可同日语，然则谢绪之神于河，王天英之神于湖，其生平亦不甚表著，胡为灵爽赫赫，俨然以人鬼尸地祇耶？《礼》曰：“能御大灾则祀之，能捍大患则祀之。”取其能御能捍而已，曷尝以存殁判也？或生而有功，或死而有灵，其征验于事状者不同，其利赖于公私者无不同。下祈之，上报之，斯秩宗掌之，必执一偏之论，而议其无稽，是未窥圣王神道设教之精意也。

吾郡旧有天后庙在东门之外，肇建于宋，今有司行礼之所。分祠在江东者三，一为闽人所建，一为南洋商舶所建，基址俱狭。惟此宫为北洋商舶所建，规模宏敞，视东门旧庙有其过之。经始于道光三十年之春，落成于咸丰三年之冬，费缗钱十万有奇，户捐者什一，船捐者什九，众力朋举，焕焉作新，牲牢楮帛，崩角恐后，盖非独吾郡然也。后之灵昭昭，元人程端学之记叙綦备。而若《天后志》，若《闽颂编》，若琉球诸《使录》，尤加详焉，亦可见历朝之所以加秩于后者，有自来矣。宫之制，临江西向，前殿三，后殿三，前西为宫门，又西为大门，南北为翼楼，北之北为庖厨。宫之基，前广六丈，后广十丈，左延三十二丈八尺，右延二十九丈。例得书倡其事者，郡人董秉愚、冯云祥、苏庆和、费纶金、费纶鋐、费辅浩、盛炳澄、童祥隆、顾璇、李国相皆有劳于宫，例得附书。

系以铭曰：天生地成，奇阳耦阴；坤道为女，降福于林。维后诞生，出自世族；幼遇异人，授之符箓。庄严宝相，璎珞缤纷；升化湄洲，呼吸风云。一发之悬，万众托命；天吴效灵，海若助顺。凌虚往来，地球之东；三韩日本，在其掌中。莽莽重洋，杳无津渡；后实司之，康庄达路。上以佐国，战舰粮艘；下以佑民，贾舶渔舠。如镜如砥，如席如几；其止如山，其行如矢。昼则扬旗，夜则明灯；翩然引导，燕雀蜻蜓。历代褒嘉，逮我圣世；崇锡徽称，逾二十字。丹青土木，遍于海邦；此亦有祠，俯瞰鄞江。苍龙吹篪，白鼍击鼓；俎豆馨香，式歌且舞。幽明相感，感在一诚；惟灵故信，弥信弥灵。斯理自然，吾为诠释；人或有言，视此刻石。

光绪十年岁在甲申王正月吉旦

原东胜路东端包氏宗祠照壁（1962 年，历史所藏）

七塔寺

二、七塔寺

七塔禅寺，清代建筑，坐落于百丈路183号，2011年被公布为浙江省第六批省级文物保护单位。

七塔寺门前七塔（1962年，历史所藏）

七塔寺钟楼（1962 年，历史所藏）

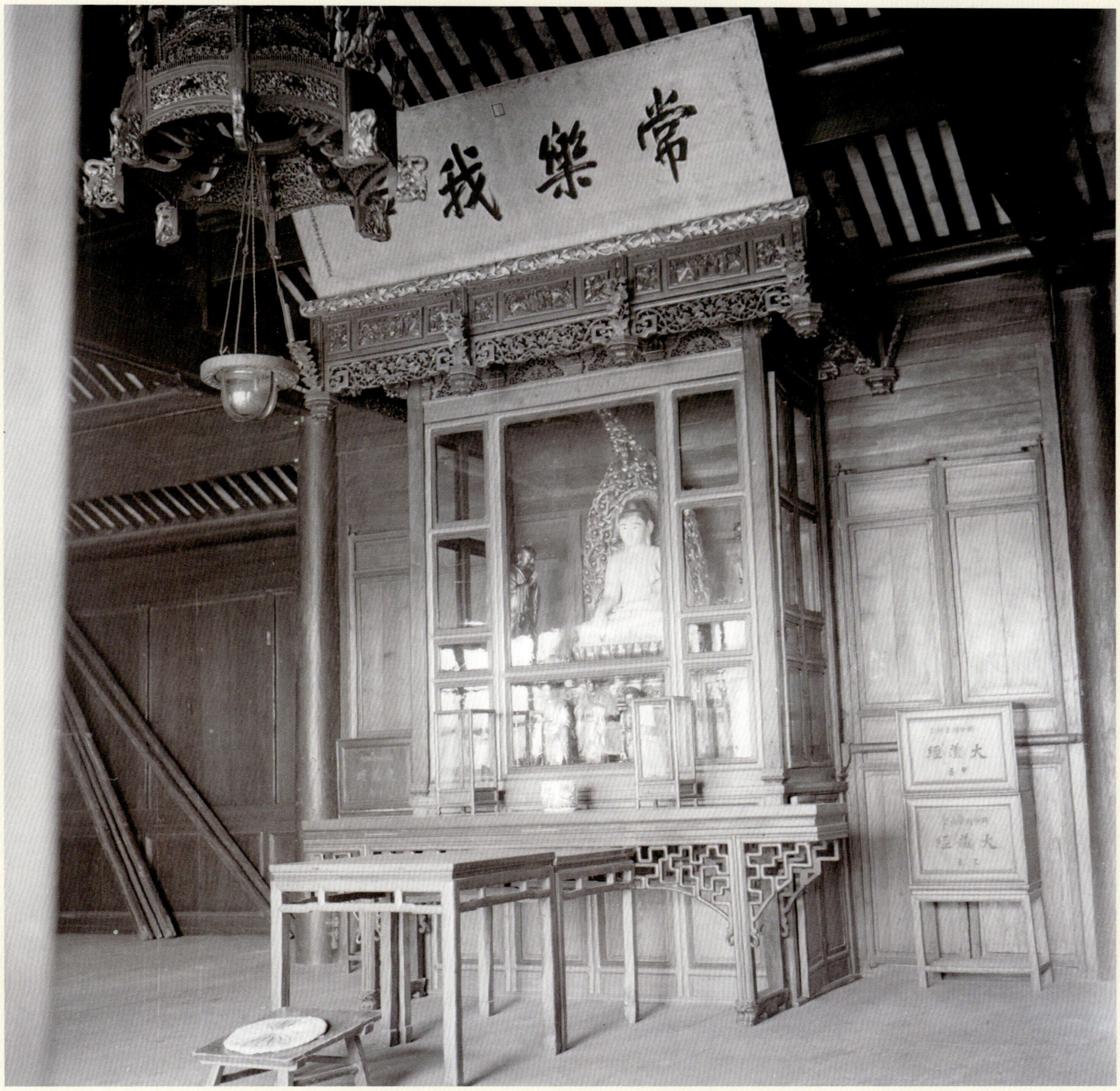

七塔寺玉佛阁内景（1962 年，历史所藏）

屋
河
街
周姓
公行弄
水井
門
己地
後買己地
遊巡
隣地
大墻
備註

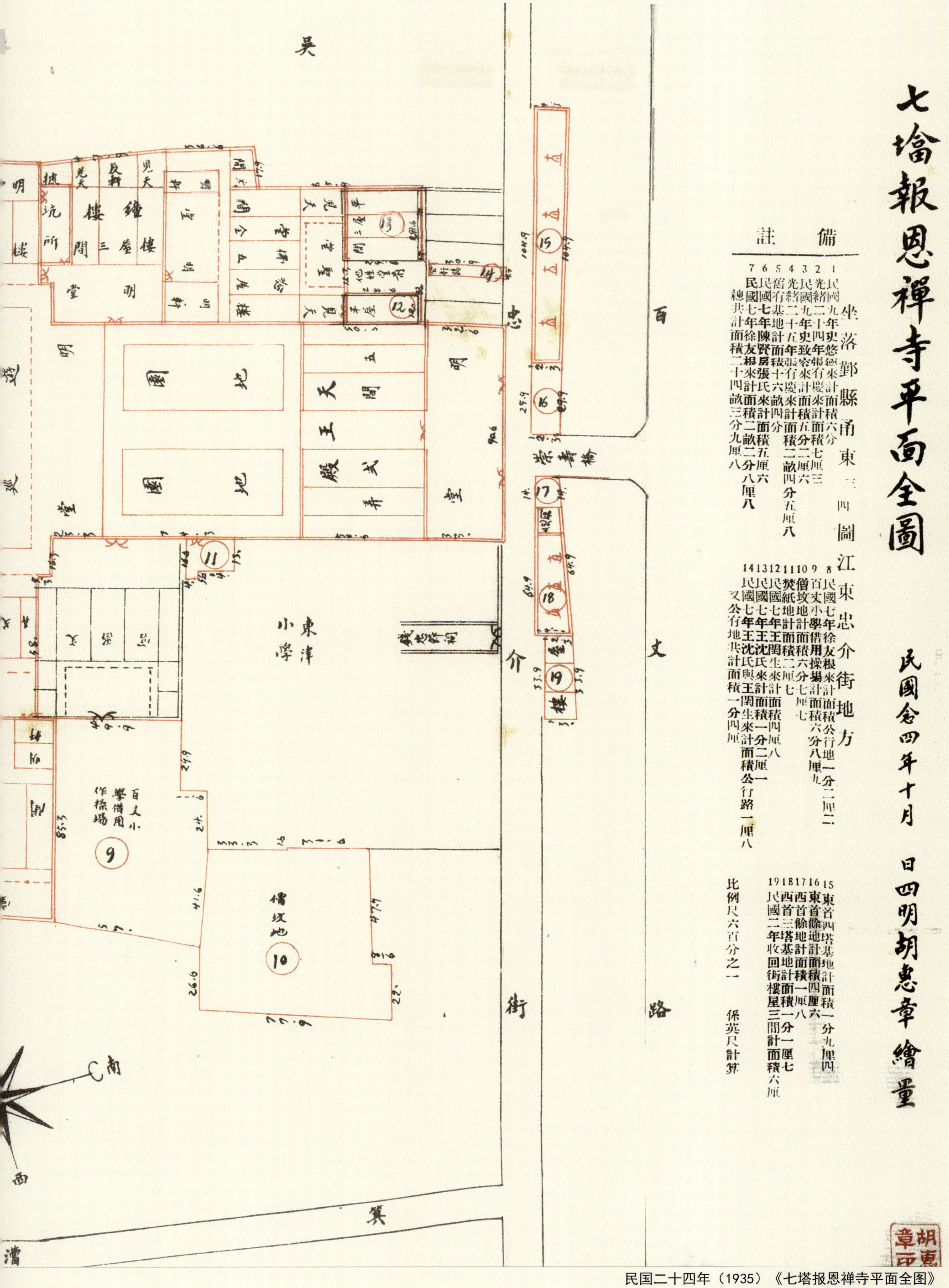

民国二十四年（1935）《七塔报恩禅寺平面全图》

三、彩虹坊、后塘街与大河路

19 世纪 70 年代，后塘河潜龙漕一侧（包腊相册）

彩虹坊

彩虹坊，清代建筑，坐落于彩虹北路 129 号，1981 年被公布为江东区区级文物保护单位。

彩虹坊（1962 年，历史所藏）

后塘街（王之祥摄于 20 世纪 30 年代）

江东后塘街（市文化馆藏）

大河路（王之祥摄于 20 世纪 30 年代）

四、沿岸景观与产业遗迹

甬江东岸的冰厂群

甬江旁的冰厂

冰厂

太丰面粉厂

和丰纱厂旧址

和丰纱厂旧址，民国建筑，坐落于江东北路 317 号，2011 年被公布为浙江省第六批省级文物保护单位。

和丰纱厂

和丰纱厂旧址厂房

20 世纪 80 年代，和丰纱厂保健站和职工疗养室

小洋楼维修后全景

小洋楼立面

和丰纱厂

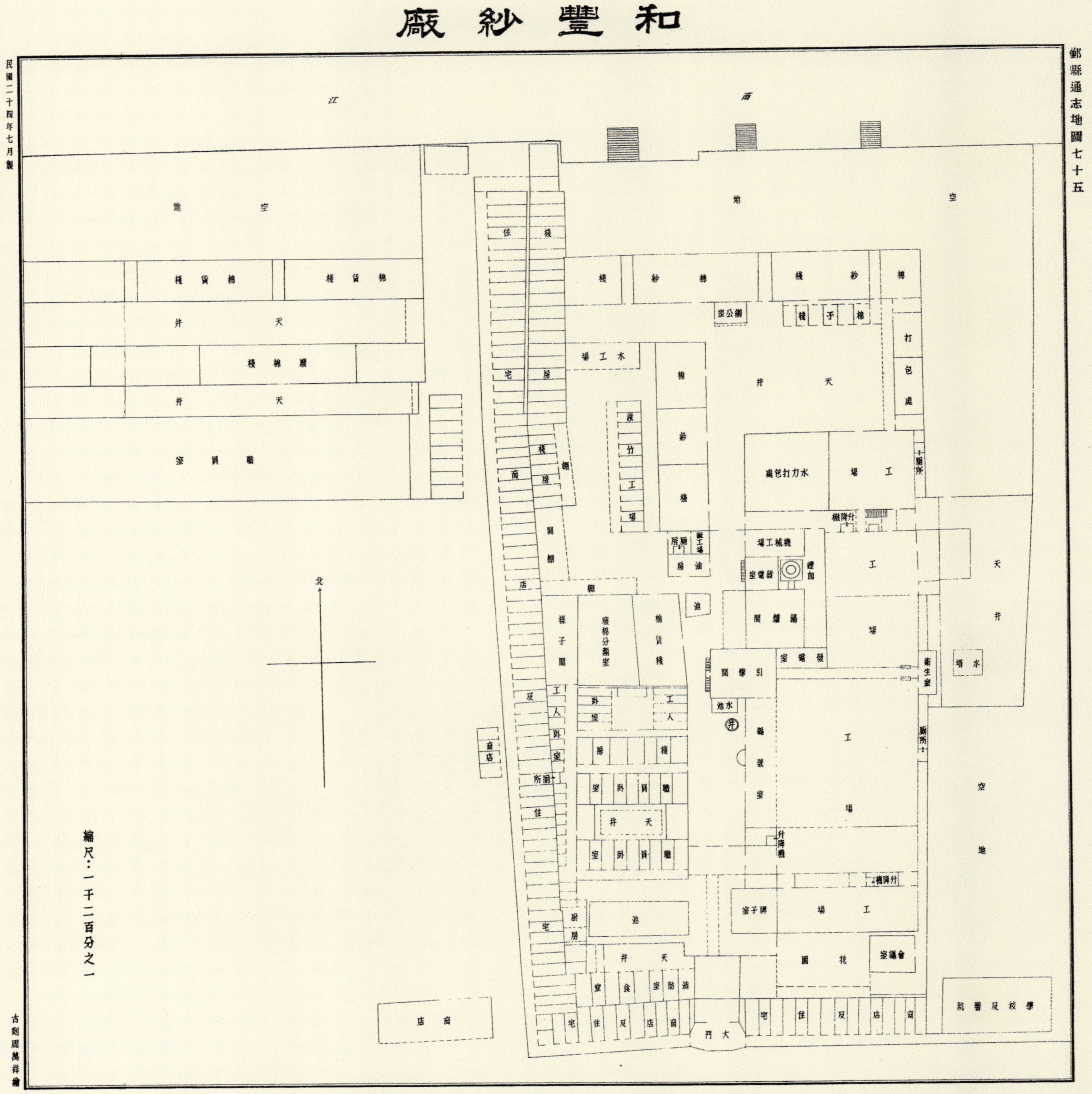

民国《鄞县通志》中的和丰纱厂平面图

五、中国大运河·宁波三江口

2014年6月22日，第38届世界遗产大会宣布：中国大运河项目成功入选世界文化遗产名录，成为中国第46个世界遗产项目。中国大运河全长1794公里，是世界上最长的人工河道。浙东运河是中国大运河的组成部分，位于中国大运河最南端，西起杭州市钱塘江南岸（萧山西兴），经过绍兴市，跨越曹娥江，向东汇入宁波市甬江入海，与海上丝绸之路相连。其中宁波段纳入中国大运河世界遗产名录范围的具体对象包括：（1）浙东运河上虞—余姚段（即马渚横河余姚部分12公里）；（2）浙东运河宁波段（慈江—刹子港23公里）；（3）宁波三江口（包括庆安会馆）。宁波由此成为世界文化遗产所在地城市。

1981 年的三江口

三江口（王之祥摄于 20 世纪 30 年代）

1878—1880 年间的新江桥南堍东侧（杜德维相册）

1937 年的三江口

1900 年的新江桥

19 世纪 80 年代和义门外余姚江江面

20 世纪 80 年代，灵桥至江厦桥（三江口）段沿奉化江景观（余德富摄）

20 世纪 80 年代，新江桥（三江口）至原中国人民银行段沿甬江景观（余德富摄）

①
②
③

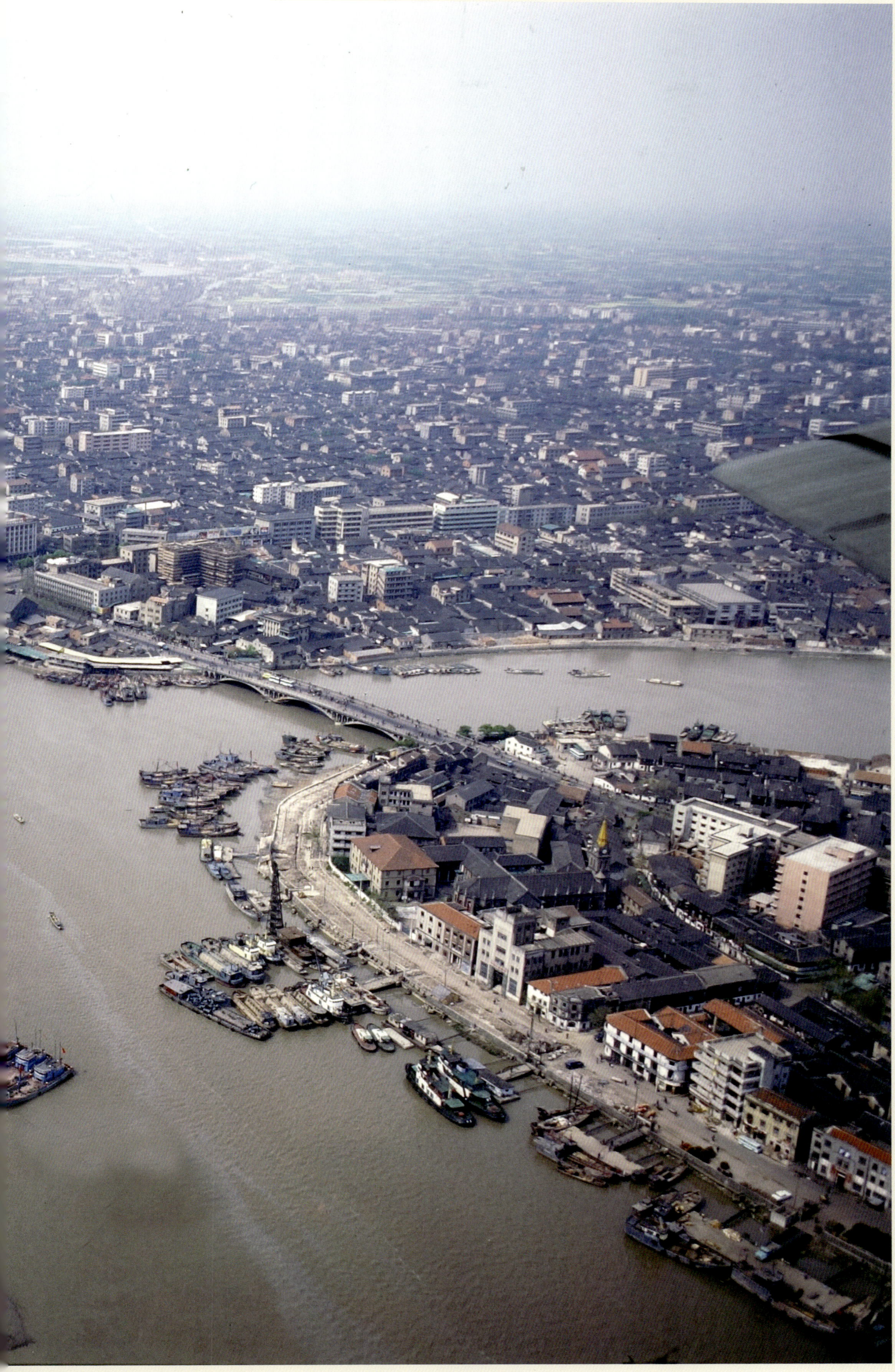

1986年宁波三江口航拍（宋兴国摄）

①浙海常关
②庆安会馆
③安澜会馆原址

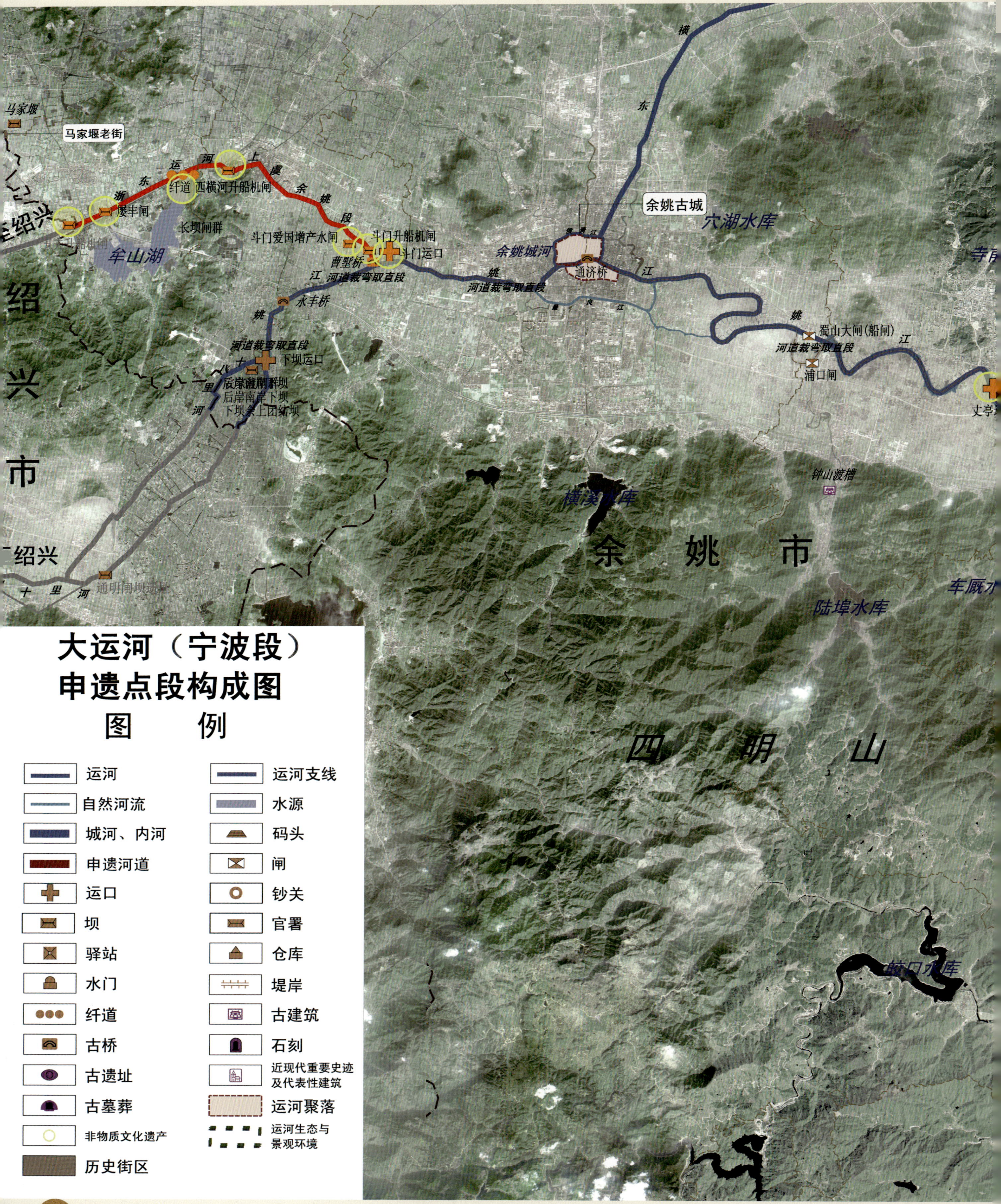

大运河（宁波段）
申遗点段构成图
图 例
运河
运河支线
自然河流
水源
城河、内河
码头
申遗河道
闸
运口
钞关
坝
官署
驿站
仓库
水门
堤岸
纤道
古建筑
古桥
石刻
古遗址
近现代重要史迹及代表性建筑
古墓葬
运河聚落
非物质文化遗产
运河生态与景观环境
历史街区
马家堰
马家堰老街
浙 东 运 河 上 虞 余 姚 段
纤道
西横河升船机闸
长坝闸群
牟山湖
斗门爱国增产水闸
斗门升船机闸
斗门运口
曹墅桥
河道裁弯取直段
永丰桥
下坝运口
余姚古城
穴湖水库
余姚城河
通济桥
姚 江
蜀山大闸(船闸)
浦口闸
丈亭
钟山渡槽
横溪水库
余 姚 市
陆埠水库
车厩
四 明 山
绍 兴 市
十 里 河

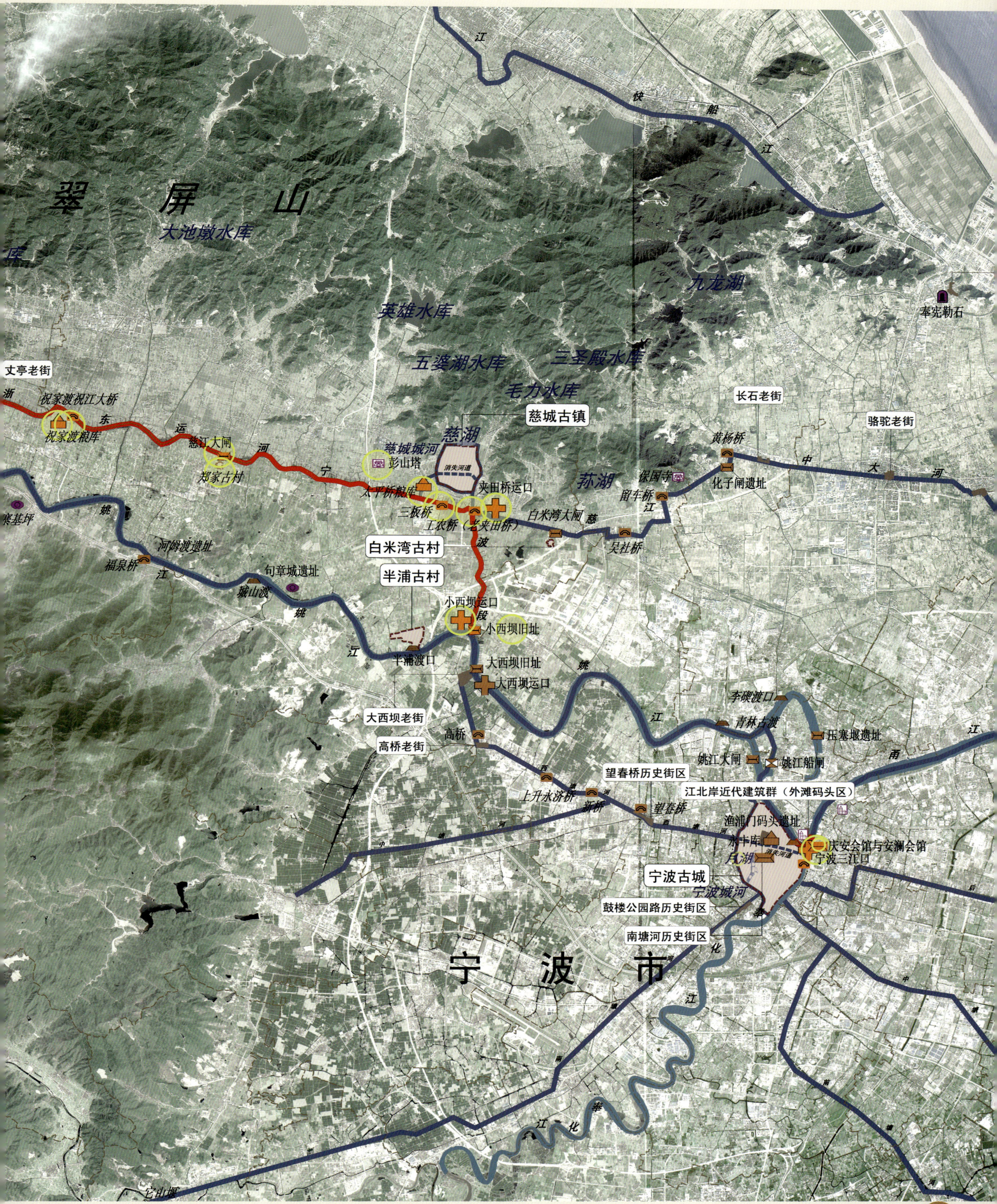

翠 屏 山
大池墩水库
英雄水库
五婆湖水库
三圣殿水库
毛力水库
九龙湖
奉宪勒石
丈亭老街
祝家渡祝江大桥
祝家渡粮库
慈江大闸
郑家古村
彭山塔
慈城城河
慈湖
慈城古镇
夹田桥运口
太平桥粮库
三板桥
工农桥
老夹田桥
白米湾大闸
吴社桥
留车桥
保国寺
化子闸遗址
黄杨桥
长石老街
骆驼老街
中 大 河
杨 江
白米湾古村
半浦古村
河姆渡遗址
句章城遗址
福泉桥
城山渡
小西坝运口
小西坝旧址
半浦渡口
大西坝旧址
大西坝运口
大西坝老街
高桥老街
高桥
李碶渡口
青林古渡
五塞堰遗址
姚江大闸
姚江船闸
望春桥历史街区
江北岸近代建筑群（外滩码头区）
上升永济桥
新桥
望春桥
渔浦门码头遗址
水中库
庆安会馆与安澜会馆
宁波三江口
月湖
宁波古城
宁波城河
鼓楼公园路历史街区
南塘河历史街区
宁 波 市
奉 化 江
它山堰

宁波银行

2013 年 6 月，宁波三江口

①
③
②
⑥
⑤
④
①宁波三江口
②庆安会馆
③安澜会馆原址
④七塔寺
⑤中山东路与曙光
路、箕漕街交叉处
⑥浙海常关原址

后　记

《名城宁波历史图典》由宁波市自然资源和规划局、宁波市历史文化名城保护促进会(原宁波市历史文化名城保护研究会)组织编纂，历经数载，几易其稿，虽尚多缺陷，但总归有了结果。

动议编纂本书有三个基本目的：一是为正在筹建的宁波城市展览馆，收集一批反映宁波城市历史的原始文献和重要资料；二是组织促进会成员单位和会员，发挥各自的专业优势，对收集的文献资料开展基础性整理与研究工作；三是将经过初步整理和研究的部分资料提供给名城保护的研究者与爱好者，以此促进名城保护研究工作的进一步开展。

本书在资料收集和整理过程中，得到了国家图书馆、中国建筑设计研究院建筑历史研究所、浙江图书馆、宁波市文物保护管理所、宁波市文物考古研究所、宁波市天一阁博物馆、宁波市保国寺古建筑博物馆、宁波市展览馆、宁波市第二医院、宁波出版社、宁波城建投资控股有限公司、宁波市海曙区文物管理所等单位的大力支持，特此感谢！

本书的名城规划资料、影像图资料提供与技术处理，由宁波市自然资源和规划局相关处室，宁波市规划设计研究院蔡赞吉、徐李萍，宁波市测绘设计研究院李品、周骏源、吴敦、徐滢等组织完成。文物与历史建筑测绘图纸技术处理，由宁波大学邱枫、陈芳等组织完成。为本书提供资料和技术帮助的个人有：叶向阳、李安宁等。

本书组织编纂主要成员有：王丽萍、袁朝晖、季贤昌、周峰、邬向东、沈建国、张亮等，正文中、后期编辑和文字工作，由邬向东、沈建国、张亮等负责完成，徐海珍、周维参与了文本校核。

2019年5月

辑 陈 静 徐 飞
计 金宇斋
图 胡 优

ISBN 978-7-5526-1623-1

定价：9.00元

经浙江省中小学教材审定委员会审查通过

宁波市地方课程

WO AI NING BO
我爱宁波

三年级

宁波市教育局教研室 编